Inhalt

Einleitung: Und es geschah …		7
I.	Alexanders Suche nach Unsterblichkeit	10
II.	In den Tagen vor der Flut	28
III.	Auf der Suche nach Noah	45
IV.	Sumer: Wo die Zivilisation begann	68
V.	Als das Königtum vom Himmel heruntergebracht wurde	94
VI.	Ein Planet namens »Nibiru«	113
VII.	Von Anunnaki und Igigi	138
VIII.	Ein Sklave auf Bestellung	160
IX.	Götter und andere Vorfahren	180
X.	Von Patriarchen und Halbgöttern	195
XI.	In jenen Tagen gab es auf der Erde die Riesen	218
XII.	Unsterblichkeit: Die große Illusion	244
XIII.	Dämmerung einer Göttin	270
XIV.	Der Glanz des Reiches, die Winde des Untergangs	290
XV.	Begraben in Pracht	320
XVI.	Die Göttin, die uns nie verließ	357
Epilog: Der Beweis für den außerirdischen Ursprung des Menschen		373

Als es auf der Erde Riesen gab …

Ebenfalls von Zecharia Sitchin erschienen:

Chroniken des Planeten Erde
Der zwölfte Planet
Stufen zum Kosmos
Kriege der Menschen und Götter
Versunkene Reiche
Das erste Zeitalter
Der Kosmische Code
Apokalypse

Begleitbücher
Die Hochtechnologie der Götter
Begegnungen mit den Göttern
Das verschollene Buch ENKI

Autobiographische Bücher
Auf den Spuren alter Mythen
Auf den Spuren der Anunnaki

~ Einleitung ~

Und es geschah ...

Als sich die Menschen über die Erde hin
zu vermehren begannen
und ihnen Töchter geboren wurden,
sahen die Gottessöhne,
wie schön die Menschentöchter waren,
und sie nahmen sich von ihnen Frauen,
wie es ihnen gefiel.

In jenen Tagen gab es auf der Erde die Riesen,
und auch später noch,
nachdem sich die Gottessöhne
mit den Menschentöchtern eingelassen
und diese ihnen Kinder geboren hatten.
Das sind die Helden der Vorzeit,
die berühmten Männer.

Der Leser, der sich in der Bibel auskennt, wird diese Zeilen schnell wiedererkennen; sie bilden die Einleitung zum sechsten Kapitel des Buches Genesis und damit der Geschichte von der Sintflut, der weltweiten Flutkatastrophe, vor der Noah in seiner Arche gerettet wurde, um später die verwüstete Erde neu zu bevölkern.

Der Leser, der meine Bücher kennt, wird sich vielleicht daran erinnern, dass es eben diese Verse waren, die vor vielen Jahrzehnten dazu führten, dass ein Schuljunge seinen Lehrer fragte, weshalb denn in allen Bibelübersetzungen von »Riesen« die Rede ist, wo doch im hebräischen Originaltext das Wort *Nefilim* steht – das vom hebräischen Verb *NaFoL* abgeleitet ist, was so viel wie »fallen«, »herunterfallen« oder »absteigen« bedeutet –, das doch überhaupt nichts mit »Riesen« zu tun hat.

Der Schuljunge war ich. Doch statt dass mir der Lehrer zu meinem linguistischen Spürsinn gratulierte, wurde ich nur schroff getadelt:

»Sitchin, setzen!«, fuhr er mich an, während er versuchte, seine Wut zu unterdrücken, »man stellt die Bibel nicht infrage!« Ich war tief gekränkt an diesem Tag, hatte ich doch keineswegs die Bibel infrage gestellt – im Gegenteil, ich wollte sie doch nur richtig verstehen! So sollte dieser Augenblick schließlich mein Leben verändern, führte er mich dazu, den *Nefilim* nachzuspüren. Wer waren sie und wer waren ihre Nachkommen, die »Helden« und »berühmten Männer«?

Meine Suche nach Antworten begann mit linguistischen Erwägungen. Der hebräische Originaltext des Buches Genesis spricht nicht von »Menschen«, die sich zu vermehren begannen, sondern von *Ha'Adam*, »**den Adam**«, was ein generischer Begriff ist, der eine menschliche Spezies oder Rasse bezeichnet. Er spricht auch nicht von den Söhnen »Gottes«, sondern benutzt den Begriff *Bnei Ha-Elohim* – die Söhne (im Plural) ***der Elohim*** –, ein Plural, der als »Götter« übersetzt wird, wörtlich aber »die Hohen« oder »Hochfliegenden« bedeutet. Die »Töchter der Adam« waren auch nicht »schön«, sondern *tovoth* – gut, passend, brauchbar ... und so werden wir unvermeidlich mit der Frage des *Ursprungs* konfrontiert. Wie kam die Menschheit überhaupt auf diesen Planeten und wessen genetischen Code tragen wir in uns?

In nur drei Versen und ein paar Worten – neunundvierzig Worten im ursprünglichen Hebräisch des Buches Genesis – beschreibt die Bibel die Schöpfung von Himmel und Erde, um dann aus prähistorischer Zeit zu berichten, von einer frühen Menschheit und einer ganzen Reihe aufregender Ereignisse einschließlich einer globalen Flutkatastrophe, der Anwesenheit von Göttern und ihren Söhnen auf der Erde, von Mischehen zwischen den Spezies und Halbgöttern als ihren Abkömmlingen ...

Und so erzählte ich, beginnend mit diesem einen Wort *(Nefilim)*, die Geschichte der *Anunnaki*, »jener, die vom Himmel zur Erde kamen« – Raumfahrern und interplanetaren Siedlern, die von ihrem katastrophengeschüttelten Heimatplaneten zur Erde kamen, weil sie Gold brauchten, um ihre Atmosphäre zu retten, und schließlich den Adam nach ihrem Ebenbild schufen. Dabei erweckte ich sie zu neuem Leben – ich erforschte ihre individuellen Charaktere, entschlüsselte ihre oft verwirrenden Beziehungen, beschrieb ihre Aufgaben, Liebesgeschichten, Ambitionen und Kriege – und identifizierte ihren Nachwuchs, der aus einer Kreuzung der beiden Spezies erwuchs, die »Halbgötter«.

Ich werde manchmal gefragt, wie mein Leben verlaufen wäre, wenn mein Lehrer mich für meine neugierige Nachfrage gelobt hätte, statt mich zu tadeln. Doch ich stellte mir in Wahrheit eine ganz andere Frage: Was ist, wenn es tatsächlich »in jenen Tagen auf der Erde die Riesen gab *und auch später noch*«? Die kulturellen, wissenschaftlichen und religiösen Auswirkungen dieser Erkenntnis wären unglaublich; sie führen schließlich zu der nächsten, unvermeidbaren Frage: Weshalb haben die Autoren der hebräischen Bibel, eines Buches, das zur Grundlage des Monotheismus wurde, diese explosiven Verse in ihren Bericht über die Urgeschichte des Menschen aufgenommen – und welche Quellen standen ihnen dafür zur Verfügung?

Ich glaube, dass ich die Antwort auf diese Frage gefunden habe. Indem ich das Rätsel der Halbgötter (zu denen auch der berühmte Gilgamesch gehörte) entschlüssle, komme ich in diesem Buch – der Krönung meines Lebenswerkes – zu dem Schluss, dass der unbestreitbare physische Beweis für die einstige Präsenz Außerirdischer auf der Erde in einem uralten Grab entdeckt wurde – und mit diesem Schlüssel die Geheimnisse der Gesundheit, der Langlebigkeit, ja des Lebens und des Todes offenbart werden können. Um dieses Rätsel zu lösen, entführe ich den Leser auf eine einzigartige Abenteuerreise. An ihrem Ende wird er erfahren, was Adam im Garten Eden vorenthalten werden sollte.

Januar 2010 **Zecharia Sitchin**

I

Alexanders Suche nach Unsterblichkeit

Im Frühling des Jahres 334 v. Chr. führte Alexander von Mazedonien ein gewaltiges griechisches Heer über den Hellespont, eine schmale Meerenge, die Europa von Asien trennt (heute nennt man sie die Dardanellen). Damit begann der erste bewaffnete Einfall eines Heeres aus Europa nach Asien in der bekannten Geschichte. Seine Streitkräfte, bestehend aus rund 15 000 gut ausgebildeten Fußsoldaten sowie einer beachtlichen Kavallerie, wurden von einer Allianz der griechischen Staaten gestellt, die damit die wiederholten Überfälle der asiatischen Perser auf ihre Heimat erwiderten: Der erste hatte bereits 490 v. Chr. stattgefunden (als die Invasion bei Marathon zurückgeschlagen werden konnte), ein zweiter 480/479 v. Chr., als die Perser die Griechen demütigten, indem sie Athen besetzten und plünderten.

Seitdem kämpften beide Seiten um den Besitz Kleinasiens, wo griechische Siedlungen blühten (von denen Troja die erste und sagenumwobenste war) und stritten um die lukrativsten Seewege im östlichen Mittelmeerraum. Während die Perser ein mächtiges Großreich bildeten, das von einer Dynastie »Großkönige« beherrscht wurde, war Griechenland ein Konglomerat untereinander zerstrittener Stadtstaaten. Erst die verheerende und demütigende persische Invasion und die ständigen Konflikte auf dem Festland wie auf hoher See zwangen die Griechen, sich unter der Vorherrschaft Mazedoniens zu einer Liga zusammenzuschließen. Die Aufgabe, einen Gegenangriff vorzubereiten, wurde Alexander anvertraut.

Er entschied sich, über den Hellespont (»A« auf der Karte, *Abb. 1*) nach Asien überzusetzen, über dieselbe Meerenge also, die von den Persern überquert worden war, als sie in den Westen einfielen. In lange vergangenen Zeiten wurde diese Meerenge auf asiatischer Seite von der befestigten Stadt *Troja* kontrolliert – dem Epizentrum des Trojanischen Krieges, der hier, laut der *Ilias* des Dichters Homer, vielleicht acht oder neun Jahrhunderte früher ausgefochten wurde. Eine Kopie des Epos im Marschgepäck, die ihm von seinem berühmten Lehrer Aristoteles mit auf den Weg gegeben worden war, hatte Alexander das Verlangen, vor den Ruinen Trojas Halt zu machen, der Göttin Athena zu opfern und dem Grab des Achill seine Referenz zu erweisen (dessen Mut und Heldentum er bewunderte).

Die Überfahrt der vieltausendköpfigen Armee verlief ohne Zwischenfälle. Statt die Eindringlinge an der Küste zu stellen, planten die Perser, die griechischen Streitkräfte ins Land zu locken, um sie dort vernichtend zu schlagen. Ein persisches Heer, angeführt von einem seiner besten Generäle, erwartete Alexander und seine Soldaten am Ufer eines Flusses, wo es eine Schlachtlinie bildete; doch obwohl die Perser ihnen zahlenmäßig überlegen waren und strategisch günstiger

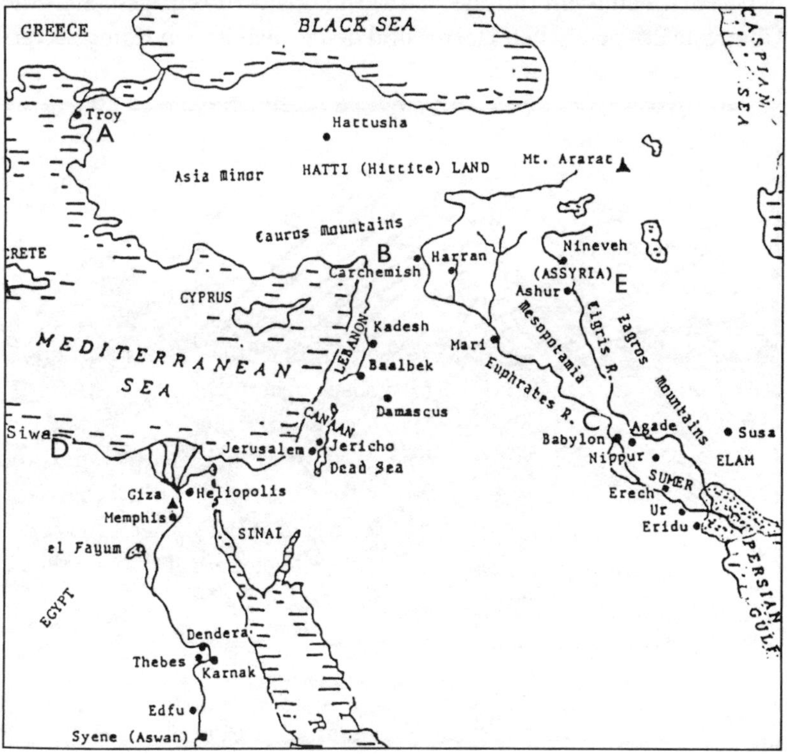

Abbildung 1

aufgestellt waren, brachen die Griechen durch ihre Reihen. Auf dem Rückzug hoben die Perser ein neues Heer aus und planten sogar einen Gegenangriff auf Griechenland, doch das ermöglichte den Griechen nur, ungehindert noch tiefer nach Kleinasien vorzudringen, bis zum Gebiet der heutigen türkisch-syrischen Grenze (»B« auf der Karte).

Im Herbst des Jahres 333 v. Chr. führte der persische *Shah-in-Shah* (»König der Könige«), Darius III., persönlich einen Angriff seiner Reiterei gegen das Heer des Mazedoniers an; die Schlacht, bekannt als Schlacht von Issus (und gerne von griechischen Künstlern dargestellt, *Abb. 2*) endete mit der Erbeutung des persischen Königszeltes, während Darius selbst die Flucht gelang. Der persische Großkönig, geschlagen, aber nicht besiegt, zog sich nach Babylon (»C« auf der Karte) zurück, die westlichste Residenzstadt seines Reiches, das sich von Kleinasien (wo Alexander eingefallen war) bis nach Indien erstreckte.
Unverständlicherweise versäumte Alexander die Gelegenheit, den persischen Feind ein für alle Mal vernichtend zu schlagen. Statt die Überreste des persischen Heeres und den gedemütigten König zu ver-

Abbildung 2

folgen, gestattete er Darius den Rückzug nach Babylon und damit die Fortsetzung des Krieges. Nachdem er seine Chance auf einen entscheidenden Sieg hatte verstreichen lassen, führte Alexander sein Heer in Richtung Süden. Das Kriegsziel, der Grund für den Zusammenschluss der griechischen Stadtstaaten unter Alexander, nämlich die Zerschlagung des Perserreiches als Vergeltung für die Angriffe auf Griechenland, wurde auf einen späteren Zeitpunkt verschoben. Es war Ägypten, nicht Persien, wohin es Alexander viel dringlicher zog, wie seine griechischen Generäle zu ihrem Erstaunen feststellen mussten.

Was ihn dazu bewog, wurde erst später bekannt und hatte weniger etwas mit Griechenland als mit seinem eigenen Schicksal zu tun. Schließlich kursierten am mazedonischen Hof hartnäckige Gerüchte, dass sein wahrer Vater nicht König Philipp, sondern ein geheimnisvoller Ägypter sei. Verschiedenen Berichten zufolge wurde der Hof Philipps von Mazedonien einmal von einem ägyptischen Pharao besucht, den die Griechen Nectanebos nannten. Er sei ein Meister der Magie gewesen, ein Zauberer, und hätte heimlich Königin Olympias verführt. Obwohl es hieß, König Philipp sei sein Vater, als sie Alexander zur Welt brachte, wurde bald gemunkelt, sein wahrer Vater sei der Gast aus Ägypten gewesen.

Diese hartnäckigen Gerüchte, die der Beziehung zwischen König Philipp und der Königin bald einen schalen Beigeschmack verliehen, erhielten scheinbar ihre Bestätigung, als Philipp – manche sagen, um die junge Tochter eines mazedonischen Adligen heiraten zu können – Olympias öffentlich des Ehebruchs bezichtigte – ein Schritt, der auch Alexanders Stellung als Kronprinz in Gefahr brachte. Wahrscheinlich nahm die Geschichte damals schon, spätestens aber, als die neue Frau des Königs ihr erstes Kind zur Welt brachte, eine andere Wendung: Der mysteriöse Besucher, der angeblich Alexander gezeugt hätte, so hieß es jetzt, sei kein gewöhnlicher Ägypter gewesen – sondern ein Gott in Menschengestalt: der ägyptische Hauptgott Amun (auch Ammon geschrieben). Danach wäre Alexander mehr als nur ein Prinz, der Sohn einer Königin – er wäre ein Halbgott.

Die Frage der Thronfolge in Mazedonien erübrigte sich, als König Philipp, der gerade die Geburt eines Sohnes seiner neuen Frau feierte, ermordet wurde und Alexander mit gerade einmal 20 Jahren den Thron bestieg. Doch die Frage, wer sein wirklicher Vater war, bewegte Alexander auch weiterhin; denn wären die Gerüchte wahr, so hätte er das

Anrecht auf etwas, das viel wichtiger war als der Thron eines Königreiches – er wäre berechtigt, die Unsterblichkeit der Götter zu erben!

Als er den Thron Mazedoniens bestieg, nahm Alexander auch Philipps Platz als Kommandant der Allianz griechischer Stadtstaaten ein und begann, die geplante Invasion vorzubereiten. Doch bevor er nach Asien aufbrach, zog es ihn nach Delphi, eine entlegene heilige Stätte weit unten im Südwesten Griechenlands. Sie war der Sitz des berühmtesten Orakels der Antike, zu dem seit Urzeiten Könige und Helden pilgerten, um ihr Schicksal und ihre Zukunft zu ergründen. Dort, im Tempel des Gottes Apollon, versetzte sich eine Priesterin, die legendäre Pythia, in Trance und sprach für den Gott, der die Fragen des Besuchers beantwortete.

War er ein Halbgott, würde er Unsterblichkeit erlangen? Alexander wollte es wissen. Die Antwort der Pythia war, wie immer, knapp und geheimnisvoll, ein Rätsel, das erst einmal gedeutet werden musste. Doch klar war der Hinweis, dass Alexander die Antwort in Ägypten finden würde, in der berühmtesten Orakelstätte des Nillandes: der Oase von Siwa (»D« auf der Karte).

***

Der Rat war gar nicht einmal so seltsam, wie es zunächst scheinen mag. Die beiden Orakelstätten waren durch Legende und Geschichte eng miteinander verbunden. Delphi – ein Name, der auf Griechisch so viel wie »Mutterleib« bedeutet – war von Zeus, dem Göttervater und Oberhaupt des griechischen Pantheons, erwählt worden, nachdem sich zwei Vögel, die er von den entgegengesetzten Enden der Welt losgeschickt hatte, hier getroffen hatten. Also erklärte er die Stätte zum »Nabel der Welt« und stellte dort einen ovalen Stein auf, den sogenannten Omphalos – Griechisch für »Nabel«. Es war ein Flüsternder Stein, durch den die Götter kommunizierten, und nach den antiken Überlieferungen war er das kostbarste Objekt in Apollos Tempel; die Pythia saß auf ihm, wenn sie ihre Antworten auf die Orakelfragen gab. Der ursprüngliche Omphalosstein wurde in römischer Zeit durch eine Kopie ersetzt *(Abb. 3a)* die Besucher in Delphi noch heute sehen können.

Die Orakelstätte von Siwa – einer Oase in der Westlichen Wüste, etwa 500 Kilometer westlich des Nildeltas gelegen – wurde ebenfalls nach dem Flug zweier schwarzer Vögel (die man für verwandelte Pries-

a
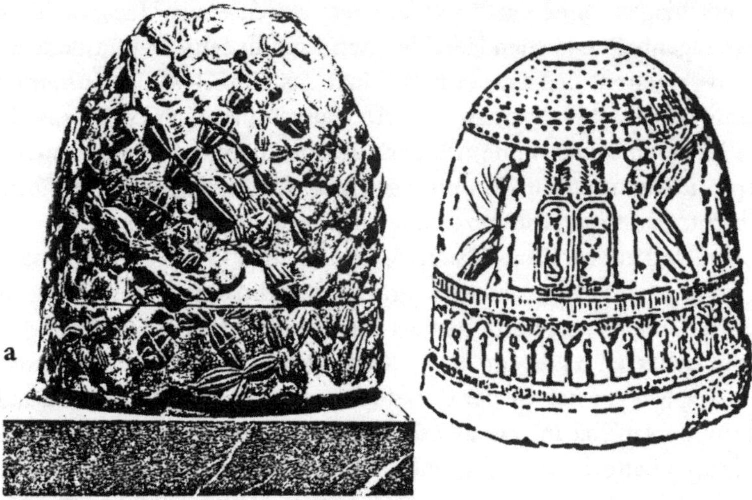
b

Abbildung 3

terinnen des Gottes Amun hielt) ausgewählt. Der dortige Haupttempel war dem ägyptischen Gott Amun geweiht, den die Griechen mit ihrem Göttervater »Zeus« gleichsetzten. Auch hier gab es einen Flüsternden Stein, einen ägyptischen Omphalos *(Abb. 3b)*; und sie wurde zu einer heiligen Stätte in einem griechischen Geschichtsmythos, weil der Gott Dionysos, als er sich eines Tages in der Westlichen Wüste verirrte, dadurch gerettet wurde, dass etwas ihn auf mysteriöse Weise zu dieser Oase führte. Dionysos war ein Halbbruder des Apollon und nahm immer dann seine Stellung in Delphi ein, wenn Apollon abwesend war. Außerdem – und das machte ihn für Alexander besonders interessant – stieg Dionysos in den Rang eines Gottes auf, obwohl er in Wirklichkeit nur ein Halbgott war – ein Sohn des Zeus, der, als Mensch verkleidet, eine Prinzessin namens Selene verführt hatte. Das war gewissermaßen eine frühe Vorwegnahme der Geschichte Alexanders – ein Gott in Menschengestalt zeugte mit einer Menschentochter königlicher Herkunft einen Sohn; und wenn Dionysos zum Gott und damit einer der Unsterblichen werden konnte – warum nicht auch Alexander?

Zu den früheren Ratsuchenden, die um eine Antwort des Orakels von Siwa ersucht hatten, gehörten zwei berühmte Generäle, Cimon von Athen und Lysander von Sparta; noch wichtiger aber war es für Alexander, dass auch der Halbgott Perseus dort gewesen sein soll, ein weiteres »Kind der Liebe« des Gottes Zeus, dem es gelang, die Medusa zu erschlagen, ohne dabei in Stein verwandelt zu werden. Auch von dem sagenhaften Helden Herakles, berühmt für seine Bewältigung der zwölf Arbeiten, heißt es, er habe einst das Orakel von Siwa befragt; wenig überraschend war auch er ein Halbgott, ein Sohn des Zeus, der die kluge und bildschöne Alkmena geschwängert hatte, als er sich in ihren Ehemann, den König einer Insel, verwandelte. Diese Vorgeschichte passte ganz ausgezeichnet zu Alexanders eigener Suche.

Und so kam es, dass er, statt den persischen Großkönig und seine zerschlagene Armee weiter zu verfolgen, nach Süden aufbrach. Nachdem er einige seiner Truppen als Garnison in dem eroberten Gebiet zurückgelassen hatte, zog er die Küste der östlichen Mittelmeerküste entlang. Mit Ausnahme der stark befestigten phönizischen Hafenstadt Tyros, dessen Marine als Verbündete der Perser an dem Krieg teilgenommen hatte, leistete niemand den Griechen größeren Widerstand; im Großen und Ganzen wurde Alexander als Befreier von der verhassten Perserherrschaft willkommen geheißen.

In Ägypten ergab sich die persische Garnison kampflos, während Alexander von den Ägyptern noch frenetischer gefeiert wurde. In Memphis, der alten Hauptstadt, akzeptierten die *ägyptischen* Priester ohne weiteres die angebliche göttliche Abstammung Alexanders, erklärten ihn zum Sohn des ägyptischen Gottes Amun und luden ihn ein, nach Theben in Oberägypten (das heutige Luxor) weiter zu reisen, um dort in dem gewaltigen Amuntempel von Karnak dem Gott seine Referenz zu erweisen und sich zum Pharao krönen zu lassen. Doch Alexander bestand darauf, den Anweisungen des Orakels von Delphi zu folgen und machte sich auf die dreiwöchige, gefährliche Reise durch die Wüste nach Siwa: Er wollte die Auskunft des Orakels über seine Unsterblichkeit vernehmen.

Was in Siwa während der streng privaten Orakelsitzung geschah, weiß niemand genau. Nach einer Version soll Alexander, als sie vorüber war, seinen Gefährten erklärt haben, er hätte »die Antwort erhalten, die sein Herz begehrte« und dabei »geheime Dinge erfahren, die er sonst nirgends erfahren konnte«. Einer anderen Version zufolge wurde ihm seine göttliche Abstammung, nicht aber seine physische Unsterblichkeit, bestätigt – weshalb Alexander fortan seine Soldaten mit Silbermünzen bezahlte, die sein Abbild mit Hörnern *(Abb. 4a)* zeigten, dem Attribut des gehörnten Gottes Amun *(Abb. 4b)*. Eine dritte Version, die durch die weiteren Taten Alexanders ihre Bestätigung fand, besagt, er habe die Anweisung erhalten, einen gewissen Berg auf dem Sinai aufzusuchen, in dessen unterirdischen Gängen er Engeln begegnen würde, um dann weiter nach Babylon zum Tempel des Gottes Marduk zu ziehen.

Abbildung 4

Die letztgenannte Instruktion hängt wahrscheinlich mit den »geheimen Dingen« zusammen, von denen Alexander in Siwa erfuhr: dass Amun kein Name, sondern ein Titel war, der so viel bedeutete wie »Der Ungesehene« und seit etwa 2160 v. Chr. für den großen Gott Ra benutzt wurde, als dieser Ägypten verließ, um die Herrschaft über die ganze Erde anzutreten; sein vollständiger ägyptischer Name lautete **Ra-Amun, Amun-Ra** bzw. **Ammon-Ra,** »der Unsichtbare Ra«. In meinen früheren Werken zeigte ich auf, dass »Ra-Amun« sein neues Machtzentrum im mesopotamischen Babylon errichtete – wo er unter dem Namen **Marduk** bekannt war, Sohn des alten Gottes, den die Ägypter **Ptah** und die Mesopotamier **Enki** nannten. So war das Geheimnis, das Alexander offenbart wurde, wohl, dass sein wahrer Vater, der Unsichtbare *(= Amun)* Gott Ägyptens, der Gott Marduk von Babylon war; jedenfalls brach Alexander nur wenige Wochen, nachdem er dies erfahren hatte, nach Babylon auf.

Als der Sommer des Jahres 331 v. Chr. anbrach, hob Alexander ein gewaltiges Heer aus und marschierte in Richtung des Flusses Euphrat, an dessen Ufern, ein wenig südlich des Mittellaufes, die Stadt Babylon lag. Auch die Perser, nach wie vor unter der Herrschaft des Darius, stellten eine riesige Heermacht aus Kavallerie und Streitwagen auf und erwarteten Alexander, von dem sie annahmen, dass er die traditionelle Route nach Süden, den Euphrat entlang, nehmen würde.

Doch wieder erwies sich der Mazedonier als genialer Stratege. In einem großen Flankenmanöver zog Alexander stattdessen nach Osten zum Fluss Tigris und umging damit die persische Stellung, während er das ehemalige Assyrien besetzte. Als er von Alexanders Strategie erfuhr, eilte Darius mit seinen Truppen in den Nordosten. Die beiden Heere stießen östlich des Tigris, an einem Ort namens Gaugamela (»E« auf der Karte, *Abb. 1*) nahe der Ruinen der einstigen assyrischen Hauptstadt Ninive (im heute kurdischen Teil des Nordirak) aufeinander.

Abbildung 5

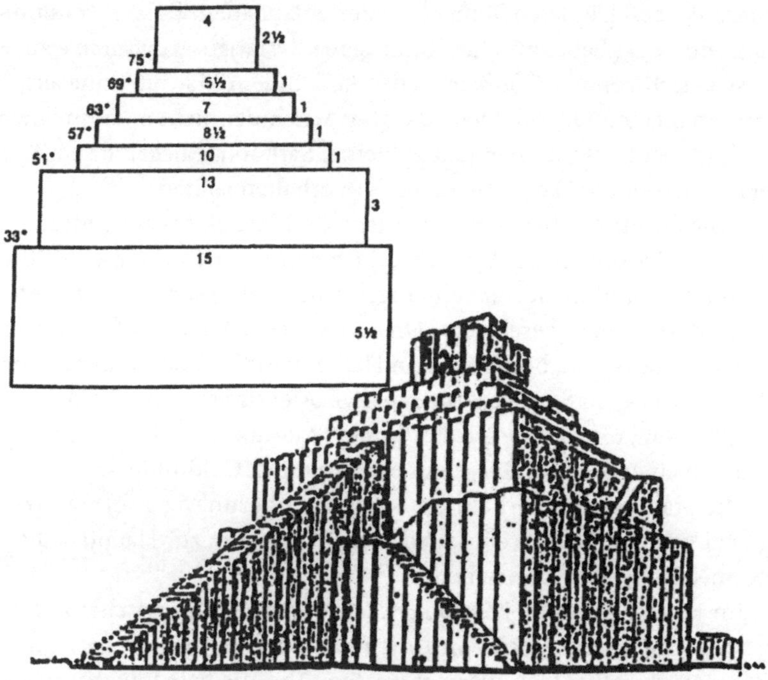

Abbildung 6

Alexanders Sieg ermöglichte es ihm, erneut den Tigris zu überqueren; ohne dass er auch den breiten Euphrat überschreiten musste, erstreckte sich doch von dort eine weite Ebene bis nach Babylon. Nachdem er ein drittes Friedensangebot von Darius zurückgewiesen hatte, marschierte Alexander in Babylon ein. Er erreichte die berühmte Stadt im Herbst des Jahres 331 v. Chr. und betrat sie durch das berühmte Ischtar-Tor (Rekonstruktion, *Abb. 5*), das vor gut einem Jahrhundert ausgegraben, rekonstruiert und vor genau 80 Jahren (nämlich 1930) im Berliner Vorderasiatischen Museum wieder aufgebaut wurde.

Die babylonischen Adligen und Priester hießen Alexander willkommen und waren froh, dass die Herrschaft der Perser ein Ende hatte, die Marduks großen Tempel entweiht und niedergerissen hatten. Dieser Tempel war eine große Ziggurat (Stufenpyramide) im Zentrum von Babylons Heiligem Bezirk, die sich in sieben astronomisch ausgerichteten Etagen erhob (Rekonstruktion, *Abb. 6*). Klugerweise hatte Alexander früh genug ankündigen lassen, dass er kommen würde, um Babylons Nationalgott Marduk seine Verehrung zu erweisen und

Marduks geschändeten Tempel wieder aufzubauen. Es war Tradition, dass ein neuer babylonischer König seine Bestätigung dadurch erhielt, dass er sich von der Gottheit segnen ließ, indem Marduk seine ausgestreckten Hände ergriff. Doch das war Alexander nicht mehr möglich; er fand den Gott tot, in einem goldenen Sarkophag liegend, sein Körper in besondere Öle getaucht, die ihn erhalten sollten.

Obwohl ihm sicher bekannt war, dass Marduk tot war, muss der Anblick Alexander doch erschreckt haben: Vor ihm lag kein toter Sterblicher und nicht nur sein angeblicher Vater, sondern ein *Gott* – einer der so hoch verehrten »Unsterblichen«. Welche Chance hätte dann er, Alexander, bestenfalls ein Halbgott, dem Tod zu entkommen? Als wolle er dem Schicksal trotzen, ließ Alexander Tausende Arbeiter verpflichten, um den *Esagil*, den Tempel Marduks, wieder aufzubauen, was ihn einen großen Teil seiner eher knappen Geldmittel kostete. Als er die Stadt wieder verließ, um seinen Eroberungszug fortzusetzen, gab er bekannt, dass er entschieden habe, Babylon zur Hauptstadt seines neuen Reiches zu machen.

Im Jahre 323 v. Chr. kehrte Alexander, der in der Zwischenzeit das gesamte persische Reich von Ägypten bis Indien erobert hatte, nach Babylon zurück. Doch diesmal warnten ihn die babylonischen Orakelpriester, die Stadt nicht wieder zu betreten, da er sonst in ihr sterben würde. Die Reihe schlechter Omen, die kurz nach Alexanders erstem Aufenthalt in Babylon begonnen hatte, setzte sich fort, obwohl Alexander es dieses Mal vermied, im Triumph in die Stadt einzuziehen. Kurz darauf erkrankte er, bekam hohes Fieber. Er bat seine Generäle, an seiner statt im Innern des *Esagil* Nachtwache zu halten. Am Morgen des Tages, den wir heute den 10. Juni 323 v. Chr. nennen würden, war Alexander tot und erlangte Unsterblichkeit – nicht physisch, doch dadurch, dass er zur Legende wurde.

***

Die Geschichte von Alexanders Geburt, Leben und Tod wurde für Generationen zum Thema unzähliger Bücher, Studien, Filme und Hochschulseminare. Heute stellt kein Historiker die Existenz Alexanders infrage, obwohl seine Vita oftmals einen geradezu mythischen Charakter hat, und so wurde endlos über ihn und seine Zeit publiziert, wurde jedes Detail seines einzigartigen Lebens untersucht. So wissen die Gelehrten, dass der große griechische Philosoph Aristoteles sein Lehrer und Mentor war, sie haben Alexanders Marschroute identifiziert, seine Strategie bei jeder einzelnen Schlacht analysiert, die Namen und Laufbahnen seiner Generäle aufgezeigt. Doch wie sich angesehene Historiker ohne ein Gramm Schamgefühl für dieses Thema ereifern, erstaunt: Denn während sie jeden Aspekt und jede Wendung am mazedonischen Hof mit all seinen Intrigen beschreiben, schmunzeln sie über jenes Detail, das das alles auslöste – dass man an eben diesem Hof überzeugt war, ganz wie Alexander selbst, ja wie die gelehrtesten und gebildetsten Griechen – dass ein Gott in der Lage war, mit einer weiblichen Sterblichen einen Sohn zu zeugen!

Ihre Verachtung für »Mythen« betrifft auch das sehr viel breitere Feld der griechischen Kunst. Schwere Bildbände, die private wie öffentliche Bücherregale zum Biegen bringen, behandeln jedes Detail der griechischen Kunst in ihren verschiedenen Stilrichtungen, kulturellen Prägungen, geographischen Ursprungsregionen; Museen füllen ganze Galerien mit Marmorskulpturen, Bronzen, bemalten Vasen und anderen Artefakten. Und was stellen sie alle dar? In allen Variationen – anthropomorphe Götter, heldenhafte Halbgötter und Episoden aus sogenannten Mythen (wie diese Darstellung des Gottes Apollon, der seinen Vater Zeus, begleitet von anderen Göttern und Göttinnen, willkommen heißt, *Abb. 7*).

Abbildung 7

Abbildung 8

Aus Gründen, die eher schwer verständlich sind, ist es in Gelehrtenkreisen eine Norm, die Überlieferungen antiker Zivilisationen wie folgt einzuteilen: Wenn eine antike Erzählung oder ein Text von einem König handelt, so gilt er als Teil der Königlichen Annalen. Wenn er von einer heldenhaften Person handelt, ist es ein Epos. Doch wenn sein Thema die Götter sind, dann wird er als Mythos eingestuft. Denn welcher Wissenschaftler, der noch bei klarem Verstand ist, würde glauben, wie es die alten Griechen (oder Ägypter oder Babylonier) taten, dass die Götter ganz reale Wesen waren, die als allmächtig galten, den Himmel bereisten, sich an Schlachten beteiligten, sich immer neue Prüfungen und Heimsuchungen für die Helden ausdachten, ja sogar eben diese Helden zeugten, indem sie Sex mit Menschenfrauen hatten?

So wird ironischerweise die Saga Alexanders des Großen als historische Tatsache eingestuft, obwohl seine Geburt, seine Orakelbesuche, seine Marschroute und sein Ende in Babylon nicht stattgefunden haben könnten ohne die Einbeziehung solch »mythischer« Götter wie Amun, Ra, Apollon, Zeus und Marduk oder auch der Halbgötter Dionysos, Perseus, Herakles – und möglicherweise Alexander selbst.

Wir wissen heute, dass die Erzählungen der alten Völker voller Schilderungen – und Darstellungen – von Göttern sind, die, obwohl sie wie wir aussahen, anders waren – sogar scheinbar unsterblich. Diese Geschichten waren im Kern die gleichen, egal von welchem Teil der Erde sie stammten; und obwohl die verehrten Wesen in den verschiedenen Ländern unterschiedliche Namen trugen, hatten diese Namen in den verschiedenen Sprachen mehr oder weniger die gleiche Bedeutung: Es waren Beinamen, die einen speziellen Aspekt oder ein Attribut der jeweiligen Gottheit beschrieben.

a

b

Abbildung 9

So entsprachen die römischen Götter, die Jupiter und Neptun genannt wurden, den griechischen Göttern Zeus und Poseidon. Indra, der große Hindugott der Winde, gewann die Oberhand in einer Schlacht mit rivalisierenden Göttern, indem er Blitze schleuderte, ganz wie Zeus es tat *(Abb. 8)*; und sein Name, der in der Silbenschrift der Inder In-da-ra geschrieben wurde, findet sich auch auf den Götterlisten der Hethiter in Kleinasien; als zweiter Name des hethitischen Hauptgottes ***Teschub,*** der als Gott des Blitzes und Donners galt *(Abb. 9a)* – und den die Assyrer und Babylonier ***Adad*** (»Der Donnerer«) nannten und die Kanaaniter ***Hadad.*** Wir finden ihn sogar auf dem amerikanischen Kontinent unter dem Namen ***Viracocha*** und dargestellt auf dem berühmten »Sonnentor« von Tiwanaku in Bolivien *(Abb. 9b)*. Diese Liste könnte beliebig erweitert werden. Wie konnte das sein, warum war dem so?

Als die Griechen Kleinasien durchzogen, passierten sie die imposanten Monumente der Hethiter; im Norden Mesopotamiens stießen sie auf die Ruinen der großen Städte Assyriens – verlassen, doch noch nicht unter dem Sand der Zeit begraben. Überall fanden sie nicht nur gleichbedeutende Namen der Götter, sondern auch eine identische Ikonographie, die gleichen Symbole – dominiert vom Zeichen der Geflügelten Scheibe *(Abb. 10)*, dem sie in Ägypten, in Kleinasien, in Assyrien und sogar auf den Monumenten der persischen Könige begegneten; stets war es das heiligste Symbol. Doch wofür stand es, was bedeutete es?

Bald nach Alexanders Tod wurden die eroberten Länder unter Alexanders beiden mächtigsten Generälen aufgeteilt, denn seine rechtmäßigen Erben – sein vierjähriger Sohn und dessen Bewacher, Alexanders Bruder – waren ermordet worden. Ptolemaios und seine Nachkommen, die sich in Ägypten niederließen, erbten die afrikanischen Gebiete, Seleukos und seine Nachkommen, die in Syrien residierten, beherrschten Anatolien, Mesopotamien und die entfernteren asiatischen Gebiete. Die beiden neuen Herrscher bemühten sich nach Kräften, die ganze Geschichte der Länder, die sie jetzt beherrschten, und ihrer Götter zu erfahren. Die Ptolemäer, Gründer der berühmten Bibliothek von Alexandria, erwählten einen ägyptischen Priester, bekannt unter dem Namen Manetho, in griechischer Sprache die dynastische Geschichte und göttliche Vorgeschichte Ägyptens aufzuzeichnen. Die Seleukiden beauftragten einen griechischsprachigen babylonischen Priester, bekannt als »Berossos«, für sie die Geschichte und Vorgeschichte der Menschheit und ihrer Götter nach dem Wissen der Mesopotamier niederzuschreiben. In beiden Fällen war das Motiv nicht nur reine Neugierde; wie die späteren Ereignisse zeigen, bemühten sich die neuen Herrscher um Akzeptanz, indem sie aufzeigen ließen, dass ihre Herrschaft nur eine legitime Fortsetzung des dynastischen Königtums war, das letztendlich in seinem Ursprung auf die Götter zurückgeht.

Was wir von den Schriften dieser beiden Gelehrten wissen, führt uns zurück zu denselben prähistorischen Zeiten und Ereignissen, von denen in den denkwürdigen Versen des Buches 6 der Genesis die Rede ist. Es führt uns darüber hinaus zu der Frage, ob »Mythen« irgendwie wahr sein könnten, vielleicht als kollektive Erinnerung an vergangene Ereignisse – und katapultiert uns zu der Entdeckung, dass sie vielmehr Versionen tatsächlicher Aufzeichnungen sind, von denen einige, wie es ausdrücklich heißt, *aus den Tagen vor der Sintflut stammten.*

Abbildung 10

Babylon und Marduk

Auf Akkadisch *Bab-ili* (»Tor der Götter«) genannt (wovon das *Babel* der Bibel abgeleitet ist) war Babylon die Hauptstadt des gleichnamigen Königreiches am Euphrat, nördlich von Sumer und Akkad gelegen. Bevor archäologische Ausgrabungen vor dem Ersten Weltkrieg die Überreste dieser einst so gewaltigen Stadt ans Tageslicht förderten, war ihre Existenz in erster Linie aus der Bibel bekannt – beginnend mit der biblischen Erzählung vom Turmbau zu Babel bis hin zu den historischen Ereignissen, die in den Büchern der Könige und der Propheten festgehalten sind.

Der Aufstieg und die Geschichte Babylons war eng verbunden mit dem Schicksal und den Ambitionen des Gottes **Marduk,** dessen Haupttempel – eine Ziggurat, die *E.sag.il* (= »Tempel, dessen Haupt hoch erhoben ist«) genannt wurde – sich inmitten eines ausgedehnten heiligen Bezirks erhob, in dem eine Vielzahl von Priestern tätig war, hierarchisch organisiert von Tempelreinigern und Opfertier-Schlachtern und Heilern bis hin zu Verwaltern, Schreibern, Astronomen und Astrologen. *Mar.duk* (= »Sohn des Reinen Ortes«) war der erstgeborene Sohn des sumerischen Gottes Ea/Enki, dessen Herrschaftsgebiet in Afrika lag (wo, wie ich bereits andeutete, Vater und Sohn als die Götter Ptah und Ra verehrt wurden). Doch Marduk strebte nach der Vorherrschaft auf der Erde, indem er seinen eigenen »Nabel der Welt« in Mesopotamien errichtete – ein Unternehmen, das zunächst mit dem berühmten Vorfall vom gescheiterten »Turmbau zu Babel« endete. Erfolg hatte er erst nach 2000 v. Chr., als ein strahlender Marduk (siehe Abbildung) all die anderen führenden Götter einlud, in Babylon als seine Untergebenen zu residieren.

Babylonien wurde zur Großmacht unter der Dynastie, die um 1800 v. Chr. mit König Hammurabi begann. Durch die Entzifferung der Keilschrifttexte, die man im ganzen Nahen Osten fand, ist es möglich, die Geschichte der religiös motivierten Eroberungen und der jahrhundertelangen Rivalität mit Assyrien zu rekonstruieren. Nach einem zwischenzeitlichen Niedergang, der sich über fünf Jahrhunderte erstreckte, erhob sich das Neubabylonische Reich und dauerte bis ins 6. Jahrhundert v. Chr. an. Zu seinen Kriegen zählen mehrere Angriffe auf Jerusalem und schließlich dessen Eroberung, gefolgt von der Zerstörung des salomonischen Tempels im Jahre 587 v. Chr. durch König Nebukadnezar II. – wobei die babylonischen Aufzeichnungen die biblischen Berichte bestätigen.

Das Ende der Stadt Babylon als Hauptstadt, religiöses Zentrum und Symbol ihres Reiches fiel ins Jahr 539 v. Chr. und war die Folge ihrer Eroberung durch den persischen Achämeniden-König Kyros II. Während dieser Marduk noch mit Respekt behandelte, zerstörte sein Nachfolger Xerxes den berühmten Ziggurat-Tempel im Jahre 482 v. Chr., als er längst nur noch als Grab für den toten Marduk diente. Eben diesen Ziggurat-Tempel, der jetzt in Ruinen lag, wollte Alexander der Große wieder errichten lassen.

II

In den Tagen vor der Flut

Im Auftrag von König Ptolemaios stellte Manetho – so die griechische Schreibweise des ägyptischen Namens Men-Thoth (»Geschenk des [Gottes] Thoth«) – gegen 270 v. Chr. die Geschichte und Frühgeschichte des alten Ägypten in drei Bänden zusammen. Die Originalhandschrift, bekannt unter dem Namen *Aegyptiaca,* wurde in der Bibliothek von Alexandria niedergelegt, um dort dasselbe Schicksal zu erleiden wie so viele andere unersetzbare Schätze der antiken Literatur, Wissenschaft und Geschichtsschreibung: Sie wurde irgendwann während eines der natürlichen und menschengemachten Unglücke zerstört, von denen diese Schatzkammer antiken Wissens heimgesucht wurde, bevor sie 642 n. Chr. von den muslimischen Eroberern des Landes niedergebrannt wurde. Wir wissen aber aus den Zitaten und Hinweisen in den Werken anderer antiker Autoren (einschließlich dem jüdisch-römischen Historiker Flavius Josephus), dass Manetho Götter und Halbgötter auflistete, die das Land beherrschten, lange bevor menschliche Pharaonen Könige von Ägypten wurden.

Die Griechen waren keineswegs völlig unwissend, was die Geschichte Ägyptens betraf, denn der Historiker und Forscher Herodot hatte das Land zwei Jahrhunderte zuvor besucht und ausführlich beschrieben. Was die frühen Herrrscher des Landes betraf, schrieb Herodot, dass die ägyptischen Priester »sagten, dass Men der erste König Ägyptens gewesen sei.« Offenbar dieselben Quellen zitierend, begann auch Manethos Pharaonenliste mit einem Herrscher namens Men (Menes auf Griechisch); doch es war Manetho, der als Erster die Thronfolge der Pharaonen in Dynastien ordnete – eine Einteilung, der die Ägyptologie noch heute folgt – und damit Erbfolgeregelungen und historische Veränderungen berücksichtigte. Seine umfangreiche Königsliste führte ihre Namen, die Dauer ihrer Herrschaft, ihre Erbfolge und wichtige historische Informationen auf.

Doch was Manethos Liste der Pharaonen und ihrer Dynastien so bedeutsam macht, ist der Umstand, dass eben diese Liste *mit Göttern und nicht mit Pharaonen* beginnt. Götter und Halbgötter, so schrieb Manetho, herrschten über Ägypten, bevor der erste menschliche Pharao den Thron bestieg!

Ihre Namen, ihre Thronfolge und ihre lange Herrschaftszeit – die von den Gelehrten als »mythisch« und »phantastisch« abgetan wird – begann mit einer göttlichen Dynastie, die der Gott Ptah begründete, der Schöpfergott des alten Ägyptens:

Ptah	regierte	9000 Jahre
Ra	regierte	1000 Jahre
Schu	regierte	700 Jahre
Geb	regierte	500 Jahre
Osiris	regierte	450 Jahre
Seth	regierte	350 Jahre
Horus	regierte	300 Jahre
Sieben Götter	herrschten	12 300 Jahre lang

Wie sein Vater Ptah war **Ra** ein Gott »des Himmels und der Erde«, der in früheren Zeiten vom »Planeten der Millionen Jahre« in einer Himmelsbarke kam, die das *Ben-Ben* genannt wurde (was so viel wie »Pyramidenspitzenvogel« bedeutet); es wurde im Allerheiligsten eines Tempels in der heiligen Stadt Anu (dem biblischen *On*, besser bekannt unter seinem späteren griechischen Namen Heliopolis) verwahrt. Obwohl er mit einer extremen Langlebigkeit gesegnet war und Jahrtausende lang eine Rolle in der Geschichte Ägyptens spielte, endete Ras Herrschaft als Nachfolger seines Vaters Ptah urplötzlich nach nur tausend Jahren. Der Grund, so werden wir noch herausfinden, spielt eine wichtige Rolle in unserer Suche.

Auf die erste Dynastie der Götter folgte nach Manetho eine zweite, an deren Anfang der Gott **Thoth** stand, ein weiterer Sohn des Ptah, doch nur ein Halbbruder des Ra. Ihre Herrschaft dauerte 1570 Jahre. Insgesamt, so erklärte Manetho, regierten die Götter 13 870 Jahre lang. Eine Dynastie von dreißig *Halbgöttern* folgte; sie herrschten 3650 Jahre lang. Insgesamt, so schrieb Manetho, regierten göttliche und halbgöttliche Herrscher 17 520 Jahre lang. Dann, nach einer chaotischen

Zwischenzeit von 350 Jahren, in denen das Land geteilt war (in Ober- und Unterägypten), begründete *Men* die erste menschliche Dynastie von Pharaonen, die ein vereintes Ägypten regierten.

Verschiedene moderne archäologische Entdeckungen bestätigten Manethos Pharaonenliste und die von ihm aufgeführten Pharaonennamen, so etwa ein Dokument, das unter dem Namen »Turiner Papyrus« bekannt wurde, oder ein Artefakt, das als »Stein von Palermo« bezeichnet wird, jeweils benannt nach den Museen in Italien, in denen sie ausgestellt sind. Zu diesen Bestätigungen zählt auch eine Steininschrift, nach ihrem Fundort bekannt als die Liste von Abydos, auf dem sich zwei Pharaonen der 19. Dynastie, Seti und sein Sohn Ramses II. darstellen ließen *(Abb. 11)*, die beide gut ein Jahrtausend vor Manethos Zeit lebten. Die Wände des Haupttempels von Abydos, einer Stadt in Oberägypten, bedeckt eine Liste von fünfundsiebzig ihrer Vorgänger, beginnend mit »Mena«. Der Turiner Papyrus bestätigt auch Manethos Liste der göttlichen und halbgöttlichen Herrscher sowie der chaotischen Zwischenzeit und nennt (einschließlich der auf Men(a) folgenden Pharaonen) insgesamt 330 Herrscher; dieselbe Zahl, die auch einst Herodot mitgeteilt worden war.

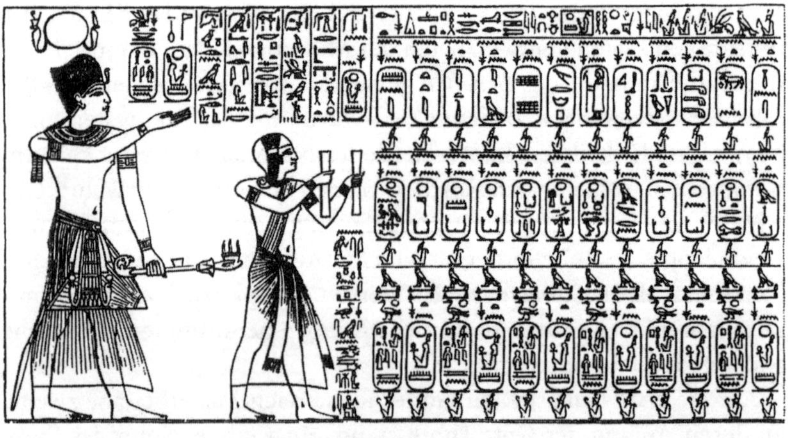

Abbildung 11

Der berühmte Ägyptologe Sir W. M. Flinders Petrie grub eine Reihe antiker Gräber auf einem uralten Gräberfeld am Rande von Abydos aus. Stelen, die als Grabsteine dienten, und andere Inschriften identifizierten die Stelle, die sich gleich neben dem angeblichen Grab des

Osiris befindet, als Friedhof der Pharaonen der Ersten und Zweiten Dynastie. Die Gräberreihe, die von Ost nach West verlief, begann mit einem Grab, das den Namen des Königs Menes trug. Petrie identifizierte die Gräber und Namen aller Pharaonen der Ersten Dynastie und betonte in seinem Meisterwerk *The Royal Tombs of the First Dynasty* (»Die Königsgräber der Ersten Dynastie«, 1900/1901) eigens, dass seine Entdeckung die Liste Manethos bestätigte. Zudem stieß er auf Gräber mit den Namen prädynastischer Könige, die er ironisch als »Dynastie 0« bezeichnete. Spätere Ägyptologen identifizierten sie als die Herrscher der chaotischen Zwischenzeit, die auch Manetho nennt, und verifizierten damit auch diesen Aspekt seiner Königsliste.

Die Bedeutung dieser Bestätigung von Manethos Daten geht über die Frage nach den göttlichen und halbgöttlichen Dynastien in präpharaonischer Zeit hinaus: Sie wirft auch ein bezeichnendes Licht auf die Frage nach der Sintflut und der Zeit vor der Sintflut. Da es als sicher gilt, dass die Herrschaft der Pharaonen um 3100 v. Chr. begann, führt uns Manethos Chronologie bis in das Jahr 20 970 v. Chr. zurück (12 300 + 1570 + 3650 + 350 + 3100 = 20 970). Klimadaten und andere naturwissenschaftliche Hinweise, die ich in meinen Büchern *Der Zwölfte Planet* und *Am Anfang war der Fortschritt* zitiere, führten mich zu der Schlussfolgerung, dass sich die Sintflut vor etwa 13 000 Jahren ereignete, genauer gesagt: um 10 970 v. Chr.

Subtrahiert man diese 10 970 Jahre von den 20 970 Jahren der Manetho-Chronologie, so ergibt das 10 000 Jahre – was exakt der Herrschaftszeit des Ptah (9000 Jahre) und der abrupt endenden Regentschaft des Ra (1000 Jahre) entspricht. Das aber ist wiederum eine bedeutsame Übereinstimmung, die eine Verbindung zwischen Manethos Zeitplan und der Sintflut herstellt. Sie deutet darauf hin, dass Ptah vor der Sintflut regierte und Ras Regierungszeit durch die Sintflut abrupt unterbrochen wurde. Das bestätigt die Realität der Sintflut und ihre zeitliche Einordnung einerseits und die Richtigkeit der Daten Manethos über die Herrschaftszeiten der Götter und Halbgötter andererseits.

So erstaunlich diese Synchronizität auch ist, sie ist keinesfalls zufällig. Die Ägypter nannten ihr Land »Das erhobene Land«. Denn zu einem bestimmten Zeitpunkt, so sagten sie, sei es von einer alles verschlingenden Wasserlawine überflutet worden. Der Gott Ptah, ein großer Wissenschaftler, sei dann zu Hilfe geeilt. Auf der Nilinsel Abu (die aufgrund ihrer Form auch Elephantine genannt wurde) in der Nähe des

Ersten Katarakts in Oberägypten, habe Ptah eine Höhle in den Fels geschlagen und in ihr Schleusen installiert, die den Verlauf des Flusses kontrollierten, sodass das Land flussabwärts trocknen konnte – womit buchstäblich, zumindest in den Augen der Ägypter, das Land aus den Wassern gehoben wurde. Dieser Vorgang wurde in der ägyptischen Kunst dargestellt *(Abb. 12)*; der große moderne Assuanstaudamm liegt an derselben Stelle nahe dem Ersten Katarakt.

Diese Ereignisse könnten erklären, weshalb der Gott, der danach die Herrschaft über Ägypten antrat, *Schu* genannt wurde – sein Name, der so viel wie »Trockenheit« bedeutet, stand für das Ende der Flutkatastrophe. Sein Nachfolger trug den Namen *Geb* (was so viel heißt wie »Der Aufhäufende«), denn er befahl die großen Erdarbeiten, die das Land noch bewohnbarer und fruchtbarer machten. Wie die Teile eines Puzzles ergeben all diese diversen Fakten zusammen eine ägyptische Überlieferung von der Sintflut gegen 10 970 v. Chr.

Abbildung 12

Zu diesen Leckerbissen aus der ägyptischen Vorgeschichte in Bezug auf die Sintflut ließe sich noch eine Tatsache hinzufügen: In dem Bemühen, Ägypten unter seiner Herrschaft zu vereinen, folgte Men dem Beispiel Ptahs und schuf ebenfalls eine künstliche Nilinsel, und zwar dort, wo das Delta des Flusses beginnt, und errichtete auf ihr eine neue Hauptstadt, die eben jenem Ptah geweiht war. Er nannte sie Men-Nefer (»Die Schönheit des Men«) – Memphis auf Griechisch.

Wie die Geschichte und Kunst Griechenlands, so lässt sich auch die Geschichte und Vorgeschichte des alten Ägyptens nicht von der aktiven Einwirkung und physischen Existenz der Götter trennen. Wo immer man in Ägypten hinschaut, wie immer man sich dreht und wendet, seine Statuen, Skulpturen, Wandbilder, Tempel, Monumente und Inschriften, ob im Innern von Pyramiden, auf Sarkophagdeckeln oder den Wänden der Gräber – sie sprechen von Ägyptens Göttern und zeigen das ganze Pantheon *(Abb. 13)*. Alles, was vor Manethos Zeit aufgezeichnet und dargestellt wurde und alles, was man nach seiner Zeit entdeckte, bestätigte seine Liste der pharaonischen Dynastien; *warum also akzeptiert man nicht die Realität der Götter, gefolgt von Halbgöttern, als Herrscher über Ägypten vor den menschlichen Pharaonen?*

***

Im Seleukidenreich fiel, wie gesagt, die Aufgabe, die Geschichte des Landes aufzuzeichnen, einem babylonischen Priester-Historiker namens Berossos (Griechisch für *Bel-Re'ushu* = »Der Herr [Marduk] ist sein Hirte«) zu, der zur Zeit Alexanders des Großen in Babylon geboren wurde. Seine Aufgabe war weitaus komplexer als die des Manetho in Ägypten, denn seine Zusammenstellung beschränkte sich nicht bloß auf ein einziges Land; sie musste viele Länder, verschiedene Königreiche und eine Vielzahl von Herrschern umfassen, die oft nicht etwa aufeinanderfolgend, sondern manchmal gleichzeitig in verschiedenen (und oft verfeindeten) Reichen und Stadtstaaten regierten.

Auch die drei Bände, die er verfasste (genannt *Babyloniaca* und König Antiochos I. gewidmet, der von 279 bis 261 v. Chr. regierte), gibt es nicht mehr, nur Einzelteile haben die Zeit überdauert, weil sie von zeitgenössischen griechischen und später von römischen Historikern (einschließlich Josephus) ausgiebig kopiert und zitiert wurden. Aus diesen Referenzen und Zitaten, die gewöhnlich als »Berossos-

Fragmente« bezeichnet werden, wissen wir, dass der Babylonier sein Thema »globalisierte«: Statt die Geschichte eines Volkes oder eines Königreiches aufzuzeichnen, schilderte er die Geschichte der ganzen (damals bekannten) Welt, statt sich auf eine Gruppe Götter zu beschränken, beschrieb er alle Götter der ganzen Menschheit und wie all das – Götter, Halbgötter, Königreiche, Könige, Menschen, ja die Zivilisation selbst – entstand: eine umfassende Weltgeschichte von den Anfängen bis in die Zeit Alexanders. Aus diesen Fragmenten wissen wir, dass Berossos die Vergangenheit in eine Zeit vor der Sintflut und die Zeitalter nach der Sintflut aufteilte und überzeugt war, dass, bevor es Menschen gab, die Götter allein über die Erde herrschten.

Alexander Polyhistor, ein griechisch-römischer Historiker und Geograph des ersten Jahrhunderts v. Chr., berichtet bezüglich der Zeit vor der Sintflut: »Im zweiten Buch (des Berossos) findet sich die Geschichte der zehn Könige der Chaldäer und die Dauer ihrer Herrschaft, die zusammen einhundertzwanzig *Sars* oder vierhundertzweiunddreißigtausend Jahre betrug, bis zur Zeit der Sintflut.« (Mit »Chaldäern« waren die astronomisch versierten Bewohner des alten Mesopotamiens gemeint).

Die Gesamtzeit von 432 000 Jahren setzte sich also aus den Regierungszeiten der zehn aufgelisteten Herrscher zusammen, deren individuelle Amtszeiten zwischen 10 800 und 64 800 Jahren betrugen. Der griechische Historiker, der Berossos zitierte, erklärte dazu, dass die lange Dauer ihrer Herrschaft in einer numerischen Einheit gemessen wurde, die man *Sar* nannte, wobei ein *Sar* – *Saros* auf Griechisch – 3600 Jahren entsprach. Der griechische Historiker Abydenos, ein Schüler des Aristoteles, der ebenfalls Berossos zitierte, stellte fest, dass diese zehn Könige über Städte regierten, die alle im alten Mesopotamien lagen, und erklärte, wie die Gesamtdauer ihrer Herrschaft errechnet worden war:

> Es wird gesagt, dass der erste König auf Erden Aloros war,
> er regierte zehn *Sar.* Ein *Sar* aber umfasst
> dreitausendsechshundert Jahre.
> Nach ihm regierte Alaprus drei *Sars.*
> Auf ihn folgte Amillarus aus der Stadt Panti-Biblon,
> der dreizehn *Sars* lang regierte.
> Nach ihm regierte Ammenon zwölf *Sars* lang,

DIE HIMMELSSCHEIBE UND DIE GÖTTER ÄGYPTENS

1. Ptah **2. Ra-Amen** **3. Thoth** **4. Seker**
5. Osiris **6. Isis mit Horus** **7. Nephtys** **8. Hathor**

Die Götter mit ihren Attributen:

9. Ra/Falke 10. Horus/Falke 11. Seth/Sinai-Esel 12. Thoth/Ibis 13. Hathor/Kuh

Abbildung 13

auch er war aus der Stadt Panti-Biblon.
Dann kam Megalurus aus derselben Stadt, achtzehn *Sars*.
Dann Daos, der Hirte, regierte für die Dauer von zehn *Sars*.
Danach regierten Anodaphus und Euedoreschus.
Es gab noch weitere Herrscher und schließlich Sisithrus;
in ihrer Gesamtheit waren es zehn Könige
und die Zeit ihrer Herrschaft betrug einhundertzwanzig *Sars*.

Auch Apollodorus von Athen (2. Jahrhundert v. Chr.) berichtete mit ähnlichen Worten von der vorsintflutlichen Königsliste des Berossos: Zehn Könige regierten insgesamt 120 *Sars* (= 432 000 Jahre) lang und die Regentschaft jedes Einzelnen wurde in *Sar*-Einheiten von 3600 Jahren gemessen. Tatsächlich bestätigten alle, die Berossos zitierten, dass er zehn göttliche Herrscher aufführte, die vom Anfang der Zivilisation bis zur Sintflut regierten, wobei er die Große Flut für ein reales Ereignis und eine historische Wendemarke hielt. Die Namen der zehn vorsintflutlichen Könige (deren Namen von allen, die Berossos zitierten, ins Griechische übersetzt wurden) und die Dauer ihrer Herrschaft (obwohl ihre Reihenfolge variierte, ist man sich einig, dass ein »Aloros« der Erste und ein »Xisuthros« der Letzte war) wird wie folgt angegeben und betrug insgesamt 120 *Sars:*

Aloros	regierte	10 Sars	(= 36 000 Jahre)
Alaparos	regierte	3 Sars	(= 10 800 Jahre)
Amelon	regierte	13 Sars	(= 46 800 Jahre)
Ammenon	regierte	12 Sars	(= 43 200 Jahre)
Megalarus	regierte	18 Sars	(= 64 800 Jahre)
Daonos	regierte	10 Sars	(= 36 000 Jahre)
Euedoreschus	regierte	18 Sars	(= 64 800 Jahre)
Amempsinos	regierte	10 Sars	(= 36 000 Jahre)
Obartes	regierte	8 Sars	(= 28 800 Jahre)
Xisuthros	regierte	18 Sars	(= 64 800 Jahre)
Zehn Könige	regierten	120 Sars	(= 432 000 Jahre)

Die überlieferten Zitate aus dem Werk des Berossos deuten darauf hin, dass es sich in weiten Teilen mit der Frühzeit der Menschheit befasste – wie sie entstand, wie sie sich Wissen aneignete, wie sie sich über die Erde ausbreitete und ansiedelte. Am Anfang, so heißt es, habe es auf der Erde nur die Götter gegeben. Der Mensch erschien – so die Fragmente des Berossos –, als Deus (»Gott«), auch Belos genannt (was so viel wie »Herr« bedeutet), sich entschloss, den Menschen zu erschaffen. Er bediente sich zu diesem Zweck eines »zweifältigen Prinzips«, doch das Ergebnis waren »grauenhafte Wesen«: »Menschen erschienen mit zwei Flügeln, einige mit vieren, und mit zwei Gesichtern … Andere Menschengestalten wurden gesehen, die die Beine und Hörner von Ziegen hatten … und es gab Stiere mit Menschenköpfen … von ihnen allen wurden Abkömmlinge im Tempel des Belus in Babylon gehalten.« (*Belus,* Griechisch für *Bel/Ba'al* [»der Herr«], war in Babylon ein Titel des Gottes Marduk.)

Zu der Frage, wie der Mensch Intelligenz und Wissen erlangte, schrieb Berossos, dass dies wie folgt geschah: Ein Anführer dieser frühen, göttlichen Herrscher mit Namen Oannes stieg einst aus dem Meer ans Ufer und lehrte die Menschheit alle Aspekte der Zivilisation. »Er war ein Wesen, mit Vernunft begabt, ein Gott, der erschien, indem er aus dem Erythräischen Meer stieg, das an Babylonien grenzte.« Berossos berichtete weiter, dass Oannes, obwohl er zunächst wie ein Fisch erschien, unter seinem Fischkopf einen Menschenkopf hatte und menschliche Füße unter seinem Fischschwanz. »Auch seine Stimme und Sprache waren artikuliert und menschlich«. »Ein Abbild von ihm«, so ergänzte Alexander Polyhistor, »ist bis auf den heutigen Tag erhalten«.

Dieser Oannes »pflegte mit den Menschen zu reden; er schenkte ihnen Einblick in die Schrift und die Wissenschaften und jede Form von Kunst; er lehrte sie, Häuser zu bauen, Tempel zu gründen und Gesetze zu verfassen; er erklärte ihnen auch die Regeln der Geometrie.« Es war Oannes, so heißt es in den Fragmenten, die Polyhistor zitiert, der aufschrieb, wie die Menschheit entstanden war und dass der Schöpfung »eine Zeit vorausging, in der es nichts gab außer Finsternis und die Tiefen des Wassers«.

Weiter umfassten die Berossos-Fragmente Einzelheiten über das Schlüsselereignis, das die Ära der Götter vom Zeitalter der Menschen trennte, die Sintflut. Laut Abydenus schrieb Berossos, dass die Götter das Wissen um die bevorstehende, alles zerstörende Flut vor den Menschen geheim halten wollten; doch der Gott Kronos (in der griechischen Sage der Sohn des Gottes Uranus und der Vater des Gottes Zeus) verriet dieses Geheimnis dem »Sisithros« (dem letztgenannten **Xisuthros** aus der Liste der zehn vorsintflutlichen Herrscher):

> Kronos offenbarte dem Sisithros, dass es eine Flut geben würde
> am fünfzehnten Tag des Daisios, und wies ihn an,
> in Sippar, der Stadt des Gottes Schamasch,
> alle verfügbaren Schriften zu verstecken.
> Sisithros tat all das und segelte sofort nach Armenien;
> und daraufhin geschah, was der Gott ihm angekündigt hatte.

Um herauszufinden, ob die Flut schon vorüber war, so heißt es im Zitat des Abydenus, ließ Sisithros Vögel frei, die trockenes Land finden sollen. Als das Schiff Armenien erreichte, opferte Sisithros den Göttern. Er wies die Menschen, die mit ihm in dem Schiff waren, an, nach Babylonien zurückzukehren; doch er selbst wurde von den Göttern weggeholt, um den Rest seines Lebens mit ihnen zu verbringen.

Der Bericht des Polyhistor ist länger und detaillierter. Nachdem er berichtet, dass »nach dem Tod des Ardates (oder Obartes) sein Sohn Xisuthros achtzehn Sars lang herrschte und sich in dieser Zeit die Sintflut ereignete«, zitiert Polyhistor den chaldäischen Bericht wie folgt:

> Die Gottheit, Kronos, erschien ihm in einer Vision und
> ließ ihn wissen, dass am fünfzehnten Tag des Monats
> Daisos eine Flut kommen würde, durch die die Menschheit
> zerstört würde.
> Sie beauftragte ihn, alles aufzuschreiben,
> eine Geschichte der Anfänge, der Mitte und des Endes aller Dinge,
> bis zu seiner Zeit; und diesen Bericht sicher zu vergraben in
> der Stadt des Sonnengottes, in Sippar;
> und ein Schiff zu bauen, und darin
> seine Angehörigen und seine Freunde aufzunehmen.
> Er sollte Nahrung und Wasser und Vögel und Tiere
> an Bord nehmen und lossegeln, wenn er alles fertiggestellt hätte.

Indem er diesen Anweisungen folgte, baute Xisuthros ein Schiff, »fünf Stadien lang und zwei Stadien breit«. Und da er damit rechnen konnte, wie verwundert sein Umfeld darauf reagieren würde, wies der Gott Xisuthros an, nur zu sagen, er würde »zu den Göttern segeln, um zu ihnen zu beten, dass sie die Menschen segnen mögen.« Dann holte er seine Frau, seine Kinder »und die engsten Freunde« an Bord.

Als die Flut zurückging, »ließ Xisuthros einige der Vögel fliegen, doch sie fanden keine Nahrung und kehrten zu dem Boot zurück«. Doch beim dritten Versuch kamen die Vögel nicht wieder und Xisuthros folgerte, dass schon Land aufgetaucht war. Als das Schiff auf Grund lief, gingen Xisuthros, sein Weib, seine Tochter und sein Steuermann an Land und wurden nie mehr wieder gesehen, »denn sie wurden hinweg genommen, um mit den Göttern zu leben.« Jenen aber, die in dem Schiff zurückgeblieben waren, wurde von einer unsichtbaren Stimme erklärt, dass sie sich in Armenien befänden. Dieselbe Stimme forderte sie schließlich auf, in ihre Heimat zurückzukehren, »die Schriften von Sippar zu bergen und sie unter der Menschheit zu verbreiten«. Und das taten sie:

Sie kehrten nach Babylon zurück,
sie gruben die Schriften von Sippar aus,
gründeten zahlreiche Städte, errichteten Tempel
und begründeten Babylon neu.

Den Fragmenten zufolge berichtete Berossos weiter, dass zunächst »alle Menschen dieselbe Sprache sprachen«. Doch dann »unternahmen es einige von ihnen, einen großen und hohen Turm zu bauen, auf dass sie hinauf in den Himmel steigen konnten«. Doch Belus, der einen Wirbelsturm sandte, »machte ihre Pläne zunichte und gab jedem Stamm eine eigene Sprache … Der Ort, an dem sie den Turm bauten, heißt heute Babylon.«

***

Die Ähnlichkeiten zwischen dem Bericht des Berossos und der Schilderung im Buche *Genesis* der Bibel sind offensichtlich; weit über das eigentliche Thema der Flut hinaus stimmen die beiden Darstellungen in vielen Details überein.

Die Sintflut, so berichtet Berossos, ereignete sich während der Herrschaft des zehnten vorsintflutlichen Königs, Sisithros, und begann im Monat Daisos, dem zweiten Monat des babylonischen Kalenderjahres. Auch in der Bibel (Genesis 7,11) heißt es, die Sintflut habe sich »im sechshundertsten Lebensjahr Noachs, am siebzehnten Tag *des zweiten Monats*« ereignet. Noach war der zehnte vorsintflutliche Patriarch (von Adam an gerechnet).

Wie Xisuthros/Sisithros, so wurde auch Noach von seinem Gott vor einer verheerenden Flutwelle gewarnt und angewiesen, nach genauen Angaben ein gut abgedichtetes Schiff zu bauen. Dann sollte er seine Familie, Tiere und Vögel an Bord holen – genau wie Xisuthros es tat. Als die Wasser zurückgingen, ließen beide Vögel frei, um festzustellen, ob schon Land aus den Fluten aufgetaucht war (Noach schickte zwei Vögel los, erst einen Raben, dann eine Taube). Sisithros Schiff erreichte »Armenien«; Noachs Arche setzte »im Gebirge Ararat« auf, das in Armenien liegt.

Auch über ein anderes wichtiges Ereignis berichten die Bibel und Berossos auf ganz ähnliche Weise: den Zwischenfall beim Turmbau zu Babel, der zur Verwirrung der Sprachen führte. Wir haben oben die Version des Berossos zitiert; ähnlich wie er beginnt die Bibel die Erzählung (im 11. Kapitel des Buches Genesis) mit der Feststellung: »Alle Menschen hatten die gleiche Sprache und gebrauchten die gleichen Worte.« Dann sagten die Menschen: »Auf, bauen wir uns eine Stadt und einen Turm mit einer Spitze bis zum Himmel«. Berossos beschreibt die gleiche Szene: Die Menschen begannen, »einen großen und hohen Turm zu bauen, auf dass sie hinauf in den Himmel steigen konnten«. In der Bibel stieg Gott (»Jahwe«) »herab, um sich Stadt und Turm anzusehen, die die Menschenkinder bauten.« Das erregte seinen Unwillen und er »verwirrte dort ihre Sprache, so dass keiner mehr die Sprache des anderen versteht« und »zerstreute sie von dort aus über die ganze Erde«. Berossus schrieb die Verwirrung der Sprachen »dem Herrn« (Belus) zu und führte die Zerstreuung der Menschheit auf einen Wirbelsturm zurück, den die Gottheit geschickt hatte.

Bedeuten diese Ähnlichkeiten, dass die Anfangskapitel des Buches Genesis ein großes »Berossos-Fragment« sind, dass die Autoren der hebräischen Bibel von dem syrischen Historiker kopierten? Das ist unwahrscheinlich, denn die *Torah* der hebräischen Bibel, die ersten fünf Bücher des Mose von Genesis bis Deuteronomium, waren lange

Zeit vor Berossos bereits »besiegelt« (in ihrer Endfassung kanonisiert) und blieben seitdem unverändert.

Es ist eine historische Tatsache, dass die hebräische Bibel in ihrer »besiegelten« Endfassung von den fünf Büchern der *Torah* bis hin zu den Büchern der Propheten bereits in Ägypten ins Griechische übersetzt worden war. Das geschah auf Anweisung desselben Ptolemaios Philadelphos (285–244 v. Chr.), der Manetho beauftragt hatte, die Geschichte Ägyptens niederzuschreiben. Diese Übersetzung, die noch heute vorliegt und erhältlich ist, wird als *Septuaginta* (»Von den Siebzig«) bezeichnet, weil sie das Werk einer Gruppe von siebzig Gelehrten ist. Ein Vergleich dieses griechischen Textes mit der hebräischen Bibel belegt ohne jeden Zweifel, dass diese Weisen vor sich dieselbe kanonisierte Version der Bibel hatten, die wir heute benutzen – eine Bibel, die also in ihrer Endfassung bereits lange *vor* der Zeit des Berossos und Manetho vorlag.

Könnte Berossos denn die hebräische Bibel als Quelle benutzt haben? Auch das ist unwahrscheinlich. Abgesehen von seinen Verweisen auf »heidnische« Gottheiten (Kronos, Belus, Oannes, Schamasch), die in der monotheistischen Bibel nicht vorkommen, findet man viele Teilaspekte seines Werkes nicht in der biblischen Version, was nahelegt, dass er andere Quellen benutzt haben muss. Den auffälligsten Unterschied finden wir in seiner Schöpfungsgeschichte des Menschen mit all den schrecklichen Missgeschicken, was im krassen Gegensatz zu der eleganten »Lasst uns den Menschen machen«-Version der Bibel steht.

Selbst dort, wo sich die beiden Versionen so auffällig ähneln, unterscheiden sie sich in vielen Details, was auch für die Sintflutgeschichte gilt; da nämlich differieren sie in der Größe des Schiffes und, was noch wichtiger ist, in der Aufzählung derer, die an Bord genommen und gerettet wurden. Einige dieser Unterschiede sind nicht unbedeutend: Laut Berossos waren nebst der unmittelbaren Familie des »Noach« auch verschiedene seiner Freunde an Bord, außerdem ein erfahrener Steuermann; die Bibel dagegen führt nur Noach, seine Frau, seine drei Söhne und deren Ehefrauen auf. Das ist ganz und gar nicht unbedeutend: ***Denn wenn der Bericht des Berossos stimmt, dann stammt die nachsintflutliche Menschheit genetisch und genealogisch eben nicht nur von einem Noach und seinen drei Söhnen ab.***

Die ganze Geschichte von Oannes, dem Gott, der sich wie ein Fisch kleidete, ans Ufer kam und der Menschheit die Zivilisation schenkte, finden wir nirgendwo in der Bibel. Ebenfalls fehlt dort der Hinweis auf eine vorsintflutliche Stadt namens Sippar (»die Stadt des Sonnengottes Schamasch«), in der »alle verfügbaren Schriften« versteckt und damit gerettet wurden. Mit der Behauptung, dass vorsintflutliche Aufzeichnungen von »den Anfängen, der Mitte und dem Ende aller Dinge« nicht nur einst existierten, sondern rechtzeitig vor der Flut in Sicherheit gebracht werden konnten und geborgen wurden, als man »Babylonien« wieder besiedelte, verlieh Berossos Version der prähistorischen Ereignisse vielleicht eine gewisse Legitimität; doch er deutete auch an, dass diese Schriften aus der Vergangenheit auch Hinweise auf die Zukunft enthielten – auf das, was die Bibel und wir heute als »die Endzeit«, »das Ende aller Tage« oder »den Jüngsten Tag« bezeichnen. Obwohl das Motiv der Verbindung zwischen der Zukunft und der Vergangenheit fester Bestandteil der biblischen Prophetie ist, wird sie in der Bibel das erste Mal in bezug auf Jakob erwähnt – also lange nach der Sintflut.

Die logische Schlussfolgerung, nämlich dass beide, die Autoren der Genesis und später Berossos Zugang zu den selben oder ähnlichen Quellen hatten, die beide selektiv benutzten – wurde erst in unserer Zeit durch die Archäologie bestätigt. Doch gerade diese Schlussfolgerung, gerade diese Gemeinsamkeiten und Unterschiede führen uns zurück an unseren Ausgangspunkt, die rätselhaften Verse des sechsten Kapitels der Genesis: Wer waren die *Nefilim,* wer waren die Söhne der Götter – ***und wer war schließlich Noach?***

Das Schiff des Noach

In dem sumerischen Text wird das Schiff des Ziusudra mit dem Begriff *Ma.gur.gur* bezeichnet: »ein Schiff, das sich drehen und wenden kann«. Die Akkadischen Schriften beschreiben es als ein ***Tebitu,*** mit hartem »T«, was so viel bedeutet wie ein »tauchfähiges Schiff«; die Autoren der Bibel lasen aber ein weiches »T« und machten daraus eine ***Teba*** – einen »Kasten« (lateinisch *arca,* worauf das deutsche Wort »Arche« zurückgeht). In allen Versionen wurde es mit Erdpech (Bitumen) luftdicht abgeschottet und hatte nur eine verschließbare Öffnung.

Dem *Gilgameschepos* zufolge war das Schiff, das *Utnapischtim* – wie der Held der Sintflut auf Akkadisch genannt wurde – bauen sollte, 300 Ellen (etwa 150 Meter) lang, bis zu 120 Ellen (ca. 60 Meter) breit und hatte eine Reling oder Schutzwand von 120 Ellen Höhe, durch sechs Decks unterteilt in sieben Stockwerke, »von denen ein Drittel über Wasser blieb«.

Genesis 6, 15 gibt für die Arche Noachs ebenfalls eine Länge von 300 Ellen an, doch als Breite nur 50 Ellen (etwa 25 Meter) bei nur 30 Ellen (15 Meter) Höhe, bei nur 3 Stockwerken (einschließlich des überdachten Obergeschosses).

Gegen Anfang des 20. Jahrhunderts pflegten Exegeten der Bibel diese Angaben mit den größten Passagierschiffen ihrer Zeit zu vergleichen:

Die *Great Eastern,* 1858 fertiggestellt,
war 204 m lang, 25 m breit und 14,5 m hoch.
Die *City of Rome,* 1881 fertiggestellt,
war 168 m lang, 15,6 m breit und 11 m hoch.
Die berühmte *Lusitania,* 1907 fertiggestellt,
maß 230 m, 27 m sowie 17 m;
ihr Schwesterschiff, die *Mauretania,*
verfügte erstmals über 8 Decks.

Diese modernen Proportionen von Längen/Breiten/Höhen entsprechen eher der biblischen Beschreibung: Noachs Arche war fast so lang wie die *City of Rome*, so breit wie die *Great Eastern* und fast so hoch wie die *Lusitania*.

In seiner 1927 veröffentlichten Studie »The Ship of the Babylonian Noah« (Das Schiff des Babylonischen Noah) rekonstruierte der Assyriologe Paul Haupt die Arche auf der Grundlage der verschiedenen antiken Beschreibungen:

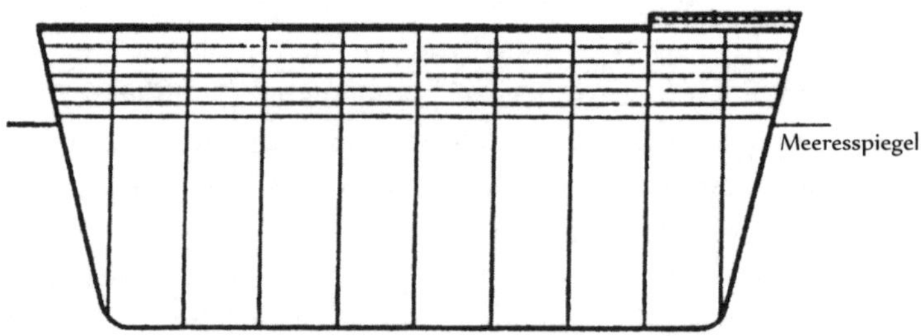

III

Auf der Suche nach Noah

Die Entzifferung der ägyptischen Hieroglyphenschrift war erst durch einen Zufallsfund möglich geworden, den Stein von Rosetta – eine Steintafel aus dem Jahre 196 v. Chr., die während Napoleons Ägyptenexpedition 1799 entdeckt worden war (und heute im Britischen Museum ausgestellt wird, *Abb. 14*). Sie trägt die Proklamation eines Ptolemäer-Königs in drei Sprachen: ägyptischen Hieroglyphen, einer späteren ägyptischen Kursivschrift, dem sogenannten Demotisch, und Griechisch. Es war der griechische Teil, der als Schlüssel diente, um Zugang zu den Geheimnissen der Sprache und Schrift des Alten Ägypten zu erlangen.

Abbildung 14

Keinen »Rosetta-Stein«, keine einzelne, entscheidende Entdeckung einer Tafel, gab es im Nahen Osten; stattdessen war die Übersetzung seiner antiken Inschriften ein langer, zäher Prozess. Doch auch hier kam man mit der Entzifferung schneller voran, als mehrsprachige Inschriften einer anderen Art entdeckt wurden. Vor allem aber gab es

Abbildung 15

echte Fortschritte, als man begriff, dass die Bibel – die hebräische Bibel – einen Schlüssel zur Entzifferung dieser rätselhaften Schriften lieferte. Als es dann endlich so weit war und man sie lesen konnte, kamen nicht nur mehrere Sprachen, sondern auch mehrere bislang unbekannte Zivilisationen ans Tageslicht.

Fasziniert von den Berichten von Alexander dem Großen und seinen Eroberungen (die mit den Jahrhunderten immer mehr ausgeschmückt wurden) drangen europäische Abenteurer bis ins weit entfernte Persepolis vor (Griechisch für »Stadt der Perser«), wo noch immer die Überreste antiker Paläste, Tore, Prozessionstreppen und anderer Monumente standen *(Abb. 15)*. Klar umrissene Meißelspuren, die man zuerst für Dekorationselemente hielt, erwiesen sich als Inschriften. Im Jahre 1686 beschrieb ein Besucher der Ruinen von Persepolis, der deutsche Pastor Engelbert Kaempfer aus Lemgo, diese Zeichen als »keilförmig« *(Abb. 16)*; seit man erkannt hat, dass es sich um eine Schrift handelt, sind sie als »Keilschrift« bekannt.

Verschiedene Variationen der Keilschrift auf einigen Monumenten ließen bald die Idee aufkommen, dass, wie in Ägypten, auch im alten Persien königliche Proklamationen in einem Reich, das viele verschiedene Völker umfasste, mehrsprachig verfasst worden sein könnten. Diverse Reiseberichte sorgten dafür, dass einige dieser vielsprachigen Inschriften besondere Aufmerksamkeit erlangten. Die wichtigste und komplexeste von ihnen wurde an einer Stätte im heutigen Nordiran entdeckt. Das war 1835, als der Brite Henry Rawlinson, der gerade die Länder des Nahen Ostens bereiste, die einst von den persischen Großkönigen beherrscht wurden, eine Inschrift auf einem Felsenvorsprung an einem Ort namens Behistun entdeckte. Der Name bedeutete soviel wie »Ort der Götter« und tatsächlich war das mächtige Felsenrelief, das von einem Sieg des Königs kündete, von der Darstellung eines Gottes dominiert, der in einer der allgegenwärtigen Geflügelten Scheiben über der Szene schwebte *(Abb. 17)*. Die dazugehörige lange Inschrift erwies sich (nachdem Rawlinson und anderen die Entzifferung gelungen war) als dreisprachiger Bericht über die Taten des Perserkönigs Darius I. (eines Vorgängers eben jenes Darius III., der anderthalb Jahrhunderte später gegen Alexander kämpfte).

Bald fand man heraus, dass eine der Sprachen der Behistun-Inschrift, die man als Altpersisch identifizierte, dem Sanskrit ähnelte, der »indoeuropäischen« Muttersprache; eben diese Entdeckung er-

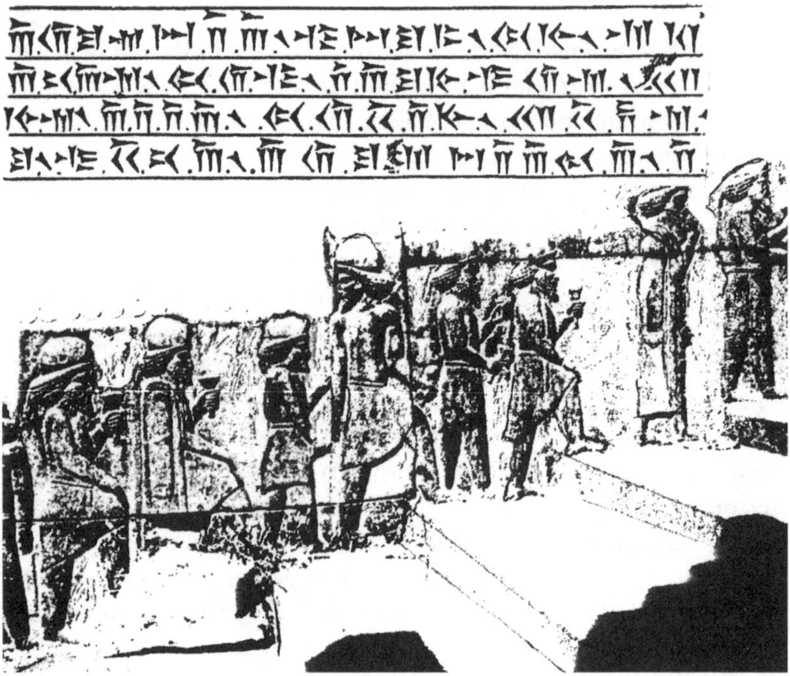

Abbildung 16

möglichte die Entschlüsselung des Altpersischen. Auf dieser Grundlage konnte man bald auch die Identität und Bedeutung der beiden anderen Sprachen ermitteln. Eine von ihnen wurde als Elamitisch identifiziert, das im Altertum im Süden des heutigen Iran gesprochen wurde. Die Dritte kannte man schon von Inschriften, die man in Babylonien entdeckt hatte; man klassifizierte sie als »Semitisch«, denn sie gehörte zu derselben Sprachfamilie wie das Assyrische und Kanaanitische, deren Muttersprache als »Akkadisch« bezeichnet wird. Gemein hatten die drei Sprachen der Behistun-Inschrift, dass sie alle dieselbe Keilschrift benutzten, in der jedes Zeichen für eine ganze Silbe und nicht bloß für einen Buchstaben stand. So war dieses eine Monument schon ein Beispiel für die »babylonische« Sprachverwirrung.

Hebräisch, die Sprache der Bibel, gehört zur Gruppe der »semitischen« Sprachen, die vom »Akkadischen« abstammen. Die Tatsache, dass Hebräisch, als Einzige, die Jahrtausende als gesprochene, gelesene und geschriebene Sprache überdauert hatte, ließ es zum Schlüssel zum Verständnis dieser uralten Sprachen werden. Das ging so weit, dass man in frühen gelehrten Studien zum Babylonischen und Assyrischen (zwei »akkadischen« Sprachen) ganze Wörterlisten findet, die nicht nur die ähnliche Bedeutung im Hebräischen aufführen, sondern auch Keilschriftzeichen mit ihrem jeweiligen Gegenstück in der traditionellen hebräischen Schrift vergleichen (*Abb. 18* aus *Assyrian Grammar* – »Die Grammatik des Assyrischen« von Rev. A. H. Sayce, 1875).

Doch die Reisenden des 17. und 18. Jahrhunderts brachten auch Kunde von geheimnisvollen Ruinen nach Europa, die sie in der weiten Ebene zwischen Euphrat und Tigris entdeckt und inspiziert hatten. Die Annahme, es könnte sich um die Ruinen der berühmt-berüchtigten biblischen Städte Babylon und Ninive handeln, stieß bald auf lebhaftes Interesse. Die Erkenntnis, dass Menschen des 19. Jahrhunderts n. Chr. die Inschriften von Völkern lesen konnten, die lange vor Griechenland und Persien blühende Kulturen begründet hatten, Inschriften aus der Zeit der Bibel, verstärkte die Aufmerksamkeit, geographisch für die Länder der Bibel, chronologisch für diese viel früheren Jahrhunderte.

In einigen dieser Ruinen fand man Inschriften in Keilschrift auf flachen Täfelchen, meist quadratisch oder länglich, die von Menschen aus Ton geformt, dann beschriftet und schließlich gebrannt worden waren (*Abb. 19*). Neugierig, aus welcher Zeit sie stammten und was sie zu sagen hatten, begannen europäische Konsuln, die von ihren Regie-

Abbildung 17

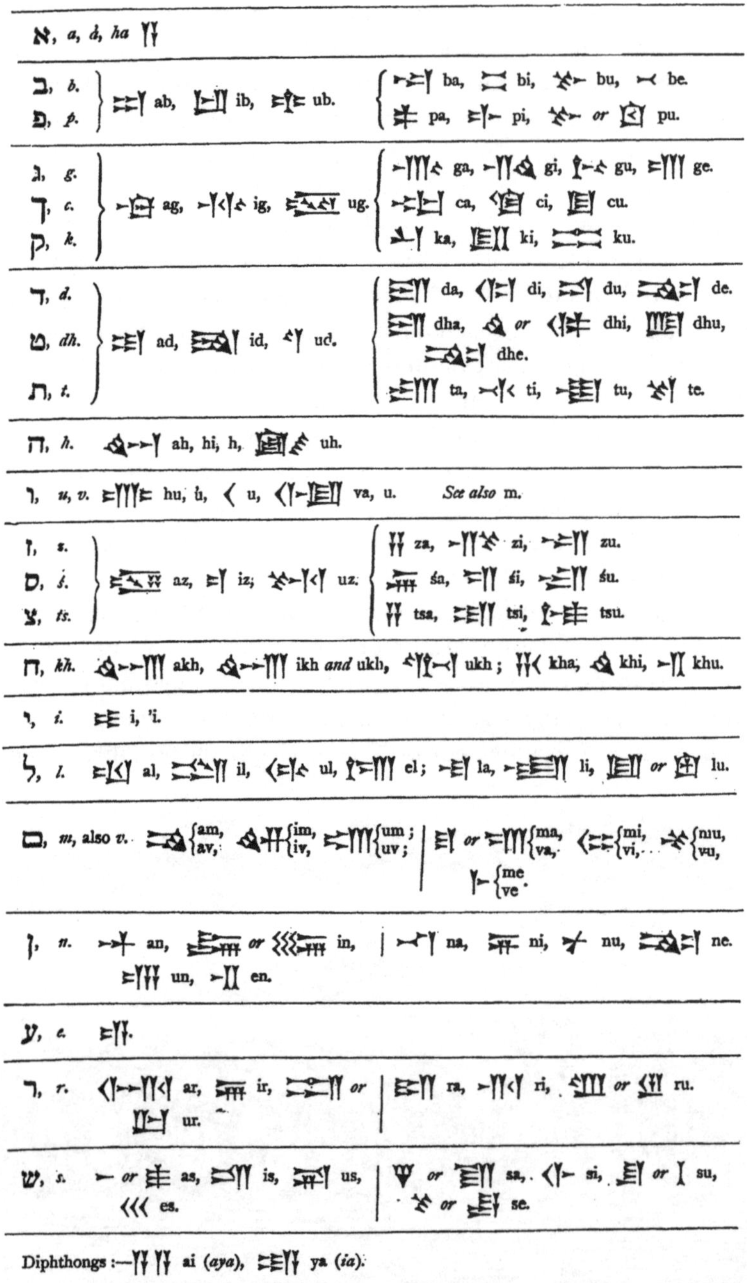

Abbildung 18

Abbildung 19

rungen in die verschiedenen Provinzen des damaligen Osmanischen Reiches entsandt worden waren, mit ersten Ausgrabungen und begründeten damit die moderne Nahost-Archäologie. Ihr Anfang war die Ausgrabung des antiken Babylon, mit der 1811 südlich von Bagdad begonnen wurde (wie es das Schicksal wollte, wurden in den Ruinen von Babylon auch Tontafeln entdeckt, auf denen der Eingang von Silbermünzen festgehalten wurde, mit denen Alexander die ersten Aufräumarbeiten auf dem Gelände des Esagil-Tempels bezahlte).

Im Jahre 1842 begann Paul Emile Botta, der französische Konsul in Mosul, einer Stadt im heute kurdisch dominierten Nordirak, (damals im osmanisch beherrschten Mesopotamien), mit Ausgrabungen auf einem

Tell (einem alten Hügel) in der Nähe Mosuls, auf dem man zuvor eine Vielzahl von Tontafeln entdeckt hatte. Die Ausgrabungsstätte hieß Kuyunjik nach einem nahegelegenen Dorf; ein benachbarter Tell wurde von den einheimischen Arabern *Nebi Yunus* (»Prophet Jona«) genannt. Botta räumte das Gelände aber bald wieder, nachdem sich erste Probegrabungen als unergiebig erwiesen. Um den Franzosen zuvorzukommen setzte der Engländer A. Henry Layard drei Jahre später die Grabungen fort und war erfolgreicher als Botta. Die beiden Hügel erwiesen sich schließlich als die Überreste der alten assyrischen Hauptstadt Ninive, die wiederholt in der Bibel erwähnt wird; sie war auch Ziel des Propheten Jona nach seiner berühmten Episode mit dem Walfisch.

Botta dagegen hatte größeren Erfolg an einem Ort namens Khorsabad, weiter nördlich gelegen, wo er die Hauptstadt des Assyrerkönigs Sargon II. (721–705 v. Chr.) und seines Nachfolgers, König Sanherib (705–681 v. Chr.), ausgrub. Layard dagegen wurde nicht nur als der Entdecker von Ninive berühmt, er fand auch an einer Stätte, die von den Einheimischen *Nimrud* genannt wurde, die assyrische Königsstadt Kalhu (Kelach in der Bibel). Von Babylon einmal abgesehen förderten diese Entdeckungen erstmals handfeste Beweise zutage, die bestätigten, was die Bibel (das 10. Kapitel der Genesis) über den Helden Nimrod, Assyrien und seine wichtigsten Städte berichtet:

> Dieser wurde der erste Held auf der Erde. …
> Kerngebiet seines Reiches war Babel,
> Erech, Akkad und Kalne im Lande Schinar.
> Von diesem Land zog er nach Assur aus
> und erbaute Ninive, die Stadt der weiten Straßen,
> Kelach sowie Resen, zwischen Ninive und Kelach,
> das ist die große Stadt.

In Khorsabad entdeckten die Ausgräber neben prachtvollen Wandreliefs, die Sanherib und seine Eroberungen verherrlichten, Darstellungen der Belagerung der befestigten Stadt Lachisch in Juda (im Jahre 701 v. Chr.). Die Bibel (2 Könige und Jesaja) erwähnt diese Belagerung (die für Sanherib erfolgreich verlief) sowie seine erfolglose Belagerung Jerusalems. Zu Layards wichtigsten Entdeckungen zählte eine Steinstele des Assyrerkönigs Salmanassar III. (858–824 v. Chr.), die textlich beschreibt und bildlich darstellt, wie er König Jehu von Israel gefangen nimmt *(Abb. 20)* – ein Ereignis, von dem auch die Bibel berichtet (2 Könige, 2 Chroniken).

Wo auch immer Ausgrabungen begonnen wurden, schien es, als würden sie stets den Wahrheitsgehalt der Bibel bestätigen.

(Wie das Schicksal es wieder einmal wollte, lagen Layards Ausgrabungsstätten von Nimrud und Ninive exakt auf der anderen Seite der Tigris-Biegung, an der Alexander den Fluss überschritt, um der persischen Armee den Todesstoß zu versetzen.)

Abbildung 20

Gegen Ende des 19. Jahrhunderts, als langsam die dunklen Wolken der Katastrophe aufzogen, die als Erster Weltkrieg in die Geschichte einging, beteiligten sich auch die Deutschen an dem archäologischen Wettrennen (das sich wunderbar als Tarnung für die Anfertigung von Karten, jede Form von Spionage und zur Gewinnung von Einfluss auf regionaler Ebene eignete). Indem sie das französische und britische Interessengebiet umgingen, sicherten sie sich die Kontrolle über die Stätten weiter im Süden und gruben (unter Leitung von Robert Koldewey) den Heiligen Bezirk von Babylon mit dem Tempelturm (der Ziggurat) des Esagil sowie den großen Prozessionsweg mit seinen beeindruckenden Toren, allen voran dem Ischtar-Tor (siehe *Abb. 5*), aus. Weiter im Norden legte Walter Andrae die alte Assyrerhauptstadt Assur frei, die denselben Namen wie das Land Assyrien und der Landesgott trug. (Resen, das ebenfalls in der Genesis erwähnt wird und dessen Name soviel bedeutet wie »Pferdezaumzeug«, erwies sich als assyrisches Pferdezuchtzentrum).

Die Entdeckungen in Assyrien bestätigten nicht nur den historischen Wahrheitsgehalt der Bibel; auch die Kunst und Ikonographie dieser alten Kultur wies biblische Aspekte auf. Wandreliefs in Khorsabad und Nimrud zeigten geflügelte »Engel« *(Abb. 21)* zusammen mit den anderen göttlichen Begleitern, die in den Visionen der Propheten Jesaja (6,2) und Ezechiel (1,5–8: »Jedes der Lebewesen hatte vier Gesichter und vier Flügel …«) beschrieben werden.
Die entdeckten Skulpturen und Wandreliefs schienen auch einige der Aussagen zu bestätigen, die Berossos zugeschrieben werden und sich auf das beziehen, was man heute als »biogenetischen Unfall« bezeichnen würde – sie zeigen Männer mit Flügeln, Stiere mit Menschenköpfen und ähnliche Kreaturen. In Ninive und Nimrud waren die Eingänge zu den Königspalästen flankiert von Kolossalskulpturen menschenköpfiger Stiere oder Löwen *(Abb. 22)*; und ihre Wandreliefs zeigten göttliche Wesen, die Fischanzüge tragen *(Abb. 23)* – das Abbild des Oannes, ganz wie Berossos ihn beschrieb.

Abbildung 21

Obwohl zu Lebzeiten des Berossos bereits vier Jahrhunderte seit der Eroberung und Zerstörung von Assur, Ninive und anderer assyrischer Machtzentren und drei Jahrhunderte, seit Babylon dasselbe Schicksal befiel, vergangen waren, waren ihre Ruinen noch immer sichtbar, ohne dass sie ausgegraben werden mussten – und jeder konnte ihre Skulpturen und Wandreliefs sehen, die illustrierten und eindrucksvoll bestätigten, was Berossos beschrieben hatte.

Abbildung 22

Abbildung 23

***

Doch von all den großartigen Zeugnissen der einstigen Größe Assyriens und Babylons, den Schätzen und überlebensgroßen Statuen, die man ausgrub, waren die wichtigste Entdeckung jene zahllosen Tontafeln, viele davon Teile ganzer Bibliotheken, bei denen die erste Tafel auf einem Regal die Titel der anderen Tafeln sauber auflistete. Im gesamten Mesopotamien, ja im ganzen antiken Nahen Osten, hatte buchstäblich jede bedeutende Stadt eine Bibliothek, die entweder zum Königspalast oder zum Haupttempel oder zu beiden gehörte. Bis zum heutigen Tag wurden abertausende Tontafeln (oder Fragmente von solchen) entdeckt; die meisten lagern, noch immer unübersetzt, in den Kellern der Museen und Universitäten.

Von den wichtigsten Bibliotheken, die man entdeckte, war die bedeutendste, da folgenschwerste, jene, auf die Layard in den Ruinen von Ninive stieß: die Große Bibliothek des Assyrerkönigs Assurbanipal (*Abb. 24*, auf einem seiner Monumente, 668–631 v. Chr.). Sie bestand aus über 25 000 (!) Tontafeln. Ihre Inschriften – alle in Keilschrift – reichten von königlichen Annalen und Aufzeichnungen über die Lebensmittelrationen der Arbeiter über Handelsverträge, Ehe- und Scheidungsurkunden bis hin zu literarischen Texten, historischen

Abbildung 24

Abbildung 25

Berichten, astronomischen Daten, astrologischen Voraussagen, mathematischen Formeln, Wörterbüchern und geographischen Listen; und dann waren da noch Reihen von Tafeln, die von den Archäologen als »mythologische Schriften« bezeichnet wurden, auf denen es um die verschiedenen Götter, ihre Stammbäume, Mächte und Taten geht.

Assurbanipal, so stellte sich heraus, sammelte nicht nur solche historischen und »mythologischen« Texte aus jeder Ecke seines Reiches und ließ sie nach Ninive bringen – er hatte auch eine ganze Legion von Schreibern angestellt, deren Aufgabe es war, sie zu lesen, einzusortieren, zu konservieren, zu kopieren und die wichtigsten von ihnen ins Akkadische zu übersetzen (Darstellungen von assyrischen Schreibern zeigen, dass sie wie Würdenträger gekleidet waren, was von ihrem hohen Rang zeugt).

Die meisten der Tafeln, die man in Ninive entdeckte, wurden zwischen den osmanischen Behörden in Konstantinopel (heute Istanbul in der Türkei) und dem Britischen Museum in London aufgeteilt; einige fanden auch ihren Weg in die wichtigsten Museen Frankreichs und Deutschlands. In London engagierte das Britische Museum einen jungen Banknotengraveur und Amateur-»Assyriologen« namens George Smith, um die Keilschrifttafeln zu ordnen. Smith hatte die Gabe, besondere Merkmale einer Keilschriftzeile zu erkennen und dadurch zusammengehörige Tafeln einander zuordnen zu können, die sich schließlich als Teile fortlaufender Erzählungen erwiesen *(Abb. 25)*. Eine handelte von einem Helden und einer Flutkatastrophe, die andere von Göttern, die zuerst Himmel und Erde und dann den Menschen erschufen. Mit einem Leserbrief, den er an eine Londoner Tageszeitung schickte, wies er als Erster auf die Ähnlichkeiten zwischen den Erzählungen auf den Tontafeln und den Berichten der Bibel im Buche Genesis hin.

Eine dieser beiden uralten Geschichten, zugleich die mit den weitreichendsten religiösen Auswirkungen, glich der biblischen Schöpfungsgeschichte. So war es kein Wunder, dass sich gleich eine ganze Reihe von Gelehrten ihrer annahm, die allerdings alle aus Deutschland, nicht aus England stammten. Genannt seien Pioniere der Assyriologie wie Peter Jensen *(Kosmologie der Babylonier)*, Hermann Gunkel *(Schöpfung und Chaos)* und Friedrich Delitzsch *(Das babylonische Weltschöpfungsepos)*, die die neuentdeckten Texte mit den Funden deutscher Archäologen verglichen und sie deshalb nicht nur umfassender rekonstruieren konnten, sondern auch ihre religiöse, philosophische und historische Bedeutung besser verstanden.

Im Britischen Museum in London wurden die Tafeln, die Smith einander zuordnen konnte, bald ergänzt durch neue Funde eines Schülers von Layard, Hurmuzd Rassam, in Ninive und Nimrud. Indem er die Geschichte der Schöpfung rekonstruierte, fand der Kurator des Museums für Ägyptische und Babylonische Altertümer, Leonard W. King, bald heraus, dass das ansehnliche Schöpfungsepos auf nicht weniger als sieben Tafeln niedergeschrieben worden war. In seinem 1902 erschienenen Buch *The Seven Tablets of Creation* (»Die sieben Tafeln der Schöpfung«) kam er zu dem Schluss, dass in Mesopotamien ein »Standardtext« existiert haben muss, der die Geschichte der Schöpfung – vom Chaos zu einem Himmel und einer Erde, auf der Erde von der Teilung von Wasser und Land bis zur Schöpfung des Menschen – nicht im zeitlichen Ablauf der biblischen sieben Tage plus einem Tag der Ruhe und Selbstreflektion schilderte, sondern in einer Fortsetzungsgeschichte auf sechs Tafeln plus einer siebten, die das Lob der Schöpfung anstimmte.

Der ursprüngliche Titel der Erzählung, der ihren Eröffnungsworten entsprach, lautete *Enuma elisch* (»Als in den Höhen dort oben«). Tafeln, die man in verschiedenen Ausgrabungsstätten fand, trugen offenbar identische Texte, nur der Name des Schöpfergottes variierte (die Assyrer nannten ihn **Assur**, die Babylonier **Marduk**) – was darauf hindeutet, dass es sich um Übertragungen einer kanonischen Ursprungsversion in akkadischer Sprache handelte. Doch die gelegentliche Benutzung gewisser seltsamer Worte und Namen himmlischer Gottheiten, die an den Ereignissen beteiligt waren – Namen wie **Tiamat** und **Nudimmud** – deutete darauf hin, dass der Ursprungstext nicht in assyrisch-babylonischem Akkadisch, sondern in einer noch unbekannten Sprache verfasst worden war.

Die Suche nach den Ursprüngen, das war offensichtlich, begann damit erst.

***

Doch zurück ins viktorianische England und zu George Smith: Dort und zu dieser Zeit war es eine andere Geschichte – die Erzählung von der Sintflut und einem nichtbiblischen »Noach« –, die für öffentliches Aufsehen sorgte. Ihr widmete sich der geniale George Smith, der, nachdem er über tausend Tafelfragmente aus Ninive und Nimrud ausgewertet und ihre Fragmente zusammengesetzt hatte, feststellen musste, dass sie Teil eines umfangreichen Epos waren, das von einem Helden handelte, der das Geheimnis der Sintflut ergründete. Die drei Keilschriftzeichen, die seinen Namen bildeten, las Smith als *Iz-du-Bar* und bald hielt er ihn für den biblischen Nimrod – den »tüchtigen Jäger vor dem Herrn«, der laut Genesis das assyrische Reich begründete – entsprechend dem Namen der Ausgrabungsstätte, Nimrud, an der einige der Tafeln entdeckt worden waren.

Smiths Übersetzung der Fragmente zeigte auf, dass es eine assyrische Sintflutgeschichte gab, die der biblischen entspricht, was nicht nur in akademischen Kreisen als Sensation galt. Das öffentliche Interesse war sogar so groß, dass die Londoner Tageszeitung *The Daily Telegraph* einen Preis von tausend Guineen (eine Guinee hatte den Gegenwert von über tausend Pfund Sterling) aussetzte, die sie dem Entdecker der fehlenden Fragmente auszahlen wollte, mit deren Hilfe sich der antike Bericht vervollständigen ließe. Smith selbst nahm die Herausforderung an, reiste in den heutigen Irak (damals, wie gesagt, eine Provinz des Osmanischen Reiches), suchte an den Ausgrabungsstätten und kehrte mit 384 neuen Tontafelfragmenten zurück. Sie ermöglichten es ihm, alle zwölf (!) Tafeln des Epos zusammenzusetzen und zu ordnen, einschließlich der entscheidenden »Sintflut-Tafel«, der Tafel XI *(Abb. 26)*. Finanziell ging er dabei trotzdem leer aus. Das Museum kassierte dankbar die Summe mit der Begründung, Smith sei noch bei ihm unter Vertrag gewesen, als er nach Mesopotamien reiste …

Abbildung 26

Man kann sich heute kaum vorstellen, für welch eine Aufregung die Entdeckung der biblischen Geschichte von Noach und der Sintflut auf einer Tontafel, verfasst in einer anderen alten Sprache und ohne Bezug zur Bibel damals sorgte. Seitdem ist der Text unter dem Namen *Gilgameschepos* bekannt geworden (die ursprüngliche Lesart »Izdubar« wurde bald durch das korrekte **Gilgamesch** ersetzt). Doch die Euphorie war nicht ganz unproblematisch, spielte in dieser Erzählung doch eine ganze Reihe von Göttern eine Rolle und nicht nur der eine Gott Jahwe der Bibel.

Zum Erstaunen der Gelehrten war ein König namens Gilgamesch auf keiner der babylonischen oder assyrischen Königslisten zu finden. Der Held Gilgamesch, so fanden sie heraus, wurde in den Eröffnungszeilen des Epos auf Tafel I als König von **Uruk** bezeichnet, einer Stadt, die (dem Text zufolge) breite Mauern und starke Befestigungen hatte. Doch es gab keine antike Stadt dieses Namens im alten Babylonien oder Assyrien. Als die Fragmente der Erzählung zusammengesetzt wurden, merkte man bald, dass Gilgamesch selbst gar nicht der Held der Flut war. Weil »zwei Drittel von ihm göttlich« waren, erlebte er diverse Abenteuer auf seiner Suche nach Unsterblichkeit; und erst im Verlauf dieser Suche hörte er die Geschichte von der Flut aus dem Munde eines Mannes namens Utnapischtim, der sich als der mesopotamische Noach und Überlebende der Katastrophe erwies. Doch wer war dieser Gilgamesch, fragten sich die Gelehrten und Presseleute, wenn er offenbar weder der biblische Noach noch der biblisch-assyrische Nimrod war?

1876 fasste Smith seine Erkenntnisse in einem kurzen Buch, *The Chaldean Account of Genesis* (Der chaldäische Genesis-Bericht), zusammen. Es war das erste Buch, das die antiken Texte aus Mesopotamien mit der Schöpfungs- und Sintflutgeschichte der Bibel verglich. Es war leider auch Smiths letztes Buch: Er starb im selben Jahr im Alter von nur 36 Jahren. Doch es sollte nie vergessen werden, dass der Genialität und den Entdeckungen dieses autodidaktischen Meisters des Assyrischen die Entstehung einer neuen Wissenschaft und der Einblick in eine bis dahin vergessene Welt zu verdanken war und sie als Ausgangspunkt für unzählige weiterführende Studien dienten.

Diese Studien förderten bald einen weiteren Sintflutbericht, diesmal aus erster Hand, zutage. Seine Bedeutung in unserem Zusammenhang liegt darin, dass er wahrscheinlich Berossos als Quelle gedient hatte. Sein ursprünglicher Titel wurde, wie im Altertum üblich, von seinen Anfangsworten *Inuma ilu awilum* (»Als die Götter wie Menschen«) gebildet, doch bekannt wurde er unter dem Namen *Atra-Hasis-Epos,* nach dem Helden, der hier die Geschichte der Sintflut erzählt, **Atra-Hasis,** der sich damit als der »Noach« dieser Sintfluterzählung zu erkennen gibt. ***Wir haben hier also einen direkten Augenzeugenbericht Noachs vorliegen!***

Aus unbekannten Gründen dauerte es seine Zeit, bis sich die Gelehrten dieses bedeutenden Textes annahmen – bedeutsam, weil hier

Atra-Hasis (»Der außerordentlich Weise«) erzählt, *was der Sintflut vorausging,* wie es dazu kam und was darauf folgte. Als die drei Tafeln des Textes zusammengesetzt wurden, war ein Tafelfragment, das mit »S« markiert war, entscheidend, um den Namen Atra-Hasis zu identifizieren; das »S« stand für Smith; er hatte kurz vor seinem Tod auch den Schlüssel zu dieser zweiten wichtigen »babylonischen« Geschichte von Göttern, Menschen und der Flut entdeckt. Was den Namen des Helden betrifft, wurde vorgeschlagen und scheint zuzutreffen, dass Atra-Hasis, zu Hasis-atra umgestellt, der Xisithros/Sisithros der Berossos-Fragmente war – der zehnte vorsintflutliche Herrscher, in dessen Regierungszeit sich die Katastrophe ereignete, genau wie Noach der zehnte biblische Patriarch seit Adam war.

(Diese Namensumstellung ist einer der Gründe, anzunehmen, dass Berossos wahrscheinlich den Atra-Hasis-Text als Quelle benutzte. Der andere ist die Tatsache, dass er die einzige mesopotamische Version der Sintfluterzählung ist, in dem eine Episode vorkommt, die Berossos erwähnt, nämlich dass die Stadtbewohner den Bootsbau infrage stellen).

Es war wie ein Wunder: Als würde er die Zeit zwischen dem Babylonier Berossos, dem 3. Jahrhundert v. Chr., und dem 19. Jahrhundert n. Chr. überbrücken, hielt der bibelgläubige Mensch des Westens *»einen semitischen Sintfluttext, in Keilschrift niedergeschrieben«* (wie er in einer Veröffentlichung der Yale-Universität aus dem Jahre 1922 genannt wurde, *Abb. 27*) auf einer Tafel aus einer assyrischen Bibliothek des 7. Jahrhunderts v. Chr. in Händen. Doch so unglaublich diese Überbrückung von mindestens 2600 Jahren auch war, sie erwies sich nur als eine Zwischenstation auf einem viel weiteren Weg zurück zu den Anfängen der Geschichte.

* * *

Wieder einmal schien es von diesem assyrischen Text eine ähnliche oder parallele babylonische Version zu geben. Auch hier fand man ungewöhnliche Begriffe und Namen, die ganz sicher nicht dem Semitisch-Akkadischen entstammten – Götter namens **Enlil, Enki** und **Ninurta,** Göttinnen namens **Ninti** und **Nisaba,** Göttergruppen wie die **Anunnaki** und **Igigi,** eine heilige Stätte namens **Ekur.** Doch woher stammten sie?

Die Verwunderung wuchs, als bekannt wurde, dass ein Fragment

YALE ORIENTAL SERIES · RESEARCHES · VOLUME V–3

A HEBREW DELUGE STORY IN CUNEIFORM

AND OTHER EPIC FRAGMENTS IN THE PIERPONT MORGAN LIBRARY

BY

ALBERT T. CLAY

NEW HAVEN
YALE UNIVERSITY PRESS
LONDON · HUMPHREY MILFORD · OXFORD UNIVERSITY PRESS
MDCCCCXXII

Abbildung 27

einer *Atra-Hasis*-Tafel, das irgendwie um 1897 in die private Sammlung von J. Pierpont Morgan in New York City gelangt war, ein »Kolophon« enthielt – eine Randnotiz des Schreibers der Tafel –, mit deren Hilfe die Tafel in das *zweite Jahrtausend* v. Chr. datiert werden konnte. Assyriologen blickten jetzt also ganze 3500 Jahre zurück!

Bemühungen, den Text so genau wie möglich auf der Grundlage verschiedener Tafeln und Wiedergaben zu rekonstruieren, führten dazu, dass man im Britischen Museum und im Altorientalischen Museum in Konstantinopel (heute Istanbul, Türkei) Fragmente aller *drei* (in viele Teile zerbrochenen) Tafeln dieser babylonischen Version des *Atra-Hasis-Epos* entdeckte. Glücklicherweise trug jede einen Vermerk des Schreibers über den Namen, Titel und Zeitpunkt der Niederschrift dieser Kopie (wie hier am Ende der ersten Tafel):

> Tafel 1. Als die Götter wie Menschen.
> Anzahl der Zeilen 416.
> (Kopiert) von Ku-Aya, Nachwuchsschreiber.
> Monat Nisan, Tag 21
> Jahr, als Ammi-Saduka, der König,
> von sich eine Statue errichtete.

Die Tafeln II und III waren ebenfalls von demselben Schreiber signiert und in ein bestimmtes Jahr der Regierung des Königs Ammi-Saduka datiert. Der König war kein Unbekannter: Ammi-Saduka gehörte zur berühmten Hammurabi-Dynastie Babylons, er regierte von 1647 bis 1625 v. Chr.

Damit war diese babylonische Version der Noach/Sintflutgeschichte tausend Jahre älter als Assurbanipals assyrische Version. Doch auch sie war nur eine Abschrift – von welchem Original?

Die ungläubigen Gelehrten hatten die Antwort bereits vor sich liegen. Denn auf einer seiner Tafeln prahlte Assurbanipal:

> Der Gott der Schreiber hat mir die Gabe verliehen,
> seine Kunst zu beherrschen.
> Ich wurde eingeweiht in die Geheimnisse der Schrift.
> Ich kann selbst die schwierigen Tafeln auf Sumerisch lesen.
> Ich verstehe die geheimnisvollen Worte, in Stein eingemeißelt,
> aus den Tagen vor der Sintflut.

Abgesehen von der Enthüllung, dass es einen »Gott der Schreiber« gab, haben wir hier eine Bestätigung aus unabhängiger Quelle – Jahrhunderte vor Berossos –, dass die Sintflut ein historisches Ereignis war. Sie wird ergänzt durch das Detail, dass man noch von »geheimnisvollen Worten« *in Form von Steininschriften wusste, die »aus den Tagen vor der Sintflut« stammten* – eine Aussage, die wir auch bei Berossos finden. Berossos erwähnt, dass der Gott Kronos »Sisithros offenbarte, dass es eine Flut geben würde … und ihn anwies, in Sippar, der Stadt des Gottes Schamasch, alle verfügbaren Schriften zu verstecken.« Und dann war da die stolze Angabe des Assurbanipal, er könne »selbst die schwierigen Tafeln auf *Sumerisch* lesen.«

Sumerisch? Die verwirrten Gelehrten – denen es immerhin gelungen war, Babylonisch, Assyrisch, Altpersisch und Sanskrit zu entziffern – hatten keine Ahnung, wovon Assurbanipal da sprach. Doch dann stellte sich heraus, dass die Antwort die ganze Zeit über in der Bibel stand. Dort, im 10. Kapitel der Genesis, in den Versen 8–12, die vom Reich des mächtigen Helden Nimrod berichten und schon die Entzifferer dieser alten Sprachen veranlasst hatten, die Muttersprache des Babylonischen und Assyrischen »Akkadisch« zu nennen, die darüber hinaus als Schatzkarte für archäologische Ausgräber gedient hatten, standen auch die Worte, die das Geheimnis um das Sumerische lüfteten:

> Dieser wurde der erste Held auf der Erde …
> Kerngebiet seines Reiches war
> Babel, Erech, Akkad und Kalne
> im Lande **Schinar.**

Sumer (oder, was richtiger wäre, *Schumer*) war das biblische *Schinar* – das Land, in dem die Siedler nach der Sintflut versucht hatten, einen Turm zu bauen, dessen Spitze bis in den Himmel reichte.

Die Suche nach Noach, soviel stand fest, musste also nach *Sumer/Schumer* – das biblische *Schinar* – führen, ein Land, das zweifellos älter war als die ausgegrabenen Hauptstädte von Babylon, Assyrien und Akkad. Doch welches Land war damit gemeint, wo lag es einst?

Die Sintflut

Die gängige Vorstellung lautet, dass die biblische Sintflut (**Mabul** auf Hebräisch, vom Akkadischen **Abubu** abgeleitet) durch heftige Regenfälle ausgelöst wurde, die zu Überflutungen führten, die stetig zunahmen und schließlich alles davonschwemmten und unter ihren Wassermassen begruben. Tatsächlich aber heißt es in der Bibel (Genesis 7, 11–12): »An diesem Tag brachen alle Quellen der gewaltigen Urflut auf«; erst danach öffneten sich »die Schleusen des Himmels ... (und) der Regen ergoss sich vierzig Tage und vierzig Nächte lang auf die Erde.« Genauso endete die Sintflut (laut Genesis 8, 2–3), indem zuerst die »Quellen der Urflut« und dann erst »die Schleusen des Himmels« schlossen.

Die verschiedenen mesopotamischen Sintflutberichte beschreiben die Sintflut als ansteigende Flutwelle, die mit einem Sturm von Süden her nahte, um dann alles zu überfluten und fortzuschwemmen. Der akkadischen Version (Gilgamesch, Tafel XI) zufolge war das erste Vorzeichen der Katastrophe »eine schwarze Wolke, die am Horizont aufstieg«, gefolgt von einem Sturm, der »alle Pfosten ausriss und die Deiche zum Einsturz brachte«: »Einen Tag lang töste der Südsturm, überflutete die

Berge, überrannte Menschen wie eine Schlacht … sieben Tage und Nächte blies der Flutwind, als der Südsturm über das Land fegte … und das ganze Land wurde wie ein Gefäß unter Wasser gesetzt.«

Auch in der sumerischen Sintfluterzählung werden heulende Winde erwähnt, aber kein Regen: »Alle Winde und Stürme kamen zusammen und vereinigten sich … sieben Tage und sieben Nächte lang überschwemmte die Flut (**A.ma.ru**) das Land und das große Boot wurde von den Stürmen und den Wasserfluten losgerissen.«

In meinem Erstling *Der Zwölfte Planet* und meinen nachfolgenden Werken habe ich angedeutet, dass mit dem, was im Deutschen als »Urflut« übersetzt wird, im hebräischen Originaltext aber »die große Tiefe« heißt, die Antarktis gemeint sein könnte – und dass es sich bei der Sintflut um eine gewaltige, tsunamiartige Flutwelle handelte, die entstand, als ein Teil der Eisdecke der Antarktis abrutschte; ein Ereignis, das vor 13 000 Jahren tatsächlich zum plötzlichen Ende der letzten Eiszeit führte (siehe auch *Abb. 43*).

IV

Sumer: Wo die Zivilisation begann

Sumer, so wissen wir heute, war das Land eines begabten und geschickten Volkes im heutigen Südirak. Gewöhnlich in kunstvollen Statuen und Statuetten in Anbetungshaltung dargestellt *(Abb. 28)*, waren es die Sumerer, die als Erste vergangene Ereignisse aufzeichneten und Geschichten von ihren Göttern erzählten. Es war dort, in der fruchtbaren Ebene, die von den großen Flüssen Euphrat und Tigris bewässert wird, wo die erste bekannte Zivilisation der Menschheit vor 6000 Jahren erblühte – »abrupt«, »unerwartet«, »erstaunlich plötzlich«, wie es in den Lehrbüchern heißt. Es war eine Zivilisation, der wir bis heute buchstäblich jeden »Erstling« verdanken von allem, was wir für die Grundelemente einer fortgeschrittenen Zivilisation halten: das Rad als Transportmittel; den Ziegel, der hoch aufragende Gebäude möglich machte (und noch immer macht); den Schmelz- und Brennofen, die Voraussetzung für eine ganze Reihe von Industrien vom Backen bis zur Metallverarbeitung; Astronomie und Mathematik; Städte und urbane Gesellschaften; Königtum und Gesetze; Tempel und Priesterschaft; Zeitmessung, einen Kalender, Feste; vom Bier bis hin zu Kochrezepten, von der Kunst bis zur Musik und der Herstellung von Musikinstrumenten; und, vor allem, die Schrift und das Aufzeichnungswesen – sie alle gab es zuerst in Sumer.

All das wissen wir heute dank der Entdeckungen der Archäologie und der Entzifferung der alten Sprachen in den letzten anderthalb Jahrhunderten. Der lange und steinige Weg, auf dem sich Sumer von seiner völligen Vergessenheit bis zur staunenden Bewunderung seiner Grandiosität bewegte, wird von einer Reihe von Meilensteinen flankiert, auf denen die Namen jener Gelehrten verewigt sind, durch die diese Reise erst möglich wurde. Einige, die an den verschiedenen Stätten forschten, werden von uns erwähnt. Viele andere, die in den anderthalb Jahrhunderten mesopotamischer Archäologie unzählige zerbrochene Artefakte zusammensetzten und klassifizierten, sind anonym geblieben.

Und dann waren da die Epigraphen – manchmal draußen an den Ausgrabungsstätten, meistens aber gebeugt über uralte Tontafeln in den Arbeitsräumen der Museen und Universitäten –, deren Hartnäckigkeit, Hingabe und Können Tonfragmente voller seltsamer Keilschriftzeichen in lesbare historische, kulturelle und literarische Kostbarkeiten verwandelten. Ihre Arbeit war von größter Bedeutung, denn während gewöhnlich bei archäologischen und ethnographischen Entdeckungen zuerst die Überreste eines Volkes gefunden und dann ihre schriftlichen Aufzeichnungen entziffert werden (wenn es denn welche hatte), war es bei den Sumerern genau umgekehrt: Hier ging die Entdeckung ihrer Sprache, ja sogar deren Entzifferung, der Entdeckung des Landes Sumer selbst voraus. Und das geschah nicht, weil die Sprache »Sumerisch« schon vor dem Volk bestand; im Gegenteil: es war, weil seine Sprache und Schrift noch lebendig waren, als Sumer selbst

Abbildung 28

längst untergegangen war, genau wie Latein und seine Schrift das Römische Reich um nun mehr als anderthalb Jahrtausende überdauerte.

Die philologische Entdeckung des Sumerischen begann, wie wir gezeigt haben, nicht durch die Auffindung sumerischer Tontafeln, sondern aufgrund der Benutzung sumerischer »Lehnwörter« in akkadischen Texten, aber auch vieler Götternamen, von denen man zunächst einmal nur wusste, dass sie im Assyrischen oder Babylonischen keinen Sinn ergaben; und natürlich durch die Erwähnung (etwa bei Assurbanipal) der Existenz einer alten Schrift und Sprache, des »Schumerischen«. Seine Selbstdarstellung erhielt ihre Bestätigung, als man Tafeln entdeckte, auf denen derselbe Text in zwei Sprachen stand: dem Akkadischen und eben jener anderen, geheimnisvollen Sprache. (Da die Zeilen in den beiden Sprachen einander abwechselten, sprachen die Gelehrten bald von »interlinearen« Texten.)

Abbildung 29

Im Jahre 1850 äußerte Edward Hicks, der Rawlinsons Entzifferung der Behistun-Inschrift studiert hatte, in einem gelehrten Aufsatz die Vermutung, dass sich die akkadische Silbenschrift – eine Sammlung von etwa 350 Keilschriftzeichen, von denen jedes für eine Silbe aus Konsonanten und Vokalen steht – aus einer älteren, nichtakkadischen Silbenschrift entwickelt haben musste. Diese Idee (die nicht sofort angenommen wurde) fand ihre Bestätigung, als man Tontafeln in den Bibliotheken akkadischsprachiger Städte fand, die sich als *zweisprachige Silbenschrift-Wörterbücher* erwiesen – als Listen, die in einer Spalte ein Keilschriftsymbol in einer unbekannten Sprache aufführten und in der anderen sein akkadisches Gegenstück (in *Abb. 29* um die Betonung und Bedeutung der Zeichen ergänzt). Damit war die Archäologie in den Besitz *eines Wörterbuches einer unbekannten Sprache* gekommen! Neben den Tafeln, die als Silbenschrift-Wörterbücher fungierten, dienten diverse zweisprachige Tontafeln als wertvolle Hilfsmittel, um schließlich die sumerische Schrift und Sprache zu übersetzen.

Im Jahre 1869 stellte Jules Oppert in einem Vortrag vor der Französischen Gesellschaft für Numismatik und Archäologie fest, dass der Königstitel »König von Sumer und Akkad«, den man auf einigen Tafeln fand, sich auf Persönlichkeiten bezog, die vor den akkadischsprachigen Assyrern und Babyloniern geherrscht haben mussten; sie waren, so folgerte er, **Sumerer.** Diese Bezeichnung wurde bis heute beibehalten, obwohl Museen und Medien Funde aus ihrer Zeit in Artikeln und auf Veranstaltungen noch immer als »babylonisch« oder bestenfalls »altbabylonisch« bezeichnen, statt den noch unvertrauten Begriff »sumerisch« zu verwenden. Obwohl wir buchstäblich alles, was wir für die Grundvoraussetzungen einer Zivilisation halten, von den Sumerern geerbt haben, antworten viele Menschen noch immer mit einem »Wer bitte?«, wenn sie das Wort »Sumerer« hören …

Das Interesse an Sumer und den Sumerern führte zu einer chronologischen wie geographischen Verschiebung: vom ersten und zweiten Jahrtausend v. Chr. zum dritten und vierten Jahrtausend v. Chr. und vom nördlichen und mittleren Mesopotamien in den Süden des Zweistromlandes. Dass dort uralte Siedlungen begraben lagen, zeigten nicht nur die zahlreichen Hügel an, die über das sonst flache Sumpfland verteilt waren, gebildet von ganzen Schichten antiker Siedlungen (den sogenannten »Strata« = Siedlungsschichten), sondern vor allem

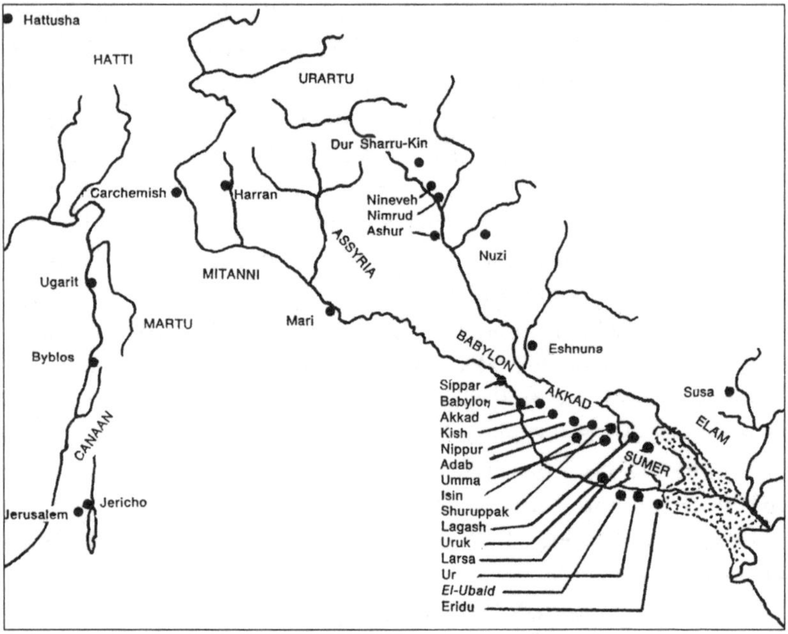

Abbildung 30

auch die geheimnisvollen Artefakte, die von lokalen Stammesangehörigen (den sogenannten »Sumpfarabern«) dort gefunden und europäischen Besuchern gerne gezeigt (und zum Kauf angeboten) wurden. Was wir heute über die Sumerer wissen, ist das Ergebnis von fast 150 Jahren archäologischer Forschung, in denen schrittweise Sumers vierzehn wichtigste Kulturzentren (siehe Karte, *Abb. 30*) ausgegraben wurden, von denen buchstäblich jedes einzelne in den antiken Texten Erwähnung fand.

***

Systematische archäologische Feldforschung in Sumer begann im Jahre 1877 durch Ernest de Sarzec, den damaligen französischen Vizekonsul in Basra, der heute südlichsten Hafenstadt des Irak am Persischen Golf. (Gerüchte besagten damals, dass er von dem lokalen Handel mit Ausgrabungsstücken fasziniert war und selbst Objekte finden wollte, um sie privat zu verkaufen.) Er begann mit der Ausgrabung einer Stätte, die von den Einheimischen nur *Tello* (»Der Hügel«) genannt wurde.

Die Funde dort waren so großartig und reichhaltig (sie gingen an den Louvre in Paris, wo sie ganze Gänge füllten), dass Archäologenteams aus Frankreich fortan jedes Jahr an diese eine Stätte zurückkehrten, und das *über fünfzig Jahre lang* – bis 1933!

Tello erwies sich als der Heilige Bezirk, der *Girsu*, einer großen sumerischen Metropole namens ***Lagasch.*** Die archäologische Untersuchung seiner Siedlungsschichten ergab, dass sie seit fast 3800 v. Chr ununterbrochen bewohnt war. Skulptierte Wandreliefs aus der sogenannten Frühdynastischen Periode, Steinskulpturen, beschriftet in perfekter sumerischer Keilschrift *(Abb. 31)* und eine Silbervase, die Gabe eines König namens Entenema an seinen Gott *(Abb. 32)*, zeugten von dem hohen Niveau der sumerischen Kultur vor fünf Jahrtausenden. Doch vor allem wurden über 10 000 beschriftete Tontafeln in der Bibliothek der Stadt entdeckt (auf deren Bedeutung wir später noch zu sprechen kommen).

Einige Inschriften und Texte enthielten eine vollständige Liste der Könige von Lagasch, die zwischen 2900 v. Chr. und 2250 v. Chr. regier-

Abbildung 31

Abbildung 32

ten – eine ununterbrochene Herrschaft über fast sieben Jahrhunderte. Tontafeln und steinerne Gedenktafeln erinnerten an große Bau–, Bewässerungs- und Kanalisationsprojekte (und nannten die Könige, die für sie verantwortlich zeichneten). Man trieb Handel mit weit entfernten Ländern und stand in Rivalität mit den Nachbarstädten.

Am erstaunlichsten waren die Statuen und Inschriften eines Königs namens Gudea (ca. 2400 v. Chr., *Abb. 33*), auf denen er die mysteriösen Umstände beschreibt, die dazu führten, dass er einen Tempelkomplex für den Gott Ningursu und seine Gefährtin Bau errichtete. Zu dieser

Abbildung 33

Aufgabe – wir werden später noch genauer darauf eingehen – erhielt er göttliche Instruktionen unter Umständen, die an die TV-Serie »The Twilight Zone« erinnern. So kümmerte er sich um astronomische Ausrichtungen, ausgeklügeltes Design, die Einfuhr seltenen Baumaterials aus weit entfernten Ländern, kalendarisches Wissen und die präzise Durchführung von Ritualen – und das alles vor rund 4300 Jahren. Die Entdeckungen von Lagasch fasste sein letzter französischer Ausgräber André Parrot in seinem Buch *Tello* (1948) zusammen.

Ein paar Kilometer nordwestlich des Hügels von Lagasch entdeckte man einen weiteren Hügel, der von den Einheimischen Tell el-Madineh (»Hügel der Stadt«) genannt wurde. Die französischen Ausgräber von Lagasch inspizierten die Stätte ebenfalls; doch es gab dort nicht viel auszugraben, denn die uralte Stadt war einst von einem Feuer völlig zerstört worden. Ein paar Funde jedoch führten dazu, dass man sie als Bad-Tibira identifizieren konnte. Der alte sumerische Name der Stadt bedeutete so viel wie »Die Metallverarbeitungsfestung«; wie andere Entdeckungen später bestätigten, galt **Bad-Tibira** tatsächlich als Zentrum der Metallverarbeitung.

Ein Jahrzehnt, nachdem Sarzec mit den Ausgrabungen in Lagasch begonnen hatte, betrat ein neuer Akteur die südmesopotamische Bühne, beteiligte sich die Universität von Pennsylvania in Philadelphia an der archäologischen Erforschung Sumers. Es war aus früheren Funden in Mesopotamien bekannt, dass das wichtigste religiöse Zentrum Sumers eine Stadt namens ***Nippur*** war; und so gelang es im Jahre 1887 einem John Peters, seines Zeichens Hebräischprofessor dieser Universität, sich die akademische Unterstützung seiner Kollegen und die finanzielle Unterstützung diverser Sponsoren zu sichern, um zu einer archäologischen Expedition nach Südmesopotamien aufbrechen zu können und sich auf die Suche nach Nippur zu machen.

Die Lage Nippurs konnte man schnell erraten. Im geographischen Zentrum des südlichen Zweistromlandes erhob sich ein unübersehbar großer Hügel etwa 32 Meter über dem Sumpfland, der von den Einheimischen *Niffar* genannt wurde; das entsprach den bekannten Beschreibungen Nippurs als »Nabel der Welt«. Die Universität von Pennsylvania koordinierte in den Jahren zwischen 1888 und 1900 vier Ausgrabungskampagnen an der Stätte, zuerst unter der Leitung von John Peters, dann unter der des deutschstämmigen Assyriologen Hermann Hilprecht, der sich international einen Namen gemacht hatte.

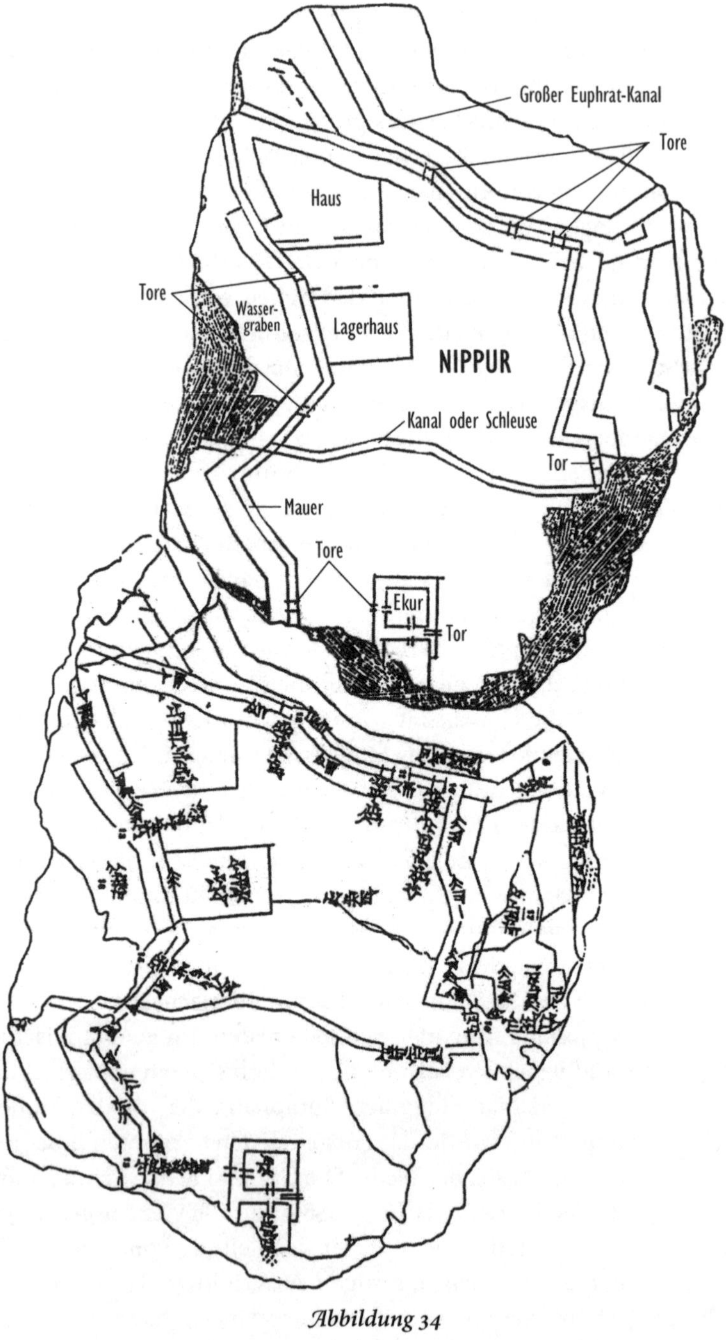

Abbildung 34

Nippur, so stellten die Archäologen fest, war *vom sechsten Jahrtausend v. Chr. an* bis um etwa 800 n. Chr. kontinuierlich besiedelt. Die Ausgrabungen konzentrierten sich zuerst auf den Heiligen Bezirk der Stadt, dessen Lage – so unglaublich das auch klingen mag – auf einer Jahrtausende alten Stadtkarte angezeigt war, die man auf einer großen Tontafel entdeckt hatte (*Abb. 34*, mit Abschrift und Übersetzung). Dort zeugten die Überreste einer hoch emporragenden Ziggurat (Stufenpyramide) im Zentrum des Heiligen Bezirks (Rekonstruktion: *Abb. 35*) von seiner Dominanz über die Stadt. **E.Kur** (»Haus, das wie ein Berg ist«) genannt, war sie der Haupttempel des Hauptgottes von Sumer, **En.lil** (»Herr des Befehls«), und seiner Gefährtin **Nin.lil** (»Herrin des Befehls«). Der Tempel, so hieß es in den Inschriften, bestand aus einer inneren Kammer, in der die »Tafeln des Schicksals« verwahrt wurden. Diversen Texten zufolge war diese Kammer, das Herz des **Dur.An.Ki** (»Verbindung vom Himmel zur Erde«) – eines Kommando- und Kontrollzentrums des Gottes Enki, das die Erde mit den Himmeln verband.

Abbildung 35

Zu den Entdeckungen der Nippur-Expedition, von denen einige als »von unvergleichlicher Bedeutung« bezeichnet wurden, zählten an die 30 000 beschriftete Tontafeln (oder Fragmente solcher) in einer Bibliothek, die offensichtlich zu einem besonderen Viertel der Schreiber und Wissenschaftler Nippurs gleich neben dem Heiligen Bezirk gehörte. Hilprecht plante, die wichtigsten Texte der Tafeln in nicht weniger als zwanzig Bänden zu veröffentlichen, von denen einige »mythologische« Inhalte hatten, während sich andere mit der Mathematik und Astronomie des dritten Jahrtausends v. Chr. befassten. Zu den Nippur-Inschriften, die man entzifferte, übersetzte und veröffentlichte, gehört auch ein Fragment der ***ursprünglichen sumerischen Sintflutgeschichte,*** deren »Noach« ***Ziusudra*** (= »Der, dessen Lebenszeit verlängert ist«) heißt – das Gegenstück zum akkadischen Utnapischtim.

In dieser sumerischen Inschrift (die bei den Gelehrten unter ihrer Referenznummer CBS 10673 bekannt ist) ist es der Gott Enki, der seinem gläubigen Gefolgsmann Ziusudra ein »Geheimnis der Götter« anvertraut – nämlich dass die Götter, angestachelt von einem erzürnten Enlil, entschieden hatten, »den Samen der Menschheit durch eine Flut zu zerstören«, was dann auch geschehen sollte; weshalb Enki (»Kronos« im Berossos-Fragment) den Ziusudra (den »Xisithros« des Berossos) anwies, das rettende Boot zu bauen.

Doch alle weiteren Pläne der Expedition nahmen ein jähes Ende, als Peters und Hilprecht beschuldigt wurden, falsche »Provenienzen« – Angaben zur Herkunft eines Fundstückes – abgeliefert zu haben und dass Hilprecht sich mit dem türkischen Sultan in Konstantinopel (heute Istanbul) verständigt habe, die meisten Funde in die Hauptstadt zu schicken statt an die Universität nach Philadelphia, während der Sultan im Gegenzug Hilprecht erlaubte, einige Fundstücke als »Geschenke« seiner eigenen Privatsammlung einzuverleiben. Der Skandal, der die Universitätsleitung spaltete und sogar für Schlagzeilen in der *New York Times* sorgte, dauerte von 1907 bis 1910 an. Schließlich rief die Universitätsleitung einen Untersuchungsausschuss ins Leben, der am Ende die Beschuldigungen gegen Hilprecht als »haltlos« zu den Akten legte; doch trotzdem ist es eine Tatsache, dass viele der Nippur-Tafeln in Konstantinopel/Istanbul endeten. Hilprechts stattliche Privatsammlung dagegen gelangte nach Jena, seine Universitätsstadt in Deutschland.

Erst nach dem Zweiten Weltkrieg kehrten Mitarbeiter der Universität von Philadelphia, genauer: ihres Archäologischen Museums, nach

Nippur zurück, diesmal als Teil einer gemeinsamen Expedition zusammen mit dem Institut für Orientalistik der Universität von Chicago. Die Peters-Hilprecht-Kontroverse gilt seither unter Historikern als große Bruchstelle in der Archäologie des Nahen Ostens. Doch wie es das ewige Gesetz der unbeabsichtigten Folgen wollte, führte sie auch zu einem der größten Fortschritte in der Sumerologie, denn zu den Mitgliedern des neuen Teams gehörte ein junger Epigraph namens Samuel Noah Kramer, der schließlich zu einem der bedeutendsten Sumerologen unserer Zeit werden sollte.

***

Nach Jahren andauernder archäologischer Bemühungen hatten die Ausgrabungen in Lagasch und Nippur die Existenz bedeutender urbaner Zentren in Sumer belegt, die es von ihrer Größe her mit den babylonischen und assyrischen Metropolen im Norden jederzeit aufnehmen konnten, obwohl sie über ein Jahrtausend älter waren. Die Existenz ummauerter Heiliger Bezirke, jeder mit einem Ziggurat-Wolkenkratzer ausgestattet, bezeugte das hohe Niveau des Bauwesens, das dem der Babylonier und Assyrer nicht nur vorausging, sondern offensichtlich als Vorbild diente. Die Ziggurat – wörtlich »Das, was hoch aufsteigt« – erhoben sich in mehreren Stufen (gewöhnlich sieben) zu Höhen bis zu 90 Metern. Sie wurden aus Lehmziegeln errichtet, die nach zwei unterschiedlichen Verfahren hergestellt wurden: sonnengetrocknet für die hochaufragenden Kernstücke, ofengebrannt und damit besonders stabil, um daraus Treppen, Verkleidungen und Überhänge zu bauen; die Größe, Form und Krümmung der Ziegel variierte mit ihrer Funktion; zusammengefügt wurden sie durch Bitumen (Erdpech) oder Mörtel. (Moderne Labortests ergaben, dass ofengebrannte Lehmziegel fünf Mal stabiler sind als sonnengetrocknete.)

Die entdeckten Ziggurate bestätigten eindrucksvoll den biblischen Bericht in Genesis 11,1–4 von der Bauweise der Siedler in Schinar nach der Sintflut:

Alle Menschen hatten die gleiche Sprache
und gebrauchten die gleichen Worte.
Als sie von Osten aufbrachen,

fanden sie eine Ebene im Land Schinar
und siedelten sich dort an.
Sie sagten zueinander:
Auf, formen wir Lehmziegel,
und brennen wir sie zu Backsteinen.
So dienten ihnen gebrannte Ziegel als Steine
und Erdpech als Mörtel.
Dann sagten sie:
Auf, bauen wir uns eine Stadt
und einen Turm mit einer Spitze bis zum Himmel.

In einem Land wie Kanaan, wo Stein zum Bauen benutzt wurde und Kalk noch immer als Mörtel dient (weil es dort kein Bitumen gibt), erstaunt der so genaue Hinweis auf Ziegel und die Ziegelherstellung (»brennen wir sie zu Backsteinen«) wie auf Bitumen (das im ölreichen Südmesopotamien aus dem Boden sickert) und zeugt von einem bemerkenswert genauen Wissen vom Leben und der Kultur eines steinlosen Landes wie Sumer. Indem sie das antike Sumer ausgruben, bestätigten die Archäologen mit ihren Spaten die Bibel!

Neben den diversen technologischen Errungenschaften dieser Siedler in der Ebene zwischen Euphrat und Tigris – zu denen auch das Rad und der Wagen, der Ofen, Metallurgie, Medizin, Textilherstellung, Färbung und Musikinstrumente zählten – gab es noch zahllose andere »Erstlinge« in Bereichen, die für uns noch immer untrennbar mit einer fortgeschrittenen Zivilisation verbunden sind. Dazu gehören ein mathematisches System, das als Sexagesimalrechnung bezeichnet wird (da es auf der Zahl 60 basiert), weshalb wir noch immer den Kreis in 360 Grad aufteilen, Tag und Nacht in jeweils zwölf Stunden à 60 Minuten messen und einen lunar-solaren Kalender mit zwölf Monaten benutzen; ebenso wie Geometrie, Entfernungs-Messeinheiten, Gewichte und Volumenberechnung; eine fortgeschrittene Astronomie, die Planeten, Sterne, Konstellationen und den Tierkreis samt der Präzession kennt, aber auch Gesetzbücher und Gerichte, Bewässerungssysteme, Transportnetzwerke und Zollstationen, Tanz, Musik und Noten, sogar Steuern – aber auch eine Gesellschaftsordnung, basierend auf einer Art parlamentarischer Monarchie, und eine Religion mit Tempeln, religiösen Festtagen und einer spezialisierten Priesterschaft. Zusätzlich zeugt die Existenz von Schreibschulen und Bibliotheken der Tempel und Könige von einem erstaunlich hohen Niveau intellektuellen und literarischen Schaffens.

Der Sumerologe Samuel Noah Kramer zählte in seinem wegweisenden Buch *History Begins At Sumer* (»Die Geschichte beginnt in Sumer«, 1956) siebenundzwanzig solcher Erstlinge auf, einschließlich dem ersten Präzedenzfall vor Gericht, dem ersten moralischen Ideal, dem ersten Historiker, dem ersten Liebeslied, dem ersten »Job« und so weiter – alles entdeckt auf den sumerischen Keilschrifttafeln. Archäologische Funde, Artefakte und Bilddarstellungen, ergänzten und bestätigten die umfangreichen Textzeugnisse.

Als man sich dessen in Europa und Amerika allmählich bewusst wurde, stieg das Interesse an weiteren Ausgrabungen in Sumer; und je mehr die Archäologen gruben, je weiter drangen sie in die Vergangenheit vor, wurden sie mit immer früheren Zeiten konfrontiert.

Eine Stätte namens Bismaya wurde von einem Archäologenteam der Universität Chicago ausgegraben. Hier lag eine alte sumerische Stadt namens Adab. Man fand dort Überreste von Tempeln und Palästen, zudem Objekte mit Weiheinschriften, etwa von einem König von Adab namens Lugal-Dalu, der um 2400 v. Chr. regierte.

Unter einer Gruppe von Hügeln namens Tell Uhaimir entdeckten französische Archäologen die uralte sumerische Stadt ***Kisch*** und die Überreste zweier Ziggurate, die aus ungewöhnlichen konvexen Ziegeln errichtet worden waren; eine Tafel, auf Frühsumerisch beschriftet, identifizierte den Tempel als den des Gottes **Ninurta,** Enlils kriegerischen Sohnes. Zu den frühesten Ruinen, die der Frühesten Dynastischen Periode zugeordnet werden, gehörte ein Palast von »monumentaler Größe«; man fand sogar Säulen in dem Gebäude, was in Sumer eine Seltenheit war. Zu den Funden, die man in Kisch machte, gehörten auch die Überreste von Wagen und Metallobjekten. Inschriften nannten zwei Könige mit Namen – Mes-alim und Lugal-Mu; man fand später heraus, dass sie zu Beginn des dritten Jahrtausends v. Chr. regierten.

Die Ausgrabungen in Kisch wurden nach dem Ersten Weltkrieg von Archäologen des Chicagoer Naturgeschichtlichen *Field Museums* und des Oxforder *Ashmolean Museums* fortgesetzt. Zu ihren Entdeckungen gehörten einige der frühesten gravierten Rollsiegel. (2004 startete das Field-Museum ein Projekt, um die über 100 000 in Kisch ausgegrabenen Artefakte zu digitalisieren, nachdem sie zwischen Chicago, London und Bagdad verteilt worden waren.)

***

In den 1880er Jahren erregte eine Stätte namens Abu Habbah die Aufmerksamkeit von L. W. King vom Britischen Museum, als dort »interessante Tafeln« – ausgegraben von lokalen Plünderern – zum Verkauf angeboten wurden. Ein Kollege, Theophilus Pinhes, identifizierte die dort begrabene Stadt zutreffend als das antike *Sippar* – die Stadt des Gottes Schamasch, die Berossos in seiner Sintflutgeschichte erwähnte!

Die Stätte wurde von Layards Assistent Hormuzd Rassam kurzfristig ausgegraben; einer der bekanntesten Funde, die er dort machte, ist eine große Steintafel, die niemand anderen als eben jenen Gott Schamasch zeigt, wie er auf seinem gepolsterten Thron sitzt *(Abb. 36)*. Die Begleitinschrift identifiziert den König, der dem Gott präsentiert wird, als jenen Nabi-apla-iddin, der im 9. Jahrhundert v. Chr. den Schamasch-Tempel in Sippar renovierte.

Abbildung 36

Die Zwillingshügel der Stadt wurden erst in den 1890er Jahren von einer Gemeinschaftsexpedition der Deutschen Orientgesellschaft und dem Osmanischen Altertümerdienst gründlicher untersucht. Die Deutschen entdeckten nicht nur ungestörte Horte beschrifteter Tontafeln – die zwischen Berlin und Konstantinopel aufgeteilt wurden –, sondern auch eine der ältesten und seltsamsten Bibliotheken: Die Tafeln lagerten dort in Fächern, die in die Schlammziegelmauern geschnitten wurden und an die Löcher eines Taubenschlags erinnerten, statt (wie in späteren Perioden) auf Regalen. Einige von ihnen trugen Vermerke der Schreiber, die ausdrücklich hervorhoben, dass es sich um Kopien der Texte älterer Tafeln aus Nippur, einer Stadt namens Agade und Babylon – oder auch aus Sippar selbst handelte; *darunter Tafeln, die mit Teilen des* ***sumerischen*** *Atra-Hasis-Textes beschriftet waren!*

Ließ sich daraus schließen, dass es sich bei Sippar tatsächlich um einen frühen Verwahrungsort alter Schriften handelte, wie Berossos angedeutet hatte? Bis jetzt kann man keine sichere Antwort geben, außer man zitiert wieder Berossos: Zuerst wies »Kronos« Xisithros an, »ein Loch zu graben und alle Schriften über die Anfänge, die Mitte und das Ende in Sippar, der Stadt des Sonnengottes (Schamasch), zu verstecken.« Dann kamen die Überlebenden der Flut »zurück nach Babylonien, gruben die Schriften von Sippar aus, gründeten viele Städte, errichteten Heiligtümer und ließen Babylon neu erstehen«. War die einzigartige Lagerung in ausgeschnittenen Abteilungen eine Erinnerung daran, dass die ältesten Tafeln einst in Löchern vergraben wurden? Die Frage muss unbeantwortet bleiben.

In Sippar begann die Geschichte von der Sintflut physische Gestalt anzunehmen; doch das war nur der Anfang.

In dem Jahrzehnt, das dem Ersten Weltkrieg vorausging, gruben deutsche Archäologen unter der Aufsicht der Deutschen Orientgesellschaft an einer Stätte, die bei den Einheimischen Fara hieß. Dort lag einst eine wichtige sumerische Stadt namens **Schuruppak,** die lange vor 3000 v. Chr. gegründet worden war. Zu ihren interessantesten Charakteristiken gehörten Gebäude, zweifellos öffentliche Anlagen, von denen einige als Schulen dienten, mit eingebauten Lehmziegelbänken. Zudem fand man zahllose beschriftete Tontafeln, deren Inhalt Licht auf das tägliche Leben, die gesetzlichen Bestimmungen und den Privatbesitz von Häusern und Feldern werfen – Tafeln, die das städtische Leben vor fünftausend Jahren widerspiegeln. Aus einigen Tafeln geht hervor, dass diese sumerische Stadt eine vorsintflutliche Vorläuferin hatte – einen Ort, der in den Ereignissen um die Sintflut eine Schlüsselrolle spielte.

Zu den wichtigsten Entdeckungen, die man in Schuruppak machte, zählt ein ungewöhnlich großer Hort von Rollsiegeln oder ihren Abdrücken – eine einzigartige sumerische Erfindung, die sich, wie die

Abbildung 37

Keilschrift, mit der Zeit im ganzen alten Nahen Osten verbreitete. Dabei handelt es sich um kleine Zylinder, meist zwischen zwei und fünf Zentimeter lang, die aus einem Stein (meist Speckstein, aber auch Halbedelsteine) geschnitten waren und in die ein Graveur eine Zeichnung mit oder ohne Begleitinschrift schnitt *(Abb. 37)*. Die Schwierigkeit lag darin, dass dies alles in Spiegelschrift und als Negativ zu geschehen hatte, sodass das Siegel, wenn es auf feuchtem Ton ausgerollt wurde, einen positiven Abdruck hinterließ – quasi als Vorläufer der Rotationspresse. Diese zylinderförmigen Kunstwerke bezeichnet man als »Rollsiegel«, weil eben das ihr Zweck war: Ihr Besitzer rollte sie auf einem Pfropfen aus feuchtem Ton aus, der einen Behälter mit Öl oder Wein verschloss, oder auf einem Tonumschlag, um eine Tontafel in seinem Innern zu versiegeln, oder er setzte sie als »Unterschrift« unter ein Dokument. Man hatte schon in Lagasch einige Siegelabdrücke gefunden, auf denen die Namen ihrer Besitzer zu lesen waren; doch in Fara/Schuruppak waren es über 1300 und einige davon stammten aus frühester Zeit.

Doch der wichtigste Aspekt der Ausgrabung Schuruppaks war die Entdeckung der Stadt selbst, die archäologische Bestätigung ihrer

Existenz – schließlich war Schuruppak laut Tafel XI der akkadischen Version des *Gilgameschepos* ***die Heimatstadt des Utnapischtum, des »Noachs« der Sintflut!*** Dort war es, wo der Gott Enki Utnapischtim das Geheimnis von der kommenden Flut offenbarte und ihn anwies, das rettende Boot zu bauen:

> Mann aus Schuruppak, Sohn des Ubar-Tutu:
> Reiß das Haus nieder, baue ein Schiff!
> Gib Deinen Besitz auf, rette Dein Leben!
> Schwöre dem Eigentum ab, halte Deine Seele lebendig!
> An Bord des Schiffes nimm den Samen alles Lebenden.
> Dieses Schiff sollst Du bauen –
> Seine Ausmaße sollst Du bemessen.

(Enki, so erinnern wir uns, verriet auch in dem früher erwähnten sumerischen Text die geheime Entscheidung der Götter.)

Die Entdeckungen in Schuruppak und Sippar verwandelten die Sintflutgeschichte von einer Legende und einem »Mythos« in eine physische, archäologische Realität. (In *Begegnungen mit den Göttern* kam ich auf der Grundlage der antiken Daten und neuesten wissenschaftlichen Entdeckungen zu dem Schluss, dass es sich bei der Sintflut um eine gigantische Flutwelle handelte, die dadurch ausgelöst wurde dass die Eisdecke der östlichen Antarktis von dem Kontinent abrutschte und ins Meer stürzte.)

Der Erste Weltkrieg (1914–1918) unterbrach diese und andere Ausgrabungen im Nahen Osten, der bis dahin Teil des Osmanischen Reiches war, das nach dem Krieg aufgeteilt wurde. Mesopotamien wurde zum Kernland eines neuen Staates, des Irak, und seiner antiken Stätten nahmen sich jetzt lokale Ausgräber an – staatliche Archäologen ebenso wie (meist) private Plünderer. Einige der Funde, die sich heute im Altorientalischen Museum in Istanbul befinden, belegen, dass noch während des Krieges Ausgrabungen in Abu Habbah, dem antiken Sippar, stattgefunden haben; doch dort gab es so viel zu entdecken, dass hier noch bis in die 1970er Jahre archäologisch geforscht wurde – fast ein ganzes Jahrhundert nach Beginn der Ausgrabungen.

***

Eine fortlaufende und sehr engagierte Reihe von Ausgrabungen, die vom Ende des Ersten Weltkriegs bis zum Ausbruch des Zweiten Weltkriegs 1939 andauerten (und 1954 wieder aufgenommen wurden), fand an einer südsumerischen Stätte statt, die von den Einheimischen Warka genannt wurde – *und sich als das **Uruk** des Gilgameschepos, das **Erech** der Bibel erwies!*

Indem sie sich einer Grabungstechnik bedienten, bei der zunächst ein vertikaler Schacht durch alle Siedlungsschichten geschnitten wurde, konnten die Archäologen der Deutschen Orientgesellschaft auf Anhieb einen Einblick in die Siedlungs- und Kulturgeschichte der Stätte bekommen – von der jüngsten Schicht ganz oben bis hin zu den Anfängen im *vierten Jahrtausend v. Chr.* ganz unten. Zu allen Zeiten seit mindestens 3800 v. Chr., so schien es, hatte jede Macht und Kultur des Nahen Ostens, von den Sumerern, Akkadern, Babyloniern und Assyrern bis hin zu den Persern, Griechen und Seleukiden, in Uruk ihre Spuren hinterlassen. Uruk, das war offensichtlich, war eine ganz besondere Stadt.

Auch hier fanden die deutschen Archäologen diverse »Erstlinge« – die ersten Gegenstände aus farbiger Keramik, die in einem Ofen gebrannt wurden, die erste Benutzung der Töpferscheibe, die ersten Objekte aus Metalllegierungen, die ersten Rollsiegel und die ersten Inschriften in der Bilderschrift, aus der sich später die Keilschrift entwickelte. Ein weiterer »Erstling« war die Straßenpflasterung mit Sandsteinblöcken, aber auch die Benutzung von Quadern anstelle von Lehmziegeln zu Bauzwecken, was schon deshalb ungewöhnlich war, weil die Steine von den Bergen herangeschafft werden mussten, die über 80 Kilometer entfernt im Osten lagen. Die Archäologen beschrieben die Steinbauten der Stadt als »von monumentalen Ausmaßen«.

Außerdem entdeckten sie die Überreste einer massiven Stadtmauer mit einer Gesamtlänge von über 10 Kilometern. Sie umgab die beiden Hauptbezirke der Stadt – eine Wohngegend und einen Heiligen Bezirk, in dem die früheste »Ziggurat« überhaupt entdeckt wurde – eine Plattform, in Stufen errichtet, als Basis für einen Tempel. Zum Zeitpunkt ihrer Entdeckung glich sie eher einem künstlichen Hügel und wies nicht weniger als sieben Überbauungsschichten auf. Auf ihr, auf der künstlich angelegten Plattform, stand ein Tempel. Er wurde *E.Anna* genannt – »Haus/Tempel des Anu« – und ist bei den Archäologen auch als der Weiße Tempel bekannt, denn er war – ebenfalls ungewöhnlich und ein weiterer »Erstling« – mit weißer Farbe bemalt (*Abb. 38,* eine Rekonstruktion). Neben dem E.Anna fand man die Überreste zweier weiterer Tempel. Einer, rot bemalt, war der Göttin **In.anna** geweiht – »Anus Geliebter« (besser bekannt unter ihrem späteren akkadischen Namen *Ischtar*). Der andere Tempel gehörte der Göttin Ninharsag.

Abbildung 38

Zweifellos ***hatte der Spaten der Archäologen die Stadt Gilgameschs zutage gefördert,*** jene Stadt, in der der mythische Held gegen 2750 v. Chr. (oder noch früher, nach einer anderen Chronologie) regierte. Die Entdeckungen der Ausgräber illustrierten nur zu deutlich die ersten Worte des *Gilgameschepos:*

Über all seine Taten, die er (Gilgamesch)
in eine Steinstele einmeißelte,
wie er Uruk befestigte, von der Mauer, die er baute,
wie er das E.Anna weihte, das reine Heiligtum.
Schau auf seine Außenmauer, die wie ein Kupferband erscheint,
sieh auf seine Innenmauer, die ohne Gleichen ist!
Wirf einen Blick auf die Steinplattform aus alter Zeit;
steige hinauf und umkreise die Stadt auf den Mauern von Uruk,
näher dich dem E.Anna und der Wohnstätte der Ischtar!

Zu den »Kleineren Funden« aus der Schicht der Zeit um 3200–2900 v. Chr. gehörten zwei Kunstwerke, die als die »wertvollsten« des Irakischen Museums in Bagdad gelten – der lebensgroße Portraitkopf einer Frau aus Marmor *(Abb. 39)* – auch »die Dame von Uruk« genannt – der einst mit einem goldenen Kopfschmuck und Augen aus Edelsteinen ausgestattet war, und eine große (über einen Meter hohe) skulptierte Alabastervase, auf der eine Prozession von Anbetern dargestellt ist, die

Geschenke und Opfergaben zu einer Göttin tragen. Plötzlich erinnerte die über 5000-jährige sumerische Kunst an die Schönheit griechischer Skulpturen, die 2500 Jahre später entstanden!

Abbildung 39

Im äußersten Süden Sumers, wo die Flüsse Euphrat und Tigris in einem Sumpfland, das an den Persischen Golf grenzt, zusammenkommen, hatte eine Stätte namens Abu Shahrain bereits 1854 die Aufmerksamkeit des Britischen Museums erregt. Einer seiner Experten, J. E. Taylor, meldete jedoch nach einer Probegrabung, man sei auf »keinerlei wichtige Fundstücke« gestoßen. Einige dieser »unwichtigen« Entdeckungen brachte er mit nach London, darunter ein paar beschriftete Lehmziegel. Fünfzig Jahre später stellten zwei französische Assyriologen anhand dieser Lehmziegel und ihrer Inschriften fest, dass es sich bei der Stätte um das antike *Eridu* handelte; sein Name bedeutete »Heim in der Ferne« ***und es war Sumers erste Stadt.***

Es dauerte zwei Weltkriege und die Zwischenkriegszeit, bis hier die erste methodische und fortlaufende archäologische Ausgrabung stattfand, jetzt unter Aufsicht der Irakischen Altertümer-Generalverwaltung. Als die Archäologen sich Siedlungsschicht für Siedlungsschicht von der jüngsten ganz oben bis zur frühesten in der Tiefe durcharbeiteten, entdeckten sie nicht weniger als siebzehn Strata; es war, als würden sie in der Zeit rückwärts reisen, je tiefer sie gruben: 2500 v. Chr., 2800 v. Chr., 3000 v. Chr., 3500 v. Chr. Als ihre Spaten die Grundmauern des ersten Tempels von Eridu erreichten, lagen sie bei 4000 v. Chr.; darunter stießen die Archäologen nur auf jungfräulichen Lehmboden.

Der erste Tempel der Stadt, der in den folgenden Jahrhunderten immer wieder überbaut worden war, bestand aus gebrannten Schlammziegeln und erhob sich auf einer künstlichen Plattform. Seine Haupthalle war rechteckig, an den beiden längeren Seiten flankiert von einer Reihe kleinerer Räume – ein Vorbild für alle weiteren Tempel in den folgenden Jahrtausenden. An einem Ende befand sich ein Podest, vielleicht für eine Statue. Am anderen Ende entstand durch ein Podium ein erhöhter Bereich; hier entdeckten die erstaunten Ausgräber in den Schichten VI und VII eine große Anzahl von Fischgräten, mit Asche vermischt – was darauf hindeutete, dass man dem Gott Fische opferte.

Das hätte die Ausgräber nicht erstaunen brauchen: Denn der Tempel war dem sumerischen Gott E.A geweiht, dessen Name so viel bedeutete wie »Der im Wasser wohnt«. Er war es, wie seine Autobiographie und viele andere Texte belegen, der einst an der Spitze von fünfzig Anunnaki – Raumfahrern, die von ihrem Planeten zur Erde

Abbildung 40

gekommen waren – ans Ufer des Persischen Golfes watete. Gewöhnlich mit von ihm ausströmendem Wasser dargestellt *(Abb. 40)*, ***war er der sagenhafte Oannes*** aus den Fragmenten des Berossos. Mit der Zeit – so erklärt die Präambel des *Atra-Hasis-Epos* – wurde Ea der Titel **En.ki** – »Herr (der) Erde« – verliehen. Er war es, der Utnapischtim/Ziusudra vor der kommenden Flut warnte, ihn anwies, das wasserfeste Boot zu bauen und sich darin zu retten.

***

Völlig unbeabsichtigt hatte die Ausgrabung Eridus eine der fundamentalsten »Mythen« der Sumerer archäologisch bestätigt – die Ankunft der Anunnaki auf der Erde und die Begründung der ***Städte der Götter in vorsintflutlicher Zeit.***

Es war im Jahre 1914, als einer der frühen »Sumerologen«, Arno Poebel, den erstaunlichen Text einer Tontafel veröffentlichte, die bis dahin in einer Fragmentenschachtel mit der Katalognummer »CBS 10673« im Archiv des Museums der Universität von Philadelphia aufbewahrt war. Obwohl weniger als die Hälfte erhalten war *(Abb. 41)* erwies sich die Tafel als Fragment des *ursprünglichen sumerischen Sintflutberichtes.* Auf ihrer Vorderseite war der untere Teil der drei ersten Textspalten noch gut lesbar, und wenn man sie umdrehte, auf der Rückseite der obere Teil der Spalten iv–vi.

Die erhaltenen Zeilen des letzten Abschnitts schildern, wie Ziusudra (vom Gott Enki) vorgewarnt wurde und die Anweisung erhielt, ein Boot zu bauen, aber auch, wie die Sintflut sieben Tage und sieben Nächte lang tobte und wie die Götter Enlil dazu bewegten, Ziusudra »Leben wie ein Gott« zu schenken – daher sein Name: »Der, dessen Lebenszeit verlängert wurde«.

Die Spalten i–iii auf der Vorderseite erweitern die Geschichte jedoch beträchtlich. Der Text beschreibt die Begleitumstände der Sintflut und die Ereignisse, die ihr vorausgingen. Tatsächlich führt der Bericht zurück in die Zeit, als die Anunnaki zur Erde kamen und sich im ***Edin*** niederließen – was einige veranlasste, hier von der *Genesis von Eridu* zu sprechen. Es war in dieser frühen Zeit, als die Anunnaki das »Königtum« vom Himmel hinabbrachten, als, wie der Text erklärt (in Spalte ii), die fünf Städte der Götter gegründet wurden:

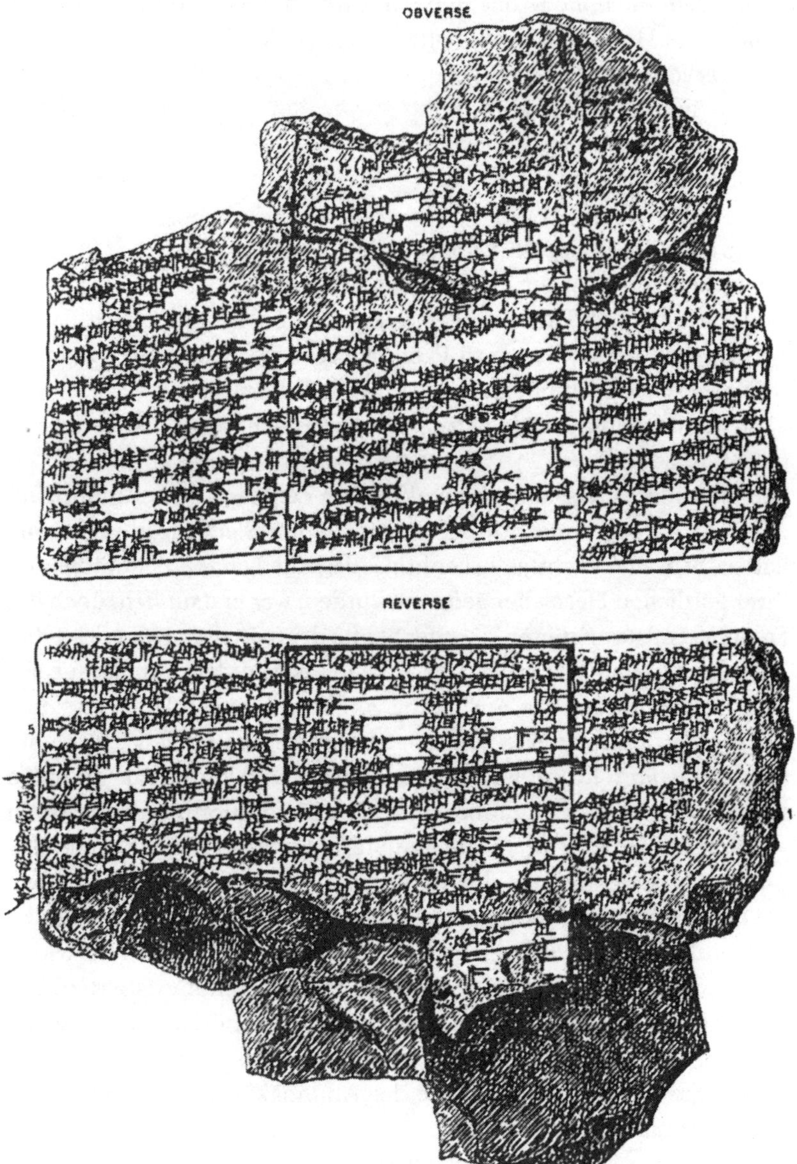

Abbildung 41

Nachdem das … des Königtums
vom Himmel heruntergebracht worden war,
nachdem die hohe Krone und der Thron des Königtums
sich vom Himmel gesenkt hatten,
… vervollkommnete die …,
… gründete … Städte in …
und gab ihnen ihre Namen,
teilte ihnen reine Orte zu:

Die erste dieser Städte, Eridu,
wurde dem Anführer, Nudimmud, übergeben.
Die zweite, Bad-Tibira, gab er Nugig.
Die dritte, Larak, wurde an Pabilsag gegeben.
Die vierte, Sippar, übergab er dem Helden Utu,
die fünfte, Schuruppak, wurde Sud übergeben.

Die Enthüllung, dass die Anunnaki einige Zeit nach ihrer Ankunft auf der Erde – doch lange vor der Sintflut – fünf Siedlungen gegründet hatten, war eine wichtige Erkenntnis; dass die Namen der Städte und ihrer göttlichen Herrscher genannt wurden, war erstaunlich; doch das Faszinierendste an dieser Liste der Städte der Götter war, dass vier dieser Stätten bereits von modernen Archäologen entdeckt und ausgegraben worden waren! Mit Ausnahme von Larak, dessen Überreste man noch nicht identifizieren konnte, obwohl seine ungefähre Lage bekannt ist, waren Eridu, Bad-Tibira, Sippar und Schuruppak gefunden worden. Dadurch, dass Sumer und seine Zivilisation wieder entdeckt wurden, hatten sich nicht nur die Sintflut, sondern auch Ereignisse und Orte aus der Zeit vor der Sintflut als historische Realität erwiesen.

Da es in den mesopotamischen Texten heißt, dass die Sintflut die Erde und alles, was auf ihr war, verwüstete, mag man fragen, wie es sein konnte, dass diese Städte nach der Sintflut weiter existierten. Um die Antwort zu finden – die von einigen mesopotamischen Texten geliefert wird –, müssen wir den Vorhang der Zeit und des Vergessens lüften und die ganze Geschichte der Anunnaki erzählen, »Jener, die vom Himmel zur Erde kamen«.

Wie immer, so sind es auch jetzt wieder die alten Texte selbst, die ihre Geschichte erzählen.

Das Land »Eden«

Der Name **Schumer,** unter dem das südliche Mesopotamien in alter Zeit bekannt war, stammt aus akkadischen Inschriften über das Königreich von »Schumer und Akkad« – eine geopolitische Größe, die ihren Anfang nahm, als der semitischsprachige Sargon I. (*Scharru-kin* = »Der gerechte König«) um 2370 v. Chr. zum Herrscher über das damalige sumerische Großreich ausgerufen wurde. (Als sich das Reich König Davids nach dem Tod Salomos in die Königreiche von Juda und Israel teilte, wurde die Nordregion liebevoll *Schomron* genannt – »Das kleine Schumer«.)

Von dem akkadischen (und hebräischen) Verb mit der Bedeutung »bewachen, schützen« abgeleitet, beschrieb der Name *Schumer* das entsprechende Gebiet als »Land der Wächter« oder »Land der Beschützer«, der Götter also, die über die Menschheit wachten und sie beschützten. Der Begriff entsprach dem altägyptischen Wort für »Götter« – ***Neteru*** –, das vom Verb NTR abgeleitet war, das so viel bedeutet wie »wachen, beschützen«. Nach der ägyptischen Tradition kamen die Neteru aus **Ur-Ta,** dem »alten Ort«, nach Ägypten; ihr Hieroglyphensymbol war die Hacke des Bergarbeiters:

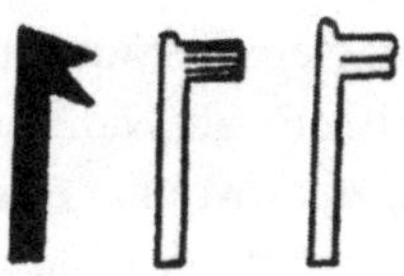

NETERU

Vor Sumer und Akkad, als es in dem Land nur die Städte der Götter gab, wurde es E.din genannt – »Heimat der Gerechten« – das biblische Eden; der Begriff war von dem Determinativ Din.gir abgeleitet, das im Sumerischen den Götternamen vorangestellt wurde. Es bedeutete »die Gerechten« und wurde als Piktogramm ihrer zweistufigen Raketenschiffe geschrieben:

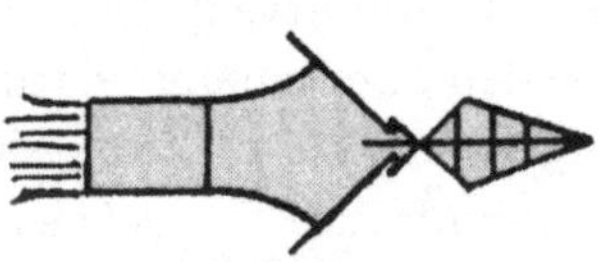

DIN.GIR

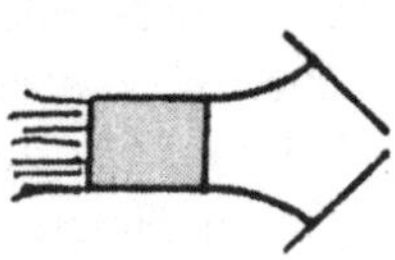

DIN

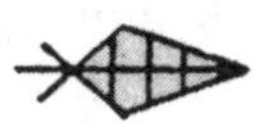

GIR

V

Als das Königtum vom Himmel heruntergebracht wurde

Städte – urbane Bevölkerungszentren – sind ein Grundelement jeder fortgeschrittenen Zivilisation. Die sumerischen Tafeln, die von der Gründung der ersten Städte auf Erden berichten, bezeugen damit gleichermaßen den Beginn der Zivilisation auf der Erde.

Städte stehen für Spezialisierung und Trennung zwischen Anbau und Herstellung, Gebäude und Straßen und Marktplätze, entwickeln Kommerz und Handel, Transport und Kommunikation, benötigen Dokumentation – Lesen, Schreiben und Arithmetik. Genauso benötigen sie eine organisierte Gesellschaft und Gesetze, müssen sie über eine administrative Hierarchie verfügen und ein Verwaltungsoberhaupt einsetzen oder ernannt bekommen. In Sumer, und danach auch sonst überall, war dies ein **Lu.gal,** wörtlich »Großer Mann«, was gemeinhin als »König« übersetzt wird. Die Sumerer bezeichneten diese Elemente einer städtischen Kultur und des damit verbundenen höheren Wissens als **Nam.lugal.la,** was man gewöhnlich als »Königtum« übersetzt, obwohl es eigentlich ein Synonym für »Zivilisation« ist. ***Und dieses Königtum, so behaupteten die Sumerer, wurde vom Himmel auf die Erde heruntergebracht.***

Als göttliche Institution erforderte das Königtum, dass der König, um legitim zu sein, von den Göttern erwählt (und tatsächlich gesalbt) wurde. Entsprechend wurde in der gesamten antiken Welt die Thronfolge der Könige in Königslisten sorgfältig aufgezeichnet. In Ägypten, so haben wir gesehen, wurden sie in Dynastien unterteilt; in Babylon und Assyrien, in Elam und Hatti und Persien und späteren Reichen – wie auch in der Bibel, im Buch der Könige – führten die Königslisten die aufeinanderfolgenden Herrscher nebst ihrer Regierungsdauer und gelegentlich einem kurzen biographischen Hinweis auf. In Sumer, wo Könige zeitgleich in mehreren Stadtstaaten herrschten, wurde die

Hauptliste nach den Königsstädten geführt, die zu einem bestimmten Zeitpunkt als zentrale oder »nationale« Hauptstadt dienten – eine Funktion, die im Rotationsprinzip von einer Stadt auf die andere übertragen wurde. Sumers berühmteste und besterhaltene Königsliste beginnt mit den Worten: »Als das Königtum vom Himmel heruntergebracht wurde« – eine Feststellung, die den Eröffnungszeilen des Berichtes über die vorsintflutlichen Städte der Götter entspricht, die wir im letzten Kapitel zitierten: »Nachdem das … des Königtums vom Himmel heruntergebracht worden war, nachdem die hohe Krone und der Thron des Königtums sich vom Himmel gesenkt hatten …«

Diese Aussagen, das sollte klar sein, wurden nicht einfach zu dem Zweck gemacht, das Königtum mit einem göttlichen Nimbus zu versehen: Ein wesentlicher Grundsatz der sumerischen Geschichte und Gesellschaft war, dass das Königtum tatsächlich, nicht nur bildlich, vom Himmel zur Erde heruntergebracht wurde – dass die **Anunnaki** (»Jene, die vom Himmel zur Erde kamen«) tatsächlich ihre zivilisatorische Präsenz auf der Erde mit fünf Siedlungen begannen, wie es auf der Tafel CBS-10673 ausdrücklich heißt. Obwohl der Name des Gottes, der das Königtum stiftete, auf der Tafel fehlt, kann man mit Sicherheit sagen, dass es Enlil war, der Enki zur Erde folgte – ein Detail, das bestätigt wird durch die Feststellung, dass »die erste dieser Städte, Eridu, dem Anführer Nudimmud (= Ea/Enki) übergeben wurde«. Auch jeder der anderen, die eine Stadt erhielten – Nugig (= der Mondgott Nannar/Sin), Pabilsag (= Ninurta), Utu (= Schamasch) und Sud (= »der Arzt« Ninmah) – war nicht nur ein hochrangiges Mitglied des sumerischen Pantheons, sondern auch ein Verwandter Enlils. Es war erst nach Enlils Ankunft, dass Enkis erster Vorposten (Eridu) um fünf (und später acht) vollwertige Siedlungen erweitert wurde.

Die Verbindung zwischen diesen ersten Städten der Götter und der Herabkunft der Zivilisation vom Himmel auf die Erde wird in einer ganzen Reihe sumerischer Dokumente erwähnt, die sich mit vorsintflutlichen Ereignissen befassen. Zwei Schlüsseldokumente kann jeder mit eigenen Augen sehen, der das Ashmolean Museum für Kunst und Archäologie in der britischen Universitätsstadt Oxford besucht – ein Museum, das auf die 1683 getätigte Stiftung von zwölf Wagenladungen antiker Sammelstücke aus dem Besitz Elias Ashmoles zurückgeht, die in der offiziellen Geschichte des Museums als »eine Arche Noah der Raritäten« bezeichnet wird. Die ursprüngliche Sammlung wurde in den folgenden Jahrhunderten stark erweitert, während das Museum sich zu einer offiziellen Institution der Universität Oxford mauserte. An seinem Eingang stehen keine Menschenmengen Schlange, es hat keine Mona Lisa, um die Massen oder die Filmproduzenten anzuziehen. Doch unter den Objekten in seiner Sammlung befinden sich zwei unbezahlbare archäologische Fundstücke von größter Bedeutung für die Geschichte der Menschheit und unseres Planeten; und beide bezeugen die Flut, auch »Noachs Sintflut« genannt. ***Aller Wahrscheinlichkeit nach dienten sie oder Kopien von ihnen Berossos als Quelle.***

Abbildung 42

Unter den Katalognummern WB-62 und WB-444 von Stephen Langdon in seinem Standardwerk *Oxford Editions of Cuneiform Texts* (»Oxford-Ausgabe von Keilschrifttexten«, 1923) verzeichnet, gehörten die beiden sumerischen Tontafeln ursprünglich zu der Privatsammlung, die Herbert Weld-Bundell – ein englischer Journalist, Abenteurer und Archäologe – im Jahre 1923 dem Museum stiftete. WB-444 ist die bekanntere der beiden Tafeln, während WB-62 eher wie eine ganz »gewöhnliche« Keilschrifttafel aussieht. WB-444 dagegen ist ein seltenes, bemerkenswertes und wunderschönes vierseitiges Prisma aus gebranntem Lehm *(Abb. 42)*. Bekannt als ***die** Sumerische Königsliste,* führt sie auf, wie zuerst Kisch Sumers Hauptstadt wurde, dann Uruk, danach Ur, schließlich Awan, dann wieder Kisch, bald darauf Hamazi, wieder Uruk, dann noch einmal Ur und so weiter, bis die Liste mit einer Stadt namens Isin endet. (Der letzte Eintrag datiert das Dokument auf die Zeit eines Königs namens Utu-Hegal, der um 2120 v. Chr. in Uruk regierte – vor über 4100 Jahren!)

Diese Könige, so stellt der Text auf dem Prisma eindeutig fest, regierten erst *nach* der Sintflut, als »das Königtum (erneut) vom Himmel heruntergebracht wurde«. Doch der Anfangsteil des Prismas listet zunächst die Könige von fünf *vor*sintflutlichen Götterstädten auf und nennt dabei Regierungszeiten, die bei den Gelehrten für einiges Erstaunen sorgten. Dort steht Folgendes:

Nam.lugal an.ta e.de.a.ba
(Als) das Königtum vom Himmel heruntergebracht wurde
Erida.ki nam.lugal.la
kam das Königtum nach Eridu.
Erida.ki A.lu.lim Lugal
(In) Eridu war Alulim König,
Mu 28 800 i.a
Er regierte 28 800 Jahre.
A.lal.gar mu 36 000 i.a
Alalgar regierte 36 000 Jahre;
2 Lugal
2 Könige
Mu.bi 64 800 ib.a
regierten 64 800 Jahre.

Dann, um mit der reinen Übersetzung fortzufahren:

> Wurde Eridu aufgegeben,
> und das Königtum nach Bad-Tibira getragen.
> In Bad-Tibira regierte Enme.enlu.anna 43 200 Jahre;
> Enme.engal.anna regierte 28 800 Jahre;
> Dumuzi, ein Hirte, regierte 36 000 Jahre;
> 3 Könige regierten 108 000 Jahre.
>
> Bad-Tibira wurde aufgegeben
> und das Königtum nach Larak getragen.
> In Larak regierte En.sipazi.anna 28 800 Jahre;
> 1 König regierte 28 800 Jahre.
>
> Larak wurde aufgegeben
> und das Königtum nach Sippar getragen.
> In Sippar wurde Enme.endur.anna König
> und regierte 21 000 Jahre.
> 1 König regierte 21 000 Jahre.
>
> Sippar wurde aufgegeben,
> und das Königtum nach Schuruppak getragen.
> In Schuruppak wurde Ubar-Tutu König
> und regierte 18 600 Jahre.
>
> 5 Städte waren es,
> in denen 8 Könige 241 200 Jahre regierten.
> Dann überschwemmte die Sintflut alles.
>
> Nach der Sintflut,
> als das Königtum (wieder) vom Himmel herabgebracht wurde,
> war das Königtum in Kisch.
> Etc. etc.

Diese übliche Wiedergabe der ersten Zeilen von WB-444 ist allerdings in einem Aspekt irreführend: Auf der Tontafel wird die Regierungsdauer nicht in Jahren, sondern in *Sar*-Einheiten angegeben (dargestellt durch das Zahlensymbol für 3600): Alulims Herrschaft in Eridu betrug also nicht »28 800 Jahre«, sondern »8 Sars«; Alalgar regierte keine »36 000 Jahre«, sondern »210 Sars« und so weiter, bis zum Ende der Liste der vorsintflutlichen Herrscher. *Die Sar-Einheit auf diesem Prisma ist identisch mit dem **Saros** des Berossos.*

Nicht weniger bedeutsam ist die Tatsache, dass diese Herrscherliste dieselben ersten fünf Städte in derselben Reihenfolge nennt wie die Tafel CBS-10673; doch statt die Götter zu nennen, deren »Kultzentrum« die jeweilige Stadt war, führt WB-444 die »Könige« – Verwalter – jeder dieser Städte auf. Wie eine wichtige Studie von William W. Hallo (*The Antediluvial Cities* = »Die vorsintflutlichen Städte«) aufzeigt, *zeugen beide Dokumente von einer kanonisierten Tradition über den Beginn der Zivilisation* (»Königtum«) auf der Erde, beginnend mit Eridu und endend mit Schuruppak zur Zeit der Sintflut.

Natürlich fällt auf, dass in WB-444 ausgerechnet der Held der Sintflut, Ziusudra, unter den acht Königen, die die Liste aufführt, fehlt. Indem sie die Städte und Regierungszeiten von den Anfängen in Eridu bis zum vorsintflutlichen Finale in Schuruppak nennt, endet die Liste mit Ubar-Tutu statt mit Ziusudra; doch wie es auf Tafel XI des *Gilgameschepos* ausdrücklich heißt, war der Held der Sintflut, war Utnapischtim/Ziusudra, nicht nur der letzte Herrscher von Schuruppak, sondern auch der Sohn und Nachfolger von Ubar-Tutu.

Verschiedene Entdeckungen ähnlicher Tafeln, mal komplett, mal in Bruchstücken (wie UCBC 9-1819, Ni-8195 oder Bagdad 63095), lassen keinen Zweifel, dass es einen kanonisierten Text gab, von dem Kopien und Kopien von Kopien angefertigt wurden und der die vorsintflutlichen Götterstädte und ihre Herrscher auflistete, aber auch dass es bei den vielen Kopien und Kopierversuchen oft genug zu Fehlern, Irrtümern und Auslassungen kam. Eine solche weniger bekannte Kopie ist Teil einer Privatsammlung (des *Karpeles Manuscript Library Museums* in Santa Barbara, Kalifornien). Sie nennt ebenfalls acht Könige in fünf Städten, doch sie gibt andere Regierungszeiten an, die, addiert, »10 Großsars + 1 Sar + 600 × 5 (Jahre)« ergeben, zusammen also »nur« 222 600 Jahre.

Die auffällige Auslassung von Ziusudra wird auf einer anderen Tafel (British Museum K-11624) korrigiert. Von einigen Gelehrten *Die Dynastienchronik* genannt, listet sie neun Könige in den ersten fünf Städten auf, wieder mit etwas anderen *Sar*-Angaben – Alulim 10 (= 36 000 Jahre), Alalgar 3 (= 10 800 Jahre statt 28 800) und so weiter – doch sie endet korrekt mit den beiden Königen Schuruppaks: Ubartutu mit 8 *Sars* (= 28 800 Jahren) und Ziusudra mit 18 *Sars* (= 64 800 Jahren). Diese Tafel ergänzt die Zusammenfassung »5 Städte, 9 Könige, 98 *Sars*« (= 353 800 Jahre) durch eine kurze Erklärung für die Sintflut: »Enlil missfiel die Menschheit; ihr Geschrei raubte ihm den Schlaf …«

Die Tafel mit der genauesten Auflistung der zehn Herrscher, die zudem der Berossos-Liste entspricht, ist Tafel WB-52 aus dem Ashmolean-Museum; die angegebenen *Sar*-Einheiten für die vorsintflutliche Zeit entsprechen den *Saros*-Einheiten des Berossos, auch wenn die individuellen Regierungszeiten sich unterscheiden. Von WB-444 unterscheidet sie sich darin, dass sie nicht fünf, sondern sechs Städte nennt, nämlich zusätzlich die Stadt Larsa (mit zwei Herrschern) – was dann zur vollständigen Nennung aller zehn Könige führt, von denen der letzte erwartungsgemäß Ziusudra zur Zeit der Sintflut ist. Ein Vergleich von WB-62 mit den griechischen Berossos-Fragmenten (wobei die *Sars/Saros*-Zyklen in Jahre umgerechnet wurden) macht es wahrscheinlich, dass ihm diese Version als Hauptquelle diente:

WB-62		Berossos	
Alulim	67 200	Aloros	36 000
Alalgar	72 000	Alaparos	10 800
(En)kidunu	72 000	Amelon	46 800
(...)alimma	21 600	Ammenon	43 200
Dumuzi	28 800	Megalaros	64 800
Enmenluanna	21 600	Daonos	36 000
Ensipzianna	36 000	Euedorachos	64 800
Enmeduranna	72 000	Amempsinos	36 000
Sukurlam (?)	28 800	Ardates (or Obartes)	28 800
Ziusudra	36 000	Xisuthro	64 800
Zehn Könige	456 000	Zehn Könige 120 Schars =	432 000

Doch welche der vielen Tafeln, die wir uns angeschaut haben, ist die genaueste? Wahrscheinlich jene, die mit Schuruppak endet und sowohl Ziusudra wie auch seinen Vater/Vorgänger nennt; mit ihnen umfasst die Liste zehn vorsintflutliche Herrscher in sechs Städten der Götter. Auch die Bibel führt zehn vorsintflutliche Patriarchen auf. Obwohl sie alle Nachkommen Adams über seinen Enkel **Enosch** (hebräisch für »menschlich«) waren und keine Götter oder Halbgötter, spricht die Tatsache, dass es ebenfalls zehn sind und dass der Held der Sintflut, Noach – wie Ziusudra – an zehnter Stelle steht, doch dafür, dass sie mit den genannten zehn Herrschern identisch sind.

Trotz der unterschiedlichen individuellen Amtszeiten stimmen die verschiedenen Tafeln darin überein, dass diese zehn Könige aufeinanderfolgend regierten, seit »das Königtum vom Himmel heruntergebracht wurde« und bis »die Sintflut alles überschwemmte«. Wenn wir annehmen, dass Berossos die zuverlässigste Version als Quelle benutzte, kommen wir auf einen Zeitraum von 120 Sars (= 432 000 Jahren) als Gesamtzeit der Königsherrschaft vor der Sintflut – das war also die Zeit, die zwischen der »Herabkunft des Königtums« und der Flut vergangen war. *Daher können wir, wenn wir den Zeitpunkt der Sintflut bestimmen, errechnen, wann die Anunnaki auf der Erde landeten.*

Dass die Zahl 120 in der biblischen Vorgeschichte zur Sintflut (Genesis 6, 3) vorkommt, mag also mehr als ein Zufall sein. Die übliche Erklärung, dass damit die von Gott zur Zeit der Sintflut festgesetzte Grenze der menschlichen Lebenszeit gemeint sei, ist zumindest strittig, den die Bibel selbst berichtet, dass Sem, der älteste Sohn Noachs, nach der Sintflut bis zu einem Alter von 600 Jahren lebte, sein Sohn Arpachschad 438 Jahre alt wurde, dessen Sohn Schelach noch 433 und so weiter, bei absteigender Lebensdauer, bis hin zu den »nur« 205 Jahren von Terach, dem Vater Abrahams, und Abraham selbst, der »bereits« im Alter von 175 Jahren verstarb. Zudem zeigt eine gründliche Untersuchung des hebräischen Urtextes, dass in Genesis 6, 3 eigentlich steht: »und ***seine*** Jahre, ***waren*** einhundertundzwanzig«, »waren« (statt »werden sein«) und »seine« kann also durchaus so verstanden werden, als habe die Gottheit (in *Sar*-Jahren) hier die Dauer ihrer eigenen Präsenz auf Erden von der Ankunft bis zur Flut angegeben. In Erdenjahren würde man auf 432 000 (120 × 3600) Jahre kommen, was exakt den 120 *Sars* der Herrschaft der zehn Könige bei Berossos und in der Sumerischen Königsliste entspräche.

Diese Erinnerung an das vorsintflutliche »Zeitalter der Götter« kann erklären, weshalb die Zahl 432 000 in verschiedenen Kulturen als göttlicher Zyklus gilt, weit über Mesopotamien hinaus. Sie bildet zum Beispiel die Schlüsselzahl der Hindu-Tradition über die Zeitalter (»Yugas«) der Erde, Menschheit und Götter: Ein Katuryuga (»Großer

Yuga«) von 4 320 000 Jahren wurde in vier Yugas aufgeteilt, deren immer kürzer werdende Dauer stets durch 432 000 teilbar ist – das goldene »vierfältige Zeitalter« (432 000 × 4), das dreifache Zeitalter des Wissens (432 000 × 3), das zweifache Zeitalter des Opfers (432 000 × 2) und schließlich unser gegenwärtiges einfaches Zeitalter der Zwietracht (432 000 × 1). Die ägyptischen Priester dagegen glaubten, die »Dauer der Welt« würde 2 160 000 Jahre betragen, was fünf Zeitaltern à 432 000 Jahre oder 600 Sars-Zyklen (3600 × 600 = 2 160 000) entspricht.

Der »Tag des Herrn Brahma« in der indischen Glaubenswelt beträgt 4 320 000 000 Jahre, was 1000 Großyugas entspricht und an die biblische Aussage (im Psalm 90, 4) erinnert, dass in den Augen Gottes tausend Jahre wie ein Tag sind. In ihrem Buch *Hamlet's Mill* (1977) zitieren die Professoren Giorgio de Santillana und Hertha von Deschend weitere Beispiele für die 432 000 als »die Zahl, bei der sich Mythologie und Wissenschaft begegnen«.

* * *

Moderne wissenschaftliche Entdeckungen, über die ich in meinen Büchern *Am Anfang war der Fortschritt* und *Begegnungen mit den Göttern* ausführlich berichte, führten mich zu der Überzeugung, dass es sich bei der Sintflut um eine gewaltige Flutwelle handelte, die ausgelöst wurde, als ein großer Teil der Eisdecke der Antarktis ins Meer stürzte. Die Eliminierung dieses »Kühlschranks«, so folgerte ich, führte zu dem plötzlichen Ende der letzten Eiszeit vor etwa 13 000 Jahren.

(Der Kontinent Antarktis wurde erst 1820 n. Chr. entdeckt; trotzdem ist er auf einer Karte des türkischen Admirals Piri Reis aus dem Jahre 1513 bereits in allen Details dargestellt. Wie ich in *Begegnung mit den Göttern* zeige, erklärt das Abrutschen der Eismassen auch das Rätsel um andere Weltkarten aus der Zeit vor der Entdeckung des sechsten Kontinents, etwa die 1531 gezeichnete Karte des Orontius Finaeus *(Abb. 43)*, die die Antarktis [im Kasten rechts] in den Küstenlinien zeigt, die derzeit unter der Eisdecke verborgen sind und erst 1958 durch Radar und modernste Messinstrumente bestimmt werden konnten.)

Abbildung 43

Das plötzliche Ende der letzten Eiszeit ist Thema zahlloser Studien, darunter einer gründlichen Untersuchung, die 1958 im Rahmen des Internationalen Geophysikalischen Jahres stattfand. Sie bestätigte gleichermaßen die Plötzlichkeit wie den Zeitpunkt – vor 13 000 Jahren – des Endes der Eiszeit in der Antarktis; der Grund für dieses Phänomen aber blieb ein Rätsel. Jüngste Studien bestätigen diese Annahme: Eine Untersuchung vorzeitlicher Temperaturschwankungen (veröffentlicht in der Zeitschrift *Nature* vom 26. Februar 2009) zeigte auf, dass die Erwärmung nach der letzten Eiszeit zwar in Grönland (und im Nordatlantik) allmählich stattfand, in der Antarktis (und im Südatlantik) aber vor rund 13 000 Jahren »schnell und abrupt« einsetzte. Eine andere Studie, die sich mit dem Meeresspiegel befasste (und am 6. Februar 2009 in der Zeitschrift *Science* veröffentlicht wurde), bestätigte, dass die Eisdecke der Antarktis urplötzlich kollabierte und kam aufgrund der Topographie des Kontinents und der ihn umgebenden Seetiefen zu dem Schluss, dass die dadurch ausgelöste Flutwelle mindestens dreimal so hoch war, als man bislang angenommen hatte, wobei es zum stärksten Aufprall in ca. 4000 km Entfernung kam. Ein Diagramm, das den Artikel illustrierte, zeigt, dass die Flutwelle bis in den Persischen Golf, das Mittelmeer und das Bergland im Nordosten reichte – also die Länder der Bibel bis hin zum Berg Ararat überschwemmte.

Eine Datierung der Sintflut auf ca. 13 000 Jahre vor unserer Zeit – auf etwa 10 950 v. Chr. – deckt sich auch mit der Feststellung in alten Keilschrifttexten, dass sich die Sintflut im Zeitalter des Löwen ereignete; dieses zodiakale Zeitalter begann um 11 000 v. Chr.

Wenn man 432 000 + 13 000 addiert, ergibt sich, dass das Königtum vor etwa 445 000 Jahren »vom Himmel heruntergebracht wurde«.

Damals war es, als Astronauten von einem anderen Planeten, von den Sumerern ***Anunnaki*** genannt, die Erde erreichten. Sie waren die biblischen ***Anakim*** – die *Nefilim* des sechsten Kapitels der Genesis.

***

Die unterschiedlichen Listen der vorsintflutlichen Herrscher stimmen alle darin überein, dass Eridu die erste Stadt auf der Erde war. Sein Name **E.ri.du** bedeutet, wörtlich übersetzt, »Haus/Heim, in der Ferne errichtet«; doch als Wort schlug es Wurzeln in vielen Sprachen und zu allen Zeiten, um die Erde selbst zu bezeichnen: im Deutschen *Erde* (von *Erda* im Althochdeutschen), *Jordh* auf Isländisch, *Jord* auf Dänisch, *Airtha* auf Gotisch, *Earth* auf Englisch, *Erthe* auf Mittelenglisch ebenso wie *Ered* auf Aramäisch, *Ertz* auf Kurdisch – und, bis heute, *Eretz* auf Hebräisch.

Ebenso ist wichtig, festzuhalten, dass die verschiedenen Herrscherlisten für die ursprünglichen Städte der Götter zwar die aufeinanderfolgenden »Obersten Beamten« nennen, nicht aber die Namen der Götter, denen diese Städte als »Kultzentren« übergeben worden waren. Sie alle stimmen etwa darin überein, dass Alulim und Alalgar die ersten Herrscher in der ersten Stadt, Eridu, waren; doch wie ausdrücklich in der Tafel CBS-10673 festgestellt wird, war Eridu auf ewig **Nudimmud** – ein Titel Eas/Enkis, der so viel bedeutet wie »Der, der entwirft/erschafft« – übergeben worden. Es blieb natürlich immer sein »Kultzentrum«, gleich, wer gerade sein Verwaltungschef (»König«) war. (Ähnlich blieb Sippar immer das »Kultzentrum« des Gottes Utu, besser bekannt unter seinem akkadischen Namen Schamasch; Schuruppak gehörte immer dem *Sud* – »Arzt« – Ninharsag, und so weiter).

Verschiedene Texte verbinden die Gründung Eridus mit der Ankunft der Anunnaki auf der Erde, als das »Königtum« vom Himmel heruntergebracht wurde.

Ähnlich wie die ersten Astronauten der NASA mit ihren Raumkapseln auf dem Ozean wasserten, bevor Landeplätze für Spaceshuttle-Raumschiffe gebaut wurden, kam auch die erste Gruppe von Anunnaki auf die Erde. Sie wasserten im »Unteren Meer« (dem Persischen Golf) und wateten ans Ufer – mit ihren Taucheranzügen erinnerten sie an »Fischmenschen« (siehe *Abb. 26*) –, wo sie ein »Heim fern von der Heimat« – Eridu – am Rand des Sumpflandes errichteten, dort, wo die Zwillingsflüsse Euphrat und Tigris ein Delta bilden und in den Persischen Golf münden.

Die erste Gruppe bestand aus fünfzig Mann. Ihr Anführer, darin stimmen alle Texte überein, war **E.A.** – »Der, dessen Heimat das Wasser ist«, der Prototyp des Wassermannes. ***»Oannes« war auf der Erde angekommen.***

Gleich mehrere sumerische Texte behandeln diese Erste Ankunft. Einer, der von den Gelehrten als *Der Mythos von Enki und der Erde, Enki und die Ordnung der Welt* oder *Enki und die Ordnung des Landes* genannt wird, beinhaltet einen autobiographischen Bericht aus der Feder Eas/Enkis. Der umfangreiche Text (rekonstruiert nach diversen Tafeln und Fragmenten, die auf zwei Museen verteilt sind) beinhaltet die folgende Aussage von ihm in der ersten Person:

Ich bin der Anführer der Anunnaki,
erzeugt aus fruchtbarem Samen,
der Erstgeborene Sohn des göttlichen Anu,
der Große Bruder aller Götter.

Als ich vom Himmel herabkam,
regneten reichliche Niederschläge herab,
als ich mich der Erde näherte, gab es eine mächtige Flutwelle.
Als ich mich den grünen Weiden näherte,
wurden Haufen und Hügel auf meinen Befehl hin aufgeschüttet.

Eine seiner ersten Aufgaben war es, einen Kommandoposten zu errichten, ein Haus als Hauptquartier; es wurde am Rand der schilfreichen Sümpfe gebaut.

Ich baute mein Domizil an einem reinen Ort,
Ich gab ihm einen guten Namen,
um auf sein gutes Schicksal hinzuweisen.
Sein Schatten erstreckt sich über den Schlangensumpf,
sein … hat einen »Bart« (?), der bis zum … reicht.

Einige der ältesten Rollsiegel, die Sumers früheste Zeit illustrieren, zeigen Schilfhütten von der Art, wie die Anunnaki sie zunächst am Rand der Sümpfe mit dem dort überreich vorhandenen Schilf als Baumaterial errichtet haben könnten; sie zeigen nämlich unerklärliche antennenartige Geräte, die aus den Dächern dieser Schilfhütten emporragen *(Abb. 44)*.

Abbildung 44

Seinen nächsten Außenposten errichtete er auf einem künstlichen Hügel, um ihn vor Überschwemmungen des Flusses und der Sümpfe zu schützen; Enki beauftragte damit einen seiner Unteroffiziere namens Enkimdu:

Nachdem er ein Auge auf diesen Ort geworfen hatte,
erhöhte Enki ihn über den Euphrat …
Enkimdu, den (Fachmann) für Gräben und Deiche
beauftragte Enki mit der Errichtung von Gräben und Deichen.

Enki, so fährt der Text fort, rief daraufhin alle seine Unteroffiziere an seinem Kommandoposten zusammen. Dazu zählten »die Waffentragenden …«, »die Obersten Steuermänner«, die »Leiter der Versorgung«, die »Herrin über das Mahlen« und »der …, der das Wasser reinigt«. Nicht nur Unterkunft, auch Nahrung fand man schnell, denn die Sümpfe hielten ein breites Angebot bereit: »Die Karpfen streifen das Schilf mit ihren Flossen, die Vögel zwitschern mir zu von ihren …«, schrieb Enki. Ein weiterer Abschnitt des Textes, jetzt in der dritten Person verfasst, hält Enkis Befehle an seine Mannschaft fest:

> In den Sümpfen
> markierte er eine Stelle für Karpfen und Fische.
> Enbilulu, dem Inspekteur der Kanäle,
> übertrug er die Aufsicht über das Sumpfland.
> Er markierte eine Lichtung,
> in ihr platzierte er … Schilf und grünes Rohr,
> und markierte das Schilfdickicht.
>
> Er gab den Befehl an … aus,
> Netze auszuwerfen, damit kein Fisch entkommt,
> aus deren Maschen … nicht entkommen,
> aus deren Schlingen keine Vögel entkommen.
> …, dem Sohn eines Gottes, der Fische liebt,
> überantwortete Enki die Fische und Vögel.

Wo all diese Aktivitäten stattfanden, deuten diverse Hinweise auf die beiden Flüsse Euphrat und Tigris an, denn es heißt, dass sie sich an dieser Stelle so stark näherten, dass Enki sie durch einen Kanal miteinander verband und dadurch bewirkte, dass ihre »reinen Wasser zusammenliefen«.

Die weiteren Abschnitte des Textes beschreiben wasserbezogene Aktivitäten gleich nach der Ankunft. Enki selbst kümmerte sich um das Kanalbau-Projekt, während die Unteroffiziere genannt werden, die er mit entsprechenden Aufgaben betraute: »Er füllte den Tigris mit sprudelndem Wasser … damit der Tigris und der Euphrat zusammenlaufen … setzte Enki, Herr der Wassertiefen, Enbilulu als Kanalinspekteur ein.« Doch Bruchstellen in den Tafeln oder die Benutzung noch unübersetzter Begriffe lassen die Natur mancher wasserbezogener

Aktivitäten ungewiss erscheinen. Dazu gehört ein *Seeeinsatz* eines weiblichen Unteroffiziers namens **Nin.Sirara** (»Dame des hellen Metalls«), was darauf hindeutet, dass ihre Aufgabe etwas mit Edelmetall zu tun hatte.

Andere unerwartete Hinweise auf Metalle – *insbesondere auf Gold* – finden wir in dem Abschnitt, der Enkis auf dem Wasser durchgeführte Inspektion seines Wasser-Wunderlandes beschreibt. Er besuchte das Umland in einem Ruderboot, dessen Kommandant einen »Stab für (die Entdeckung von?) Gold« in den Händen hielt; sein Beiname **Nim.-gir.sig** bedeutet so viel wie »Oberster Bestimmer des Glanzes«, was immer wir auch darunter zu verstehen haben. Ein frühes Rollsiegel *(Abb. 45)* zeigt Enki in einem Schilfboot, wie er durch das Schilf fährt, mit einem Untergott an Bord, der ein stabförmiges Gerät hält. Das Boot ist an beiden Enden mit Stangen ausgerüstet, an denen kreisförmige Geräte angebracht sind, ähnlich denen, die aus den Schilfhütten ragten.

Was haben all diese Informationsbrocken zu bedeuten?

Natürlich zwingt sich uns an diesem Punkt die Frage auf, ob der Besuch der Anunnaki auf der Erde ein reiner Zufall war. Reisten sie in ihrem Raumschiff, zwang sie ein Unglück, nach einer Landestelle zu suchen, steuerten sie rein zufällig den nächstgelegenen Planeten, die Erde, an? Erforschten sie gerade das Weltall, als sie (wie es Enki beschreibt) einen wasserreichen, fruchtbaren Ort bemerkten, wo sie einen Zwischenhalt einlegten, um ihn sich genauer anzuschauen?

In diesem Fall wäre ihr Besuch auf der Erde ein einmaliges Ereignis gewesen. Doch eine überwältigende Menge an Beweisen deutet darauf hin, dass der »Besuch« unglaublich lange dauerte, dass er zu permanenten Siedlungen führte, dass die Anunnaki kamen und gingen und dass sie selbst dann noch, als eine Katastrophe wie die Sintflut alles zerstörte, hier blieben und noch einmal von neuem begannen. Das spricht eher für eine geplante Kolonisation – und die hatte ihren Grund.

Enki und seine fünfzigköpfige Crew waren einst auf die Erde gekommen, so behaupte ich, um Gold zu gewinnen.

Diese Absicht kristallisiert sich heraus und all die Informationsbrocken ergeben plötzlich einen Sinn, wenn man sie zu einem Gesamtbild verbindet. Der Plan war, Gold aus den Wassern des Persischen Golfs zu gewinnen. Als dies nicht gelang, konzentrierte man sich auf den Bergbau. In dieser zweiten Phase der Aktivitäten der Anunnaki auf der

Abbildung 45

Erde trafen die anderen Götter ein; ihr Anführer war **En.lil** (= »Herr des Befehls«), für den eine neue Götterstadt errichtet wurde: ***Nippur***. Ihr Herz war eine Kommando- und Kommunikationszentrale, in der die das Orbit kontrollierenden »Tafeln des Schicksals« im Allerheiligsten oder **Dur.an.ki**, dem »Verbindungspunkt zwischen Himmel und Erde«, rotierten und brummten.

Während Enlil die Kontrolle über den E.din und seine Siedlungen – von denen jede eine bestimmte Funktion hatte – übernahm, fiel Enki ein neuer Aufgabenbereich an einem Ort namens **Ab.zu** zu; sein Name, gemeinhin als »die Tiefe« übersetzt, bedeutet wörtlich so viel wie »Ort des glänzenden Metalls«.

In *Der zwölfte Planet* legte ich dar, dass diese Kombination zweier Silben, die im Sumerischen auch umgekehrt als **Zu.ab** gelesen werden konnte, ohne dass sich ihre Bedeutung veränderte, noch heute im hebräischen Wort Za.ab (=***»Gold«***) erhalten blieb. **Ab.zu/Zu.ab** bezeichnete also das Gebiet, aus dessen Tiefe das »glänzende Metall« – Gold – zutage gefördert wurde. Der Abzu, so geht aus allen relevanten sumerischen Texten hervor, lag in einer entfernten Region namens ***A.ra.li*** (»Ort der glänzenden Adern«) in der »Unterwelt«; ein geographischer Begriff, der in diversen Texten, darunter solchen, in denen es um die Sintflut geht, für den Süden Afrikas steht. Arali, so schrieb ich damals, lag im Südosten Afrikas – dort, wo noch heute Gold zutage gefördert wird.

In dieser zweiten Phase ihrer Aktivitäten waren die Anunnaki mit einer Reihe tiefgreifender Veränderungen konfrontiert. Nicht nur, dass aus dem Versuch, einfach Gold aus dem Meerwasser zu gewinnen, jetzt ein mühsames Bergbauprojekt geworden war. Es gab auch einen Strategiewechsel in ihrer Erdenmission, einen Kommandowechsel, was schließlich dazu führte, dass zunächst unbeabsichtigt persönliche Rivalitäten und Klanstreitigkeiten vom Heimatplaneten der Anunnaki, Nibiru, auf die Erde verlegt wurden. Verschiedene Texte, darunter das *Atra-Hasis-Epos,* schildern den Ablauf der Ereignisse in allen Details; ***sie gingen, wie wir sehen werden, der Erschaffung des Menschen voraus, erklären die Begleitumstände der Sintflut und entschlüsseln das Rätsel der Halbgötter.***

Doch ihre Ankunft auf der Erde, die Enkis autobiographischer Text beschreibt, war keineswegs der Beginn dieser Verkettung folgenschwerer Ereignisse; um ihren wahren Anfang zu finden, müssen wir mit der Geschichte der Schöpfung selbst beginnen, wie es die Menschen in Mesopotamien an jedem Neujahrsfest taten. Wir müssen das mesopotamische *Enuma elisch* und die biblische *Genesis*-Erzählung lesen und wieder lesen, bis wir sie endlich verstehen. Die präzisen Informationen, die sie uns liefern, erklären nicht nur viele der Phänomene unseres Sonnensystems – sie werfen auch ihr Licht auf den Ursprung des Lebens, auf die Frage, wer wir sind und wie wir hierherkamen, auf den Planeten Erde.

Land des Goldes und der Wasserströme

Der Abzu, so stellt ein sumerischer Text fest, lag im *Ut.tu,* »im Westen« – westlich von Sumer (was auf Südostafrika längengradmäßig zutrifft) und kann durch seetüchtige Boote erreicht werden, die »das ferne Meer« überqueren. Sein *Arali,* das Minengebiet, befand sich nach einem Text in »120 ***beru*** Wasser Entfernung von den Anlegestellen des Euphrat (der Euphratmündung)« – eine Reisedauer von 120 »Doppelstunden« oder eine zehntägige Seereise also. Die aus den Minen geförderten Edelmetalle wurden mit Frachtschiffen, den sogenannten ***Magur Urni Abzu*** (= »Schiff für das Edelmetall der unteren Welt«) nach *E.din* gebracht, um dort verhüttet, verfeinert und in Form tragbarer Barren gegossen zu werden, die man als **Zag** (= »Gereinigte Kostbarkeit«; wir würden sagen: Feingold) bezeichnete.

Ein sumerischer Hymnus pries den Abzu und beschrieb das Gebiet, in dem Enki sein neues Hauptquartier errichtete, als reich an Stromschnellen und großen Wasserfällen:

> Oh Du, Abzu, reines Land,
> wo große Wasser schnell fließen,
> zum »Ort des strömenden Wassers«
> versetzte sich der Herr (Enki) selbst.
>
> Den »Ort des strömenden Wassers«
> errichtete Enki zwischen den reinen Wassern,
> in der Mitte des Abzu
> errichtete er ein großes Heiligtum.

Sumerisch-akkadische Wörterbücher setzen »Abzu« mit »*Nibku*« gleich, einem tiefen Minenschacht. Das ursprüngliche Piktogramm für Abzu (aus dem sich sein Keilschriftzeichen entwickelte) war ein Minenschacht – Variationen dieses Zeichens standen für »Gold« und andere im Bergbau gewonnene Mineralien, darunter auch Edelsteine:

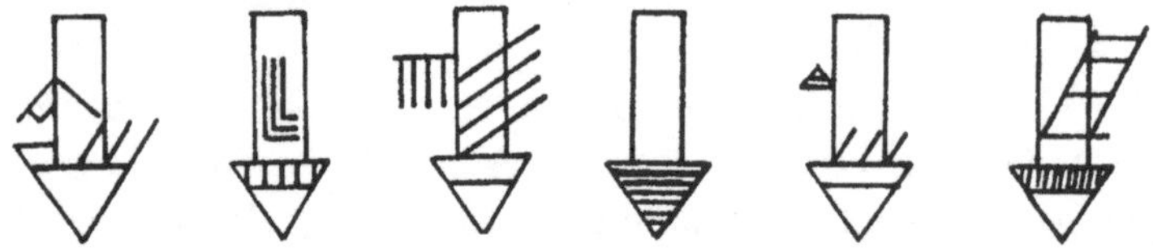

Als einmal die Goldförderung in Abzu in vollem Schwung war, beschrieb Enkis autobiographischer Text die Gegend als *Meluhha,* »Schwarzes Land der großen Bäume … dessen Lastboote Gold und Silber transportieren«. Spätere assyrische Inschriften identifizieren Meluhha mit Kusch, dem »Land der dunkelhäutigen Menschen« (Äthiopien oder Nubien). Die Silbenkombination des sumerischen Begriffes hat ebenfalls die Bedeutung »Fischreiche Gewässer«; das mag erklären, weshalb Rollsiegeldarstellungen zeigen, wie fischreiche Wasser von Enki ausgehen, der von Arbeitern flankiert ist, die Goldbarren in den Händen halten.

VI
Ein Planet namens »Nibiru«

Die Idee bemannter Raumfahrt ist längst kein Thema allein der Science-Fiction mehr. Ernsthafte Wissenschaftler halten es längst für wahrscheinlich, dass wir Erdlinge eines Tages Astronauten nicht nur wie bisher zu unserem himmlischen Satelliten, dem Mond, sondern auch zu weiter entfernten Planeten entsenden werden. Einige Gelehrte schließen nicht einmal mehr aus, dass es »irgendwo« in den Weiten des Universums mit seinen zahllosen Galaxien und Konstellationen und Milliarden von Sternen (»Sonnen«), umkreist von Satelliten (»Planeten«), auch Leben, sogar menschliches Leben geben könnte. Doch solch intelligente Wesen, selbst wenn sie weit genug entwickelt wären, um ein eigenes Raumfahrtprogramm zu unterhalten, könnten uns nie besuchen (oder wir sie), so wird behauptet, weil der nächste mögliche Ort im Universum, an dem solches Leben existieren könne, »Lichtjahre entfernt« sei, wobei ein Lichtjahr die unglaubliche Entfernung ist, die das Licht in einem Jahr zurücklegt.

Doch was wäre, wenn ein solcher Planet in sehr viel größerer Nähe existieren würde, etwa in unserem Sonnensystem? Und wenn eine Reise zwischen dieser Welt und unserer Erde gerade einmal ein paar »gewöhnliche« Jahre dauern würde und nicht etwa Lichtjahre?

Das ist keine theoretische Frage, denn genau das verraten uns die alten Texte – wenn wir einmal aufhören, sie als Mythos und Phantasie zu behandeln und die Möglichkeit zulassen, dass es sehr wohl echte Erinnerungen und Aufzeichnungen von tatsächlichen Ereignissen sein könnten. Indem ich dies tat, wurde das bahnbrechende Buch *Der zwölfte Planet* erst möglich.

Wenn Eridu in Mesopotamien ein »Heim fern der Heimat« war, dann muss es eben auch eine Heimat geben, aus der Enki stammte. Da seine fünfzigköpfige Crew als »Jene, die vom Himmel zur Erde kamen« (= **Anunnaki**) bezeichnet wurde, muss sie von einem Ort, einem tatsächlichen Ort, im Himmel stammen. Es muss also einen Ort irgendwo im Weltall geben, wo ihre Reise zur Erde ihren Anfang nahm – eine Welt, auf der intelligente Wesen, die vor 450 000 Jahren bereits Raumfahrt betrieben, leben konnten. Wir können sie »Planet X« oder »Planet der Anunnaki« nennen; doch im alten Mesopotamien wurde sie ***Nibiru*** genannt und ihr allgegenwärtiges Symbol in der gesamten antiken Welt war die Geflügelte Scheibe (siehe *Abb. 10*); ***ihr Orbit wurde verfolgt und ehrfürchtig beobachtet und es steht außer Frage, dass zahllose Texte, an erster Stelle das Schöpfungsepos, von ihr berichten.***

Als gegen Ende des 19. Jahrhunderts in Mesopotamien astronomische Tafeln entdeckt und entziffert wurden, diskutierten die Gelehrten dieser Zeit – Franz Kugler und Ernst Weidner an erster Stelle –, ob ***Nibiru*** ein anderer Name für den Mars oder Jupiter gewesen sein könnte. Schließlich war man sich sicher, dass die antiken Astronomen keinen Planeten jenseits des Saturns kennen konnten. *Es war der entscheidende Durchbruch, als mir mitten in einer Nacht bewusst wurde, dass Nibiru weder Mars noch Jupiter ist –* ***sondern der Name eines zusätzlichen Planeten in unserem Sonnensystems.***

Man kann die Beweiskette dort anfangen lassen, wo die Bibel beginnt, nämlich mit dem 1. Vers des 1. Kapitels der *Genesis:* »Im Anfang schuf Gott Himmel und Erde«. So werden gemeinhin die ersten drei Worte der hebräischen Bibel, Bereschit bara Elohim, übersetzt (für einen Augenblick wollen wir diese Übersetzung einmal als ausreichend gelten lassen). In den nächsten 31 Versen schildert die Bibel etappenweise die Schöpfung, angefangen damit, wie der Himmel mit dem »gehämmerten Armband« oben und die Erde unten geformt wurden, bis zur Entstehung des Lebens auf der Erde – erst der Gräser, dann der Meereslebewesen, Wirbeltiere und Säugetiere und schließlich des Menschen. Die biblische Reihenfolge (einschließlich einer Dinosaurierphase, siehe Vers 21) entspricht dem modernen Wissensstand über die Evolution, sodass die Behauptung, Bibel und Wissenschaft stünden im Widerspruch zueinander, jeglicher Grundlage entbehrt.

Die Entdeckung der Keilschrifttafeln mit dem Text des mesopotamischen »Schöpfungsepos« (die wir in einem vorherigen Kapitel schilderten) lässt keinen Zweifel daran, dass, wer immer die biblischen Verse niederschrieb, die Darstellung des *Enuma elisch* kannte und den Inhalt der sechs Tafeln plus einer Lobeshymne auf der siebten zu sechs Phasen (»Tagen«) der Schöpfung plus einem geheiligten siebten »Tag« der Danksagung an Gott verdichtete.

Dass die Autoren der Bibel die Aufeinanderfolge der Schöpfungsschritte, wie wir sie im *Enuma elisch* finden, so gut kannten, kommt nicht nur daher, dass die Tafeln mit dem Text so weit verbreitet und so unverwüstbar waren. Es war vielmehr unvermeidlich, denn das Schöpfungsepos wurde als Teil des jährlichen Neujahrsfestes öffentlich verlesen: zuerst in Sumer, dann in Babylon, Assyrien und schließlich im ganzen Nahen Osten. Die Lesung begann am Abend des vierten Festtages und dauerte die ganze Nacht, denn das *Enuma elisch* (wie die vollständigste babylonische Version des Epos heißt) ist lang und voller Details. Sein zentrales religiös-wissenschaftliches Motiv ist eine Schlacht zwischen einer Himmelsgöttin namens »Tiamat« und einem himmlischen Rächer- und Erlösergott, was der Hauptgrund dafür ist, dass der Text von modernen Gelehrten als Mythos und Allegorie für den ewigen Kampf zwischen Gut und Böse, als eine Art antike Geschichte vom »hl. Georg und dem Drachen«, eingestuft wurde.

In *Der zwölfte Planet* habe ich ziemlich kühn behauptet, dass das Schöpfungsepos eben kein Mythos, sondern im Kern ein wissenschaftlicher Text ist, der mit einer Kosmogonie beginnt, die das gesamte Sonnensystem einbezieht, die Ursprünge der Erde, des Mondes und des Asteroidengürtels erklärt, die Existenz des Planeten Nibiru enthüllt, die Ankunft der Anunnaki-Götter auf der Erde beschreibt und in einem Bericht über die Schöpfung des Menschen und die Anfänge der Zivilisation gipfelt; und da er auch religiös-politische Zwecke erfüllen musste, endet er mit einem Anhang, der den jeweils relevanten Nationalgott (**Enlil** in Sumer, **Marduk** in Babylon, **Assur** in Assyrien) preist, siegreich die Vorherrschaft auf der Erde übernommen zu haben.

Gleich, welche Version wir lesen, der Text beginnt immer damit, wie der »Himmel dort oben« und »die feste Erde darunter« entstanden:

Enuma elisch la nabu schamamu
Als in der Höhe der Himmel noch keinen Namen hatte
Schaplitu ammatum schuma la zakrat
(und) die feste Erde darunter noch nicht benannt war …

… in dieser Urzeit also, so erklärt der selbst uralte Text, nahm das Sonnensystem Gestalt an, woran drei himmlische Akteure Anteil hatten: ein **Ur-Apsu,** seine Begleiterin **Mummu** und eine himmlische weibliche Wesenheit namens **Ti.amat.** (Diese drei Namen, die wir in dem babylonischen Text finden, wurden unverändert aus dem bislang unentdeckten sumerischen Original übernommen. Sie bedeuten so viel wie »Einer, der von Anfang an existierte«, »Eine, die geboren wurde« und »Eine, die Leben schenkt«).

Die Himmelsgötter – Planeten – entwickelten sich gerade, als Tiamat, ein wasserreicher Planet, begann, mit dem männlichen Apsu (der Sonne) »Wasser auszutauschen«. Zuerst wurde das Paar **Lahamu** und **Lahmu** in dem Raum zwischen ihnen geformt; dann erschien, »sie an Statur überragend«, das größere Paar **Kischar** und **Anschar;** und schließlich, weiter draußen, das Paar **Anu** und **Nudimmud.** Das sind sumerische Namen, was den sumerischen Ursprung des Epos belegt, bis auf **Anu,** die babylonische Form des sumerischen **An** (= »Der Himmlische«).

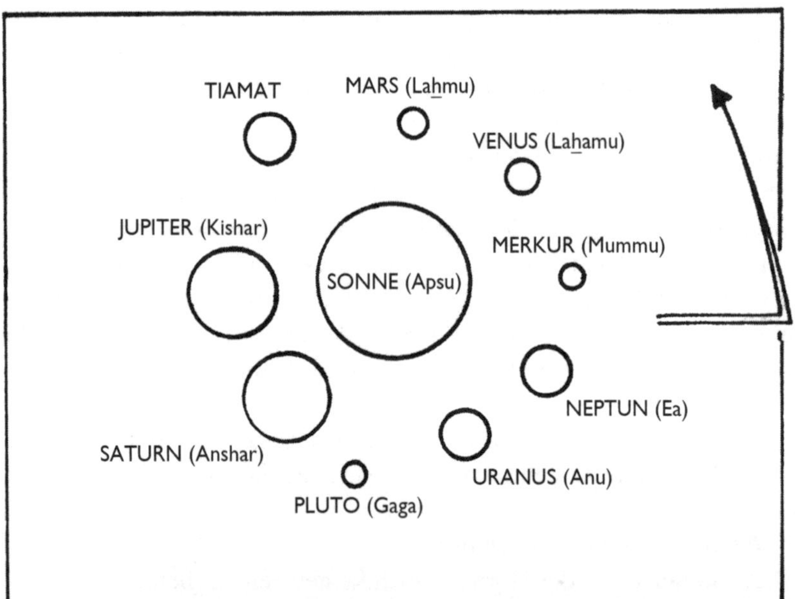

Abbildung 46

Das daraus entstandene Sonnensystem *(Abb. 46)* gleicht dem Unsrigen einschließlich der Position der Planeten, wie wir sie kennen (mit Ausnahme von Tiamat, aber darüber später sehr viel mehr):

SONNE – Apsu, »Einer, der von Anfang an existierte«
MERKUR – Mummu, »Eine, die geboren wurde«,
die Begleiterin der Sonne
VENUS – Lahamu, »Herrin der Schlachten«
MARS – Lahmu, »Kriegsgott«
– ?? – **Tiamat,** »Eine, die Leben schenkt«
JUPITER – Kischar, »Größter des Festlandes«
SATURN – Anschar, »Größter der Himmel«
Gaga – Anschars Bote, der zukünftige PLUTO
URANUS – Anu, »Der des Himmels«
NEPTUN – Ea/Nudimmud, »Kunstvoller Schöpfer«

Die moderne Wissenschaft lehrt, dass unser Sonnensystem vor etwa 4,5 Milliarden Jahren entstand, als eine rotierende Wolke aus kosmischem Staub zuerst im Zentrum zur Sonne verschmolz, bevor sich um sie herum die Planeten bildeten – alle auf derselben Orbitalebene (genannt Ekliptik), alle die Sonne in derselben Richtung umkreisend (gegen den Uhrzeigersinn). Die Beschreibung in dem alten mesopotamischen Epos geht mit diesen modernen Erkenntnissen konform, bietet aber eine unterschiedliche (und wahrscheinlich akkuratere) *Sequenz* der Planetenbildung an. Zudem sind die sumerischen Planetennamen bedeutungsvolle und zutreffende Beschreibungen dieser Himmelskörper – basierend auf Fakten, die unsere Astronomie gerade erst entdeckt. So etwa, als sich 2009 herausstellte, das tatsächlich Saturn (»Anschar«) und nicht der massivere Jupiter (»Kinschar«) der »Größte der Himmel« ist, denn sein Ringsystem hat den größeren Durchmesser.

Das daraus entstandene Sonnensystem, so heißt es im Epos weiter, sei anfänglich unstabil und chaotisch gewesen. Die Umlaufbahnen der Planeten waren in sich noch nicht gefestigt: »Die göttlichen Brüder gerieten aneinander«, ihre Umlaufbahnen kamen einander bedrohlich nahe. »Sie störten Tiamat und drängten vor und zurück« – bewegten sich in unstabilen Orbits und drängten sich in der Nähe von Tiamat. Selbst die Gravitations- und Magnetkräfte der Sonne waren ineffizient – »Apsu konnte ihr Gezeter nicht beruhigen«. Auch hier stimmt die moderne Wissenschaft überein und verwirft die langgehütete Annahme, das Sonnensystem sei mit einem Male in seiner heutigen Form entstanden; nach jüngsten Erkenntnissen war es noch lange nach seiner Entstehung unstabil, fanden Kursveränderungen und Kollisionen statt.

»Durch ihre Eskapaden am Himmel« störten diese unstabilen Himmelsgötter jetzt »den Leib Tiamats«, berichtet das *Enuma elisch.* Die Folge war, dass ihr vier furchterregende »Begleiter« entsprossen – eine Gruppe von Monden. Das aber führte zu noch mehr Tumult, der die anderen Himmelsgötter gefährdete. In dieser riskanten Phase nahm der fernste der Himmelsgötter, Nudimmud (= unser Neptun), die Sache in die Hand: »Er übertraf sie an Weisheit, war versiert und findig«. Diese Himmelsgottheit stellte das Gleichgewicht in dem noch taumelnden Sonnensystem her, indem sie einen Außenseiter einlud – einen noch größeren »Himmelsgott«.

Der Neuankömmling war nicht mit den anderen entstanden; er war ein Fremder aus der Ferne. Er stammte von weit draußen, »aus dem Herzen der Tiefe« und war »mit Ungeheuerlichkeit erfüllt«:

> Verlockend war seine Gestalt,
> blitzend der Glanz seiner Augen,
> herrschaftlich sein Tor,
> befehlend von Anfang an,
> kunstvoll gestaltet und unbegreiflich,
> waren seine Angehörigen –
> schwer verständlich und kaum fassbar …

Einmal ins Gravitationsfeld des »Nudimmud« geraten und von der Anziehungskraft der anderen Planeten eingefangen, setzte der Fremde aus dem Weltraum seinen Kurs in Richtung der Sonne fort *(Abb. 47)*. Als er Anu (unserem Uranus) zu nahe kam, rissen die geballten Gravitationskräfte Materiebrocken heraus und dem Eindringling entsprossen vier »Winde« – Materiewirbel, die sich zu Satelliten oder Monden verdichteten –, die ihn fortan umkreisten.

Man weiß nicht, ob der ursprüngliche sumerische Text den Fremden aus dem Weltraum vor dieser Stelle bereits »***Nibiru***« nannte; doch es ist sicher, dass der babylonische Text ihn von jetzt an **Marduk** nennt – was der Name des babylonischen Nationalgottes war. Diese Transformation Marduks von einem Gott auf der Erde zu einer Himmelsgottheit durch die Umbenennung Nibirus in »Marduk« wurde im babylonischen Text von der Offenbarung begleitet, dass »Nudimmud«, der den Ankömmling »erschuf«, indem er ihn anzog, niemand anderer ist als Ea/Enki, der wirkliche Vater des babylonischen Gottes Marduk, und dass Anu

Ea/Enkis Vater ist (wie Enki selbst in seiner oben bereits zitierten Autobiographie ausdrücklich erklärt). Damit wurde durch einen Federstrich die kosmische Geschichte zur religiös-politischen Legitimation einer Dynastie erklärt: Anu – Ea/Enki – Marduk …

Wie die alten Texte die Vorwärtsbewegung des eindringenden Planeten beschreiben, macht deutlich, ***dass er sich im Uhrzeigersinn bewegt*** – diese Umlaufbahn ist retrograd oder entgegengesetzt zur Umlaufbahn der anderen Planeten, die gegen den Uhrzeigersinn verläuft. *Diese Erkenntnis bietet die einzige Erklärung für eine ganze Reihe ansonsten unerklärlicher Phänomene in unserem Sonnensystem.*

Diese »retrograde« Umlaufbahn Nibirus führte schließlich unausweichlich zur Kollision mit Tiamat; die darauf folgende »Himmelsschlacht«, wie der antike Text die Kollision nennt, wurde zu einem Grundelement antiken Wissens und fand zahllose Erwähnungen auch in der Bibel, etwa in den Büchern der Psalmen, Ijobs und der Propheten.

Gestört durch die neuen Gravitationskräfte, »von Unruhe erfüllt«, lässt Tiamat seine eigene Verteidigungslinie in Form von elf Satelliten/Monden frei; die babylonischen Texte beschreiben sie als »brüllende Drachen, mit Schrecken bekleidet«. Der größte von ihnen, **Kingu,** ist

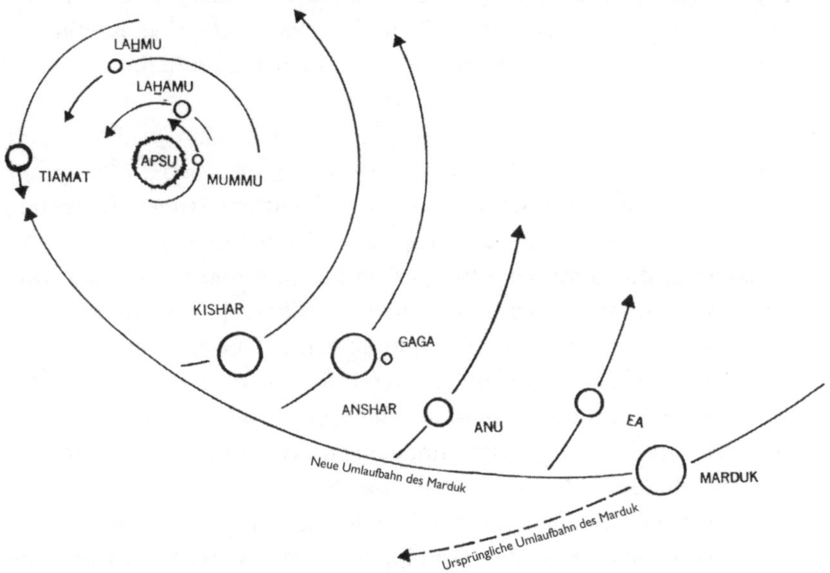

Abbildung 47

der Anführer dieser Schar: »Sie erhob Kingu, in ihrer Mitte machte sie ihn groß«; seine Aufgabe ist es, die Schlacht gegen den sich nähernden Marduk vorzubereiten. Zur Belohnung ermöglicht Tiamat es ihm, der »Versammlung der Götter« beizutreten – *ein selbstständiger Planet zu werden* –, indem sie ihm ein himmlisches »Schicksal« (eine eigene Umlaufbahn) gewährt. Das allein war Grund genug für die Sumerer, diesen speziellen Mond (und seinen Nachfolger) als eigenständiges Mitglied unseres Sonnensystems zu betrachten.

Damit, dass die Bühne für die Himmelsschlacht bereitet ist, endet die erste Tafel des *Enuma elisch;* der Schreiber der besterhaltenen Fassung, ein Nabu-muschetiq-umi, schließt ihr nur noch den üblichen Vermerk an: »Erste Tafel des *Enuma elisch,* wie die Tafel der Urschrift … eine Kopie aus Babylon«. Er nennt auch den Schreiber, dessen Tafel er kopierte: »… geschrieben und zusammengestellt von Nabu-balatsu-iqbi, Sohn des Na'id-Marduk«. Der kopierende Schreiber datierte auch seine Arbeit: »Im Monat Iyyar, am neunten Tag, im siebenundzwanzigsten Jahr des Darius«.

In Kisch ausgegraben, wurde diese erste Tafel des *Enuma elisch* also von ihrem Schreiber als Kopie beurkundet, die gegen Anfang des 5. Jahrhunderts v. Chr. unter der Herrschaft Darius I. (549–486 v. Chr.) angefertigt worden war. Wie das Schicksal es wollte, war es derselbe Darius, dessen Felsinschrift in Behistun (siehe *Abb. 17*) es Rawlinson einst ermöglichte, das Geheimnis der Keilschrift zu lüften.

***

Tafel II des *Enuma elisch* beschreibt die Bildung zweier planetarer Gruppen, die auf eine unvermeidbare Kollision zusteuern.

Indem er die Himmelsgötter personifiziert, schildert der Text, wie, während Tiamat ihre wild kreisenden Satelliten bildet, draußen am Rande des Sonnensystems Ea/Enki an seinen »Großvater« Anschar appelliert, die verschiedenen Planeten hinter Marduk zu vereinen, ihn zu ihrem Anführer zu ernennen und gegen Tiamat und ihre Heerschar ziehen zu lassen: »Lasst ihn, der stark ist, unser Rächer sein, lass Marduk, in der Schlacht verwegen, der Held sein.«

Kritisch wird es, als sich »Marduk« dem gewaltigen Anschar nähert, denn Anschar (= Saturn) hat »Lippen« – majestätische Ringe – die sich weit über das Antlitz Anschars erstrecken. Als er ihm begegnet,

Abbildung 48

»küsst Marduk die *Lippen* Anschars« (= die *Ringe* des Saturn). Die Begegnung und seine »Akzeptanz« durch den Urgroßvater der Dynastie ermutigt Marduk, seinen Wunsch zu verkünden: »Wenn ich, als Euer Rächer, tatsächlich Tiamat bezwinge ... dann ruft eine Versammlung ein, um mein größtes Schicksal zu verkünden!« Ein himmlisches »Schicksal« – eine Umlaufbahn, größer als die aller anderen Planeten, das ist jetzt Marduks Ansinnen.

An dieser Stelle (jetzt auf Tafel III) erhält nach der sumerischen Kosmogonie *der zukünftige Planet Pluto seinen planetaren Status und seine einzigartige Umlaufbahn.* Ein Mond des Anschar/Saturn namens Gaga wurde durch die Gravitation des sich nähernden Marduk aus seiner Bahn gerissen, um zuerst als »Gesandter« Lahmu und Lahamu zu »besuchen«, angeblich um sich ihre Stimme bei der Wahl Marduks zum Anfüher zu sichern. Als Gaga zurückkehrt, führt seine Kreisbahn ihn bis hinaus zu Ea/Neptun; dort wird er zu dem Planeten, den wir Pluto nennen, mit seinem seltsam geneigten Orbit, der ihn mal diesseits, mal jenseits der Umlaufbahn des Neptun stehen lässt. (Sich dieses ungewöhnlichen Orbits bewusst, stellten die Sumerer den Planeten als janusköpfige, d. h. zweigesichtige Gottheit dar, die ihren Meister Ea/Enki/Neptun mal mit dem einen, mal mit dem anderen Antlitz anschaut, *Abb. 48.*)

Als alle Planeten, die sich Tiamat entgegenstellten, Marduks Forderung nach Vorherrschaft zustimmten (Bildtafel IV), fügt der Riese Kischar/Jupiter seinem Arsenal noch weitere Waffen hinzu: Neben seinen vier Hauptsatelliten (genannt »Südwind, Nordwind, Ostwind, Westwind«), die er von Anu/Uranus erhalten hat, kommen drei weitere furchteinflößende Satelliten ins Spiel (»Böser Wind«, »Wirbelsturm«, »Orkan«), sodass er die furchterregende Kriegergruppe der »Sieben« in den Kampf schickt.

Mit dieser Verstärkung im Schlepptau richtet Marduk jetzt »seinen Blick auf die rasende Tiamat«. Er selbst ist »erfüllt von brennendem Feuer« und in der Lage, Blitze wie Pfeile abzufeuern. Zudem verfügt er über ein starkes Magnetfeld, um »Tiamat wie in einem Netz einzufangen«. Tiamats Umlaufbahn wiederum lässt sie direkt auf den sich nähernden Nibiru/Marduk zusteuern; die Himmelsschlacht, die Kollision, ist unausweichbar:

Tiamat und Marduk, die weisesten der Götter,
zogen einander entgegen.
Sie drängten zum Einzelkampf,
sie zogen gegeneinander in die Schlacht.

Die vier Winde stellte er auf,
dass sie nicht entkommen konnte:
Den Südwind, den Nordwind,
den Ostwind, den Westwind.

Nahe an seiner Seite hielt er das Netz,
das Geschenk seines Großvaters Anu.
Er brachte den Bösen Wind, den Wirbelsturm
und den Orkan, um Tiamat im Innersten zu erschüttern.
Alle sieben standen hinter ihm.

Vor sich schleuderte er Blitze,
mit leuchtenden Flammen erfüllte er seinen Körper,
ein furchtbarer Glanz umgab seinen Kopf wie ein Turban,
grausamer Schrecken umhüllte ihn wie ein Mantel.

Als sich die beiden Planeten im Kollisionskurs näherten, setzte Marduk zum Angriff an:

> Der Herr warf sein Netz aus, um sie zu fangen,
> den Bösen Wind, den Äußersten, ließ er in ihrem Antlitz los.
> Als Tiamat ihr Maul öffnete, um ihn zu verschlingen,
> fuhr der Böse Wind ein und sie konnte ihre Lippen nicht
> mehr schließen.

Tiamat, so heißt es weiter in der Schilderung der Schlacht, wird zuerst von einem der sieben Satelliten Marduks getroffen. Dann dienen auch Marduks andere Monde als Waffen und schlugen auf dem Planeten ein:

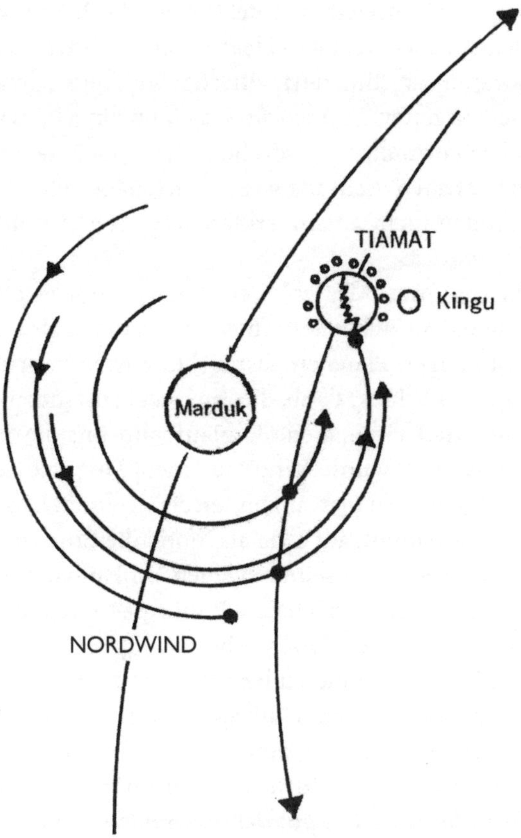

Abbildung 49

Der Wirbelsturm drang in ihren Bauch ein;
der Bauch wurde aufgebläht, das Maul weit aufgerissen.
Er schoss einen Pfeil hinein, er zerriss ihren Bauch.
Er durchschnitt ihre Eingeweide, teilte sie in der Mitte durch.
Nachdem er sie so unterworfen hatte, löschte er ihr Leben aus.

So wurde laut der sumerischen Kosmogonie, der Vorlage für das *Enuma elisch,* verhindert, dass die beiden Planeten schon bei dieser ersten Begegnung Marduks mit Tiamat kollidierten. Es waren zunächst die »Winde« – Satelliten – des Marduk, die Tiamat trafen, »in der Mitte durchteilten« und »ihr Leben auslöschten«. Wir illustrieren diese erste Begegnung in *Abb. 49.*

Während der jetzt aufgerissenen Tiamat der Todesstoß erst bei einer späteren Begegnung versetzt wurde, hatten Marduk und seine Winde in der ersten Runde Tiamats »Heer« von Satelliten vernichtet. Die kleineren »waren zerschmettert, zitterten vor Angst, drehten sich um, um ihr Leben zu retten … doch sie waren umzingelt, es gab kein Entkommen«. Die Formulierung »drehten sich um« besagt wohl, dass sie sich jetzt in derselben Richtung wie der sich nähernde Marduk bewegten – und zu den nicht anders erklärbaren Kometen *mit retrograder Umlaufbahn wurden.*

Kingu, ihr Anführer, »der leblos erschien«, wurde gefesselt, gefangen genommen und der »Tafeln des Schicksals« beraubt, also all dessen, was einen eigenständigen Planeten ausmacht. Marduk ergriff ihn, »nahm ihm die Tafeln des Schicksals ab, die ihm nicht zustanden« und sicherte sich an seiner statt eine eigene Umlaufbahn um die Sonne. Seiner Atmosphäre beraubt, wurde Kirgu zu einem **Dug.ga.e** degradiert, ein sumerischer Begriff, den man am besten als »leblosen Umkreiser« übersetzen kann – verdammt, auf ewig als Mond die Erde zu umkreisen.

Marduk kreiste jetzt auf seiner eigenen Umlaufbahn um die Sonne. Nachdem er den sonnennächsten Punkt passiert hatte, zog es ihn zurück in die Tiefen des Alls, vorbei an Jupiter, um, wie es heißt, Anschar und Ea/Nudimmud zu besuchen und seinen Sieg zu vermelden. Nachdem er seine erste Umkreisung der Sonne vollendet hatte, kehrte er natürlich wieder an den Ort der Himmelsschlacht zurück: Marduk »kehrte zu Tiamat zurück, die er unterworfen hatte«. ***Dieses Mal kollidiert Marduk selbst mit der verwundeten Tiamat und zerreißt sie dabei:***

Der Herr hielt inne, um ihren leblosen Körper zu betrachten,
und plante mit Sorgfalt, das Ungeheuer zu zerspalten.
Dann riss er es wie eine Muschel in zwei Hälften.

Das Schicksal der beiden Teile ist von größter Bedeutung; jedes Wort in dem antiken Text ist wichtig, denn er vermittelt uns das profunde Wissen, das die Anunnaki von der Entstehung der Erde, des Mondes und des Asteroidengürtels hatten:

Der Herr trat auf Tiamats Leib,
mit seiner Waffe schlug er ihr den Schädel ab,
die Arterien ihres Blutes durchtrennte er
und ließ den Nordwind ihn wegtragen,
fort an einen Ort, der bis dahin unbekannt war.

Ihren Rumpf aber hob er empor,
als Schutzschirm für die Himmel stellte er ihn auf.
Er bog Tiamats Schwanz wie ein Armband,
um daraus das Große Band zu formen:
Er fügte die Teile zusammen
und stationierte sie als Wächter.

In *Der zwölfte Planet* legte ich dar, wie ***aus der abgetrennten oberen Hälfte (dem »Schädel«) von Tiamat, den Marduk an einen anderen Ort im Sonnensystem schob, der Planet Erde*** mit seiner neuen Umlaufbahn wurde. Kingu, dessen Schicksal es war, ein »lebloser Umkreiser« zu werden, wurde damals mitgerissen und so zum Mond der Erde. ***Aus dem hinteren Teil, dem »Rumpf« Tiamats, der in Tausend Teile zerschlagen worden war, wurde der Asteroidengürtel, den das Epos als das »Große Band« oder den »gehämmerten Armreif« bezeichnet (Abb. 50).*** Die zertrümmerten kleineren Monde Tiamats dagegen wurden zu den seltsamen retrograden Kometen, für deren Drehrichtung der Wissenschaft jede Erklärung fehlt. Von ihnen berichtet das Epos, dass sie sich »umdrehten« und Marduks retrograde Umlaufbahn annahmen, was durch die Aussage bestätigt wird, »Marduk« habe sie »hinter sich hergezogen« – also in seine eigene retrograde Orbitalrichtung gedrückt.
Diese Entschlüsselung der Schöpfungserzählung, die in verschiedenen sumerischen Texten wiederholt wird, bietet auch die einzig plausible

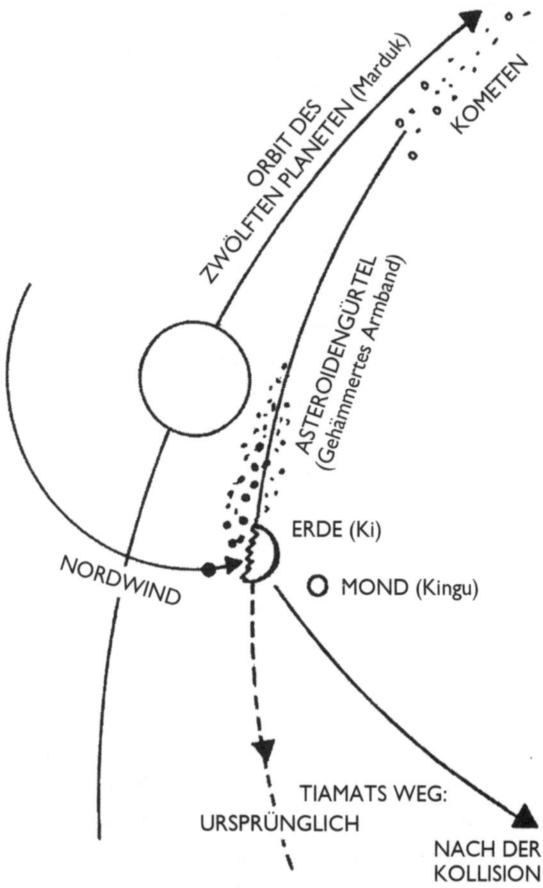

Abbildung 50

Erklärung für die biblischen Verse des Buches Genesis, die dieses Ereignis beschreiben – und seine Rolle bei der Entstehung des Lebens auf der Erde:

- Bei der ersten Begegnung treffen die Satelliten/Monde des »Marduk« Tiamat und bringen den Planeten ins Taumeln.
- Bei der zweiten, entscheidenden Begegnung schlägt »Marduk« selbst zu – er streift Tiamat, reißt sie in zwei Hälften; dabei wird der »Lebenssamen«, der auf Marduk vorhanden ist, auf die zukünftige Erde übertragen. Sie behält Tiamats Wasser und wird zu einem wasserreichen Planeten.

- Die obere Hälfte (der »Schädel«) Tiamats wird in eine neue Umlaufbahn gerissen und dort zur Erde, bereits von Marduk mit DNS befruchtet.
- Diese weggerissene Hälfte (die zukünftige Erde) zieht den leblosen Kingu mit sich, der zu ihrem Trabanten, dem Mond, wird.
- Der untere Teil Tiamas wird in Tausende Teile zerschlagen; wie ein Armband zusammengefügt werden sie zum Asteroidengürtel.
- Der Ort im Sonnensystem, an dem die Himmelsschlacht stattfand, auf der einstigen Umlaufbahn Tiamats, heißt auf Akkadisch *Schamamu* und auf Hebräisch *Schamay'im* – was beides als ***»Himmel«*** übersetzt wird, obwohl das Wort von *Ma'yim* (»Wasser«) abgeleitet ist – es ist der Ort, an dem sich einst die wasserreiche Tiamat befand.

In den mesopotamischen Texten wird dieses Ereignisses immer wieder mit den folgenden Worten gedacht:

> Nachdem der Himmel von der Erde ***getrennt*** wurde,
> nachdem die Erde vom Himmel ***wegbewegt*** wurde.

***

Abbildung 51

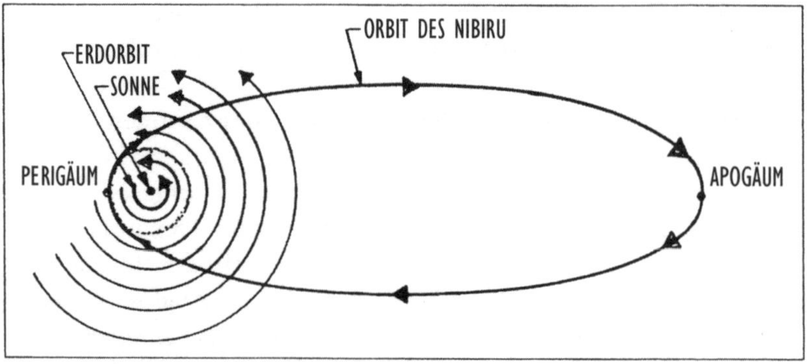

Abbildung 52

Nachdem er den Himmel neu geordnet, die Erde geschaffen und das gehämmerte Armband hinterlassen hatte, »durchzog Marduk den Himmel und inspizierte seine Gefilde … den Großen Ort vermaß er.« Nachdem ihm gefiel, was er dort vorfand, so fährt der mesopotamische Text fort, »gründete er (Marduk) Nibiru.«

In der Sprache der Astronomen heißt das, dass der kosmische Eindringling »Marduk« jetzt zu einem Teil unseres Sonnensystems wurde, ***zu einem Planeten mit dem Namen Nibiru.*** Er war jetzt der zehnte Planet und damit das zwölfte Mitglied des Sonnensystems (das für die Sumerer aus der Sonne, dem Mond und zehn Planeten bestand), genau wie es ein Rollsiegel aus der Zeit um 2500 v. Chr. (mit der Katalognummer VA-243 im Vorderasiatischen Museum in Berlin verwahrt, siehe *Abb. 51* mit vergrößerter Skizze) darstellt. Dass die Planeten darauf in derselben Reihenfolge erscheinen, in der das *Enuma elisch* ihre Entstehung schildert (wie in *Abb. 46* dargestellt), spricht für sich selbst.

Die Umlaufbahn des neuen Planeten reichte von »der Region des Apsu bis zu den Gefilden des Ea« – von einem »Gebiet« (Perigäum, sonnennächster Punkt) nahe der Sonne bis hin zu einem »Gefilde« (Apogäum, sonnenfernster Punkt) weit jenseits des Neptun *(Abb. 52).* Mit diesem großen, elliptischen Orbit war Marduks himmlisches »Schicksal« allen anderen überlegen – ganz wie ihm versprochen worden war.

Diese Umlaufbahn, so heißt es in dem Epos, gab dem neuen Mitglied unseres Sonnensystems seinen Namen, denn **Nibiru** bedeutet so viel wie »Kreuzung«:

Planet Nibiru:
Die Kreuzungspunkte von Himmel und Erde soll er besetzen.
Darüber und darunter sollen (die Götter) nicht ziehen.
Sie müssen auf ihn warten.

Planet Nibiru:
Planet, der hell am Himmel steht.
Er hält die zentrale Stellung;
ihm zahlen die Götter ihren Tribut.
Planet Nibiru:
Er ist es, der unermüdlich
die Mitte Tiamats durchkreuzt.
Lasset »Kreuzung« sein Name sein!

Das Wort, das für seine Umlaufbahn verwendet wird, Schar (= »des Königs«) oder *Sar,* ist dasselbe, das den mathematischen Zahlenwert 3600 bezeichnet, was darauf hindeutet, dass die Umlaufzeit des Marduk-Nibiru um die Sonne 3600 *Erden*jahre beträgt. Wenn Nibiru jedes

Abbildung 53

Jahr (eine Umlaufzeit ist auf Nibiru ein Jahr!) zu seinem Perigäum zurückkehrt, wo einst Tiamat ihre Bahnen zog, *durchkreuzt er die Ekliptik;* man spricht dann von seinem *Kreuzungspunkt;* und wann immer die Menschheit Zeuge dieses Ereignisses wurde, stellte sie Nibiru als strahlenden Planeten dar, symbolisiert durch das Zeichen des Kreuzes *(Abb. 53).*

Geologische, geophysikalische und biologische Spuren auf der Erde, dem Mond und den Asteroiden und Meteoriten überzeugten die moderne Wissenschaft, dass ein Kataklysmus, eine »Kollision mit katastrophalen Folgen«, vor etwa 3,9 Milliarden Jahren unseren Teil des Sonnensystems heimsuchte – etwa 600 000 Jahre, nachdem es entstanden war. Dieses »Ereignis«, davon bin ich überzeugt, war die »Himmelsschlacht« zwischen Marduk und Tiamat.

***

Das *Enuma elisch* füllt vier Tafeln mit der Schöpfungsgeschichte bis zu diesem Punkt; die Bibel braucht dazu nur acht Verse und zwei »Tage Gottes«.

In der gängigen »Einheitsübersetzung« lesen wir (in den Versen 1–5), dass die Erde, als die Schöpfung des Himmels und der Erde begann, »wüst und wirr« war und Finsternis über der »Urflut« lag. Dann schwebte »Gottes Geist über dem Wasser« und Gott befahl: »Es werde Licht und es ward Licht«. Nachdem er »das Licht von der Finsternis« geschieden hatte, nannte Gott »das Licht Tag und die Finsternis nannte er Nacht. Es wurde Abend und es wurde Morgen: erster Tag.«

Es fiele leichter, hier den mesopotamischen Ursprung wiederzuerkennen, wenn wir die Genesis in ihrem hebräischen Originaltext lesen würden. Denn danach lag die Finsternis nicht »über der Urflut«, sondern über *Tehom* – das hebräische Wort für ***Tiamat.*** Und es ist *Ru'ah* – **Wind,** nicht »Geist«, nämlich Marduks Satellit –, der sich gegen *Tehom*/Tiamat richtete, und sein **Blitz,** nicht einfaches »Licht«, der sie traf.

In den Versen 6–8, wenn es um die Ereignisse des zweiten Tages geht, benutzen Übersetzungen den Begriff »Gewölbe«, wo im Hebräischen das Wort Radi'a (Rakisch in den Babylonischen Texten) steht, was wörtlich »gehämmertes Armband« bedeutet und womit der Asteroidengürtel gemeint ist. Er lag »mitten im Wasser« und trennte »das

Wasser unterhalb« vom »Wasser oberhalb«. Dieser Ort heißt Scham-Mayim (= »Ort der Wasser«), was als »Himmel« übersetzt wird.

Während er die polytheistischen Abschnitte mit all den Götter-Stammbäumen, Rivalitäten und Debatten übergeht, konzentriert der Autor der Genesis sich allein auf die *wissenschaftliche Tatsache,* dass die Erde einst infolge einer kosmischen Kollision von Tiamat abgetrennt wurde. Es war eine Vorstellung des Altertums, dass das »Gehämmerte Armband«/der Asteroidengütel als »Firmament« oder (»Himmel«) diente, um die inneren von den äußeren Regionen des Sonnensystems zu trennen. Der hebräische Begriff für diese Region, *Schama'yim,* »Himmel« wurde offensichtlich *direkt* aus den Eröffnungsversen des *Enuma elisch übernommen: »elish, la nabu schamamu«* – »in der **Höhe** war der ***Himmel*** noch nicht benannt worden.« Tatsächlich stammt das gesamte biblische Konzept eines himmlischen »Oben« und »Unten« aus den beiden Eröffnungsversen des *Enuma elisch:* Das »Oben« spielt auf den ersten Vers an, das »Unten« auf den zweiten Vers: ***Shaplitu,*** *ammatum schuma la zakrat – »Unten wurde die feste Erde* noch nicht mit Namen gerufen.«

Eine solche Unterteilung des Himmels in ein »Oberhalb« und ein »Unterhalb« des Firmamentes mag auf den ersten Blick verwundern. Doch sie erscheint sinnvoll, wenn wir uns die Aussage, dass der Kreuzungspunkt von Nibiru dort liegt, wo Tiamat einst ihre Bahnen zog, einmal vor Augen halten:

Nibiru

Merkur Venus Erde Mond Mars > < Jupiter Saturn Uranus Neptun Pluto

Asteroidengürtel

Wenn er sein Perigäum zwischen Mars und Jupiter erreicht, durchkreuzt Nibiru tatsächlich das Mittelfeld des Sonnensystems, befindet sich zu beiden Seiten eine identische Anzahl Planeten (den Mond eingeschlossen). Wie die Terminologie der Bibel erklärt, ist der *Schama'yim* (wörtlich »Ort des Wassers«, übersetzt als »Himmel«) gleichzeitig der Ort des »Firmaments« *(Raki'a, Rakisch).* Der Ort, den Nibiru kreuzt, teilt also wirklich das Planetensystem in ein »Oben« und »Unten« auf – in die äußeren Planeten des Sonnensystems »oben« und die Inneren Planeten »unten«, näher an der Sonne.

Was das *Enuma elisch* und die Bibel schreibt, wird von der moder-

Abbildung 54

nen Astronomie bestätigt, die das Sonnensystem in eine »untere« Gruppe der sogenannten »terrestrischen Planeten« und eine »obere« der »äußeren Planeten« aufteilt, zwischen denen, quasi als Trennlinie, der Asteroidengürtel verläuft.

Dieses Grundprinzip der alten Kosmologie und Astronomie wird sogar durch eine Darstellung auf einem sumerischen Rollsiegel bestätigt, das sich jetzt im Bibelland-Museum in Jerusalem, Israel befindet und die Teilung des Himmels ziemlich plastisch illustriert *(Abb. 54)*. Hier tritt ein Strohhalm, wie er beim Biertrinken benutzt wurde, an die Stelle des Asteroidengürtels. Zu seiner Linken sieht man die »unteren« Planeten (zuerst die Venus als der achte Planet, dann die Erde mit dem Halbmond und der Mars, der dem Gürtel am nächsten ist); auf der anderen Seite zeigt es die »oberen Planeten« Jupiter und Saturn *mit seinen Ringen.*

***

Auf Tafel V schreibt das fortgesetzte *Enuma elisch* Marduk die »Abgrenzung von Nacht und Tag« zu, indem er die Nacht dem Mond und den Tag der Sonne unterstellte und würdigt ihn als Urheber aller großen astronomischen Errungenschaften Sumers: Er richtete den Mond/Sonnenkalender ein, legte den Zenit fest, teilte den Himmel in drei Zonen auf und ordnete die Sterne in zwölf Tierkreiszeichen, indem er ihnen ihre »Bilder« gab.

Wir finden dieses Stelle fast wörtlich wiederholt in Genesis 1, 14–19, wo Gott die »Scheidung von Tag und Nacht« zugeschrieben wird, er Sonne und Mond zur »Bestimmung von Festzeiten, von Tagen und Jahren« einsetzte und die »Lichter am Himmelsgewölbe« zu »Zeichen« ordnete.

Nachdem somit alle kosmischen Angelegenheiten erledigt waren, wendete sich Gott der Erde zu, die er bewohnbar machte. Im mesopotamischen Text steht das ebenfalls auf Tafel V, von der eine nahezu vollständige Abschrift (nur 22 Zeilen fehlten) erst in den 1950er Jahren in der Türkei bei Sultantepe entdeckt wurde. Von ihr erfahren wir, dass Marduk, nachdem er der Sonne und dem Mond ihre Aufgaben zugewiesen hatte, seine kreative Energie auf die Erde konzentrierte; sein Ziel war, den Kopf von Tiamat in eine bewohnbare Welt zu verwandeln:

Er nahm den Speichel von Tiamat,
so schuf Marduk …;
Er formte die Wolken, füllte sie mit (Wasser),
erweckte die Winde, dass sie Regen und Kälte bringen.

Indem er Tiamats Kopf in Stellung brachte,
formte er auf ihm die Berge.
Er ließ Euphrat und Tigris
aus ihren Augen fließen.

Indem er ihre Nüstern …,
aus ihren Brüsten formte er hohe Berge,
(in sie) bohrte er die Quellen,
um aus den Brunnen Wasser zu schöpfen.

Offensichtlich bedurfte die Erde, nachdem sie von Tiamat abgetrennt war, einiger Umgestaltung und Umformung durch ihren Schöpfer, um zu einem eigenständigen, bewohnbaren Planeten mit Bergen, Flüssen und Quellen zu werden (mit dem »Speichel« war, so denke ich, wohl vulkanische Lava gemeint).

Auch im Buch Genesis der Bibel wendet sich Gott, nachdem er den Himmel geordnet hatte, der Erde zu. Die Verse 9–10 beschreiben die Schritte, die unternommen wurden, um sie bewohnbar zu machen:

Dann sprach Gott:
Das Wasser unterhalb des Himmels
sammle sich an einem Ort,
damit das Trockene sichtbar werde.
So geschah es.
Das Trockene nannte Gott »Land«,
und das angesammelte Wasser nannte er »Meer«.

Der biblische Bericht steht in vollem Einklang mit der wissenschaftlichen Erkenntnis, dass das gesamte Festland der Erde ursprünglich ein einziger Superkontinent *(»Pangäa«)* war, der auftauchte, als alle Wasser der Erde zu einem weiten *»Pan-Ozean«* zusammenflossen. Mit der Zeit brach Pangäa auseinander, seine Bestandteile drifteten in verschiedene Richtungen und wurden zu Kontinenten *(Abb. 55)*. Diese

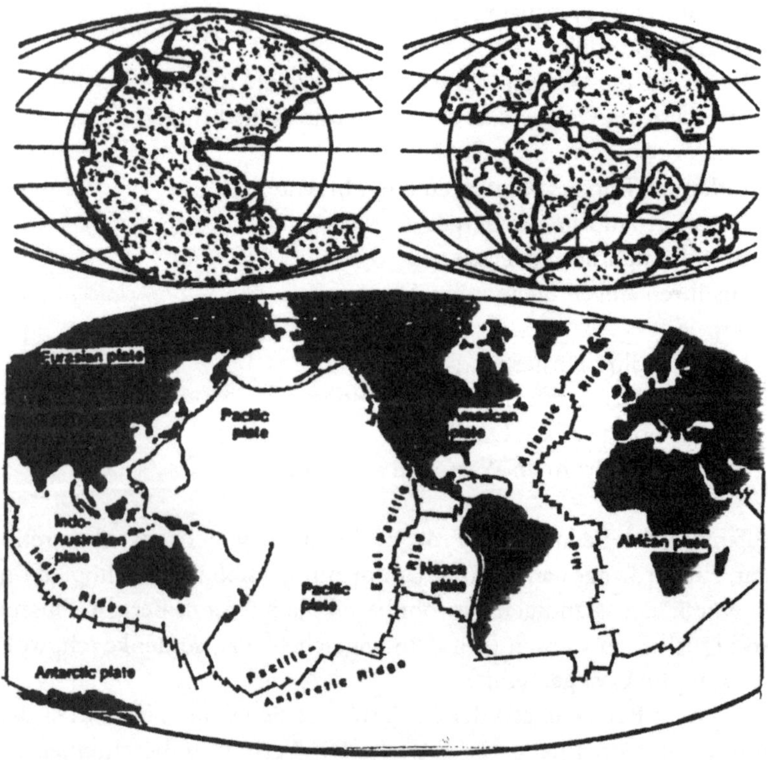

Abbildung 55

moderne Theorie der »Kontinentaldrift« ist heute Grundlage aller Geowissenschaften. Sie so deutlich in der Bibel beschrieben zu finden (und wahrscheinlich auch in den fehlenden Zeilen der Tafel V) ist in der Tat erstaunlich.

Die hebräischen und babylonischen Texte schildern diesen Prozess ebenso logisch wie wissenschaftlich akkurat: Das abgespaltene Segment des Wasserplaneten Tiamat fängt an, Planetenform anzunehmen; die Wasser sammeln sich in den tieferen Teilen (wovon der Pazifik der größte und tiefste ist), legen trockenes Land frei; die Kontinente erscheinen, die Kontinentaldrift drückt Berge hoch, Vulkanen entströmen Lava und Gase, durch die sich wiederum eine Atmosphäre bildet; Wolken formen sich, der erste Regen ergießt sich über das Land, Flüsse beginnen zu fließen. *Die Erde ist für das Leben bereit.*

»So«, stellt das *Enuma elisch* in Tafel V, Zeile 65 fest, »schuf er (Marduk) Himmel und Erde.«

»So«, stellt die Bibel im Buche Genesis 2, Vers 1, fest, »wurden Himmel und Erde vollendet und ihr ganzes Gefüge.«

Wenn wir das *Enuma elisch* als hochentwickelte Kosmogonie und nicht als allegorische Geschichte vom Kampf zwischen Gut (dem Herrn/Marduk) und Böse (dem Ungeheuer/Tiamat) lesen, erhalten wir eine stimmige Erklärung für viele Rätsel in unserem Sonnensystem und eine Antwort auf die unglaublich schnelle Entstehung des Lebens auf der Erde – und die genetische Kompatibilität zwischen den Anunnaki und den Menschentöchtern. ***Die Bibel, so bin ich überzeugt, liefert sie ebenfalls.***

Die Version des Berossos

Man kann wohl annehmen, dass neben all den wichtigen Texten, von denen ihm Kopien vorlagen, auch eine Version der Geschichte von Marduk, Tiamat und der Himmelsschlacht in Berossos Hände geriet, als er seine dreibändige *Babyloniaca* verfasste.

Und tatsächlich sieht es ganz danach aus. Laut dem Historiker Alexander Polyhistor – eine unserer Quellen für die Berossos-Fragmente – schrieb der Babylonier (unter anderem):

> Es gab eine Zeit, als es nichts gab außer Finsternis und
> einem Urgrund des Wassers, in dem die abscheulichsten
> Wesen lebten …
>
> Über sie herrschte ein weibliches Wesen namens Thallath,
> was auf Chaldäisch »das Meer« bedeutet …
>
> Belus (= »Der Herr«) kam und schnitt das Wesen in zwei;
> und aus einer Hälfte von ihm schuf er die Erde,
> aus der anderen Hälfte die Himmel;
> zur gleichen Zeit aber zerstörte er die Kreaturen des
> Urgrundes …

> Dann teilte Belus, den die Menschen Deus (Gott) nennen,
> die Finsternis
> und trennte die Himmel von der Erde
> und ordnete das Weltall …
> Er formte auch die Sterne, die Sonne und den Mond
> zusammen mit den fünf Planeten.

Hatte Berossos Zugang zu einer vollständigeren und unbeschädigten Version der Tafel V des *Enuma elisch?* Diese interessante Frage führt zu einer zweiten, die allgemeiner gehalten ist: Wo, in welcher Bibliothek, zwischen welcher Tafelsammlung, saß Berossos und kopierte aus uralten Tontafeln, als er seine drei Bände verfasste?

Die Antwort mag in einem archäologischen Fund der 1950er Jahre liegen, als man ein paar Kilometer nördlich von Harran (in der heutigen Türkei), unter einem Hügel namens Sultantepe, die Überreste *einer einstmals bedeutenden Schreiberschule und Bibliothek* fand – und in ihnen viele Tafeln, die man bis dahin für verschollen hielt.

VII
Von Anunnaki und Igigi

Es war wahrscheinlich gegen Mitternacht, als man bei der öffentlichen Verlesung des *Enuma elisch* (die in Babylon von Spielszenen begleitet war, ähnlich einem Passionsspiel) die Stelle erreichte, an der es hieß, dass die Schöpfung der Himmel und der Erde – durch Marduk – vollendet sei. Dann war es an der Zeit, seine himmlische Vorherrschaft auf eine Vorherrschaft unter den **Anunnaki** zu übertragen – den himmlischen Göttern, die zur Erde gekommen waren.

Mit bewundernswerter Subtilität wird der Name **Enlil** – die Gottheit, die wahrscheinlich der Held der Schöpfungsgeschichte im sumerischen Original war – jetzt zum ersten Mal ins Spiel gebracht, zusammen mit Anu und Ea/Enki: er rutschte buchstäblich in die letzte Zeile der Tafel IV. An dieser Stelle, in einer Erzählung, die auf Tafel V fortgesetzt wird, betreten auch andere Gottheiten die Bühne – einschließlich Marduks wirklicher Mutter, **Damkina** (später in **Ninki** umbenannt, nachdem Ea den Titel »Enki« = »Herr der Erde« erhielt); und der Leser (oder Zuhörer) wird zum Zeugen von Marduks Krönung zum »König« nicht nur der Anunnaki-Götter, sondern auch einer anderen Gruppe von Gottheiten, der sogenannten **Igi.gi** (= »Jene, die beobachten und sehen«).

Es ist eine große Versammlung aller führenden Götter. Als Marduk auf dem Thron Platz nahm, traten seine stolzen Eltern Ea/Enki und Damkina auf »und öffneten ihre Münder, um den großen Gott anzusprechen«. Dabei erklärten sie: »Bisher war Marduk (nur) unser geliebter Sohn; jetzt ist er euer König; verkündet seinen Titel ›König der Götter des Himmels und der Erde‹!« Dieser Forderung kam man wie folgt nach:

> Als sie versammelt waren, verneigten sich alle Igigi;
> Jeder der Anunnaki küsste seine (Marduks) Füße.

Sie waren versammelt, um ihm Gehorsam zu leisten;
Sie standen vor ihm, verneigten sich und sprachen:
»Er ist der König!«

Sie übertrugen die Herrschaftsgewalt auf Marduk;
Sie sprachen über ihm eine Formel aus,
die Glück und Erfolg verhieß, (versprachen):
»Was immer Du befiehlst, werden wir tun!«

Der Text verrät nicht, wo diese Versammlung abgehalten wurde. Doch die Erzählung lässt darauf schließen, dass die Krönung Marduks auf Nibiru stattfand und ihr eine Versammlung der Götter folgte, die zur Erde entsandt wurden. Nachdem er die versammelten Götter seiner königlichen Abstammung versichert hatte (einige Vorfahren, die Ea und Anu vorausgingen, wurden angerufen), verlor Marduk als ihr neugewählter Anführer keine Zeit, sein göttliches Programm zu verkünden: Bislang, so erklärte er den versammelten Göttern, habt ihr im *E.sharra* residiert, der »Großen Heimstatt« Anus auf Nibiru; jetzt aber würden sie bald in einem »Gegenstück residieren, einem Domizil, das ich unten errichten werde«. »Unten« – auf der Erde –, sagte Marduk, hätte er für eine neue Residenz bereits die Fundamente gelegt:

Ich habe den Boden gehärtet für einen Bauplatz,
eine Heimstatt zu bauen, meine luxuriöse Residenz,
Ich werde dort meinen Tempel errichten,
seine Schreine bestätigen meine Vormacht …
Ich werde ihm den Namen *Bab-ili* (»Tor der Götter«) geben.

Während die versammelten Götter Marduks Plan, Babylon zu gründen, mit großer Freude zur Kenntnis nahmen, teilte er ihnen ihre Aufgabenbereiche zu:

Marduk, der König der Götter
teilte die Anunnaki für die oberen und unteren Regionen ein.
Seinen Anweisungen folgend,
wurden dreihundert in den Himmel entsandt,
als ›Jene, die wachen‹ stationierte er sie.

Auf gleiche Weise legte er die Stationierung auf der Erde fest,
sechshundert von ihnen siedelte er auf der Erde an.
Er gab alle Anweisungen aus:
Den Anunnaki des Himmels und der Erde
teilte er ihre Aufgaben zu.

Die Götter, die der »Mission Erde« zugeteilt worden waren, wurden also in zwei Gruppen aufgeteilt: Dreihundert, genannt ***Igi.gi*** (»Jene, die wachen/beobachten und sehen«), bekamen Aufgaben im Weltraum zugewiesen und wurden »oberhalb der Erde« stationiert (auf dem Mars, wie wir später sehen werden). Sechshundert, die ***Anunnaki*** »des Himmels und der Erde«, sollten auf der Erde selbst stationiert werden. Ihre erste Aufgabe war es, nach den Anweisungen ihres Herrn Babylon anzulegen und dort Marduks Stufenturm ***E.sag.ila*** zu errichten – die »Wohnstatt, deren Haupt hoch aufragt« (Abbildungen der Anunnaki und Igigi in ihren Stationen, siehe *Abb. 64*).

Am Ende der Tafel VI ist *Bab-ili* (Babylon), das »Tor der Götter« mit seinem »Turm, der zum Himmel reicht«, fertig; aus dem himmlischen Marduk ist jetzt der Marduk auf der Erde geworden; und die Rezitation des *Enuma elisch* fährt mit Tafel VII fort, einer Lobpreisung der Fünfzig Namen oder Machttitel Marduks.

»Mit dem Titel ›Fünfzig‹ erklärten die Götter ihn (Marduk) zum Höchsten«, schließt das Epos.

***

Offensichtlich hat der babylonische Text des Epos eine Art »Schnellvorlauf« vorgenommen, einen großen Sprung nach vorne gemacht. Denn das Leben auf der Erde musste sich zunächst noch entwickeln; Enki und seine erste Crew von fünfzig Anunnaki musste noch auf der Erde landen; Städte der Götter mussten gegründet werden; der Mensch erst noch erscheinen und die Sintflut das Land überfluten – erst dann, quasi als Nachspiel all dieser hier »übergangenen« Ereignisse fand die Episode vom Turmbau zu Babel statt. Ob diese Auslassung beabsichtigt war oder nicht, natürlich musste all dies zwischenzeitlich noch stattfinden, nicht nur der Bibel zufolge, sondern auch laut der unterschiedlichsten Keilschrifttexte.

Bevor man also die Ereignisse auf der Erde betrachtet, sollte man sich zunächst den Ereignissen auf Nibiru widmen, wo die Krönung des Marduk wahrscheinlich stattgefunden hat.

Doch wer waren die versammelten Götter? Wer waren die »Vorfahren«, die Marduk beschwor? Die gottkönigliche Residenz, die er auf der Erde zu errichten plante, sollte als Gegenstück zur gottköniglichen Residenz des Gottes Anu, des ***E.scharra*** auf Nibiru, fungieren. Doch welchen Reiches König war Anu? Wer waren die Anunnaki und Igigi, denen Aufgaben im Rahmen der Erdenmission zugeteilt wurden? Wie kamen sie auf den Planeten Nibiru? Weshalb besuchten fünfzig von ihnen – als Begleiter von Ea/Enki – die Erde, um nach Gold zu suchen? Und wofür wurden jetzt 600 Anunnaki und 300 Igigi gebraucht?

Während das *Enuma elisch* diese Fragen offen lässt, brauchen wir nicht vergeblich nach einer Antwort zu suchen. Verschiedene antike Texte füllen diese Lücke mit Daten und Details, Namen und der Schilderung von Ereignissen. Wir haben einige dieser Texte bereits erwähnt,

Abbildung 56

andere werden wir erst behandeln, manche davon sind uns sogar nur in anderen Sprachen als dem Sumerischen und Akkadischen erhalten. Wie zusammengelegte Mosaiksteine ergeben sie ein Gesamtbild, das in sich stimmig und chronologisch fortlaufend ist. Von größter Bedeutung ist dabei, was sie uns über uns selbst erzählen – wie der Mensch und die Menschheit auf diesen Planeten Erde kamen.

Beginnen wir also, das Knäuel zu entwirren, indem wir nach Anu fragen, der auf Nibiru herrschte, als Marduk als Oberster Anführer der Anunnaki und der Igigi bestätigt wurde. Er war auch schon der Herrscher von Nibiru, als die erste Anunnaki-Expedition die Erde erreichte, denn Ea/Enki beruft sich in seiner Autobiografie auf seinen Status als »Erstgeborener des Anu«. Man kann annehmen, dass es Anus Form des Königtums war, das von den Anunnaki »vom Himmel heruntergebracht wurde« und dass die traditionellen Insignien der Königsherrschaft von seinem Hof stammten: Ein göttlicher Kopfschmuck (Krone, Tiara), ein Szepter oder Stab (Symbol der Macht und Autorität) und ein aufgewickeltes Maßband (das die Justizgewalt symbolisierte); diese Symbole erscheinen auf Darstellungen göttlicher Investituren aus allen Zeiten, auf denen man sieht, wie ein Gott oder eine Göttin diese Objekte dem neuen König überreicht *(Abb. 56)*.

AN/Anu bedeutet als Substantiv »Himmel«, als Beiname »Der Himmlische«; sein Piktogramm war ein Stern. Hinweise in den alten Texten erlauben Rückschlüsse auf seinen Palast, seinen Hof und das strikte Hofzeremoniell. Wir erfahren, dass Anu neben seiner offiziellen Gefährtin (seiner Frau Antu) noch sechs Konkubinen hatte; mit ihnen hatte er achtzig Kinder gezeugt, von denen nur vierzehn die göttlichen Titel *En* (männlich) bzw. *Nin* (weiblich) tragen durften *(Abb. 57)*.

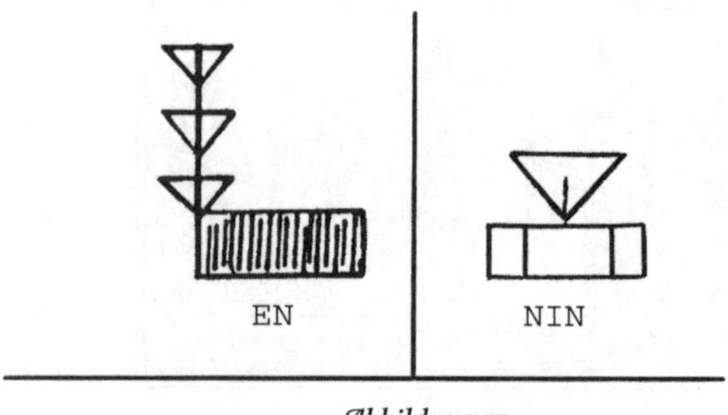

Abbildung 57

Zu seinen Hofbeamten gehörten ein Oberhofmarschall, drei Kommandanten, denen die Raketenschiffe unterstanden, zwei »Kommandanten der Waffen«, ein »Minister der Geldbörse« (= Schatzmeister), zwei Oberste Richter, zwei »Meister des geschriebenen Wissens«, zwei Oberschreiber und fünf Hilfsschreiber. Die Mitglieder von Anus Stab wurden als *Anunna* bezeichnet – »Anus Himmlische«:

Anus Palast lag an dem »reinen Ort«. Sein Eingang wurde ständig von zwei königlichen Prinzen bewacht. Sie trugen den Titel eines »Kommandanten der Waffen« oder Waffenmeisters, denn sie kontrollierten die beiden göttlichen Waffen, den *Schar-ur* (= »Königlicher Jäger«) und den *Schar.gaz* (»Königlicher Erleger«). Auf einer assyrischen Zeichnung *(Abb. 58)*, die wahrscheinlich den Eingang zu Anus Palast zeigt, sieht man zwei Türme, flankiert von zwei »Adlermenschen« (= uniformierte Anunnaki-»Astronauten«) mit dem Emblem von Nibiru, der Geflügelten Scheibe, im Zentrum. Weitere Himmelssymbole – ein zwölfteiliges Sonnensystem, ein Halbmond (für den Mond) und sieben Punkte (für die Erde) vervollständigen die Darstellung.

Wenn eine Versammlung der Götter einberufen wurde, so fand diese im Thronraum des Palastes statt. Anu saß auf seinem Thron, flankiert von seinem Sohn Enlil, der zu seiner Rechten saß, und seinem Sohn Anu zu seiner Linken. Texte, auf denen die Debatten in der Versammlung festgehalten sind, zeugen davon, dass sich buchstäblich jedes Mitglied der Versammlung zu Wort melden konnte und es durchaus auch zu hitzigen Auseinandersetzungen kam. Doch am Ende war Anus Wort entscheidend – »seine Entscheidung war bindend«. Einer seiner Beinamen lautete »Göttliche 60«, womit Anu, nach dem sexagesimalen Zahlensystem, den höchsten Rang innehatte.

Abbildung 58

Die Sumerer und ihre Nachkommen führten nicht nur sorgfältig ihre Königslisten; sie verfügten auch über detaillierte *Götterlisten* – Listen ihrer Götter, geordnet nach ihrer Funktion und ihrem Rang, gruppiert nach Familien. In den umfangreicheren dieser Listen folgen auf den Hauptnamen eines Gottes oder einer Göttin seine Beinamen und Titel (die zahlreich sein konnten); in einigen Listen, die kanonischen Status erreichten, wurden die Götter genealogisch geordnet – ganz nach ihrem königlichen Stammbaum sozusagen.

Es gab auch lokale Götterlisten, Listen mit Nationalgöttern, kürzere und längere Listen. Die ausführlichste, von den Gelehrten nach ihrer Anfangszeile als Serie *An:Gott-Anu* bezeichnet und als die Große Götterliste bekannt, bestand aus 2100 Namen oder Beinamen von Göttern und Göttinnen – eine erstaunliche Anzahl, doch das ist irreführend, denn oft genug hat ein und dieselbe Gottheit bis zu zwanzig oder mehr Titel und Beinamen (der jüngere Sohn Enlils, zum Beispiel, der auf Sumerisch ***Ishkur,*** auf Akkadisch ***Adad*** und auf Hethitisch ***Teschub*** hieß, hatte allein 38 Beinamen). Zudem führte die Große Götterliste alle Frauen und Nebenfrauen der Götter sowie sämtliche Nachkommen, Großwesire und andere Mitglieder ihrer persönlichen Entourage auf.

Jede Tafel dieser Serie ist mit zwei vertikalen Kolumnen beschriftet. Die linke von ihnen nennt den sumerischen Namen/Beinamen einer Gottheit, die rechte das jeweilige akkadische Gegenstück. Unter den kürzeren oder unvollständigen Götterlisten, die man bislang entdeckte, ist eine, die als die Serie *An:Anu Scha Ameli* bekannt ist; trotz ihres akkadischen Titels handelt es sich um eine frühe Liste der wichtigsten Götter des sumerischen Pantheons (mit nur 157 Namen und Titeln).

Aus solchen Listen erfahren wir, dass die Namen, die wir im *Enuma elisch* finden, nicht zufällig ausgesucht waren: man hatte sie der kanonischen Götterliste entnommen, um den genealogischen Ansprüchen Marduks auf die Vorherrschaft gerecht zu werden – als Sohn von Ea/ Enki, der wiederum der erstgeborene Sohn des Anu war, des Abkömmlings der königlichen Dynastie von Nibiru mit einem beeindruckenden Stammbaum *von einundzwanzig Vorfahren!*

Diese Liste, nach Götterpaaren geordnet, führt neben Anschar und Kischar, Lahma und Lahama (bekannt als Planetennamen aus dem *Enuma elisch*) auch so unvertraute Namen wie An.schargal und Ki.-schargal, En.uru.ulla und Nin.uru.ulla sowie ein Paar mit dem seltsamen Namen **Alala** und **Belili** auf. Die Liste mit Anus Vorgängern endet mit dem Hinweis »21 en ama aa« – *»einundzwanzig königliche Mütter und Väter«* (nämlich zehn Paare sowie ein unverheirateter Mann). Die Große Götterliste nennt dann auch die Kinder und Funktionäre von Anus Gruppe mit Ausnahme seiner wichtigsten Söhne und Töchter (nämlich **Ea/Enki, Enlil** und **Ninmah**), die an anderer Stelle separat mit ihren eigenen Familien und Helfern aufgelistet sind.

Wie auch immer diese Götterlisten gelesen werden, die dominante Stellung des göttlichen Königs Anu ist unübersehbar. Doch ein Text mit dem Titel *Königtum im Himmel,* den man vollständig in einer hethitischen Version fand, enthüllt, dass Anu ein Usurpator war, der den Thron von Nibiru an sich riss, nachdem er den regierenden König gewaltsam abgesetzt hatte.

Nachdem er die »zwölf mächtigen alten Götter«, »die Göttervater und Göttermütter« und »all die Götter im Himmel und jene auf der dunklen Erde« angerufen hatte, um seinem Bericht von der Machtübernahme Anus Beachtung zu schenken, fährt der Text fort …

Früher, in der alten Zeit,
war Alalu König im Himmel.
Alalu nahm auf dem Thron Platz.
Der mächtige Anu, der Erste unter den Göttern,
stand vor ihm, verneigte sich zu seinen Füßen,
und reichte ihm den Trinkbecher.

Neun gezählte Perioden lang
war Alalu König im Himmel.
In der neunten Periode sagte Anu Alalu den Kampf an.
Alalu wurde besiegt, er floh vor Anu.
Er stieg hinab auf die dunkle Erde –
hinunter zur finsteren Erde ging er.
Auf dem Thron aber nahm Anu Platz.

Nachdem er ihm als königlicher Mundschenk – eine Aufgabe, die äußerste Loyalität erforderte – gedient hatte, missbrauchte Anu das Vertrauen des Königs und bemächtigte sich in einem blutigen Staatsstreich des Throns. Warum? Obwohl er ihn als »Erster unter den Göttern« bezeichnet, versäumt es der Text, die Beziehung zwischen Anu und dem König zu erklären; doch die Anrufung der »alten Götter«, der »Götterväter und Göttermütter«, deutet auf einen Konflikt oder Streit um den Thron hin, dessen Ursprung um mehrere Generationen zurücklag – ein Konflikt, verursacht durch vergangene Ereignisse, Verwandtschaftsbeziehungen oder dynastische Rivalitäten. Aufgrund von Erbfolgeregelungen, die rivalisierende Ansprüche etwa zwischen einem Erstgeborenen und einem gesetzlichen Erben, zwischen dem Sohn mit der Ehefrau und dem Sohn mit einer Konkubine zu regeln versuchten und dem Sohn mit einer Halbschwester stets Vorrang gaben, hatte Anu offensichtlich ein Recht auf den Thron, das (zumindest seiner Ansicht nach) den Anspruch Alalus ausstach.

Streitigkeiten um die Thronfolge begannen jedoch schon lange vor Anus Staatsstreich und sollten, wie wir noch sehen werden, damit auch nicht enden. Gewisse Aspekte der Götterlisten dienten als Schlüssel, um ein altes und schwelendes Problem bezüglich der Herrschaft auf Nibiru und seinen späteren Einfluss auf die Ereignisse auf der Erde zu verstehen. In der Großen Götterliste (die vorliegende Version wurde wahrscheinlich in Babylon erstellt) folgt die Gruppe Enkis auf die Anus; die Enliliten kommen danach, gefolgt von Ninharsags Gruppe. Doch in anderen Listen – einschließlich der kürzeren Sumerischen – ist es Enlils Gruppe, die direkt auf Anus folgt. Diese unterschiedlichen Aufstellungen spiegeln ein Tauziehen um die Macht wieder, das es verdient, näher betrachtet zu werden.

Die Große Götterliste enthält ein weiteres verwirrendes Detail: Wenn sie auf Enki zu sprechen kommt (doch nicht bei Enlil), dann fügt sie in die Reihe seiner Vorfahren die Namen von Götterpaaren ein, die wir nicht im Stammbaum Anus finden. Sie tragen Namen wie En.ul und Nin.ul, En.mul und Nin.mul, En.lu und Nin.lu, En.du und Nin.du etc., die alle bei Anu fehlen. Erst wenn die Liste das zehnte Paar, **Enschar** und **Kischar,** erreicht, deckt sie sich mit seiner Vorfahrenliste, wo wir sie als **Anschar** und **Kischar** wiederfinden. Da Anu Enkis Vater war, können die unterschiedlichen Vorfahrenpaare nur den Stammbaum von Enkis Mutter repräsentieren, die dann aber jemand anderer als Antu wäre – mit anderen Worten: eine Konkubine. Das, so wurde deutlich, als sich die Ereignisse entfalteten, war ein ernsthaftes Handicap in der Götterhierarchie.

In seiner Autobiographie verkündete Enki mit einiger Verzweiflung: »Ich bin der Anführer der Anunnaki, von fruchtbarem Samen gezeugt – *der erstgeborene Sohn des göttlichen Anu,* der Große Bruder aller Götter«. Der Erstgeborene war er tatsächlich und auch gezeugt von »fruchtbarem Samen« – doch nur väterlicherseits. Wenn es darum ging, wer neben Anus Thron saß, dann fiel Enlil der Platz zur Rechten seines Vaters zu. In der numerischen Rangordnung der zwölf Großen Götter, also der Anunnaki-Elite, stand Enlil an zweiter Stelle gleich nach Anu und hatte die Rangzahl 50; Enki folgte auf dem geringeren Rang 40. Obwohl Enki der Erstgeborene war, war er nicht der Thronprinz; dieser Titel und damit der Thronanspruch fiel dem jüngeren Enlil zu, dessen Mutter **Antu** war – und Antu war nicht nur Anus offizielle Gattin, *sondern auch seine Halbschwester,* was Enlil mit einer doppelten Dosis des »fruchtbaren« genetischen Samens versorgte.

So entsteht ein Bild von zwei Klans aus alter Zeit, die beide um die Herrschaft auf Nibiru rangen; mal im Krieg gegeneinander, mal Frieden suchend durch eine Heirat zwischen den Klans (eine Taktik, die auch auf der Erde nicht unbekannt war, wo oft genug verfeindete Stämme oder Nationen durch eine Vermählung ihrer Königskinder Frieden suchten), die sich abwechselnd des Thrones bemächtigten – und das auch gewaltsam wie in Anus Staatsstreich gegen Alalu. Der Name des abgesetzten Königs (**Alalu** auf Hethitisch) unterscheidet sich deutlich von den vielen »En-s«, doch er ist nahezu identisch mit dem seltsamen **Alala** in Anus Stammbaum, was auf eine entfernte Verwandtschaft und eine frühere Bemächtigung des Throns durch eine Heirat hindeutet.

Der Hinweis auf den genetischen »Samen« in der Thronfolgeregelung findet sein Gegenstück in den biblischen Erzählungen von den Patriarchen.

***

War der gewaltsame Sturz Alalus, der ihn zwang, seinen Heimatplaneten zu verlassen, ein einmaliges Ereignis – oder eine Episode in einer Geschichte kontinuierlicher (wenn auch zeitweiser) Kämpfe zwischen den beiden Clans, vielleicht sogar zwischen zwei Nationen auf Nibiru? Die Daten auf der Götterliste deuten darauf hin, dass er tatsächlich nur die Fortsetzung eines ungelösten Konfliktes zwischen den Herrscherfamilien Nibirus war. Es war weder der erste noch der letzte gewaltsame »Regimewechsel«: Einige Texte deuten an, dass Alalu selbst als Usurpator an die Macht gekommen war und dass es später wiederum zu Versuchen kam, Anu zu entmachten …

Ein Detail in der Darstellung von Anus Königshof liefert einen Schlüssel zu den Ereignissen auf Nibiru. Gemeint ist die Aufzählung dreier »Kommandanten der ***Mu***-Raketenschiffe« und der zwei »Kommandanten der Waffen« oder Waffenmeister. Bei genauerer Betrachtung bemerkt man, dass die fünf Militärs fast die Hälfte des elfköpfigen Ministerrates bildeten (die sieben Schreiber nicht mitgerechnet). Das deutet auf eine Militärregierung hin. Zudem zeugt es vom hohen Stellenwert der Waffentechnik: Zwei der fünf Generäle waren nur für sie zuständig. Selbst der Palast war durch zwei erstaunliche Waffensysteme geschützt, beaufsichtigt von zwei königlichen Prinzen.

Doch wovor geschützt? Und vor wem?

Auf die Gefahr hin, ein späteres Kapitel vorwegzunehmen, können wir jetzt schon erwähnen, dass die Anunnaki im Jahre 2024 v. Chr. in ihren fortgesetzten Klanstreitigkeiten sogar auf Nuklearwaffen zurückgriffen. Verschiedene antike Texte (die wir zitieren werden) berichten, dass dabei sieben Atombomben zum Einsatz kamen; dabei ist klar, dass sie zuvor von Nibiru zur Erde gebracht wurden. Ob nun die ***Scharur*** und ***Schargaz***-Systeme, die Anus Palast schützten, solche Waffen waren oder nicht, es steht zumindest fest, *dass Nuklearwaffen Teil von Nibirus Waffenarsenal waren.* Kamen sie je auf Nibiru zum Einsatz? Warum nicht, wenn sie selbst auf einem entfernten Planeten namens Erde gezündet wurden, auf dem maximal 900 Nibiruaner (600 Anunnaki, 300 Igigi) stationiert waren? Um wie viel mehr muss es auf Nibiru selbst gegangen sein?

Nachdem sie lange genug unser Sonnensystem für eine einmal-entstandene/für-immer-eingefrorene Ansammlung toter Planeten hielten, die einen nuklearen Hexenkessel (die Sonne) umkreisen, begreifen Astronomen des Raumfahrtzeitalters mittlerweile, dass die Planeten und sogar ihre Monde sehr wohl »lebendige«, dynamische Welten sind – sie verfügen über ihre eigenen »heißen« Kerne, erzeugen Wärme und strahlen sie aus, kennen vulkanische Aktivität, haben Atmosphären und wechselndes Klima; manche haben Eisdecken oder Polkappen, einige weisen sogar erdähnliche Strukturen auf; auf vielen gibt es Wasser, auf anderen nur mit Chemikalien gefüllte Seen; einige erscheinen knochentot, andere weisen komplexe Komponenten auf, die die Entstehung von Leben begünstigen könnten. Jahreszeiten entdeckte man sogar auf »Exoplaneten«, die andere, weit entfernte Sterne/Sonnen umkreisen – exosolare Planeten also, über deren mögliche Existenz bis vor ein paar Jahren höchstens in Science-Fiction-Romanen spekuliert wurde.

Von unserem Nachbarn Mars, den man noch vor wenigen Jahrzehnten für einen von seiner Entstehung an toten Planeten hielt, weiß man mittlerweile (dank der unbemannten Raumfahrt seit den 1970er Jahren), dass er einmal über eine »richtige« Atmosphäre verfügte (immerhin kommt es dort noch immer gelegentlich zu Staubstürmen)

Abbildung 59

aber auch über Flüsse, Seen und sogar Meere, von denen immerhin ein gefrorener See, Wassereis und sogar ein Schlammboden bis heute geblieben sind (*Abb. 59* zeigt einige wissenschaftliche Berichte als Beispiel). Dazu sei angemerkt, dass wir schon in *Der zwölfte Planet* (1976) Indizien dafür präsentierten, dass einst ein bewohnbarer Mars den Anunnaki als Zwischenstation für ihre interplanetaren Raumschiffe auf dem Weg nach Nibiru diente; dort waren auch die Igigi stationiert, deren Aufgabe es war, kleinere Raumfähren für den Pendelverkehr zwischen Erde und Mars zu steuern.

Auf der Erde landeten die Igigi ihre Raumfähren auf einer großen Plattform mit einem dazugehörigen Startturm, dem sogenannten »Landeplatz«, der aus kolossalen Steinquadern errichtet worden war; wir identifizierten ihn in *Stufen zum Kosmos* mit einer Stätte namens Baalbek in den Bergen des Libanons. Diese gewaltige Steinplattform steht noch immer, genauso wie die Überreste des Startturms – errichtet aus gigantischen Steinblöcken, deren Gewicht zwischen 600 und 900 Tonnen beträgt. An der Nordwestecke der Plattform war der Turm durch drei gigantische Steinquader stabilisiert worden, von denen jeder über 1100 Tonnen wiegt (!), bekannt als das Trilithon *(Abb. 60)*; die örtliche Sage schreibt sie »den Riesen« zu.

Abbildung 60

Unser eigener Planet, die Erde, erlebte bei seiner Entstehung Urgewalten, die zur Bildung von Ozeanen und Meeren, dem Aufstieg und der Verschiebung von Kontinenten (»Festland«), Vulkansausbrüchen und Flutwellen (wie der Sintflut), Eiszeiten und Erwärmungen führten, aber auch atmosphärische Probleme durch ein »zu viel« des einen (etwa Kohlenstoffemissionen) oder »zu wenig« des anderen (wie den Verlust des schützenden Ozongürtels). Es ist nur logisch, anzunehmen, dass der Planet Niburu ähnlichen Naturgewalten ausgesetzt war.

Mancher, der mein Buch *Der zwölfte Planet* gelesen und meine Schlussfolgerungen betreff Nibiru akzeptiert hat, fragte sich trotzdem, wie die Anunnaki denn auf einem Planeten überleben konnten, dessen Orbit ihn so weit von der Sonne entfernt; würden nicht sie und alles Leben dort unweigerlich erfrieren? Meine Antwort darauf lautet, dass wir auf der Erde doch dasselbe Problem haben, obwohl wir in einem angeblich »lebensbegünstigenden Abstand« die Sonne umkreisen; denn auch wir brauchen die Erdoberfläche nur ein Stück zu verlassen und würden ebenfalls erfrieren. Die Erde hat wie alle andere Planeten einen nuklearen Kern, der Wärme produziert – es wird wärmer und wärmer, je tiefer Bergleute ihre Stollen ins Erdinnere treiben. Doch seine dichte Felsummantelung macht uns von der Sonnenwärme abhängig. Was uns schützt, ist die *Erdatmosphäre:* Sie funktioniert wie ein Treibhaus, sie hält die Wärme, die wir von der Sonne bekommen.

Im Fall Nibirus ist es ebenfalls die Atmosphäre, die den Planeten schützt; doch dort besteht noch mehr die Notwendigkeit, die Wärme zu halten, die der Planetenkern erzeugt, und zu verhindern, dass sie ins Weltall entweicht. Denn nur einen Bruchteil seines »Jahres« (= ein Umlauf um die Sonne) über ermöglicht Nibirus elliptische Umlaufbahn (siehe *Abb. 52*) einen warmen »Sommer«; während des längeren »Winters« ist der Planet auf seine eigene Kernwärme angewiesen, um sein Leben zu erhalten.

Wie alle Planeten, so war auch Nibiru Klimaveränderungen und atmosphärischen Problemen unterworfen. Als seine Bewohner die bemannte Raumfahrt entwickelten und in den Besitz von Nukleartechnologie kamen, verstärkte der Einsatz von Atomwaffen diese Probleme. Damals, so schrieb ich in *Der zwölfte Planet,* waren Nibirus Wissenschaftler auf die Idee gekommen, dass eine Schicht aus Goldpartikeln die beschädigte Atmosphäre des Planeten reparieren und schützen würde. Doch Gold war auf Nibiru selten und seine Nutzung zur Rettung des Planeten verstärkte nur die bereits schwelenden Konflikte.

Vor dem Hintergrund dieser Umstände und Ereignisse riss Anu den Thron Alalus an sich; und Alalu, der sich in einem Raketenschiff rettete, suchte Zuflucht auf einem entfernten und unbewohnten, seltsamen Planeten. Die Nibiruaner nannten diesen fernen Planeten Ki; der alte hethitische Text lässt keinen Zweifel daran, dass Alalu »hinunter zur finsteren Erde ging«. Dass er dort zufällig entdeckte, dass ihr Wasser Gold enthält, diente als Trumpfkarte, als er seine Wiedereinsetzung als König verlangte. In *Das verschollene Buch ENKI* deutete ich an, dass Alalu damit einverstanden war, dass Ea ihn besuchte und die Entdeckung bestätigte, weil Ea sein Schwiegersohn war, der – aus Gründen der Staatsräson – Alalus Tochter **Damkina** geheiratet hatte. In der von Misstrauen und Animosität geprägten Zeit nach dem Staatsstreich war Ea/Enki – der Sohn des Anu und Schwiegersohn des Alalu – wahrscheinlich der Einzige, dem beide Seiten vertrauten, die Erdenmission zu leiten. Und so waren es Ea und seine fünfzigköpfige Crew, die zur Erde kamen, um das kostbare Metall zu fördern und nach Nibiru zu verladen – eine Mission und eine Ankunft, die Ea in seiner Autobiographie beschreibt.

Von diesem Zeitpunkt an war die Erde die Hauptbühne für die folgenden, erstaunlichen Ereignisse.

***

So versiert er als Wissenschaftler auch war, Ea konnte aus den Wassern des Meerbusens, der heute als der Persische Golf bekannt ist, nicht mehr Gold gewinnen, als es enthielt – minimale Mengen, die die Verarbeitung von großen Wassermassen notwendig machten. Doch da er ein versierter Wissenschaftler war, spürte Ea Gold an der nächstgelegenen Primärquelle auf – den Goldadern in den Felsen des Abzu. Wenn Nibiru Gold brauchte – und das war gewiss der Fall –, dann mussten die Anunnaki auf Bergbau umsteigen und ihre Tätigkeit nach *Arali,* in das Land der Minen, verlagern.

Diese Umstellung der Erdenmission erforderte mehr Personal, neues Gerät, Siedlungen auf zwei Kontinenten, neue Transport- und Kommunikationsanlagen; vor allem aber bedurfte es einer anderen Führungspersönlichkeit – weniger eines Wissenschaftlers als eines Mannes mit Organisationstalent, Disziplin und Kommandoerfahrung. Ausgewählt für diese Aufgabe wurde **En.lil** (= »Herr des Befehls«), der Kronprinz. Der weitere Verlauf der Ereignisse sollte zeigen, dass er ein strenger, disziplinierter, regeltreuer Kommandant war.

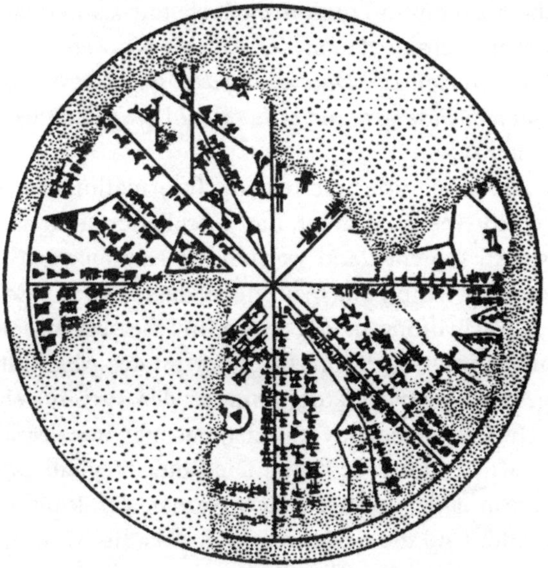

Abbildung 61

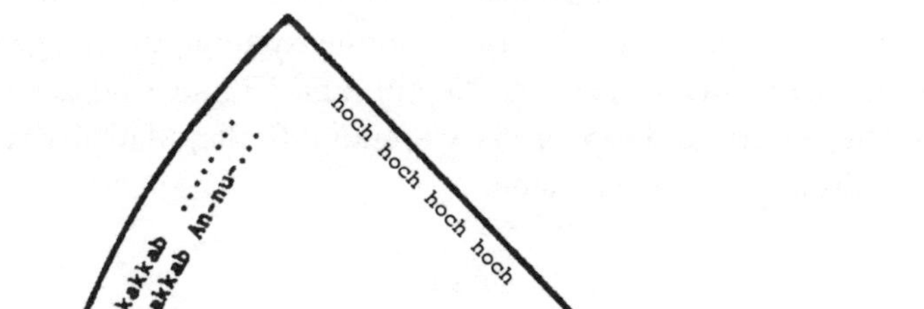

Abbildung 62

Während Enkis Ankunft auf der Erde in seiner Autobiografie dokumentiert ist, besitzen wir von Enlils Reise ein Dokument ganz anderer Art. Es handelt sich dabei um eine seltsame, kreisrunde Tafel, eine Scheibe aus einer ungewöhnlichen Art Ton. Sie wurde in den Ruinen von Ninive entdeckt (Skizze, *Abb. 61*) und ihr momentaner Besitzer, das Britische Museum in London, stellt sie nur als Beispiel für antike Schriftkunst aus – ein unglaublicher Akt der Ignoranz, ***denn das Artefakt liefert eine einzigartige Darstellung des Himmels, auf der die Route Enlils von seinem Planeten zur Erde sowohl graphisch wie in Worten festgehalten wird!***

Sie ist in acht Abschnitte unterteilt; die Information über Enlils Reise befindet sich in einem Segment, das glücklicherweise nahezu unbeschädigt ist. An seinem Rand werden die Namen von Sternen und Konstellationen genannt, um anzuzeigen, dass dort draußen das Weltall liegt. Die Beschriftung an den Seiten (in Übersetzung: *Abb. 62*) deuten auf Landeanweisungen hin. Im Zentrum des Abschnittes ist eine Route dargestellt, die das Piktogramm für den »gebirgigen Planeten« mit einem Himmelssegment verbindet, das man aus der sumerischen Astronomie als Ort der Erde kennt. Die Route biegt ab zwischen zwei Planeten, die mit den sumerischen Namen für Jupiter und Mars beschriftet sind. Und die Erklärung (auf Akkadisch) unter der Route besagt ganz deutlich: ***»Der Gott Enlil passierte die Planeten.«*** Es sind sieben von ihnen dargestellt, was den Tatsachen entspricht, denn für jemanden, der von außerhalb unseres Sonnensystems kommt, ist Pluto der erste Planet, den er passiert, Neptun und Uranus sind der zweite und dritte, Saturn und Jupiter der vierte und fünfte, Mars der sechste und die Erde ist der siebte Planet.

***

Der Wechsel in den Aufgaben und der Kommandostruktur war kein einfaches Unterfangen. Eas Aufgabenbereich zu reduzieren wurde nicht gerade dadurch vereinfacht, dass sein Rivale im Ringen um die Thronfolge, Enlil, auf die Erde kam. Der Konflikt und das Misstrauen zwischen den Halbbrüdern spiegelt sich wider in Enkis verzweifelter Berufung darauf, dass doch er der Erstgeborene »von fruchtbarem Samen« sei, der jetzt erneut einen Statusverlust erlebte. Enlil wiederum beschwerte sich in einem uns erhaltenen Text bitterlich darüber, dass Ea ihm die *Me* vorenthalte – ein rätselhafter Begriff, der gewöhnlich als »Göttliche Formeln« übersetzt wird und womit wohl eine Art »Erinnerungs-Chips« gemeint sind, die für jeden Aspekt der Mission von fundamentaler Bedeutung waren. Der Streit eskalierte und Anu fühlte sich gezwungen, zur Erde zu reisen und seinen beiden Söhnen anzubieten, ***die Frage der Erbfolge durch das Los zu entscheiden.*** Wir wissen das und wir kennen das Ergebnis aus dem *Atra-Hasis-Epos:*

> Die Götter gaben sich die Hände,
> zogen Lose und teilten dann:
> Anu, ihr Vater, war der König;
> Enlil, der Krieger, war der Befehlshaber.
>
> Anu stieg auf, (zurück) in den Himmel,
> die Erde (hinterließ er) seinen Untergebenen.
> Die Meere, wie von einer Schlinge umgeben,
> wurden Enki, dem Prinzen, überantwortet.
> Nachdem Anu in den Himmel aufgestiegen war,
> stieg Enki hinunter in den Abzu.

Die folgenden vierzehn Zeilen des Textes, in denen wahrscheinlich Enlils Domänen und Aufgaben beschrieben wurden, sind zu beschädigt, um sie lesen und übersetzen zu können. Doch die lesbaren Stücke der nächsten Zeilen deuten darauf hin, dass Ea – zum Trost umbenannt in Enki (= »Herr [der] Erde«) – in den Abzu entsandt wurde, um die Bergbauaktivitäten zu überwachen, während Enlil im Edin die Kontrolle übernahm, dessen beide Flüsse, Euphrat und Tigris, ausdrücklich genannt werden. Wir wissen aus anderen Texten, dass Enlil die Anzahl der Anunnaki-Siedlungen vergrößerte. Zunächst fügte er Eas Einzelstandort Eridu die berühmten fünf »Städte der Götter« hinzu, bevor er drei weitere Städte gründete: Larsa, Nippur und Lagasch.

Nippur (Akkadisch, abgeleitet vom Sumerischen ***Ni.ibru*** = »Der angenehme Ort der Kreuzung«) diente als Enlils Missionskontrollzentrum. Die Anunnaki errichteten dort den ***E.kur*** (= »Haus, das wie ein Berg ist«), einen Tempelturm, dessen »Haupt zum Himmel erhoben« war; seine innerste Kammer, ausgestattet mit den »Tafeln des Schicksals« und erfüllt vom Summen anderer Instrumente, die ein bläuliches Licht ausstrahlten, diente als ***Dur.an.ki*** – als »Verbindung Himmel-

Erde«. Nachdem er gezwungen war, Enlil die wichtigen *Me* zu übergeben, füllte Enki (wie es in seiner Autobiografie heißt), »den Ekur, die Heimstatt Enlils, mit Besitztümern«; und die »Boote aus Meluhha, die Gold und Silber transportieren, brachten diese nach Nippur zu Enlil.«

Wenn man die acht Siedlungen auf einer Karte einträgt, ergibt sich daraus ein sinnvolles Muster *(Abb. 63)*. Nippur lag geographisch im Mittelpunkt; die anderen, angeordnet in konzentrischen Abständen, bildeten eine Einflugschneise; sie führte nach Sippar (die Stadt mit

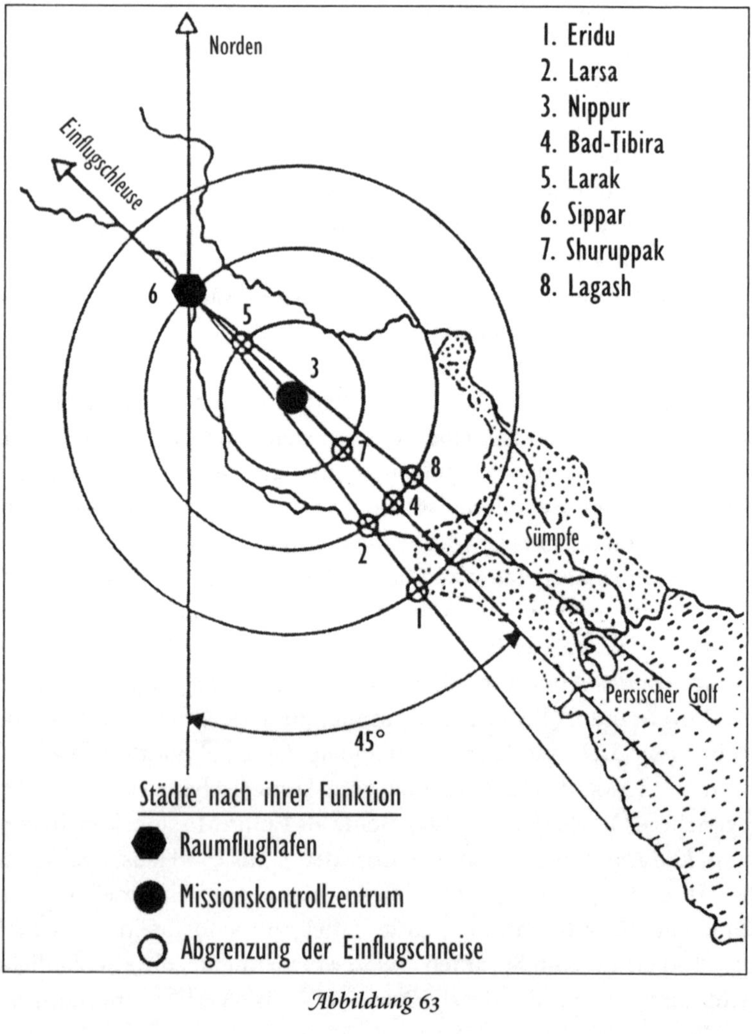

Abbildung 63

dem Raumflughafen) und war auf den Gipfel des Ararat ausgerichtet, den höchsten Berg des Nahen Ostens, dessen Zwillingsgipfel schon aus dem Erdorbit deutlich auszumachen waren und angesteuert werden konnten. Die medizinische Versorgung war in Schuruppak angesiedelt. Bad-Tibira war das Zentrum der Metallverarbeitung für die Erze aus dem Abzu; von Sippar wurden die Barren regelmäßig in kleineren Lieferungen auf den Mars gebracht – denn der Mars mit seiner geringeren Anziehungskraft diente als Raumstation, von der aus die Anunnaki größere und schwerere Goldtransporte nach Nibiru schickten.

Nach ihrer Ankunft in Fünfzigergruppen wurden die Anunna (= »Jene, die vom Himmel kommen«) in zwei Gruppen eingeteilt. Sechshundert, die fortan als die Anunnaki (= »Jene, die vom Himmel zur Erde kamen«) bekannt wurden, waren auf der Erde stationiert und im Einsatz; zu ihren Aufgaben gehörte der Bergbau im Abzu ebenso wie die Tätigkeit im Edin. Weitere dreihundert, die sogenannten Igi.gi (= »Jene, die beobachten und sehen«) flogen die Raumfähren, die zwischen der Erde und dem Mars verkehrten – ihr Stützpunkt lag auf dem Mars.

Diese Einteilung wird auf einem 4500 Jahre alten Rollsiegel dargestellt, das heute in der Eremitage in St. Petersburg/Russland *(Abb. 64)* ausgestellt ist. Es zeigt einen »Adlermann« (Astronauten) der Anunnaki auf der Erde (symbolisiert durch sieben Punkte und den Halbmond), der einen maskentragenden Igigi-»Fischmann« auf dem Mars begrüßt (dessen Symbol sechs Punkte sind); ein rundes Raumschiff mit ausgebreiteten Paneelen steht am Himmel zwischen ihnen.

Als die Mission Erde in Schwung kam, war Nibiru gerettet; doch auf der Erde selbst braute sich Ärger zusammen.

Abbildung 64

Die Geschichte vom bösen Zu

Ein sumerischer Text, bekannt unter dem Namen *Der Mythos von Zu,* ist eine wichtige Informationsquelle über Enlils ***Duranki,*** aber auch über die Igigi und die Waffen der ***Anunnaki.*** Er handelt von einem Putschversuch gegen Enlil durch einen Igigi-Anführer namens **Zu.** (Eine unlängst entdeckte Tafel des Textes deutet an, dass sein Beiname **An.zu** = »der den Himmel kennt« lautete.)

Weil sie auf dem Mars stationiert waren, wo sie Raumanzüge und Atemmasken tragen mussten (siehe *Abb. 64*), während sie auf der Erde den »Landeplatz« in den Zedernbergen nicht verlassen durften, »waren die Igigi, einer wie der andere, aufgebracht« – sie beschwerten sich und protestierten. Ihr Anführer Zu wurde in Enlils Hauptquartier geladen, um dort die Angelegenheit zu besprechen. Da man ihm genug vertraute, sodass man ihn ungehindert die bewachten Eingänge passieren ließ, »fasste der böse Zu in seinem Herzen den Plan, die Enlilschaft zu entfernen« – das Kommando zu übernehmen – »die göttlichen Tafeln des Schicksals an sich zu nehmen, die Gesetze aller Götter zu bestimmen ... allen Igigi zu befehlen«.

So kam es, dass eines Tages, als Enlil badete, »Zu die Tafeln des Schicksals mit den Händen ergriff, die Enlilschaft fortnahm« und mit ihnen zu einem Versteck in den Bergen floh. Die Entfernung der Tafeln des Schicksals löste einen Blitz von »blendender Helle« aus und brachte den *Duranki* zum Stillstand:

> Ausgesetzt waren die göttlichen Formeln;
> das Strahlen des Heiligtums war erloschen;
> Stille breitete sich aus, es herrschte Schweigen.

»Enlil war sprachlos. Die Götter des Landes versammelten sich, als sie davon erfuhren.« Alarmiert durch das Ausmaß der Usurpation, suchte Anu einen Freiwilligen unter den Göttern, der

Zu stellen und die Tafeln des Schicksals bergen sollte; doch alle, die es versuchten, versagten, denn die geheimnisvollen Kräfte der Tafeln wehrten alle Projektile ab, die gegen Zu abgefeuert wurden. Schließlich kam Ninurta, Enlils Erstgeborener, zum Einsatz, benutzte eine »Waffe der sieben Zyklonen« (siehe Abbildung), erzeugte einen Sandsturm und zwang Zu, »wie ein Vogel« zu fliehen. Ninurta verfolgte ihn in seinem Himmelsschiff und es kam zu einer Luftschlacht. Während sich die Tragflächen fast berührten, feuerte Ninurta eine *Til.lum* (= Raketengeschoss) ab und traf Zus Heck, woraufhin dieser abstürzte. Er wurde von Ninurta gestellt, gefangen genommen und zum Tode verurteilt. Die Tafeln des Schicksals wurden wieder im Duranki installiert.

Die sumerische Geschichte von Zu findet ihren Widerhall in den Erzählungen anderer Völker, die ebenfalls das Motiv eines göttlichen Luftkampfes kennen. Der ägyptische Hieroglyphentext *Der Wettstreit von Horus und Seth* beschreibt die Niederlage des Seth in einem Luftkampf mit Horus über der Halbinsel Sinai. In der griechischen Göttersage endet der heftige Kampf zwischen Zeus und dem Ungeheuer Typhon damit, dass Zeus von seinem geflügelten Streitwagen aus einen Blitz auf das magische Fluggerät seines Gegners feuerte. Luftschlachten zwischen Göttern, die in »Himmelswagen« fliegen und Raketengeschosse abfeuern, beschreiben auch die Sanskrittexte Indiens.

VIII
Ein Sklave auf Bestellung

Die Unzufriedenheit der Igigi, die zu dem Zu-Zwischenfall geführt hat, war nur das Vorspiel zu noch größeren Unruhen, in deren Zentrum sie erneut stehen sollten. Das waren Probleme, wie sie bei einer längeren interplanetaren Mission eigentlich zu erwarten waren. Denn dieses Mal ging es in erster Linie um das Fehlen weiblicher Gesellschaft bei diesem männerdominierten Projekt, was sich auf längere Sicht als ernsthaftes Manko erwies.
Dieses Problem betraf weniger die auf der Erde stationierten Anunnaki, denn hier waren Frauen von Anfang an dabei, sogar bei der ersten Landung; einige von ihnen werden explizit mit Rang, Namen und Aufgabe in Enkis Autobiografie genannt. Zudem wurde eine Gruppe Krankenschwestern unter Leitung einer Tochter Anus zur Erde entsandt *(Abb. 65)*. Ihr Name lautete **Ninmah** (= »Mächtige Dame«) und ihre Aufgabe auf der Erde war die einer Sud (= »Jene, die Hilfe leistet«): Sie diente als Chefärztin der Anunnakki und sollte bei den künftigen Ereignissen noch eine wichtige Rolle spielen.

Doch Ärger braute sich auch bei den auf der Erde stationierten Anunnaki zusammen, die für den Bergbau eingesetzt wurden. Das *Atra-Hasis-Epos* berichtet sogar von einer ***Meuterei der Anunnaki***, die

Abbildung 65

sich weigerten, weiterhin in den Goldminen zu schuften, und der daraus resultierenden Kette unbeabsichtigter Konsequenzen. Der alte Titel des Epos spiegelt seine Eröffnungsworte *Inuma ilu awilum* (»Als die Götter wie Menschen«) wieder:

Als die Götter, wie Menschen,
der Arbeit müde waren, unter der Mühe litten –
die Mühe der Götter war groß,
die Arbeit war schwer, der Qualen viele.

Die Ironie des Titels lag daran, dass die Götter sich abmühten, als seien sie Menschen, weil es auf der Erde noch keine Menschen gab. Tatsächlich erzählt das Epos, dass der Mensch geschaffen wurde, um den Göttern die Arbeit abzunehmen. Ja, sogar das akkadische Wort Awilu, das gewöhnlich einfach als »Mensch« übersetzt wird, bedeutet eigentlich »Arbeiter« – einer, der sich abmüht. Die Meisterleistung, die alles veränderte, war eine Errungenschaft Enkis und Ninmahs; doch, zumindest was Enlil betrifft, war es keine Geschichte mit einem »Happy End«.

Als die Anunnaki-Bergarbeiter »sich tief in den Bergen abmühten, zählten sie die Perioden ihrer Mühe … zehn Perioden lang litten sie unter der schweren Arbeit, 20 Perioden lang litten sie unter ihrer schweren Arbeit, 30 Perioden lang litten sie unter ihrer schweren Arbeit, 40 Perioden lang litten sie unter ihrer schweren Arbeit« –

Übermäßig war ihre Mühe, 40 Perioden lang,
… sie litten unter der Arbeit bei Nacht und bei Tag.
Sie beschwerten sich, sie klagten.
Murrend (sprachen sie) bei den Grabungen:
»Lass uns … beim Kommandanten protestieren,
dass er uns erlöst von der schweren Arbeit.
Lass uns das Joch zerbrechen!«

Die Gelegenheit für den Aufstand war gekommen, als Enlil das Bergbaugebiet besuchte. »Kommt, lasst ihn uns in seiner Unterkunft stellen«, forderte ein Rädelsführer (dessen Name auf der Tafel unlesbar ist) die wütenden Bergarbeiter auf, »lasst uns eine Meuterei ausrufen, lasst uns in den Kampf ziehen«.

Die Götter folgten seinen Worten.
Sie legten Feuer an ihr Werkzeug,
setzten ihre Spitzhacken in Brand
und verfeuerten ihre Schleifgeräte.
Sie warfen sie davon und zogen
zum Tor des Helden Enlil.

Es war Nacht. Als die Meuterer den Ort erreichten, an dem Enlil nächtigte, verriegelte der Torhüter Kalkal das Tor und alarmierte Enlils Adjutanten **Nusku,** der seinen Herrn aufweckte. Fassungslos vernahm Enlil die Rufe der Aufständischen, darunter die Parole »Tötet Enlil!«: »Ist das gegen mich gerichtet, was dort geschieht? Was sehen da meine eigenen Augen?« Von Nusku wollte er erfahren: »Wer hat diesen Aufstand angezettelt?« Die Meuterer antworteten mit lauten Rufen: »Jeder einzelne von uns hat diesen Kampf angesagt … unsere Arbeit ist schwer, die Qual ist groß, die übermäßige Schufterei bringt uns um!«

»Als Enlil diese Worte hörte, vergoss er Tränen.« Er kontaktierte Anu, bot seinen Rücktritt als Kommandant und seine Rückkehr nach Nibiru an, doch er forderte auch, dass der Anführer dieser Meuterei hingerichtet würde. Anu berief den Staatsrat ein. Seine Mitglieder kamen zu dem Schluss, dass die Beschwerden gerechtfertigt seien; doch auf der anderen Seite konnte man es sich nicht erlauben, die lebenswichtige Goldförderungsmission einfach abzubrechen.

Das war der Augenblick, als »Enki das Wort ergriff und die Götter, seine Brüder, ansprach«. Es gäbe einen Ausweg aus diesem Dilemma, erklärte er. Wir haben doch Ninmah unter uns; sie ist eine *Belet-ili,* eine »Geburt schenkende Göttin« –

Lasst sie einen Lulu entwerfen,
lasst einen Amelu die Mühen der Götter auf sich nehmen!
Lasst sie einen Lulu Amelu erschaffen,
lasst ihn das Joch tragen!

Er schlug vor, einen *Lulu* – einen »Mischling«, einen Hybriden – zu erschaffen, der als *Amelu,* als Arbeiter, den Göttern die Schufterei abnehmen würde.

Und als die anderen Götter fragten, wie so ein *Lulu Amelu* erschaffen werden könnte, erwiderte Enki: **»Das Wesen, dessen Namen ihr aus-**

sprecht – es existiert bereits!« Man müsste nur noch **»das Ebenbild der Götter an ihm festmachen«.**

Diese Aussage ist die Antwort auf das Rätsel des »Missing Link«, des fehlenden Bindegliedes, und die Frage, wie der Homo Sapiens, der moderne Mensch, vor 300 000 Jahren quasi über Nacht (nach anthropologischen Maßstäben) in Südostafrika auftauchen konnte, während die evolutionäre Entwicklung vom Affen zum Hominiden und innerhalb der Hominiden vom Australopithecus zum Homo habilis und dann zum Homo erectus etc. Millionen von Jahren dauerte.

Ein Wesen, das den Anunnaki in vielerlei Hinsicht ähnelte, existierte also schon in der Wildnis des Abzu, erklärte Enki den erstaunten Göttern. »Alles, was wir noch tun müssen, ist, ***es an das Ebenbild der Götter zu binden***« – es durch Anunnaki-Gene zu veredeln – und einen ***Lulu*** (= »Mischling«) zu erschaffen, der die Arbeit im Bergbau übernehmen könnte.

Was Enki in seinem Hauptquartier im Südosten Afrikas entdeckt hatte, war ein Hominide, der mit den Anunnaki so weit genetisch verwandt war, dass es nur einer genetischen Manipulation bedurfte – indem man den Genen dieses Hominiden (etwa eines *Homo erectus*) einige Anunnaki-Gene hinzufügte –, um ihn in den Status eines intelligenten, sprechenden, Werkzeuge benutzenden *Homo sapiens* zu erheben. Und das war alles nur möglich, weil die DNS auf der Erde jene Nibirus war, die übertragen wurde – der Leser mag sich erinnern –, als Nibiru mit Tiamat kollidierte!

Dann erläuterte Enki den versammelten Anunnaki-Anführern, wie das mit Hilfe Ninmahs und ihrer biomedizinischen Kenntnisse ablaufen könnte. Als sie das hörten

in der Versammlung,
antworteten die Großen Anunnaki,
die das Schicksal lenken,
einhellig mit einem: »JA!«

Diese fatale Entscheidung, den Menschen zu erschaffen, findet ihr Echo in der Bibel. Während hier die versammelten Großen Anunnaki als *Elohim,* »die Hohen«, bezeichnet werden, berichtet Genesis 1,26:

Dann sprachen *Elohim:*
»Lasst uns Menschen machen
als unser Abbild,
uns ähnlich.«

Es besteht kein Zweifel am Plural in der biblischen Aussage, angefangen mit dem Pluralwort ***Elohim*** (der Singular lautet *El, Elo'ha*), und weiter mit »Lasst ***uns*** machen« – »als ***unser*** Abbild« – »***uns*** ähnlich«. Das alles geschah »40 Perioden« – 40 *Schars* – nach der Ankunft der Anunnaki. Wenn wir die Ankunft (siehe letztes Kapitel) auf vor etwa 445 000 Jahren datieren, müsste die Erschaffung des *Adamu* vor 300 000 Jahren (445 000–144 000) stattgefunden haben – exakt zu diesem Zeitpunkt aber wurde der *Homo erectus* plötzlich zum *Homo sapiens.*

***

Der Prozess, durch den der »primitive Arbeiter« geschaffen wurde, wird dann im *Atra-Hasis-Epos,* aber auch in einer Reihe anderer Texte geschildert. Dazu gehörte, dass man aus dem Blut eines Gottes seine *Te'ema* gewann – ein Begriff, den Gelehrte gerne als »Persönlichkeit« oder »Lebensessenz« übersetzen –, um diese dann mit der »*Ti-it* des Abzu« zu mischen. Den Begriff *Ti-it* hielt man für eine Abwandlung des akkadischen Wortes *Tit* = Lehm, weshalb man annahm (wie es dann auch Eingang in die Bibel fand), dass »der Adam« aus dem Lehm oder dem »Staub« der Erde geschaffen wurde. Doch der Begriff stammt aus dem Sumerischen und heißt so viel wie »Das, was mit dem Leben ist« – die »Essenz« eines Lebewesens.

Die Te'ema – die »Lebensessenz« oder »Persönlichkeit« eines Gottes – wir würden heute sagen: seine genetische DNS – wurde also »vermischt« mit der »Essenz« eines existierenden Wesens, das (wie der Text erklärt) man in einem Gebiet »ein wenig oberhalb des Abzu« entdeckt hatte. ***Indem man die Gene, die man aus dem Blut eines Gottes gewann, mit der »Essenz« eines existierenden irdischen Hominiden vermischte, wurde »der Adam« gentechnisch erzeugt.***

Es gab also kein »fehlendes Bindeglied« für unseren Sprung vom *Homo erectus* zum *Homo sapiens;* vielmehr haben die Anunnaki die Evolution durch Einsatz ihrer Gentechnik beschleunigt.

Was Enki da vorhatte, war allerdings leichter gesagt als getan. Neben dem *Atra-Hasis-Epos* beschreiben, wie gesagt, noch andere Texte den Schöpfungsprozess in allen Details. Wie ich schon in meinen Büchern *Der zwölfte Planet* und *Am Anfang war der Fortschritt* aufzeigte, berichten sie über eine ganze Reihe gescheiterter Versuche, denen Wesen mit fehlenden oder überzähligen Gliedmaßen, schadhaften oder seltsamen Organen oder verminderter Sehfähigkeit entsprangen. Erst im Verlauf der Experimente fand Ninmah heraus, welche Gene für welche Funktionen verantwortlich sind und erklärte schließlich, dass sie jetzt gezielt – »wie mein Herz es wünscht« – Wesen mit oder ohne diesen oder jenen Defekt erzeugen könne.

Enki, so heißt es in einem dieser Texte, »bereitete ein reinigendes Bad«, in das »ein Gott blutete«. Ninmah »mischte Blut und Fleisch«, um »dem Neugeborenen das Abbild der Götter aufzupflanzen«. Enki »saß vor ihr. Er leitete sie an«, gab ihr Anweisungen und Rat. Das genetische Experiment fand im *Bit Schimti* statt, einer Art Laboratorium, dessen sumerischer Name ***Schi.im.ti*** wörtlich so viel bedeutet wie »Ort, an dem der Wind des Lebens eingeblasen wird« – ein Detail, von dem die biblische Formulierung »(Elohim) blies in seine Nase den Lebensatem« (Genesis 2,7) aller Wahrscheinlichkeit abgeleitet ist.

Ninmah nahm die Mischung vor. Während sie »die heiligen Formeln sprach«, vernahm sie einen *Uppu* – einen Herzschlag. Als das »vollkommene Muster«, der Mensch, endlich erschaffen worden war, hob Ninmah ihn in die Höhe und rief aus: »Ich habe geschaffen! Meine Hände haben ihn erzeugt!« ***(Abb. 66)***

Dann vermeldete sie den Großen Göttern ihren Erfolg, erklärte:

Ihr habt mir eine Aufgabe übertragen;
ich habe sie erledigt …
Ich habe Euch von der schweren Arbeit befreit.
Ich habe Eure Mühen dem Awilum (»Arbeitsmenschen«) auferlegt –
ihr habt nach Awiluti (»Menschheit«) gerufen –
ich nahm das Joch von euch, ich schenkte euch die Freiheit!

»Als die Götter ihre Worte vernahmen, liefen sie zusammen und küssten ihre Füße.« Sie nannten sie **Mami** (= »Die Mutter«) und verliehen ihr den Titel **Nin.ti** (= »Herrin des Lebens«). Die von Enki vorgeschlagene Lösung war da!

Abbildung 66

Die Gene, die wir Menschen damals erhielten, stammten von einem männlichen Anunnaki (später entdeckte Atra-Hasis-Tafeln enthüllten, dass es der Anführer der Meuterei war); *doch bei allem Respekt vor einem männlichen Gott oder einer männlichen Gottheit, **war es doch eine Frau, eine Göttin, die uns alle erschaffen hat.***

***

Es bedurfte weiterer gentechnischer Experimente – und sogar einer Operation unter Narkose (wie es in einem sumerischen Text und in der Bibel heißt) –, um ein weibliches Gegenstück zu erzeugen; doch wie alle Hybriden bis auf den heutigen Tag (wie etwa das Maultier, das Ergebnis einer Kreuzung zwischen Pferd und Esel) konnten die ersten Menschen sich nicht fortpflanzen. Um »Kopien« des »vollkommenen Musters« des *Lulu Amelu* zu erschaffen, waren schwierige und zeitraubende Reproduktionen durch junge »Geburtsgöttinnen« notwendig. Den nächsten Schritt in der genetischen Manipulation – der es den *Lulus* ermöglichte, sich selbst fortzupflanzen – wurde von Enki selbst vorgenommen – der »Schlange« im biblischen Garten Eden.

Der biblischen Geschichte zufolge hatte Gott (der hebräische Begriff an dieser Stelle ist tatsächlich *Jahwe Elohim*) den Adam, der den Garten der Götter hegen und pflegen durfte, ausdrücklich gewarnt, nicht vom Baum der Erkenntnis zu essen, »denn sobald du davon isst, wirst du sterben«. Dann wurde Adam in Tiefschlaf versetzt, an ihm operiert und aus seiner Rippe eine Frau geschaffen. Schließlich liefen »der Adam« und »seine Frau« (sie hatte damals noch keinen Namen) nackt herum, »aber sie schämten sich nicht voreinander«.

Bald aber näherte sich die listige Schlange der Frau und sprach sie auf den verbotenen Baum an. Die Frau wiederholte zunächst, was *Elohim* ihr und ihrem Mann gesagt hatte. Daraufhin »sagte die Schlange zur Frau: Nein, ihr werdet nicht sterben!« Also nahm die Frau, die sah, dass die Früchte des Baumes essbar waren, »von seinen Früchten und aß; sie gab auch ihrem Mann, der bei ihr war, und auch er aß.« Im selben Augenblick wurden sie sich ihrer Sexualität bewusst; sie begriffen, dass sie nackt waren und machten sich Lendenschürze aus Feigenblättern.

Es waren diese Lendenschürze, die sie verrieten; denn als *Jahwe Elohim* sie das nächste Mal sah, bemerkte er, dass sie nicht länger nackt waren; als er Adam daraufhin zur Rede stellte, fand er heraus, was geschehen war. Verärgert fuhr Gott die Frau an: »Was hast du da getan?« – zur Strafe solle sie fortan unter Mühsal und Schmerzen Kinder gebären. Aufgebracht erklärte Gott später seinen ungenannten Gefährten: »Seht, der Mensch ist geworden wie wir; er erkennt Gut und Böse. Dass er jetzt nicht die Hand ausstreckt, auch vom Baum des Lebens nimmt, davon isst *und* ewig lebt!« (Genesis 3,22) So vertrieb Gott Adam und Eva aus dem Garten Eden.

Die Geschichte erklärt also, wie es dazu kam, dass Adam und Eva sich fortpflanzen konnten – eine Entwicklung, für die die Bibel die »Schlange« verantwortlich macht, doch das hebräische Wort, das wir hier lesen, *Nachasch,* kann ebenso gut »Der, der Rätsel löst« bedeuten. Da überrascht es wenig, dass wir auch im Sumerischen ein Wort mit einer ähnlichen Doppelbedeutung finden, nämlich **Buzur,** zugleich ein Beiname Enkis mit der Bedeutung »Der, der Geheimnisse enträtselt«. Die Hieroglyphe für Ptah, seinen ägyptischen Namen, war eine gewundene Schlange. In den mesopotamischen Texten wurde Enkis Geheimwissen geteilt von seinem Sohn **Nin.gisch.zidda** (= »Herr des *Lebensbaumes*«), dessen Emblem, zwei Schlangen, die sich um einen Stab winden, bis auf den heutigen Tag (als »Äskulapstab«) das Symbol der Medizin ist. Zweifellos spiegelt sich die Bedeutung dieser Namen und das Symbol der gewundenen Schlange in der biblischen Geschichte von der Schlange und den beiden besonderen Bäumen im Garten Eden wider. Doch erst heute, nachdem die Wissenschaft die Struktur der DNS-Stränge entdeckt hat, können wir die Bedeutung dieses Symbols verstehen, erkennen wir in Ningischziddas Emblem der beiden sich windenden Schlangen die zweisträngige, sich windende Doppelspirale der DNS. Wir demonstrieren ihre Ähnlichkeit in *Abb. 67*.

»Aus dem Blut der Götter schufen sie die Menschheit«, fährt der Text fort, »sie bürdeten ihm ihre Aufgaben auf, um die Götter zu befreien; es war eine Arbeit ohne Gleichen.« Das war sie in der Tat; und das geschah vor rund 300 000 Jahren, *just zu dem Zeitpunkt, als plötzlich der Homo sapiens in Südostafrika auftauchte.* Damals war es, als die Anunnaki den »Evolutionssprung« auslösten und durch Gentechnik einen Hominiden – den besagten *Homo erectus* – zu einem intelligenten, Werkzeuge benutzenden Homo sapiens (= »denkenden Menschen«) veredelten, damit er ihnen wie ein Sklave diente. Das geschah in der Gegend »oberhalb des Abzu«, eben dort, wo man auch die frühesten Fossilien des neuen Menschen fand: im Gebiet des Großen Grabenbruchs im südöstlichen Afrika, nördlich des Goldminengebietes.

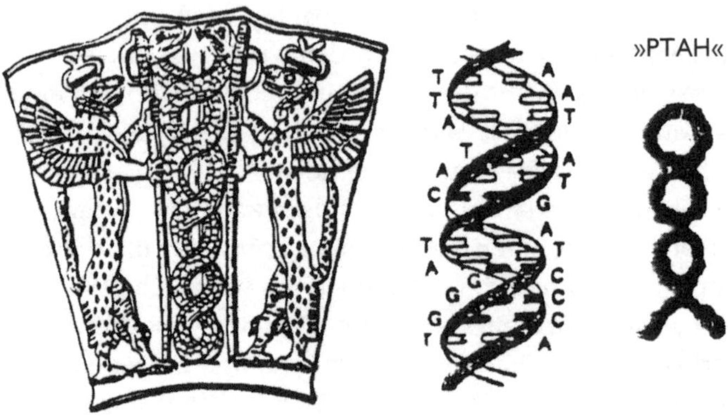

Abbildung 67

***

Wir wissen aus dem weiteren Text des *Atra-Hasis* und den anderen Schilderungen, dass man keine Zeit verlor, die primitiven Arbeiter in den Minen einzusetzen. Aber wir lesen auch, dass Anunnaki von den Siedlungen im Edin die Minen überfielen und mit Gewalt einige dieser Arbeiter in das Edin verschleppten, wo sie »mit Hacken und Spaten die Heiligtümer bauten, die Kanäle anlegten und Getreide anbauten für sich und zur Ernährung der Götter«.

Die Bibel berichtet, wenn auch knapper, ebenfalls davon: »Und Jahwe Elohim nahm also den Adam« – von dort, wo er ihn geschaffen hatte – »und setzte ihn in den Garten von Eden, damit er ihn bebaue und hüte« (Genesis 2,15). (Der hebräische Originaltext versieht hier »Adam« – wörtlich: »Der von der Erde« oder »Erdling« – mit dem Artikel »der«, um zu verdeutlichen, dass es hier um eine Spezies geht und nicht um eine Person namens »Adam«, den Ehemann der Eva, dessen Geschichte erst im vierten Kapitel der Genesis beginnt.)

»Damit er ihn bebaue und hüte«, um als *Amelu,* als Arbeiter zu dienen. So drückt es auch die hebräische Bibel aus: *»Adam le* ***amal*** *yulad«* – »Adam wurde geschaffen, um sich abzumühen«. Und das hebräische Wort *Avod,* das als »verehren« (im Sinne eines Gottesdienstes) übersetzt wird, bedeutet in Wirklichkeit »arbeiten«.

Der Mensch wurde von den Göttern geschaffen, um ihnen zu dienen.

***

Die Zeit verging. »Das (besiedelte) Land vergrößerte sich und die Menschen vermehrten sich« – so beginnt das *Atra-Hasis-Epos* seinen Bericht über die nächste Phase der Ereignisse, die auf die Meuterei der Götter und die Erschaffung des Adam folgten und schließlich zur Sintflut führen sollten.

Die Menschen vermehrten sich tatsächlich so stark (wie der Text berichtet), dass »das Land brüllte wie ein Stier«. Enlil war nicht froh darüber: »Der Gott wurde durch ihren Lärm gestört«. Er machte seiner Verärgerung Luft: »Enlil hörte das Grölen und sprach zu den großen Göttern: ›Das Gebrüll der Menschheit ist mir zu laut geworden; ihr Lärm raubt mir den Schlaf.‹« Die folgenden Zeilen sind leider größtenteils beschädigt, nur Enlils Worte »Lasst eine Pest ausbrechen« sind lesbar; doch wir wissen aus dem biblischen Parallelbericht, dass »es den Herrn reute, auf der Erde den Menschen gemacht zu haben, und es tat seinem Herzen weh. Der Herr sprach: Ich will den Menschen, den ich geschaffen habe, vom Erdboden vertilgen ...« (Genesis 6,6–7)

Die Geschichte der Sintflut und ihres Helden (Noach/Utnapischtim/Ziusudra) wird in beiden Quellen ähnlich geschildert, mit der Ausnahme, dass in der monotheistischen Bibel derselbe Gott zuerst entscheidet, die Menschheit zu zerstören, um sie dann durch Noach zu retten, während die mesopotamische Version Enlil als den zornigen Gott identifiziert und es Enki ist, der Enlil zum Trotz den »Samen der Menschheit« rettet. Auf der anderen Seite liefert der biblische Bericht (der die verschiedenen Götter zu einem einzigen Gott komprimiert) eine bessere Begründung für seine Unzufriedenheit mit der Menschheit als deren »Grölerei« und »Lärm«. Um die Worte des 6. Kapitels der Genesis zu zitieren:

> Als sich die Menschen
> über die Erde hin zu vermehren begannen
> und ihnen Töchter geboren wurden,
> sahen die Söhne der *Elohim,*
> wie schön die Menschentöchter waren,
> und sie nahmen sich von ihnen Frauen,
> wie es ihnen gefiel.

Jahwe, so berichtet das Buch Genesis weiter, war darüber verärgert: »Jahwe sah, dass auf der Erde die Schlechtigkeit des Menschen zunahm … da reute es Jahwe, auf der Erde den Menschen (wörtlich: »den Adam«) gemacht zu haben, und es tat seinem Herzen weh. Der Herr sagte: Ich will den Menschen, den ich geschaffen habe, vom Erdboden vertilgen.« Das Instrument dazu war die kommende Sintflut.

Das also war die »Schlechtigkeit«, die Enlil verärgerte: Die Mischehen zwischen den Söhnen der Götter und weiblichen Erdlingen – Mischehen also nicht etwa zwischen verschiedenen Rassen derselben Spezies, sondern zwischen den Menschheiten *zweier verschiedener Planeten* – eine Praxis, die für Enlil als strengen Vorgesetzten und Zuchtmeister ein absolutes Tabu war. Es ärgerte ihn umso mehr, dass ausgerechnet Enki als Erster dieses Tabu brechen und Sex mit Erdenfrauen haben sollte; und er war noch empörter darüber, dass Enkis Sohn Marduk sogar einen Schritt weiter ging und eine solche Erdenfrau zur Frau nahm, womit er (nach Enlils Meinung) ein denkbar schlechtes Beispiel für die anderen Anunnaki abgab.

Doch es war noch mehr dabei: Aus den verbotenen Beziehungen gingen Kinder hervor. So lesen wir weiter in Genesis 6:

> In jenen Tagen
> gab es auf der Erde die Nefilim,
> und auch später noch,
> nachdem sich die Söhne der Elohim
> mit den Menschentöchtern eingelassen
> und diese ihnen Kinder geboren hatten.

Kein Wunder, dass damals der große Zuchtmeister erklärte: »Ich will den Menschen, den ich geschaffen habe, vom Erdboden vertilgen.«

***

Einmal abgesehen von der Moral oder den Regeln, die bei interplanetaren Besuchen herrschen sollten, ist doch das Hauptproblem, mit dem uns diese mesopotamischen und biblischen Erzählungen von unserem Ursprung konfrontieren, ein ganz anderes: Wie konnten aus Mischehen zwischen männlichen Anunnaki und irdischen Frauen Kinder hervorgehen – was eine erstaunliche genomische Kompatibilität erfordert, speziell was die X- (weiblichen) und Y- (männlichen) Chromosomen betrifft? Tatsächlich führt uns diese Frage weit zu den Anfängen zurück – denn wie konnte der wilde Hominide des Abzu dieselbe DNS wie die Anunnaki haben, oder zumindest eine, die ähnlich genug war, dass durch eine einfache Genmischung ein Wesen entstehen konnte, das, jedenfalls laut den sumerischen und biblischen Quellen, den »Göttern« innerlich und äußerlich erstaunlich ähnlich war, einmal abgesehen von ihrer Langlebigkeit.

Das Rätsel wird vertieft durch die Tatsache, dass nicht nur Menschen, nicht nur Säugetiere, nicht nur alle Tiere – sondern alles Leben auf der Erde, von den Vögeln bis zu den Fischen, von den Blumen bis zu den Algen, ja bis hin zu Bakterien und Viren – dieselbe genetische Grundlage aufweisen, nämlich eine DNS aus vier Nukleinsäure-»Buchstaben«, auf denen alle Gene und Genome aufgebaut sind. Das aber würde bedeuten, ***dass die DNS der Anunnaki der DNS allen Lebens auf der Erde entspräche.*** Und wenn – wie wir annehmen können – die DNS der Anunnaki dieselbe wie die DNS allen Lebens auf Nibiru war, ***dann kann das wiederum nur bedeuten, dass die DNS auf dem Planeten Erde und die DNS auf dem Planeten Nibiru dieselbe war.***

Wie konnte das sein, wenn die moderne Wissenschaft Recht hätte, dass die Erdmeere als eine Art Rührschüssel dienten, in der die grundlegenden chemischen Moleküle, erhitzt durch Geysire, miteinander verschmolzen und sich irgendwie lebende Zellen bildeten. Die Nukleinsäuren, aus denen sich die DNS bildete – so behaupten die Wissenschaftler –, entstand also als Ergebnis eines *zufälligen* Aufeinandertreffens chemischer Moleküle in einer sich *zufällig* zusammengebrauten »Ursuppe«, bis daraus die ersten *zufällig* lebenden Zellen entstanden.

Wenn dem so wäre, dann musste sich das Zufallsprodukt hier natürlich grundlegend von dem Zufallsprodukt anderenorts unterscheiden, denn nicht zwei Planeten, ja nicht einmal zwei Monde in unserem Sonnensystem gleichen sich und die Wahrscheinlichkeit, dass es zufällig zu demselben Ergebnis käme, wäre ohnehin gleich Null. Wie also begann das Leben auf der Erde, wenn es dem auf Nibiru so sehr gleicht?

Die Antwort finden wir in der bereits zitierten Erzählung von der Himmelsschlacht, als (in der zweiten Runde) Nibiru/Marduk Tiamat »zertrat« – sie streifte –, ihre »Venen« durchtrennte und ihren »Schädel« abschlug – die zukünftige Erde. Damals war es, als der »SAMEN DES LEBENS« – die DNS des Lebens auf Nibiru – auf den Planeten Erde übertragen wurde.

Die »Ursuppen«-Theorie der Wissenschaft – ob sie nun auf andere Planeten zutrifft oder nicht – stößt auf zusätzliche, längst erkannte Probleme, was die Erde betrifft. Nachdem sie die Vorstellung zu den Akten legen musste, dass sich das Sonnensystem nicht verändert hätte, seit es vor rund 4,5 Milliarden Jahren Form angenommen hat, räumt die heutige Wissenschaft mittlerweile ein, dass etwas Außergewöhnliches vor etwa 3,9 Milliarden Jahren geschehen sein muss. Mit den Worten der *New York Times* (Wissenschaftsseite vom 16. Juni 2009):

> »Vor etwa 3,9 Milliarden Jahren führte eine Veränderung der Umlaufbahn der äußeren Planeten des Sonnensystems dazu, dass ein ganzer Schwarm großer Kometen und Asteroiden in das innere Sonnensystem eindrang. Ihre heftigen Einschläge erzeugten auch die großen Krater, die noch heute auf der Mondoberfläche sichtbar sind, erhitzten die Erdoberfläche, brachten Felsen zum Schmelzen und Ozeane zum Kochen, bis der Planet in eine dichte Dampfwolke gehüllt war. Dennoch fand man in Felsen, die sich auf der Erde vor 3,8 Milliarden Jahren und damit unmittelbar nach der kosmischen Bombardierung formten, mögliche Indizien für biologische Prozesse.«

Die Einsicht, dass unter solchen Umständen unmöglich Leben entstehen konnte, hat die Forscher so sehr frustriert, dass, um die *New York Times* zu zitieren,

> »einige Wissenschaftler, darunter so bedeutende wie Francis Crick, der Cheftheoretiker der Molekularbiologie, stillschweigend einge-

stehen mussten, dass das Leben schon anderswo entstanden sein könnte, bevor sein Samen diesen Planeten erreichte.«

Die Theorie, dass das Leben auf der Erde aus dem Weltraum stammt, dass sie »von außen besamt« wurde, bekannt unter dem Namen »Panspermie«, erörterte ich bereits in meinem 1990 erschienenen Buch *Am Anfang war der Fortschritt,* in dem ich natürlich darauf hinwies, dass dieses »unerklärliche, katastrophale Ereignis« vor 3,9 Millionen Jahren in der Geschichte von Nibiru und der Himmelsschlacht beschrieben wird. Die »Panspermie«-Lösung wird also weder »stillschweigend erwogen« (obwohl sie vom wissenschaftlichen Establishment noch nicht übernommen wurde, gehören zu ihren Vertretern viele namhafte Wissenschaftler), noch ist sie neu – sie wurde bereits vor Tausenden von Jahren auf Keilschrifttafeln festgehalten …

Leben auf der Erde und Leben auf Nibiru – DNS auf der Erde und DNS auf Nibiru – sind also gleich, weil der ***Samen des Lebens*** während der Himmelsschlacht von Nibiru auf die Erde übertragen wurde. Das erklärt auch, weshalb sich bereits so unmittelbar nach der Katastrophe Leben auf der Erde entwickeln konnte.

Da Nibiru zum Zeitpunkt der Kollision bereits über ausgebildete DNS verfügte, muss hier die Evolution sehr viel früher als auf der Erde begonnen haben. Niemand kann sagen, wie viel früher das war; doch wenn wir von 4,5 Milliarden Jahren sprechen, dann würde nur ein Prozent früher schon einen Vorsprung von 45 000 000 Erdenjahren bedeuten; mehr als genug evolutionärer Vorsprung also, dass Nibirus Astronauten den *Homo erectus* auf der Erde treffen konnten.

***

Die antike Vorstellung, dass das Leben auf der Erde begann, als es von oder durch Nibiru »ausgesäht« wurde, findet ihren Ausdruck in dem Konzept eines tatsächlichen Lebenssamens – ***Numun*** auf Sumerisch, Zeru auf Akkadisch, Zera auf Hebräisch. Es erklärt nicht nur, wie das Leben auf die Erde kam – es zeigt auch auf, wo auf der Erde das Leben begann.

Es ist bemerkenswert, dass die Bibel im Buche Genesis (1,20–25) die *Evolution* der »lebenden Wesen« (am *Fünften Tag* der Schöpfung) so schildert, dass sie im Wasser begann und sich von dort aus auf das trockene Land ausbreitete, also von »großen Seetieren und anderen Lebewesen, von denen das Wasser wimmelt« bis hin zu Amphibien und Dinosauriern, gefolgt von Vögeln, sowie schließlich »allen Arten von lebendigen Wesen« – was einer veritablen antiken Evolutionstheorie entspricht, deren Sequenz der Ereignisse sich beeindruckend mit den Erkenntnissen der modernen Naturwissenschaft deckt (einschließlich der jüngsten Entdeckung, dass sich die Vögel aus den Dinosauriern entwickelten).

Doch wenn es darum geht, wann das Leben auf der Erde *begann,* dann weiß die Bibel, dass es vor den Meereslebewesen noch eine frühere Phase gab: Am *dritten Tag,* so heißt es dort, begann das Leben mit dem Erscheinen *samentragender Pflanzen auf dem trockenen Land.* Denn gleich nach der Heranbildung von Festland und Ozeanen sprach Gott (Genesis 1,11–13):

Das Land lasse junges Grün wachsen,
alle Arten von Pflanzen, die Samen tragen,
und von Bäumen, die auf der Erde Früchte bringen
mit ihrem Samen darin.
So geschah es.

Das Land brachte junges Grün hervor,
alle Arten von Pflanzen, die Samen tragen,
alle Arten von Bäumen, die Früchte bringen
mit ihrem Samen darin.

Gott sah, dass es gut war.
Es wurde Abend, und es wurde Morgen:
Dritter Tag.

Während die Bibel in den folgenden Versen *die Evolution so beschreibt, wie die Wissenschaft sie heute kennt,* von primitiven Meereslebewesen zu Fischen dann zu Amphibien, Reptilien, Vögeln und Säugetieren – stellt sie auch fest, dass bevor »alles, was wimmelt« die Wasser beherrschte, ***Gräser und Kräuter, die Samen trugen und von Samen abstammten,*** das erste Leben auf der Erde waren.

Diese Unterscheidung zwischen der Evolution des Lebens und dem Beginn des Lebens auf der Erde wurde lange für einen Widerspruch zu den Erkenntnissen der modernen Wissenschaft gehalten – bis zur Veröffentlichung einer revolutionären Studie im Juli 2009 (in *Nature*, Nr. 460), wonach sich *»ein dicker, grüner Teppich photosynthetischen Lebens explosionsartig auf der Erde ausbreitete« – Hunderte von Millionen Jahre bevor Leben mit »sauerstoffhungrigen Zellen« im Wasser auftauchte.* Die Erde, so gab die naturwissenschaftliche Fachzeitschrift bekannt, war ***»überwachsen« von einem »dichten Teppich von pflanzlichem Leben«,*** dessen Sedimente, wenn sie vom Regen in die Ozeane gewaschen wurden, die Entstehung von Leben im Wasser erst möglich machen.

Diese revolutionäre Entdeckung bestätigt, was vor Jahrtausenden in der Bibel festgehalten wurde.

Diese Sequenz der Ereignisse, so macht die Bibel deutlich, wurde möglich durch den »samenspendenden« Aspekt des Grüns. Das Wort »Samen« – »Samen tragen« und »mit ihrem Samen darin« – wird vier Mal in den beiden zitierten Versen wiederholt, um sicherzugehen, dass der Leser die entscheidende Information nicht übersieht: **Das Leben auf der Erde begann durch die Besamung mit fertiger DNS.**

Obwohl man bislang noch keinen mesopotamischen Paralleltext dazu fand, gibt es andere Indizien dafür, dass die Sequenz der Entstehung von Leben, beginnend mit Pflanzensamen, auch den Sumerern bekannt war. Wir finden einen Hinweis darauf in den Worten und der Terminologie der Fünfzig Göttlichen Namen, die Marduk übertragen wurden, als er seine Herrschaft antrat. Nachdem der babylonische Text ihre ursprüngliche sumerische Form tradiert, erklärt er im Anschluss ihre Bedeutung. In unserem Zusammenhang wichtig sind die folgenden sieben Beinamen; wir zitieren sie so, wie sie auf der Keilschrifttafel wiedergegeben sind, zusammen mit allen textlichen Erläuterungen:

Maru'akka, Wahrhaft der Schöpfergott des Weltalls.
Namtillaku, der Gott, der das Leben erhält.
Asaru, Gott des Ackerbaus,
Schöpfer der Kräuter und des Getreides,
der die Vegetation zum Keimen bringt.
Epadun, Herr, der die Felder besprengt …
der das Saatgut austreiben lässt.
Sirsir, der einen Berg über Tiamat aufhäufte …

dessen »Haar« ein Kornfeld ist.
Gil, der Getreide zu massiven Bergen aufhäuft,
der Gerste und Hirse hervorbringt,
der den Samen der Erde brachte.
Gischnumunab, Schöpfer des Ursamens,
des Samens aller Menschen.

Diese Reihe von Attributen bestätigt das Wissen der Anunnaki über den Ursprung des Lebens auf der Erde und seine Entwicklungsstufen. Danach ist der himmlische Marduk (alias Nibiru) (a) der »Schöpfer des Ursamens«, (b) der den Samen der Erde brachte, angefangen mit Kräutern und sprießender Vegetation, und (c) schließlich »den Samen aller Menschen« erschuf. Nach dieser Vorstellung stammt alles vom selben »Samen« ab – derselben DNS –, von Nibirus »Ursamen« bis hin zum »Samen aller Menschen«.

In diesem Konzept – einer wissenschaftlichen Erkenntnis der Anunnaki – liegt die zentrale Bedeutung ihres Begriffes vom »Samen« als der Essenz des Lebens. Als Enlil die Menschheit in der Sintflut auslöschen wollte, war es der »Samen der Menschheit«, den er zu vernichten wünschte. Als Enki das Geheimnis der Flut an Ziusudra weitergab, erklärte er ihm: »Eine Sintflut wird geschickt, um den *Samen der Menschheit* zu zerstören«. Und es waren nicht wirklich Paare aller Tiere, die Noach/Utnapischtim an Bord der Arche nahm; neben einigen Schafen und Vögeln war es der *»Samen aller lebendigen Dinge«* (den Enki lieferte), der an Bord genommen wurde. Dem *Gilgameschepos* zufolge lauteten seine Anweisungen an Utnapischtim wie folgt:

Mann aus Schuruppak, Sohn des Ubar-Tutu,
reiß das Haus nieder, baue ein Schiff!
Gib Deinen Besitz auf, rette Dein Leben!
Entsage dem Eigentum, halte die Seele am Leben!
An Bord des Schiffes nimm ***den Samen*** aller lebendigen Dinge.

In der Liste der Fünfzig Namen reichten Marduks Titel mit dem Begriff »Samen« von »Der, der das Saatgut austreiben lässt« bis zu »Der, der den Samen der Erde brachte«, »Schöpfer des Ursamens« und »des Samens aller Menschen«. Wir hören noch den laut widerhallenden Ruf des Ea/Enki: »Ich bin der Anführer der Anunnaki, ***erzeugt aus*** *fruchtbarem Samen,* der Erstgeborene des göttlichen Anu!« Und wir müssen uns an Enlils Vorrecht auf den Thron erinnern: Die Tatsache, dass seine Mutter Antu eine Halbschwester des Anu war, ließ seinen Samen doppelt »fruchtbar« erscheinen.

Doch von wessen »Samen« ist der Mensch?

Die Frage nach unserem genetischen Ursprung ist nicht mehr länger ein Thema biblischer Studien. Sie wurde längst aus dem Bereich des Glaubens und der Philosophie in die Arena der komplexen Naturwissenschaften verlegt, wo sich die jüngsten Studien mit scheinbar unsterblichen Krebszellen und den offenbar fundamentalen Stammzellen befassen (den embryonischen Zellen, aus denen sich alle anderen Körperzellen entwickeln).

In der biblischen Erzählung stammt die Menschheit in direkter Linie von Adam (und Eva) und seinem Sohn Seth sowie den einzigen Überlebenden der Sintflut, der Familie von Noach, sprich: von seinen drei verheirateten Söhnen ab. Aber auch die Bibel weiß von der Existenz einer anderen menschlichen Abstammungslinie, die auf Kain zurückgeht, dessen Nachkommen das weit entfernte Land Nod besiedelten. Doch laut den sumerischen und akkadischen Quellen war die wirkliche Geschichte sehr viel komplexer – und berührt dabei die Frage nach dem Leben selbst, nach Langlebigkeit und Sterblichkeit. ***Vor allem aber ist bei ihnen von den Halbgöttern die Rede – dem Nachwuchs, der gezeugt wurde, als sich die Götter einige der Menschentöchter zur Frau nahmen.***

Adams fremde Gene

Es war ein historischer Durchbruch, als zwei Wissenschaftlerteams im Februar 2001 die vollständige Entschlüsselung des menschlichen Genoms bekannt gaben. Ihre wichtigste Entdeckung dabei war, dass unser Erbgut nicht, wie bisher angenommen, aus 100 000 bis 140 000 Genen besteht (die DNS-Stränge, die die Produktion von Aminosäuren und Proteinen steuern), sondern aus weniger als 30 000 – gerade einmal doppelt so viel wie die 13 601 Gene einer Fruchtfliege und nur fünfzig Prozent mehr als die 19 098 Gene eines Spulwurms. Zudem waren die menschlichen Gene keineswegs einzigartig; sie finden sich zu 99 % auch beim Schimpansen und zu 70 % bei der Maus wieder. Menschliche Gene haben dieselben Funktionen und sind identisch mit den Genen anderer Wirbeltiere, aber auch mit den Genen von Wirbellosen, Pflanzen, Pilzen oder sogar von Hefe.

Diese Entdeckung bestätigte nicht nur, dass die DNS von allem Leben auf der Erde denselben Ursprung hat, sie ermöglichte es auch den Wissenschaftlern, den Evolutionsprozess zurückzuverfolgen – wie sich immer komplexere Organismen aus simpleren entwickelten, wobei sie bei jedem Stadium die Gene der niedrigeren Lebensform übernahmen, um daraus eine komplexere, höhere Lebensform zu entwickeln – bis hin zum *Homo sapiens.*

Doch eben hier, bei der Zurückverfolgung der *vertikalen* Evolution in den menschlichen und analysierten tierischen und pflanzlichen Genen, stießen die Wissenschaftler auf ein Rätsel. Diese »Entdeckung, die für Kopfzerbrechen sorgte«, wie sie die Fachzeitschrift *Science* (Ausgabe Nr. 291) betitelte, war, dass ***das menschliche Erbgut 223 Gene enthält, die über keinen Vorläufer im Stammbaum der genomischen Evolution verfügen.*** Tatsächlich konnten diese 223 Gene nirgendwo sonst im gesamten Spektrum der Evolution der Wirbeltiere gefunden werden. Eine Analyse der Funktion dieser Gene, veröffentlicht in der Fachzeitschrift *Nature* (Ausgabe Nr. 409), ergab, dass sie für wichtige physiologische und zerebrale Funktionen zuständig sind, die als typisch für den Menschen gelten. Da der Unterschied zwischen dem Menschen und dem Schimpansen bei gerade einmal 300 Genen liegt, machen diese 223 Gene einen großen Unterschied aus.

Doch wie kam der Mensch an diese rätselhaften Gene? Die Wissenschaftler konnten nur feststellen, dass die Präsenz dieser fremden Gene ein »eher jüngeres« Phänomen (in den Zeitmaßstäben der Evolution) ist, verursacht »wahrscheinlich durch eine *horizontale Übertragung von Bakterien*«. Damit wollen sie sagen, dass der Mensch nicht im Verlauf der Evolution in Besitz dieser Gene kam, sondern durch eine **Infektion mit Bakterien** in »jüngerer Zeit« (also als der Homo sapiens entstand).

Wenn man diese Erklärung einer »horizontalen Infektion mit Bakterien« akzeptiert, so schrieb ich auf meiner Website, dann war es eine *Gruppe von Bakterien,* die sagte: »Lasst uns Menschen machen nach unserem Abbild« …

Doch ich bevorzuge nach wie vor die sumerische und biblische Version der Anunnaki/Elohim.

IX
Götter und andere Vorfahren

Wir werden nie den Namen des Hominiden erfahren – wenn er je einen hatte –, dessen *Ti.it* von Ninmah benutzt wurde, um den Arbeiter der Götter zu erschaffen. Da es eine ganze Versuchsreihe war, die schließlich zu dem gewünschten Ergebnis führte, könnten auch gleich mehrere Hominiden involviert gewesen sein. Doch wir wissen – dank weiterer Funde von Keilschrifttafeln – wessen göttliche »Essenz« oder Blutlinie in dem Prozess zum Einsatz kam.

Ist das wichtig? Vielleicht nicht allzu sehr, Anbetracht der vielen anderen genealogischen und genetischen Vorfahren, die der Erdenmensch im Laufe der Zeit hatte. Doch wenn manche Gene nie sterben, dann ist die Frage doch interessant – zumindest, wenn man nach dem »Was wäre, wenn?« fragt –, denn die Geschichte der Menschheit seit ihren biblischen Anfängen ist keine glückliche Reise. Tatsächlich entpuppt sie sich als Drama, herzzerreißender als jedes Werk von Shakespeare oder Homer: eine erstaunliche Schöpfung, denn »der Adam« wurde tatsächlich als Sklave erschaffen; einmal in den üppigen Garten Eden gesetzt, ist sein Aufenthalt dort nur von kurzer Dauer, denn er ist Gott ungehorsam. Jetzt mit der Fähigkeit zur Fortpflanzung ausgestattet, ist Adam dazu verdammt, seine Nahrung dem ausgedörrten Ackerboden zu ertrotzen, während Eva zur Strafe unter Schmerzen gebären muss. Sie bringt zwei Söhne zur Welt, mit denen gerade einmal vier Menschen auf der Erde leben, bis Kain (ein Ackerbauer), eifersüchtig auf Abel (einen Hirten), seinen Bruder erschlägt und damit die Menschheit auf drei reduziert …

Knechtschaft, Ungehorsam, Brudermord – sind sie Teil unseres genetischen Bauplans, weil der Großteil unserer DNS aus dem Tierreich der Erde stammt? Oder weil die Blutlinie, die von den Anunnaki ausgewählt wurde – die »fremden Gene« – die eines jungen Rebellen waren, der seine Crewkollegen aufwiegelte, *Enlil zu töten?*

Während in einigen Texten – einschließlich dem Bericht über die

Erschaffung des Menschen im Schöpfungsepos – der Gott, dessen Blut man dazu benutzte, als Anführer der Rebellen hingerichtet wurde, erklären andere Versionen des *Atra-Hasis-Epos,* man habe ihn ausgewählt, weil dieser Gott über die richtige *Te'ema,* sprich: »Lebensessenz« oder »Persönlichkeit« (genetisch gesprochen) verfügt hätte. Wo er nicht ganz fehlt, wird sein Name in Keilschriftzeichen als (auf Akkadisch) *Wéila* angegeben; auf neueren Tafelfunden, die in den 1990er Jahren durch irakische Archäologen in Sippar gemacht wurden, wird er auch **Alla** auf Akkadisch und **Nagar** auf Sumerisch genannt – eher ein Titel als ein Name, der soviel wie »Metallhandwerker« bedeutet, *speziell in der Kupferverarbeitung.* Das deutet auf eine gezielte Auswahl (statt einfach einer Bestrafung) hin, schließlich stammt auch der Name für die Schlange/Kennerin der Geheimnisse im biblischen Garten Eden, *Nachasch,* von derselben Wortwurzel ab, dem hebräischen *Nechoschet,* was *Kupfer* bedeutet. Die Tatsache, dass Nagar (und seine Gefährtin **Allatum**) unter den Enki-Göttern in den verschiedenen Götterlisten aufgeführt ist, bekräftigt seine Rolle als Anführer des Aufstandes gegen Enlil.

Exegeten der Bibel sind sich darin einig, dass der Hintergrund für den Kain/Abel-Zwischenfall der nicht endende und universale Streit zwischen Bauern und Hirten über den Besitz von Land und Wasser war. Solche Konflikte werden in den sumerischen Texten als fester Bestandteil der menschlichen Frühgeschichte geschildert – so etwa in einem Text, den die Gelehrten *Die Sage von Vieh und Korn* nennen und in dem Enlil der Gott des ***Anschan*** (Korns und Ackerbaus) und Enki des ***Lahar*** (»Wollviehs« und Hirtentums) ist – Aufgabenbereiche, die von Enlils Sohn **Ninurta,** der der Menschheit den Pflug schenkte (wie auf dem Rollsiegel VA-243, *Abb. 51,* dargestellt), und Enkis Sohn **Dumuzi,** einem Hirten, übernommen wurden. Wie auch anderswo, so kombiniert die Bibel auch hier zwei Götter (Enlil und Enki) zu einem einzigen »Jahwe«, der das Opfer des Hirten (Abel) aus seiner Herde annimmt, aber das Opfer des Bauern (Kain), die »Frucht des Bodens«, ablehnt.

In Fortsetzung der Geschichte von Kain und Abel widmet die Bibel den Rest des Kapitels 4 der Genesis den Nachkommen des Kain. Weil er fürchtet, für seine Sünde getötet zu werden, erhält Kain von Gott ein sichtbares, schützendes »Zeichen« (das gern zitierte »Kainsmal« der Sonntagsprediger), das sieben Generationen lang wirksam sein

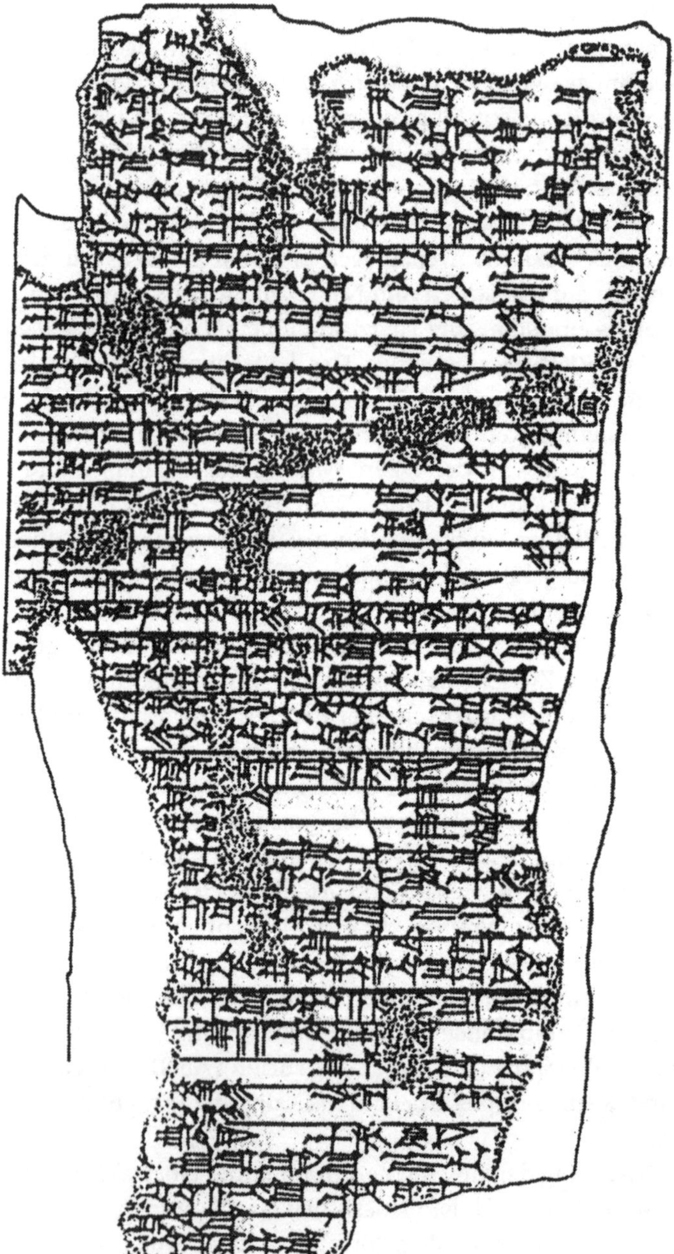

Abbildung 68

sollte (womit es ein genetischer »Marker« sein müsste). Wie in der Geschichte von der Sintflut, ist es derselbe Gott, der erst genug von der Menschheit hat und sie auslöschen will, um sie dann doch durch Noach zu retten, jener »Jahwe«, der zuerst Kain ignoriert, verurteilt und bestraft, bevor er ihm Sicherheit und Schutz gewährt.

Wieder einmal kombiniert die Bibel also Handlungen Enkis und Enlils zu denen eines einzigen Gottes namens »**Jahwe**«. Wie dieser einem fragenden Moses (Exodus 3, 14) erklärte, bedeutet der Name »Ich bin, der ich bin« – er ist also ein universaler Gott, der einmal durch/als Enlil und ein anderes Mal durch/als Enki agiert, aber auch durch/als andere Wesenheiten (»Götter«), die letzlich alle nur seine Werkzeuge und Gesandten sind.

Von einem ihm wohlwollenden Gott beschützt, erreichte der umherziehende Kain »das Land *Nod,* östlich von Eden«. Dort »erkannte Kain seine Frau« und zeugte einen Sohn, ***Henoch*** (= »Gründung« oder »Grundlage«); und er baute eine Stadt, die er zu Ehren seines Sohnes »Henoch« nannte. Dann »wurde Henoch Irad geboren; ***Irad*** zeugte ***Mehujael,*** Mehujael zeugte ***Metuschael,*** und Metuschael zeugte ***Lamech.***«

Als sie die siebte Generation erreichte (Adam-Kain-Henoch-Irad-Mehujael, Metuschael-Lamech), wird die Bibel plötzlich großzügig, ja des Lobes voll, mit ihren Informationen über die Abstammungslinie des Kain und ihre Errungenschaften:

> Lamech nahm sich zwei Frauen;
> die eine hieß Ada, die andere Zilla.
> Ada gebar ***Jabal;*** er wurde der Stammvater derer,
> die in Zelten und beim Vieh wohnen.
> Sein Bruder hieß ***Jubal;*** er wurde
> der Stammvater aller Zither- und Flötenspieler.
> Auch Zilla gebar, und zwar ***Tubal-Kajin,***
> der die Geräte aller Erz- und Eisenhandwerker schmiedete.
> Die Schwester Tubal-Kajins war ***Naama.***

Die Errungenschaften der sieben Generationen seit Kain feierte Lamech mit einem Lied, das von der Bibel zitiert wird und das Kains »siebenfaches« Mal mit der Anrufung eines rätselhaften »siebenundsiebzigfachen« kombiniert, woraus eine symbolische dreifache Sieben (7–7–7) entsteht.

Trotz seiner Kürze, schildert der biblische Bericht über die Nachkommen des Kain doch eine hochentwickelte Zivilisation, die mit einem Ackerbauern begann, dann eine Phase als beduinenartige, nomadische Zeltbewohner, die mit ihren Herden das Land durchziehen, durchläuft, aber auch den Übergang vom Land- zum Stadtbewohner meistert und dabei Musiker und Metallurgen hervorbringt. Wo, wenn nicht im vorsintflutlichen Edin oder im *zukünftigen* Sumer, entstand eine solche Zivilisation?

Die Bibel versäumt es, uns zu verraten, wo genau Kain siedelte; sie erwähnt nur, dass er »sich im Land Nod« (= »Wanderung«) niederließ, das »östlich von Eden« lag. Wir können nur rätseln, wie weit »östlich von Eden« – etwa im nahegelegenen Zagrosgebirge, in den Ländern, die später zu Elam, Gutium und Medien wurden? Oder zogen er und seine Familie weiter über das iranische Hochland bis nach Luristan, bekannt für seine Metallverarbeitung, und in das viehreiche Industal? Oder erreichten diese Wanderer den Fernen Osten? Überquerten sie vielleicht sogar den Pazifik, kamen sie bis nach Amerika?

Das ist keine absurde Frage, denn der Mensch erreichte tatsächlich irgendwann in frühgeschichtlicher Zeit den amerikanischen Kontinent, und das Tausende von Jahren vor der Sintflut. Die Frage ist nur, wer das war, wie er dorthin gelangte und wann.

Die meisten Gelehrten sind der Annahme, dass die Sumerer (und ihre Nachfolger in Mesopotamien) kein Interesse und daher keine Aufzeichnungen über die »Verlorene Linie« der Kainiten hatten. Doch es ist schwer zu glauben, dass der biblische Bericht über die Wande-

Abbildung 69

Abbildung 70

rung Kains, die nachfolgenden Generationen und ihre beeindruckenden Errungenschaften nicht auf einer mesopotamischen Aufzeichnung beruht. Tatsächlich gibt es eben eine solche Keilschrifttafel, heute im Archiv des Britischen Museums verwahrt (mit der Katalognummer BM 74329), transkribiert ***(Abb. 68)***, übersetzt und veröffentlicht von A. R. Millard und W. G. Lambert in der Fachzeitschrift *Kadmos* (Jg. VI), die sehr wohl von einer Gruppe von Exilanten berichtet, die als »Pflugmänner« bezeichnet werden (wie auch Kain ein »Ackerbauer« war). Sie zogen umher und erreichten ein Land namens *Dunnu* (das biblische »Land Nod«?), wo ihr Anführer, ein Mann namens *Ka'in* (!), eine Stadt baute, deren Wahrzeichen ein »Zwillingsturm« waren:

> Er baute in Dunnu
> eine Stadt mit einem Zwillingsturm,
> Ka'in verlieh sich selbst
> die Herrschaft über diese Stadt.

Der Hinweis auf eine Stadt, die für ihren Zwillingsturm bekannt war, ist tatsächlich erstaunlich. Dass Menschen schon früh über den Pazifik den amerikanischen Kontinent erreichten, ist nicht nur der jüngste Stand der Wissenschaft, sondern entspricht der Überlieferung der Eingeborenen in Nord- wie in Südamerika. In Zentralamerika erzählte man sich, die Vorfahren seien in Schiffen aus einem Land der *Sieben* Höhlen oder *Sieben* Heiligtümer gekommen (siehe ***Abb. 69*** aus einem

voraztekischen Nahuatl-Kodex). Indem ich auf die Parallele mit der 7–7–7 in der Kain/Lamech-Linie verwies, fragte ich mich in meinen Büchern *Versunkene Reiche* und *Das erste Zeitalter*, ob der Name der Aztekenhauptstadt *Tenoch-titlan* (= »Stadt des Tenoch«), das heutige Mexico City, ursprünglich »Stadt des Henoch« bedeutet haben könnte, war doch die Stadt bei der Ankunft der Spanier bekannt für ihren zwillingstürmigen Aztekentempel *(Abb. 70)*. Weiter fragte ich, ob es sich bei dem »Kainsmal«, das von anderen auf den ersten Blick bemerkt werden konnte, um das für die amerikanischen Ureinwohner typische Fehlen des Bartwuchses gehandelt haben könnte.
Die Parallelen des Keilschrifttextes mit der biblischen Geschichte von Kains Wanderung und der Stadt, die er baute, ist offensichtlich – doch bislang vermutete man, dass dies alles im geographischen Großraum des Nahen Ostens stattgefunden haben müsste. Ein transpazifischer Sprung auf den amerikanischen Kontinent kann trotzdem nicht ausgeschlossen werden, zumal das Detail der *vier Brüder, die ihre Schwestern heirateten und eine neue Stadt gründeten,* das Kernstück der wichtigsten Legenden über den Anfang der südamerikanischen Kulturen ist. Dort (so führe ich in *Versunkene Reiche* aus) berichtete die Sage von den *vier Ayar-Brüdern,* die ihre Schwestern heirateten, auf Wanderschaft gingen und schließlich die große Stadt Cuzco mit ihrem Tempel gründeten; sie fanden die richtige Stelle für diesen »Nabel der Erde« mit Hilfe eines goldenen Zauberstabes, den ihnen der Gott Viracocha (= »Schöpfer des Alls«) überreicht hatte.

So sehr man über diese Ähnlichkeiten erstaunt sein mag, so viel ist sicher: Wenn die Legenden (und die Völker) wanderten, dann vom Nahen Osten in die Anden und nicht umgekehrt. Wenn das der Fall war, dann haben wir dort eine Menschengruppe, die die Sintflut ohne Noachs Arche überlebte und deshalb über eine genetische Abstammungslinie verfügt, die ohne den Einfluss von Mischehen auskam.

***

Ohne eine Pause einzulegen, fährt die Bibel nach den Versen über Lamech und die 777 mit der Erzählung fort, was daheim geschah: »Adam erkannte noch einmal seine Frau. Sie gebar einen Sohn und nannte ihn **Set**.« Der Name ist ein weiteres Wortspiel, denn er kann auf Hebräisch »gewährt« und »Setzling« bedeuten, was die Bibel so erklärt:

»Gott setzte mir anderen Nachwuchs ein (wörtlich: er gewährte mir einen anderen Samen) für Abel, weil ihn Kain erschlug«. Set, so sei betont, ist also nicht nur ein weiterer Sohn – er ist »ein anderer Samen«. »Auch dem Set wurde ein Sohn geboren, und er nannte ihn **Enosch.** Damals begann man, den Namen des Herrn anzurufen« (Genesis 4, 15–26).

Die Worte der Bibel lassen keinen Zweifel daran, dass mit der Geburt des Enosch eine neue Erbfolge/genetische Linie begann; sie führte direkt zu Noach und damit zum die Sintflut überdauernden »Samen der Menschheit«.

Der Name *Enosch* ist nicht schwer zu erklären. Er bedeutet im Hebräischen so viel wie »menschlich« im Sinne von »sterblich«. Er hat dieselbe Wurzel wie der Begriff *Enoschut* und ist eindeutig vom Akkadischen *Nischiti* abgeleitet; beides bedeutet »Menschheit« und es ist offensichtlich, dass es diese Menschheitslinie (und nicht die Nachfahren des im Exil befindlichen Kain) ist, die in den nachfolgenden Ereignissen eine Rolle spielt, ***einschließlich der Mischehen mit den Söhnen der Elohim.***

Die große Bedeutung, die die Bibel dieser genealogischen Linie zumisst, zeigt sich an der Platzierung und der Menge der durch den »Autor« gesammelten Daten. Die Blutlinie des Kain wird in acht Versen abgehandelt, die im vierten Kapitel der Genesis zwischen die Geschichte von Kain und Abel und die Geburt (durch Adam und Eva) von Set und Enosch eingeschoben sind. Der Linie des Set und Enosch widmet die Bibel nicht nur die beiden Schlussverse des vierten Kapitels, sondern auch das gesamte fünfte Kapitel mit seinen 32 Versen. Die Liste nennt die gesamte, ununterbrochene Erbfolge der zehn vorsintflutlichen Patriarchen von Adam bis Noach und lässt keinen Zweifel daran, dass es diese Blutlinie ist, von der Noach abstammte und die den Samen der Menschheit rettete, bis sie sich in den Jahrhunderten nach der Sintflut wieder ausbreiten konnte.

Doch obwohl es sich hier um die bevorzugte Erbfolgelinie handelt, geizt die Bibel mit weiteren Informationen über sie. Mit einer einzigen Ausnahme sind die einzigen Daten, die die Bibel liefert, der Name, das Alter, mit dem ein jeder Patriarch seinen Erstgeborenen zeugte und wie lange er danach noch lebte. Doch wer waren diese Patriarchen, wodurch zeichneten sie sich aus, was war ihre soziale Stellung und Tätigkeit? Der einzige Aspekt ihrer Biographie, der sofort auffällt, ist, dass sie alle von beeindruckender Langlebigkeit waren:

Adam war 130 Jahre alt, da zeugte er einen Sohn,
der ihm ähnlich war, wie sein Abbild, und nannte ihn Set.
Nach der Geburt Sets
lebte Adam noch 800 Jahre
und zeugte (andere) Söhne und Töchter.
Die gesamte Lebenszeit Adams betrug 930 Jahre,
dann starb er.

Set war 105 Jahre alt, da zeugte er Enosch.
Nach der Geburt des Enosch lebte Set noch 807 Jahre
und zeugte Söhne und Töchter.
Die gesamte Lebenszeit Sets betrug 912 Jahre,
dann starb er.

Die Liste wird auf diese Weise fortgesetzt, es folgen die nächsten vier Patriarchen – *Enosch* zeugte Kenan mit 90, lebte weitere 805 Jahre, zeugte weitere Söhne und Töchter und starb im Alter von 905 Jahren. *Kenan* zeugte Mahalalel mit 70, starb mit 910; *Mahalalel* zeugte Jered mit 65, starb im Ater von 895; *Jered* zeugte Henoch mit 162, starb mit 962.

Es gab nur einen außergewöhnlichen Zwischenfall, als es um den siebten Patriarchen ging, der »65 Jahre alt war, da zeugte er Metuschelach«; doch er starb nicht, denn im Alter von 365 Jahren »hatten die *Elohim* ihn aufgenommen«. Wir werden demnächst auf diese wichtige Offenbarung zurückkommen; doch zunächst einmal bleiben wir bei der Liste der Patriarchen, die wie folgt fortgesetzt wird:

Metuschelach zeugte Lamech mit 187 und
starb im Alter von 996 Jahren;
Lamech zeugte Noach mit 182 und
starb im Alter von 777 Jahren;
Noach zeugte im Alter von 500 Jahren Sem, Ham und Jafet;
er war 600 Jahre alt, als die Flut über die Erde kam.

Während diese Zahlen auf den ersten Blick auf eine bemerkenswerte Langlebigkeit hindeuten (wie man von jenen erwarten kann, die näher an der genetischen Infusion standen), lässt sich aus der Liste auch schließen, dass die Patriarchen lange genug lebten, um nicht nur ihre

Kinder und Enkel, sondern auch ihre Ur- und Ururenkel zu erleben – und dass sie nur kurz vor der Sintflut verstarben. Denn trotz ihrer ungewöhnlich langen Lebensdauer vergingen gerade einmal 1656 Jahre von Adam bis Noach:

	Jahre nach Adam
Adam geboren	0001
Seth geboren	130
Enosch geboren	235
Kenan geboren	325
Mahalalel geboren	395
Jered geboren	460
Henoch geboren	622
Metuschelach geboren	687
Lamech geboren	874
Adam stirbt	930 (mit 930)
Enoch verklärt	987 (mit 365)
Seth stirbt	1042 (mit 912)
Noach geboren	1056
Enosch stirbt	1140 (mit 905)
Kenan stirbt	1235 (mit 910)
Mahalalel stirbt	1290 (mit 895)
Jered stirbt	1422 (mit 962)
Noachs drei Söhne geboren	1556
Lamech stirbt	1651 (mit 777)
Metuschelach stirbt	1656 (mit 969)
Sintflut (Noach ist 600)	1656

So seltsam sie auch auf den ersten Blick erscheint, so lud diese Liste der zehn vorsintflutlichen Patriarchen bis zum Helden der Sintflut und der Geschichte von der Flut die Gelehrten geradezu ein, sie mit der Liste der zehn vorsintflutlichen Könige bei Berossos und seinen Quellen zu vergleichen. Das ist freilich keine einfache Aufgabe, denn die 1656 Jahre von Adams Geburt bis zur Sintflut unterscheiden sich allzu auffällig von den 432 000 Jahren bei Berossos (oder den Gesamtzahlen in WB-62, WB-444 etc.):

Bibel		WB-62		Berossos	
Adam	130	Alulim	67 200	Aloros	36 000
Set	105	Alalgar	72 000	Alaparos	10 800
Enosch	90	[En]kidunu	72 000	Amelon	46 800
Kenan	70	[...]alimma	21 600	Ammenon	43 200
Mahalalel	65	Dumuzi	28 800	Megalaros	64 800
Jered	162	Enmeluanna	21 600	Daonos	36 000
Henoch	65	Ensipzianna	36 000	Euedorachos	64 800
Metuschelach	187	Enmeduranna	72 000	Amempsinos	36 000
Lamech	182	Sukurlam (?)	28 800	Ardates (oder Obartes)	28 800
Noach	600	Ziusudra	36 000	Xisuthros	64 800
Zehn Patriarchen	1656	Zehn Herrscher	456 000	Zehn Könige	120 Schars = 432 000

Es gab zahllose Versuche von Gelehrten, jede Form numerischer Gymnastik, einen gemeinsamen Nenner für die 1656 Jahre einerseits und die mesopotamischen Angaben auf der anderen Seite zu finden; keiner war überzeugend oder auch nur annähernd akzeptabel. Unser eigener Versuch *(in Begegnungen mit den Göttern)* konzentrierte sich auf die offensichtliche Identität Noachs mit Ziusudra und die mathematische Beziehung zwischen 600 und 36 000: Da das Zahlzeichen für »1« in der Keilschrift je nach seiner Stellung auch »60« bedeuten konnte, könnte es sehr wohl gewesen sein, dass der biblische Redakteur die Altersangaben um ein Sechzigstel reduzierte. Das würde allerdings bedeuten, dass 99 360 (1656 × 60) Jahre zwischen Adam und der Sintflut vergangen waren, immer noch zu wenig also, um die Lücke zu füllen.

Dass die Zahlen nicht passen, erstaunt keineswegs, denn die gewöhnliche Rechenweise ist von Anfang an falsch. Die mesopotamische Rechnung beginnt mit der Ankunft der Anunnaki (120 *Sars* vor der Sintflut); die Adamische Zeitrechnung kann aber nicht mit diesem Zeitpunkt beginnen, sondern mit der Erschaffung des Adam – 40 Sars später – oder sogar noch später, mit der Geburt des Individuums, das den Namen »Adam« trug. Zudem nennt die mesopotamische Liste die Regierungsdauer der zehn Herrscher, die Bibel aber nennt den Zeitpunkt, als der Erstgeborene eines Patriarchen gezeugt wurde.

Benutzt man stattdessen die Lebensdauer statt dem Zeitpunkt der Fortpflanzung und multipliziert diese Jahresangaben mit 60, dann kommt man auf Werte, die sehr viel eher den Angaben des Berossos entsprechen: Aus Adams 930 Jahren werden dann 55 800 Jahre, aus Sets 912 Jahren werden 54 720 Jahre, die 905 des Enosch werden zu 54 300 Jahren und so weiter. Addiert man alle zehn, so ergibt die Summe Lebensspannen (wobei Henochs Zählung bei 365 endet und Noachs mit dem Eintritt der Sintflut, als er 600 Jahre alt war), ergibt das eine Summe von 8225 Jahren, die, mit 60 multipliziert, zu 493 500 Jahren würden. Wenn man weiter davon ausgeht, dass die Thronfolge weder mit der Geburt noch automatisch beim Tod des Vorgängers angetreten wurde, kommt man noch eher in den Bereich der mesopotamischen Angaben.

Noch sinnvoller als ein reiner Zahlenvergleich ist es, die Persönlichkeiten der zehn Patriarchen und Urkönige zu vergleichen, wobei ihre Namen und Titel als Schlüssel dienen können. Lässt sich, zum Beispiel, der Moment in der mesopotamischen Zehn-Königs-Liste finden, an dem der biblische Adam auftaucht? Es scheint so, wenn wir sorgfältig genug vorgehen.

Von den ersten beiden Herrschern wissen wir mit Sicherheit, dass sie beide in Eridu regierten, der ersten Anunnaki-Siedlung, die noch von Ea/Enki gegründet worden war. Beide tragen typische frühe »Anunnaki«-Namen: Aller Wahrscheinlichkeit nach war **Alulim** identisch mit **Alalu** und damit der abgesetzte König von Nibiru, den sein Schwiegersohn Ea/Enki jetzt zum Verwaltungschef (»König«) in Eridu ernannt hatte. **Alalgar,** dessen Name die Wurzel des Wortes »Ansiedeln« beinhaltet, ist nicht weiter bekannt und könnte einer von Enkis Helfern gewesen sein.

Interessant an ihrer Regierungszeit, wie sie WB-62 wiedergibt, ist, dass sie zusammen 139 200 Jahre lang herrschten, also nur knapp weniger als die 40 *Schars* (= 144 000 Jahre), die sich die Anunnaki abmühten, bevor der »Arbeiter« geschaffen wurde. Es war offenbar der richtige Augenblick, um den Adam, geboren um zu arbeiten, erscheinen zu lassen. Und tatsächlich nennt die mesopotamische Liste ausgerechnet hier einen dritten Herrscher, dessen Name ***Amelon*** – »Der Arbeiter« auf Akkadisch – lautet, was ein Lehnwort aus dem Sumerischen, abgeleitet von *Lulu-Amelu,* ist. Wenn wir in der Liste WB-62 nach ihm suchen, dann springt uns die Antwort geradezu ins Auge: Hier heißt er ***Enki.dunnu,*** was auf Sumerisch ganz klar und deutlich bedeutet: ***»Enki hat ihn gemacht/geschaffen«.***

Der akkadische »Amellon« und der sumerische »Enki-dunni« ist, so glaube ich, der biblische »Adam«.

WB-62 nennt dann zwei Namen: Einmal unvollständig einen *»(...)-Alimma«* und dann einen *»Dumuzi,* ein Hirte«. Die Namen und ihre Reihenfolge lassen uns stocken: unglaublicherweise bedeutet **Alim** auf Sumerisch »Weideland« oder auch sein dominierendes Tier, der Widder; **Dumu.zi** heißt wörtlich »Sohn, der Leben ist«. Könnten diese sumerischen Namen für Adams Sohn Abel, den Hirten, und Seth, den Sohn, durch den eine neue Erbfolgelinie gewährt wurde, stehen?

Verschiedene Studien, in denen die biblische Patriarchenliste mit der Berossos-Liste verglichen wird, haben bereits angedeutet, dass *Ammenon* bei Berossos von dem akkadischen (und hebräischen) Begriff für einen Handwerker, *Amman,* abgeleitet ist – eine Beschreibung, die auf den biblischen Kenan (= »Erzeuger von Werkzeugen«) zutrifft. Ohne den Rest der Namen durchgehen zu müssen, weisen diese Beispiele schon deutlich darauf hin, das die verschiedenen sumerischen Königslisten, Berossos und die Bibel auf *eine gemeinsame Quelle* zurückgehen.

Unsere Analyse und Ergebnisse gehen über die Schlußfolgerung hinaus, dass es irgendwo irgendwann eine gemeinsame Quelle gab, aus der diese Daten stammen. Denn wenn die sumerischen vorsintflutlichen Herrscher und die biblischen vorsintflutlichen Patriarchen dieselben waren, dann stellt sich die Frage: Wer waren dann diese Patriarchen? Wenn Adam und Set und Enosch etc. lebten und über Zeiträume hinweg, die in *Schars* gerechnet wurden, herrschten, können sie dann überhaupt sterbliche Menschen gewesen sein (wie die Bibel andeutet)? Wenn sie die viele Schar-Spannen lang regierenden Herrscher der sumerischen Königsliste waren, warum betont dann die Bibel bei jedem von ihnen ausdrücklich, dass sie starben? Oder waren sie vielleicht eine Mischung aus beidem: Teils sterbliche Menschen, teils Götter – mit anderen Worten: ***Halbgötter*** – mit allen daraus erwachsenen genetischen Konsequenzen?

Könnten die biblischen Patriarchen selbst, Noach eingeschlossen, die »berühmten Männer« gewesen sein, die im 6. Kapitel der Genesis erwähnt werden, deren Väter die Nefilim waren, die sich mit den »Menschentöchtern« eingelassen hatten?

Um eine Antwort zu finden – eine verblüffende Antwort – müssen wir einen weiteren Blick in alle verfügbaren Quellen werfen.

Die Macht der Sieben

Unser Alltag wird von der *Sieben*-Tage-Woche bestimmt – eine seltsame Zahl, die weder in unser Dezimalsystem (= »auf der Zehn basierend«, entsprechend der Anzahl der Finger unserer beiden Hände) noch in das sumerische Sexagesimalsystem (= »auf der Sechzig basierend«) passt, dessen wir uns noch immer in der Geometrie, Astronomie und Zeitmessung bedienen. Diese ungewöhnliche Zahl wird erklärt durch die biblische Schöpfungsgeschichte, in der es heißt, Gott habe die Welt in *sieben* Tagen geschaffen (wobei der siebte Tag, der der Ruhe und Reflexion diente, mitgerechnet wird). Diese biblische Siebenzahl wiederum kann auf die *sieben* Tafeln des *Enuma elisch,* des mesopotamischen Schöpfungsepos, zurückgeführt werden. (Doch weshalb wurde dieser Text ausgerechnet auf sieben Tafeln niedergeschrieben?)

Die Zahl Sieben (einschließlich der Siebzig) taucht in nahezu jedem wichtigen biblischen Ereignis auf, in Geboten und Prophezeiungen, insgesamt etwa sechshundert Mal. Es ist auch eine Schlüsselzahl im Neuen Testament einschließlich der prophetischen *Offenbarung des Johannes,* ebenso in den pseudepigraphischen und apokryphen Schriften (so die *sieben* Arten von Engeln im *Buch Henoch*).

Dasselbe gilt für die ägyptische Mythologie, angefangen mit den Angelegenheiten der Götter: Die erste göttliche Dynastie bestand aus sieben Göttern (von Ptah bis Horus); insgesamt aber gab es 49 (= 7 × 7) göttliche und halbgöttliche Herrscher, bevor die Pharaonen an die Macht kamen. In Zentralamerika ist von den ursprünglichen sieben Stämmen die Rede; und so weiter.

Die ersten, die die *Sieben* für eine machtvolle Zahl hielten, waren die Anunnaki, die vom Nibiru zur Erde kamen. Nippur, das Missionskontrollzentrum, war die siebte Stadt auf der Erde. Es gab dort sieben Weise und die »Sieben, die richten«. Ziggurate hatten sieben Stockwerke und Sterne wurden mit dem

»Griffel der sieben Zahlen« geortet. Ein Gott hatte eine »siebenfache Waffe« und es gab »sieben Waffen des Schreckens«. Die Freilassung des Himmelsstieres verursachte eine siebenjährige Dürre; wenn ein Tempel geweiht wurde, wurden sieben Segenssprüche rezitiert. Und so weiter und so fort.

Der Ursprung all dessen, so denken wir, ist die Stellung der Erde als siebter Planet aus der Sicht der Anunnaki (siehe die Himmelskarte, die Enlils Route von Nibiru zur Erde anzeigt, *Abb. 65*). Dort heißt es, dass »Enlil sieben Planeten passierte«, um zur Erde zu kommen – wobei er die Zählung mit dem Pluto begann, dann Neptun und Uranus als zweiten und dritten Planeten rechnete, Saturn und Jupiter als vierten und fünften, den Mars als den sechsten – womit dann die Erde der siebte Planet wäre. Dementsprechend waren sieben Punkte auch das Symbol für die Erde, wie wir es auf assyrischen Monumenten finden (neben den Symbolen des Mondes, Nibirus, der Sonne und der damit verbundenen Götter):

X

Von Patriarchen und Halbgöttern

Ein »Halbgott«, so kann man den Begriff definieren, ist der Nachwuchs einer Mischehe zwischen einem Gott (oder einer Göttin) und einem Erdling, der das Erbgut der beiden teilt. So unglaublich das klingen mag und obwohl die Existenz von Halbgöttern immer gerne in das Reich der Mythen verbannt wird, lässt die Bibel keinen Zweifel daran, dass solche Paarungen stattgefunden haben und aus ihnen vor und nach der Sintflut die »Helden der Vorzeit, die berühmten Männer« hervorgingen. Auf den ersten Blick ist das aber auch alles, was die Bibel über eine so geschichtsträchtige Angelegenheit (immerhin war sie der Auslöser für die Entscheidung, die Menschheit durch eine Sintflut auszulöschen) zu sagen hat – anders als die mesopotamischen Texte, die voller Geschichten von Halbgöttern sind, *von denen Gilgamesch freilich der berühmteste war;* und das, so werden wir sehen, öffnet die Tür zu einer potenziellen Entdeckung in unserer Gegenwart.

Ein Blick in das verfügbare Material, verstärkt durch deduktive Schlussfolgerungen, wird zeigen, dass die mageren biblischen Daten über die vorsintflutlichen Patriarchen sich perfekt in die umfangreicheren mesopotamischen Informationen einfügen. Der kurze biblische Hinweis in Genesis 6 über die »Söhne der Elohim«, die sich Menschentöchter zur Frau nahmen, wird auch bedeutend erweitert durch andere alte hebräische Schriften – »Verlorene Bücher«, die es nicht in den Kanon der hebräischen Bibel geschafft haben und die gemeinhin als *Apokryphen* (= »Geheime, verborgene Schriften«) oder *Pseudo-Epigraphen* (bzw. Pseudepigraphen) des Alten Testamentes bezeichnet werden und die wir ebenfalls unter die Lupe nehmen werden.

Dass es solche Schriften gab, bestätigt die Bibel selbst; sie bezieht sich auf eine ganze Reihe »verlorener Bücher«, deren Existenz (und Inhalt) damals allgemein bekannt war, mit der Zeit aber in Vergessenheit geriet. Vers 14 im 21. Kapitel des Buches Numeri (4 Moses) bezieht sich etwa auf ein *Buch der Kriege des Jahwe;* Josua 10, 13 erinnert an wundersame Himmelsereignisse, die im *Buch des Yascher* (oder *Buch des Aufrechten*) geschildert werden. Diese Bücher sind völlig verloren. Auf der anderen Seite sind uns einige lange für verloren gehaltene Bücher wie das *Buch von Adam und Eva,* das *Buch des Henoch,* das *Buch des Noach* und das *Buch der Jubeljahre* wider Erwarten als Übersetzungen in andere Sprachen als Hebräisch (etwa ins Äthiopische oder Slavonische) erhalten geblieben, manchmal auch teilweise oder völlig von späteren Bearbeitern umgeschrieben. Diese Manuskripte sind nicht nur zur Bestätigung biblischer Daten wichtig, sie liefern oft genug auch zusätzliche Details oder Hintergründe zu den biblischen Erzählungen; und einige handeln von den Mischehen und ergänzen sie durch wichtige Einzelheiten.

Die Bibel präsentiert uns nicht nur im 6. Kapitel der Genesis einen Gott, der widersprüchlich denkt und handelt. Er ist erzürnt über die Mischehen der »Söhne der *Elohim*« mit den Menschentöchtern, obwohl er ihren Nachwuchs später als heldenhafte »berühmte Männer« würdigt. Er beschließt, die Menschheit vom Angesicht der Erde zu vertilgen, doch dann verhindert er eben dies, indem er den Samen der Menschheit von Noach in seiner Arche retten lässt. Wir wissen heute, dass die scheinbaren Widersprüche daher stammen, dass in der Bibel diverse und oft konkurrierende Gottheiten wie etwa Enki und Enlil zu einem einzigen Gott *(Jahwe)* zusammengefasst wurden. Die Autoren des *Buches der Jubeljahre* und des *Buches Henoch* lösten dieses Problem, indem sie erklärten, dass die Engel, die zur Erde hinabstiegen, ursprünglich gute Wesen waren, sich dann aber eine Gruppe von ihnen abspaltete und sich, dazu aufgefordert von irregeleiteten Anführern, Menschentöchter zur Frau nahmen.

Dies geschah, wie das *Buch der Jubeljahre* berichtet, zur Zeit des Jered (= »Der vom Abstieg«), der diesen Namen von seinem Vater Mahalalel erhielt, weil es damals geschah, dass »die Engel des Herrn zur Erde hinabstiegen«. Ihre Aufgabe war es, »die Kinder der Menschen in Urteilsvermögen und Aufrichtigkeit zu unterweisen«; doch stattdessen endete sie darin, dass sie sich mit den Menschentöchtern »befleckten«.

Nach diesen außerbiblischen Texten bildeten zweihundert »Wächter« (= die **Igigi** der sumerischen Mythen) zwanzig Zehnergruppen;

jede Gruppe hatte einen Anführer, dessen Namen die Texte festhalten; die meisten dieser Namen – Kochabiel, Barael, Yomiel etc. – sind theophorische Namen, die *El* (= Gott) ehren. Einer, Schemiazaz mit Namen, der ihr Kommandant war, ließ sie alle einen Eid schwören, dass man gemeinsam handeln würde. Dann »wählte jeder von ihnen sich (eine Menschentochter) aus und sie begannen, zu ihnen hinabzusteigen und sich mit ihnen zu beflecken … ***und die Frauen gebaren Riesen.***«

Doch nach dem *Buch Henoch* wurde der Übertritt angezettelt von »dem, der die Gottessöhne irreleitete und sie hinab zur Erde brachte und sie durch die Menschentöchter verführte«, dem bösen Engel Azazel (= »Die Macht *Els*«), der wegen seiner Sünden ins Exil geschickt worden war. Den mesopotamischen Texten zufolge, in denen Segmente von Marduks Exil berichten, war Marduk der Erste, der das Tabu brach, Sarpanit, eine Erdenfrau, heiratete (statt einfach nur Sex mit ihr zu haben) und mit ihr einen Sohn (namens Nabu) zeugte; und man darf sich fragen, in welchem Ausmaß Marduks Involvierung der Grund für Enlils Zorn war.

***

Henoch, so erinnern wir uns, war der nächste vorsintflutliche Patriarch nach Jered, der »mit den Elohim ging« und nicht starb, denn er wurde von ihnen fortgenommen, um bei ihnen zu leben, wie es in Genesis 5, 21–24 heißt:

> Nach der Geburt Metuschelachs
> ging Henoch seinen Weg mit den Elohim
> noch 300 Jahre lang
> und zeugte (andere) Söhne und Töchter.
> Die gesamte Lebenszeit Henochs betrug 365 Jahre.
> Henoch war seinen Weg mit den *Elohim* gegangen,
> dann war er nicht mehr da;
> denn die *Elohim* hatten ihn aufgenommen.

Das Buch, das ihm zugeschrieben wird, das *Buch Henoch,* baut auf dieser Aussage auf und schildert die Affäre mit den Wächtern damit, dass die gerechten Engel Henoch die Geheimnisse des Himmels und der Erde, der Vergangenheit und der Zukunft enthüllten: Ihre Absicht war, die Menschheit durch diese Offenbarungen auf einen gerechten Pfad zu lenken – einen Pfad, von dem sie durch die Missetaten der Wächter abgekommen war.

Henoch, so heißt es in diesen Schriften, wurde zweifach in den Himmel geholt; und während es in der Bibel einfach heißt, dass er zuerst »mit den *Elohim* gegangen« sei und dann von ihnen »aufgenommen« wurde, beschreibt das *Buch Henoch* eine Vielzahl von Engeln und Erzengeln, die daran beteiligt waren.

Sein Besuch bei »den Heiligen« begann mit einer Traumvision, als sein Schlafzimmer, wie er später schrieb, »sich mit Wolken füllte, die mich einluden und einem Nebel, der mich herbefahl«, bevor eine Art Wirbelwind »mich hochhob und in den Himmel trug«. Indem er auf wundersame Weise eine Mauer aus feurigen Kristallen durchschritt, betrat er ein Haus aus Kristall, dessen Decke dem Sternenhimmel glich; dann, als er einen Kristallpalast erreichte, sah er die Große Herrlichkeit. Ein Engel führte ihn näher an den Thron heran und er konnte hören, wie der Herr ihm sagte, dass er auserwählt sei, »die himmlischen Geheimnisse« zu schauen, sodass er sie der Menschheit lehren könne. Dann wurden ihm die Namen von den sieben Erzengeln offenbart, die dem Herrn dienen und die seine Mentoren auf seiner Entdeckungsreise sein sollten. Damit endete seine Traumvision.

Später, genau neunzig Tage vor Henochs 365. Geburtstag, als Henoch allein in seinem Haus war, materialisierten sich wie aus dem Nichts »zwei Männer von enormer Größe«, deren Erscheinung »eine war, wie ich sie noch nie zuvor gesehen habe«. Ihre Gesichter leuchteten, ihre Kleidung war wie keine andere und ihre Arme glichen goldenen Schwingen. »Sie standen am Kopf meiner Liegstatt und nannten mich beim Namen«, erzählte Henoch später seinen Söhnen Metuschelach und Regim.

Die beiden göttlichen Sendboten erklärten Henoch, sie seien gekommen, um ihn auf eine zweite, längere Himmelsreise zu nehmen und rieten ihm, seine Söhne und Diener darüber in Kenntnis zu setzen, dass er eine Zeitlang fort sei. Dann nahmen ihn die beiden Engel und trugen ihn auf ihren Flügeln in den Ersten Himmel. Dort war ein großes Meer; und dort wurden Henoch die Geheimnisse des Klimas und der Meteorologie gelehrt.

Als sie die Reise fortsetzten, kamen sie durch den Zweiten Himmel, wo die Sünder bestraft werden. Im Dritten Himmel war das Paradies, wohin die Gerechten kommen. Im Vierten Himmel – dem längsten Aufenthalt – wurden Henoch die Geheimnisse der Sonne, des Mondes, der Sterne, der Sternbilder des Tierkreises und des Kalenders offenbart. Im Fünften Himmel endete die Verbindung zwischen Himmel und Erde; es war der Wohnsitz der »Engel, die sich mit den Frauen vereint hatten«. Hier endete der erste Teil von Henochs Himmelsreise.

Als er die Reise fortsetzte, passierte Henoch den Sechsten und Siebten Himmel, wo er verschiedenen Gruppen von Engeln begegnete, die in aufsteigender Ordnung eingeteilt waren: Cherubim, Seraphim, Erzengel – im Ganzen sieben Gattungen. Als er den Achten Himmel erreichte, konnte er die Sterne sehen, die die Sternbilder formen. Im Neunten Himmel hatte er den Bereich des Tierkreises erreicht.

Schließlich gelangte er in den Zehnten Himmel, wo die Engel ihn »vor das Antlitz des Herrn« führten. Erschrocken fiel er auf die Knie und verneigte sich. Und der Herr sprach zu ihm und sagte:

> Steh auf, Henoch, und habe keine Furcht!
> Steh auf und steh vor meinem Antlitz
> und erlange Ewigkeit.

Und der Herr befahl dem Erzengel Michael, die irdischen Gewänder Henochs auszutauschen und ihn in göttliche Gewänder zu kleiden und zu salben. Und der Herr befahl dem Erzengel Pravuel, »die Bücher aus dem heiligen Lagerhaus zu holen, dazu eine schnell schreibende Rohrfeder«, mit der Henoch niederschreiben sollte, was der Erzengel ihm vorlas, »all die Gebote und Lehren«. Dreißig Tage und dreißig Nächte lang diktierte Pravuel und Henoch schrieb »die Geheimnisse der Funktion der Himmel, der Erde und der Meere und aller Elemente … das Donnern der Donner, und der Sonne und des Mondes, des Kommens und Gehens der Sterne und der Jahreszeiten, Jahre, Tage und Stunden auf«. Er wurde zudem in »menschlichen Dingen« unterrichtet, etwa den »Sprachen des menschlichen Liedes«. Seine Niederschriften füllten 360 Bücher. Als er in die Gegenwart des Herrn zurückkehrte, wurde Henoch aufgefordert, zu seiner Linken Platz zu nehmen, gleich neben dem Erzengel Gabriel; und der Herr selbst offenbarte Henoch, wie der Himmel und die Erde erschaffen wurden.

Und dann erklärte der Herr Henoch, dass er für dreißig Tage auf die Erde zurückkehren würde, sodass er der Menschheit die handgeschriebenen Bücher übergeben könne, auf dass sie von Generation zu Generation vererbt würden. Wieder zuhause, erzählte Henoch seinen Söhnen von seiner Odyssee, erklärte ihnen den Inhalt der Bücher und ermahnte sie, gerecht zu sein und den Geboten zu folgen.

Henoch sprach und erklärte noch immer, als sein dreißigtägiger »Heimaturlaub« zuende war; bis dahin hatte sich herumgesprochen, was geschehen war, und eine große Menschenmenge versammelte sich um Henochs Haus, begierig, Einzelheiten über die Himmelsreise und die himmlischen Lehren zu erfahren. So ließ der Herr eine Finsternis über die Erde kommen; und in der Finsternis ergriffen zwei Engel Henoch und trugen ihn fort »in den höchsten Himmel«.

Als sie begriffen, dass Henoch gegangen war, »konnten die Menschen nicht verstehen, wie Henoch fortgenommen wurde, und so gingen sie wieder zurück in ihre Häuser; jene aber, die Zeugen dieses Vorgangs geworden waren, priesen Gott«. Und die Söhne Henochs »errichteten einen Altar an der Stelle, wo Henoch in den Himmel aufgenommen wurde«. Das geschah, wie der Schreiber abschließend anmerkt, exakt an jenem Tag, an dem Henoch das Alter von 365 Jahren erreicht hatte – eine Zahl, die auf sein neu erlangtes astronomisches und kalendarisches Wissen anspielt.

(An dieser Stelle erinnert man sich an Manethos Aussage über die Dynastie der 30 Halbgötter, die insgesamt 3650 Jahre lang über Ägypten herrschten – eine Zahl, die exakt 365 × 10 entspricht. Ist das ein Zufall?)

Es sei noch ergänzt, dass weder die Bibel in ihrem kurzen Hinweis auf Henoch noch das über hundert Kapitel umfassende *Buch Henoch* erklärt, weshalb gerade er für diese außergewöhnliche Begegnung mit Gott auserwählt worden war und weshalb er dem Tod des Sterblichen entging; inwiefern war er etwas Besonderes oder zumindest anders? Der Name dessen, der ihn »zeugte«, Jered, wird durch den Hinweis erklärt, dass zu seiner Zeit die Herabkunft (der *Nefilim*) stattfand. Der Name Jered ist jedenfalls eindeutig von dem hebräischen Verb für »herabsteigen« abgeleitet; doch es ist grammatikalisch unklar, ob das bedeutet, dass Jered selbst derjenige war, »der herabgestiegen ist«, womit er den Status eines Gottes hätte, was aus seinem Sohn einen Halbgott machen würde.

Ebenso wird nicht gesagt, in welcher Stadt Henoch lebte, wo sich diese wundersamen Ereignisse zugetragen haben und wo der Altar stand, der an sie erinnert. Wenn es die Stadt seines Vaters *Jered* war – der Parallele zum kainitischen *Irad* – dann fragt man sich, ob der Name ***an den Namen der Stadt erinnern soll*** – ERIDU.

Wenn dem so sein sollte, wenn die Stätte von Henochs Begegnung mit Gott das Eridu des Enki und der Anunnaki war – dann wäre das ein interessantes Detail, das diese biblischen und außerbiblischen vorsintflutlichen Patriarchen mit den sumerischen Königen vor der Sintflut und den »Söhnen der Elohim« (die die Bibel als *Gibborim,* heldenhafte »berühmte Männer« bezeichnet) verbindet.

***

Die Möglichkeit, dass es sich bei den vorsintflutlichen biblischen Patriarchen um Halbgötter handelte, wurde bereits im Altertum erwogen – speziell im Fall Noachs.

Das *Buch Henoch,* so glauben die Gelehrten, beinhaltet Teile eines anderen, noch früheren und seitdem verlorenen Buches – eines *Buches des Noach.* Auf seine einstige Existenz schloss man aus anderen, frühen Schriften und dem unterschiedlichen Schreibstil ganzer Abschnitte im *Buch Henoch.* Doch aus dieser Hypothese wurde eine Gewissheit, als Fragmente eines *Buches des Noach* bei den Schriftrollen vom Toten Meer entdeckt wurden – einer ganzen Bibliothek, die vor rund 2000 Jahren in den Höhlen oberhalb einer Stätte namens Qumran am Westufer des Toten Meeres im heutigen Israel versteckt worden war. In dieser Schriftrolle wird das Wort, das gewöhnlich als »Wächter« übersetzt

Column II

1 הא באדין חשבת בלבי די מן עירין הריאנתא ומן קדישין הנ[י]א ולנפילין

2 ולבי עלי משתני על עולימא דנא

3 באדין אנה למך אתבהלת ועלת על בתאנוש אנתתי ואמרת

4]]אנא ועד בעליא במרה רבותא במלך כול עולמים

Abbildung 71

wird, eindeutig als *Nefilin (Abb. 71)* wiedergegeben – das aramäische Gegenstück zum hebräischen ***Nefilim.***

Den relevanten Stellen des Buches zufolge trug die Frau des Lamech (Vater des biblischen Noach) den Namen ***Bath-Enosch*** (= »Tochter/ Nachwuchs des Enosch«). Als Noach geboren wurde, war das Baby so ungewöhnlich, dass Lamech Verdacht schöpfte: Er unterschied sich deutlich von den gleichaltrigen Jungs, seine Augen leuchteten und er konnte sprechen. Darum dachte Lamech sofort, »dass die *Empfängnis von einem der Wächter* stammen musste«. So sprach Lamech mit seinem Vater Metuschelach über den Verdacht:

> Mir wurde ein seltsamer Sohn geboren,
> anders und unähnlich den Menschen,
> er gleicht eher den Gottessöhnen des Himmels.
> Sein Wesen ist anders, er ist nicht wie wir.
> Und es scheint mir, dass er nicht mir entstammt,
> sondern den Engeln.

Als er Verdacht schöpfte, dass der wahre Vater des Jungen einer der Wächter sein konnte, stellte Lamech seine Frau Bath-Enosch zur Rede und verlangte von ihr, ihm »beim Höchsten, dem höchsten Herrn, dem König der Welten, dem Herrscher über die Söhne des Himmels« zu schwören, dass sie die Wahrheit sagte. Als Antwort erklärte Bath-Enosch ihrem Mann Lamech: »Denk an meine empfindsamen Gefühle! Der Anlass ist wirklich besorgniserregend und meine Seele ist von Kummer verhüllt!« Verwirrt über die Antwort, forderte Lamech sie erneut auf, zu schwören, dass sie ihm die Wahrheit sagt. Noch einmal erinnerte Bath Enosch ihren Mann an ihre »empfindsamen Gefühle« – doch dann schwor sie beim »Heiligen und Großen« und versicherte, »dass diese Empfängnis von ihm und nicht von einem Fremden oder einem der Wächter« sei.

Noch immer skeptisch, wandte sich Lamech noch einmal an seinen Vater Metuschelach, dieses Mal mit einer Bitte: Ob er nicht seinen Vater Henoch – der von den Heiligen fortgenommen war – aufsuchen und bitten könnte, ihnen die Frage nach der Vaterschaft zu stellen. Nachdem er seinen Vater Henoch »an den Enden der Erde« aufgespürt hatte, erzählte Metuschelach ihm von dem seltsamen kleinen Noach und übermittelte ihm Lamechs Bitte. Ja, so erklärte ihm Henoch, in den Tagen seines Vaters Jered »sündigten einige Engel des Himmels und vereinten sich mit Frauen und heirateten einige von ihnen und zeugten Kinder mit ihnen«; doch er könne Lamech versichern, dass »der, der ihm geboren wurde, in Wahrheit sein Sohn sei«. Die seltsamen Gesichtszüge und ungewöhnlichen Talente Noachs rührten daher, dass er von Gott für ein besonderes Schicksal auserwählt sei, wie es ihm einst »in den himmlischen Tafeln« vorausgesagt wurde.

Lamech akzeptierte diese Versicherung; doch was machen wir aus der ganzen Geschichte? War Noach trotzdem ein Halbgott – womit seine Nachkommen eine höhere Dosis an Anunnaki-Genen aufweisen müssten, als »der Adam« sie empfangen hatte?

Die Bibel sagt nur so viel in der Einführung zur Sintflutgeschichte:

Das ist die Geschlechterfolge nach Noach:
Noach war ein gerechter, untadeliger Mann
unter seinen Zeitgenossen:
Er ging seinen Weg mit den *Elohim*.

Wen das erstaunt, der sollte noch einmal die Nefilim-Verse von Genesis 6 lesen, die diesen Versen fast unmittelbar vorausgehen, und die den Eindruck verstärken, dass die Bibel selbst die Frage offenlässt. Denn nachdem es in Vers 4 über die Halbgötter heißt, sie seien »die Helden der Vorzeit, die berühmten Männer«, steht in Vers 8: »*Nur* Noach fand Gnade in den Augen des Herrn«. Da steht nicht »aber« – der Vers beginnt mit »nur«, in der englischen Bibelübersetzung mit »und«, was in beiden Fällen eine direkte Fortsetzung der vorangehenden Verse über die Göttersöhne ist:

Das sind die Helden der Vorzeit,
die berühmten Männer … (doch) nur (einer von ihnen,) Noach,
fand Gnade in den Augen des Herrn.

Wenn man das so liest, dann wäre Noach tatsächlich einer dieser berühmten Männer gewesen – ein Halbgott, dessen 600 Jahre vor der Sintflut die 26 000 Jahre des Ziusudra/Utnapischtim zusammenschrumpfen lassen.

***

Unter den sumerischen Texten gibt es die Geschichte von dem vorsintflutlichen Helden ***En.me.duranki*** (auch ***En.me.duranna*** genannt), die auf auffällige Weise der des biblischen Henoch ähnelt. Sein theophorischer Name weist auf eine Beziehung zum ***Dur.an.ki*** (= »Verbindungspunkt Himmel-Erde«), Enlils Kommandozentrum in Nippur, hin.

Ein zweiter Patriarch namens »Henoch« erscheint, man erinnert sich, in der Bibel in den Erbfolgelinien des Kain und des Set. Im Kontext der Rivalität zwischen Enki und Enlil würde Enmeduranki eher zu dem kainitischen Henoch passen, dessen Merkmal die Gründung einer neuen Stadt war. In den sumerischen Texten finden die Ereignisse um Enmeduranki dann auch nicht mehr in Eridu statt, sondern in einem neuen Zentrum namens Sippar, wo er 21 600 Jahre lang regierte.

Die Texte, die man fand, beschreiben, wie Enmeduranki von den Göttern Schamasch und Adad zur himmlischen Versammlung der Götter gebracht wurde, wo man ihn in die Geheimnisse der Medizin, Astronomie, Mathematik etc. einweihte. Dann kehrte er nach Sippar zurück, wo er eine Generation von Priestergelehrten begründete:

Enmeduranki war ein Fürst in Sippar,
geliebt von Anu, Enlil und Ea.
Im *E.babbar,* dem Hellen Tempel,
berief Schamasch ihn zum Priester.
Schamasch und Adad (holten ihn)
zur Versammlung (der Götter).

Schamasch und Adad bekleideten (reinigten?) ihn,
Schamasch und Adad setzten ihn
auf einen großen Thron aus Gold.
Sie zeigten ihm, wie man Öl auf Wasser feststellt –
ein Geheimnis von Anu, Enlil und Ea.

Sie gaben ihm eine Göttliche Tafel,
das *Kibdu,* ein Geheimnis vom Himmel und Erde.
Sie legten in seine Hand ein Schreibgerät aus Zedernholz,
das liebste der großen Götter.
Sie lehrten ihn, Berechnungen
mit Zahlen durchzuführen.

Die beiden Götter Schamasch und Adad – ein Enkel und ein Sohn Enlils – brachten danach Enmeduranki nach Sippar zurück und wiesen ihn an, dem Volk von seiner Begegnung mit den Göttern zu berichten und das Wissen, das er dabei erlangt hatte, der Menschheit zugänglich zu machen – Wissen, das fortan von Generation zu Generation weitergegeben wurde, vom Vater an den Sohn, durch eine priesterliche Erbfolge:

> Der gelehrte Weise,
> der das Geheimnis der großen Götter hütet,
> wird seinen Lieblingssohn mit einem Eid verpflichten
> vor Schamasch und Adad.
> Durch die göttlichen Tafeln, mit einem Griffel,
> wird er ihn in die Geheimnisse der Götter einweisen.

»So«, heißt es in der Nachbemerkung auf der Tafel, »wurde die Geschlechterfolge der Priester geschaffen – jene, die sich Schamasch und Adad nähern dürfen.«

In dieser sumerischen Version der Henoch-Geschichte haben die beiden Götter dieselbe Funktion wie die beiden Erzengel im *Buch Henoch;* sie waren ein beliebtes Motiv der mesopotamischen Kunst, etwa in Form zweier »Adlermänner« die ein Tor flankieren (siehe *Abb. 58*), einen Lebensbaum oder eine Rakete *(Abb. 72).*

Obwohl im lesbaren Teil der Enmeduranki-Tafeln nichts davon steht, ob er ein Halbgott war, einmal abgesehen von der Feststellung, er sei »ein Fürst in Sippar« gewesen, muss seine Aufnahme in die Liste der vorsintflutlichen Herrscher mit einer Regierungszeit von sechs *Schars* (= 21 600 Erdenjahre, was der Lebenszeit des Henoch, 365 Jahre, mit 60 multipliziert = 21 900 Jahre, erstaunlich nahe kommt!) als Indikator dienen: Kein sterblicher Erdling konnte so lange leben. Gleichzeitig war ein so langes Leben eher kurz, verglichen mit der Lebensdauer der echten Anunnaki-Götter: Enkis Lebenszeit, zum Beispiel, erstreckte sich über die gesamten 120 Schars von der Ankunft bis zur Sintflut – und er war bereits erwachsen, als er auf der Erde landete und lebte noch lange nach der Flut. Wenn die Acht, die nach Alulim und Alalgar regierten, keine »vollwertigen« Götter waren, *müssen es Halbgötter gewesen sein.*

Wie kann diese Schlussfolgerung in Einklang gebracht werden etwa mit dem Fall des zehnten Herrschers, des Helden der Sintflut, wenn

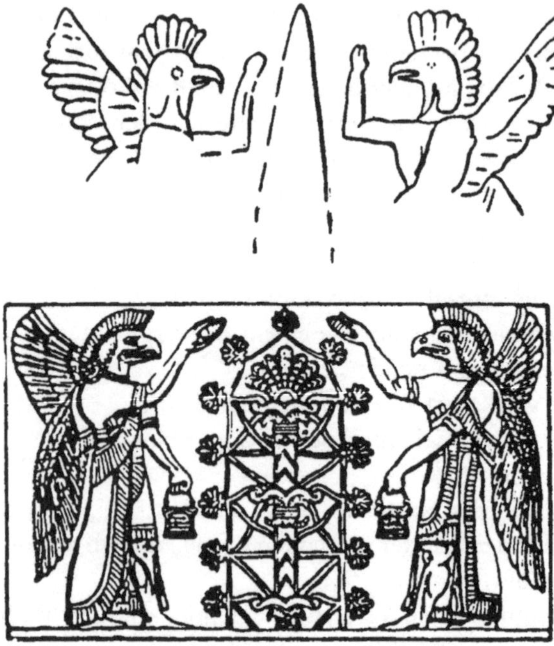

Abbildung 72

die Bibel ihn (nämlich Noach) als Sohn des Lamech und die sumerischen Texte (Ziusudra) als Sohn des Ubar-Tutu bezeichnen? Die Erklärung finden wir in den Geschichten von den Halbgöttern, von Bath-Enosch (der Mutter Noachs) bis Olympias (der Mutter Alexanders des Großen):

Ein Gott, der die Gestalt ihres Ehemannes annahm, schwängerte sie!

Diese Erklärung bestätigt den Status des Kindes als Halbgott, spricht aber die Mutter vom Vorwurf des Ehebruchs frei.

Ein interessantes Beispiel, das die Universalität dieses Erklärung illustriert, finden wir in Ägypten, wo einige der bekanntesten Pharaonen theophorische Namen mit dem Suffix MSS (gelesen als MES, MSES, MOSIS) tragen, was so viel bedeutet wie »geboren von/Nachwuchs des« – etwa bei Thutmosis (Nachwuchs des Thot) oder Ramses (geboren von Ra).

Ein typisches Beispiel trug sich in Ägyptens 18. Dynastie zu, als der berühmte Pharao Thutmosis I. im Jahre 1515 v. Chr. verstarb. Er hinterließ eine Tochter, Hatschepsut, deren Mutter seine rechtmäßige Ehefrau war, und einen Sohn, dessen Mutter eine Konkubine war. Um seinen Thronanspruch zu legitimieren, heiratete der Sohn (später bekannt unter dem Namen Thutmosis II.) seine Halbschwester Hatschepsut. Aus der Ehe gingen ausschließlich Töchter hervor; und als Thutmosis II. nach nur kurzer Regierungszeit 1504 v. Chr. verstarb, war der einzige männliche Erbe ein Sohn, den er nicht mit Hatschepsut, sondern mit einem Haremsmädchen gezeugt hatte.

Da der Junge noch zu klein war, um zu regieren, wurde Hatschepsut zu seiner Mitregentin ernannt. Doch dann entschied sie, dass ihr der Thron alleine zustände und ließ sich zum vollwertigen Pharao krönen. Um ihren Anspruch zu rechtfertigen, behauptete sie, dass Thutmosis zwar ihr nomineller Vater sei, sie tatsächlich aber gezeugt wurde, als der Gott Amun (»Der Verborgene«), getarnt als ihr Ehemann, der König, mit ihrer Mutter intim wurde.

Auf Hatschepsuts Anweisung wurde die folgende Erklärung in Ägyptens königliche Annalen aufgenommen, um ihren Anspruch, halbgöttlicher Herkunft zu sein, für die Nachwelt festzuhalten:

> Der Gott Amun nahm die Form Seiner Majestät des Königs an,
> des Ehemanns der Königin.
> Dann ging er sofort zu ihr
> und wohnte ihr bei.
>
> Dies sind die Worte, die der Gott Amun,
> Herr des Thrones der zwei Länder,
> danach in ihrer Gegenwart sprach:
>
> »Hatschepsut, von Amun geschaffen«
> soll der Name dieser meiner Tochter sei,
> die ich in deinen Körper einpflanzte …
> Sie wird eine segensreiche Herrschaft
> über das ganze Land ausüben.«

Hatschepsut starb als erste Pharaonin Ägyptens im Jahre 1482 v. Chr., bevor der »Junge«, fortan als Thutmosis III. bekannt, ihr als Pharao auf den Thron folgte. Ihr großer und grandioser Grabtempel in Deir-el-Bahari auf der westlichen Nilseite, gegenüber der alten ägyptischen Hauptstadt Theben (heute Luxor), steht noch heute; und auf seiner Innenmauer ist die Geschichte von Hatschepsuts Geburt als Halbgöttin auf einer Serie von Wandbildern, begleitet von Hieroglypheninschriften, dargestellt.

Die Wandbilder beginnen mit einer Darstellung des Gottes Amun, der, geführt von dem Gott Thot, das nächtliche Schlafzimmer der Königin Ahmose, der Frau Thutmosis I., betritt. Die begleitende Hieroglypheninschrift erklärt, dass der Gott Amun sich als Ehemann der Königin getarnt hat:

> Dann trat der ruhmreiche Gott ein, Amun selbst,
> Herr des Thrones der Zwei Länder,
> nachdem er die Form ihres Gatten angenommen hatte.

»Sie (die beiden Götter) fanden sie (die Königin) schlafend in ihrem schönen Heiligtum. Sie erwachte, als sie das Parfüm des Gottes roch (und) lachte glücklich in das Gesicht seiner Majestät.« Als Thot diskreterweise den Raum verließ, hatte Amun ein leichtes Spiel:

> Von Liebe entflammt eilte er zu ihr.
> Sie nahm ihn wahr in der Gestalt eines Gottes,
> als er sich näherte.
> Sie frohlockte beim Anblick seiner Schönheit.

Im Liebesrausch kamen Gott und Königin einander näher:

> Seine Liebe drang in alle ihre Glieder ein.
> Die Stätte war erfüllt vom süßen Parfüm des Gottes.
> Der majestätische Gott tat mit ihr, was immer sie wünschte.
> Sie erfreute ihn mit ihrem ganzen Körper,
> sie küsste ihn.

Berichte von Liebschaften mit Amun-Ra, aus denen künftige ägyptische Pharaonen von halbgöttlichem Status hervorgingen, finden wir tatsächlich schon in frühdynastischer Zeit. Eine Geschichte, niedergeschrieben auf Papyrus, könnte sogar ein Rätsel bezüglich der 5. Dynastie Ägyptens lösen, als drei miteinander verwandte Pharaonen einander auf den Thron folgten, ohne der jeweilige Sohn ihres Vorgängers zu sein. Der Erzählung zufolge wurden sie gezeugt, als der Gott Ra der Frau des Hohenpriesters seines Tempels beiwohnte. Als die Geburtswehen einsetzten, kam heraus, dass die Frau Drillinge in sich trägt und es eine sehr schwierige Geburt werden würde. So entsandte Ra vier »Geburtsgöttinnen« und bat seinen Vater Ptah, bei der Geburt zu assistieren. Der Text beschreibt, wie all diese Götter der Frau des Hohenpriesters beistanden, als sie, einen nach dem anderen, drei Söhne zur Welt brachte, die Userkaf, Sahura und Kakai genannt wurden. Den historischen Aufzeichnungen zufolge regierten sie alle drei nacheinander als Pharaonen in der Fünften Dynastie; sie waren die Halbgott-Drillinge.

Außer dass sie Ägyptologen eine Erklärung für diese seltsame Dynastie liefert, erklärt diese Erzählung noch die Darstellung auf einem Basrelief, das von Archäologen entdeckt wurde und den Pharao Sahura zeigt, wie er von einer Göttin gesäugt wird – ein Privileg, das nur jene hatten, die göttlicher Herkunft waren. Eine solche »göttliche Säugung« nahm auch Hatschepsut für sich in Anspruch, um die Legitimität ihrer gottgewollten Herrschaft zu unterstreichen; sie behauptete, dass die Göttin Hathor (die »Mutter der Götter« genannt wurde) sie einst säugte (Ihr Sohn Thutmosis III. verewigte sich später mit derselben Behauptung).

Auch der berühmte Ramses II. behauptete, ein Halbgott zu sein, weil ein verkleideter Gott seiner Mutter beischlief. So ließ er in die königlichen Annalen eintragen, dass der große Gott Ptah selbst ihn zum Pharao gemacht hätte:

> Ich bin Dein Vater.
> Ich nahm die Form von Mendes, dem Widder-Herrn, an
> und zeugte Dich im Innern Deiner erhabenen Mutter.

Wem die Behauptung, nicht nur einen der Götter, sondern das Oberhaupt des Pantheons zum Vater zu haben, weit hergeholt erscheint, der erinnert sich bitte an unsere Erklärung, dass der Gott **Ptah** der Ägypter kein anderer als **Enki** war.

Und anzunehmen, dass Enki ein Kind gezeugt hat, ist ganz und gar nicht weit hergeholt.

***

Selbst wenn man nur einen oberflächlichen Blick auf die mesopotamischen Göttergeschichten wirft, fällt gleich die unterschiedliche Persönlichkeit der Halbbrüder Enki und Enlil ins Auge, die sich in jeder Beziehung, auch in ihrem Sexualverhalten, widerspiegelt.

Anu, so haben wir bereits gehört, verfügte neben seiner offiziellen Gefährtin Antu noch über einen ganzen Harem von Konkubinen. Tatsächlich war die Mutter von Ea/Enki, Anus erstgeborenem Sohn, eine solche Konkubine. Als Anu und Antu auf einem Staatsbesuch zur Erde kamen (ca. 4000 v. Chr.), wurde eine eigene Stadt, Uruk (das biblische Erech), errichtet, um sie zu beherbergen. Während dieses Besuches warf Anu ein Auge auf Enlils Enkelin, die danach **In.Anna** (= »Anus Geliebte«) genannt wurde – mit Anspielungen, dass Anus »Liebe« zu ihr nicht nur urgroßväterlich war.

In dieser Hinsicht hatte Enki und bestimmt nicht Enlil die Gene seines Vaters. Von seinen sechs Söhnen weiß man nur von Marduk sicher, dass seine Mutter Enkis offizielle Gefährtin **Dam.ki.na** (= »Gefährtin, die zur Erde kam«) war; die Mütter der anderen fünf Söhne bleiben meist unbenannt, sie waren wohl Konkubinen oder (siehe unten) Zufallsbekanntschaften. Enlil dagegen, der noch auf Nibiru einen Sohn mit Ninmah hatte, als beide noch unverheiratet waren – hatte danach nur noch (zwei) Söhne mit seiner Gattin **Ninlil.**

Ein längerer sumerischer Text, den sein erster Übersetzer, Samuel N. Kramer, *Enki und Nunhursag: Ein Mythos vom Paradies* nannte, beschreibt Enkis wiederholten Geschlechtsverkehr mit seiner Halbschwester Ninharsag/Ninmah in dem (erfolglosen) Bemühen, einen Sohn zu zeugen, und dann seine sexuellen Eskapaden mit dem weiblichen Nachwuchs aus dieser Beziehung (Ninharsag, eine Stabsärztin, musste Enki mit schmerzhaften Krankheiten infizieren, damit er damit aufhört). So oft wie nirgends wird in diesen Enki-Geschichten das stattliche Gemächt des Gottes besungen.

Enki hatte nichts dagegen, dass Sex in der Familie blieb: Ein langer Text, der Inannas Besuch in Eridu schildert (um von Enki das lebenswichtige Me zu erhalten), beschreibt, wie ihr Gastgeber (erfolglos) versuchte, sie betrunken zu machen und dann zu verführen; eine andere Geschichte, in der eine Reise von Eridu in den Abzu geschildert wird, beschreibt, wie es Enki gelang, an Bord ihres Schiffes Sex mit **Ereschkigal** (Inannas älterer Schwester, der zukünftigen Frau von Enkis Sohn **Nergal**) zu haben.

Wenn solche Eskapaden zur Geburt von Nachwuchs führten, wurden junge Götter und Göttinnen geboren; damit *Halbgötter* zur Welt kamen, musste der Geschlechtsverkehr mit Erdlingen stattfinden; und auch daran herrschte kein Mangel ... Wir können mit den kanaanitischen Göttergeschichten beginnen, wo ***El*** (= »Der Hohe« – »Kronos« in der Mythologie des östlichen Mittelmeerraumes) das Oberhaupt des Pantheons war. Einer der Texte ist bekannt unter dem Titel *Die Geburt der gütigen Götter* und beschreibt wie El, als er am Meeresufer entlangging, zwei Erdenfrauen beim Baden beobachtete. Die beiden Frauen waren entzückt von der Größe des göttlichen Gemächtes und hatten Sex mit ihm, was zur Geburt von ***Schahar*** (= »Morgendämmerung«) und ***Schalem*** (= »Abenddämmerung«) führte.

Obwohl sie in dem kanaanitischen Text als »Götter« bezeichnet werden, waren die beiden per definitionem natürlich Halbgötter. Ein wichtiger Titel Els war »Ab Adam« – was als »Vater des Menschen« übersetzt wird, aber auch ***»Vater Adams«*** heißt, was, wörtlich genommen, eben das bedeutete: Erzeuger und biologischer Vater des Individuums, das die Bibel Adam nennt, im Unterschied zu den vorausgegangenen Erwähnungen der Spezies »der Adam«. Und das führt uns direkt zu ***Adapa,*** dem legendären Prototyp des Menschen in den mesopotamischen Texten.

Er war ein vorsintflutlicher Halbgott, bekannt als der »Mensch von Eridu«, den sein Name, *Adapa,* als den »Klügsten aller Menschen« identifizierte. Er war hochgewachsen und kräftig und offenbar ein Sohn Enkis – ein Sohn, auf den Enki ganz offensichtlich stolz war, denn er ernannte ihn zum Hofmeister in Eridu und schenkte ihm ein »umfassendes Wissen« jeder Art, einschließlich Mathematik, Schrift und Handwerkskunst.

Als erster »intelligenter Mensch« der Geschichte könnte Adapa der schwer greifbare Homo sapiens sapiens gewesen sein, der vor 35 000 Jahren als »Cro-Magnon-Mensch« auf der evolutionären Bildfläche erschien und sich grundlegend von den gröberen Neandertalern unterschied. Es wurde auch spekuliert (ohne überzeugendes Ergebnis), ob »Adapa« nicht eben jene Person gewesen sein könnte, die in der Bibel »Adam« genannt wird (im Unterschied zur Spezies »der Adam«). Ich wiederum frage mich, ob er der ***En.me.lu.anna*** der vorsintflutlichen Königslisten war – ein Name, der so viel wie »Enkis Mann des Himmels« bedeuten kann und an das denkwürdigste und einzigartige Ereignis in Adapas Leben erinnern würde, nämlich ***seine Himmelsreise nach Nibiru, wo er Anu besuchte.***

Die Geschichte von Adapa beginnt damit, dass dem Leser das Gefühl einer längst vergangenen Zeit vermittelt wird, als alles begann und Ea/Enki an der Schöpfung beteiligt war:

In jenen Tagen, in jenen Jahren,
schuf Ea den Weisen von Eridu
als Muster für den Menschen.

Die Erzählung fand ihren Widerhall im mesopotamischen Leben und der Literatur der folgenden Jahrtausende. Selbst noch in Babylon und Assyrien wurde der Ausdruck »klug wie Adapa« benutzt, um einen besonders intelligenten Menschen zu beschreiben. Doch ebenso sprichwörtlich war ein anderer Aspekt der Adapa-Geschichte, nämlich der, dass Ea/Enki seinem Mustermenschen zwar ein göttliches Attribut gewährte, das andere aber bewusst vorenthielt, obwohl dieser doch sein eigener Sohn war:

Seinen weitreichenden Verstand perfektionierte er,
Weisheit hat er ihm gegeben;
ihm hat er Wissen geschenkt –
doch dauerhaftes Leben hat er ihm vorenthalten.

Als man auf Nibiru von dem ungewöhnlich gescheiten Erdling erfuhr, bat Anu darum, Adapa zu sehen. Also ließ Enki »Adapa den Weg zu Anu nehmen, zum Himmel stieg er auf.« Doch Enki war besorgt, dass Adapa, während er auf Nibiru ist, das Brot des Lebens und das Wasser des Lebens angeboten würde und er damit die Langlebigkeit der Anunnaki erlangte. Um dies zu verhindern, ließ er Adapa wild und ungepflegt aussehen, kleidete ihn schäbig und gab ihm falsche Ratschläge mit auf den Weg:

Wenn Du vor Anu stehst,
werden sie Dir Brot anbieten;
es ist der Tod – iss es nicht!
Sie werden Dir Wasser anbieten;
es ist der Tod – trink es nicht!
Sie werden Dir ein Gewand anbieten –
leg es an.

Sie werden Dir Öl anbieten –
salbe Dich damit.

»Du darfst diese Ratschläge nicht vergessen«, warnte Enki seinen Sohn Adapa, »dass, was ich Dir gesagt habe, daran halte fest.«

Nachdem er den »Weg des Himmels« hinaufgestiegen war, erreichte Adapa das Tor Anus; es war von den Göttern Dumuzi und Gizidda bewacht. Er wurde hineingelassen und vor Anu geführt. Wie Enki vorausgesagt hatte, wurde ihm das Brot des Lebens angeboten – doch aus Angst vor dem Tod weigert er sich, es zu essen. Ihm wurde das Wasser des Lebens angeboten, er weigerte sich, es zu trinken; er legte die Gewänder an, die ihm angeboten wurden und salbte sich mit dem Öl, das man ihm gab. Erstaunt und amüsiert fragte Anu ihn: »Jetzt komm, Adapa – warum hast Du nicht gegessen, warum hast Du nicht getrunken?«, woraufhin Adapa antwortete: »Ea, mein Meister, befahl mir: ›Du sollst nicht essen, Du sollst nicht trinken.‹«

Verärgert über diese Antwort schickte Anu einen Boten zu Enki und verlangte nach einer Erklärung. Die Tontafel ist an dieser Stelle stark beschädigt und unlesbar, sodass wir nicht wissen, wie Enkis Antwort lautete. Doch die Tafel endet damit, dass Adapa, nachdem Anu ihn für »wertlos« befunden hatte, zur Erde zurückgebracht wurde und dort eine Dynastie von Priestern begründete, die darauf spezialisiert waren, Krankheiten zu heilen. Weise und intelligent, ja ein Sohn des Gottes Enki war Adapa – und trotzdem endete er als Sterblicher.

Der Gelehrtenstreit, ob der biblische »Adam« mit »Adapa« identisch ist, muss erst noch entschieden werden. Doch offensichtlich hatte der biblische Erzähler die Geschichte von Adapa im Sinn, als er von den beiden Bäumen im Garten Eden schrieb – dem Baum der Erkenntnis (von dem Adam aß) und dem Baum des Lebens (von dem er ausgeschlossen wurde). Die Warnung an Adam (und Eva), »sobald du davon isst, wirst du sterben« entspricht fast wörtlich der Warnung Enkis an Adapa. Und so auch die Sorge der Gottheit, ausgedrückt im Dialog mit ungenannten Gefährten, bezüglich der Gefahr, dass Adam auch vom Baum des Lebens isst (Genesis, 3,22–24):

Dann sprach Jahwe Elohim:
Seht, der Mensch ist geworden wie wir;
er erkennt Gut und Böse.

Dass er jetzt nicht die Hand ausstreckt,
auch vom Baum des Lebens nimmt,
davon isst und ewig lebt!

Deshalb »schickte Jahwe Elohim ihn aus dem Garten von Eden weg … er vertrieb den Menschen und stellte östlich des Gartens Eden die *Cherubim* auf und das lodernde Flammenschwert, damit sie den Weg zum Baum des Lebens bewachten.«

Wir wissen nicht, ob Enkis Warnung an Adapa, das Wasser und Brot des Lebens zu vermeiden, da er sonst sterben würde, ehrlich gemeint oder Teil einer bewussten Entscheidung war, Adapa Weisheit, aber nicht »ewiges Leben« zu schenken. Wir wissen aber, dass die Warnung an Adam und Eva, dass sie »sicher sterben« würden, wenn sie vom Baum der Erkenntnis essen, nicht wahr war. Gott hatte sie belogen, ganz wie die Schlange es ihnen gesagt hatte.

Diese Episode sollten wir in Erinnerung behalten, wenn die Frage der Unsterblichkeit zur Sprache kommt.

***

Laut der Königsliste WB-62 folgte auf Enmeluanna ein gewisser En.sipa.zi.anna (= »Hirten, Herr, Himmlisches Leben«) und dann jener Enmeduranna/Enmeduranki, dessen Geschichte der des biblischen Henoch gleicht. Andere und mehrdeutige Namen geben dann die mesopotamischen Quellen dem biblischen Lamech, von denen der sicherste noch ***Ubar-Tutu*** ist, den wir im *Gilgameschepos* finden (und daher wahrscheinlich der *Obartes* des Berossos). Außer dieser Erwähnung wissen wir nichts über den Vorgänger von Ziusudra/Utnapischtim. War er ein Halbgott oder der unglückliche Lamech, der zweifelte, ob er der Vater von Noach war?

Die »Übergriffe« der Igigi oder »Wächter«, die Enlil so erzürnten, begannen mit keinem anderen als Enki selbst. Sie führten, wie die verschiedenen Quellen uns wissen lassen, zu zahlreichem halbgöttlichen Nachwuchs; doch nur eine Handvoll davon ist namentlich bekannt. Waren dies die Fälle, an denen Enki selbst beteiligt war, tragen sie deshalb die Vorsilbe En.me?

Das Rätsel um die Patriarchen-Halbgötter in vorsintflutlicher Zeit führt uns direkt zu Noach und der Sintflut; doch das Rätsel um den

»Samen« unserer Vorfahren endet hier nicht, denn – wie die Bibel feststellt (und die mesopotamischen Quellen bestätigen) – die Mischehen begannen zwar vor der Flut, setzten sich aber »auch später noch« fort.

Wir werden bald herausfinden, dass andere Götter – und Göttinnen! – eifrig an Mischehen in nachsintflutlicher Zeit beteiligt waren.

Worte und ihre Bedeutung

Leser transkribierter sumerischer Texte finden oft ein kleines »d« vor dem Namen einer Gottheit, etwa dEnki oder dEnlil. Man spricht dann von einem »Determinativ«, das den Namen als den eines Gottes (oder einer Göttin) identifiziert. Das »d« ist die Kurzform für das zweisilbige Wort ***Din.gir.*** Wörtlich bedeutet es »Gerechter (der) Raketenschiffe« und piktographisch wurde es als Rakete mit einer Kommandokapsel dargestellt (siehe Kasten auf Seite 93). In einfacherer Form wurde die Bezeichnung »Gott/göttlich« durch das Zeichen eines Sterns wiedergegeben, den man ***An*** las und der sich später zu einem kreuzartigen Keilschriftzeichen entwickelte (siehe nachfolgende Abbildung); auf Akkadisch (wie im Babylonischen und Assyrischen) wurde es *Ilu* gelesen, wovon der Singular El im Kanaanitischen und Hebräischen und der Plural *Elohim* in der Bibel abgeleitet ist.

Während ich erkläre, dass in der Geschichte von Adams Schöpfung etc. die Elohim der Bibel mit den Anunnaki der Sumerer identisch sind, glaube ich als Autor (wie ich in *Begegnungen mit den Göttern* unmissverständlich feststelle) an Gott als den universalen kosmischen Schöpfer des Alls, der durch Sendboten – »Götter« – handelt. *Die Existenz der Elohim/Anunnaki-»Götter« bestätigt nur die Existenz* ***ihres Schöpfers,*** *des wahren Gottes.*

Der allumfassende Gottesname ***Jahwe*** wurde Moses als *Eheyeh ascher eheyeh* – »Ich bin, der ich bin« oder »Ich werde sein, wer ich sein werde« – erklärt. Gott kann also einmal Enki

»sein« (d.h. durch ihn handeln) und ein anderes Mal Enlil. Wenn im hebräischen Urtext der Bibel von den *Elohim* die Rede ist, wird von den Anunnaki-»Göttern« gesprochen; aber wenn der Name *Jahwe Elohim* benutzt wird, dann bedeutet das: »Als Jahwe als/durch einen der *Elohim* handelte«.

Ein anderes Beispiel für ein unorthodoxes Verständnis biblischer Begriffe, auf das ich in meinen Büchern eingehe, ist der Begriff Olam. Er wird gewöhnlich als »Ewigkeit« übersetzt, doch seine Wortwurzel ist ein Verb, das so viel bedeutet wie »verstecken«. *Olam* (so schrieb ich) könnte also für das physische »Versteck« Gottes stehen, wie es in Psalm 93,2 heißt: »Du bist v*on Olam*« – dem »Versteck« oder »verborgenen Ort«, dem unsichtbaren Planeten Nibiru.

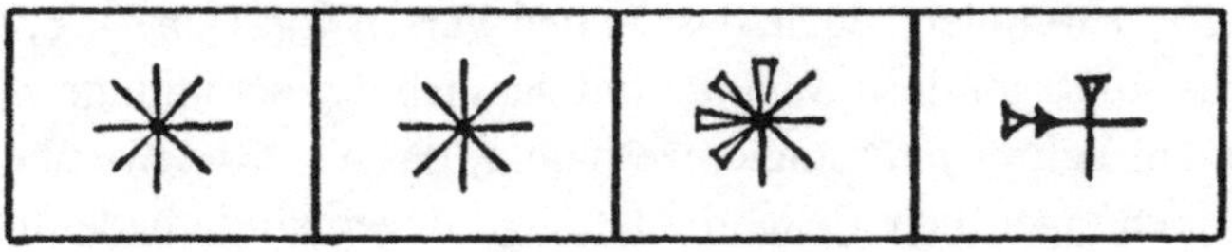

AN = Stern = Himmel = Gott

XI

In jenen Tagen gab es auf der Erde die Riesen

In jenen Tagen gab es auf der Erde die Riesen,
und auch später noch.

Mit diesen wenigen (uns mittlerweile vertrauten) Worten, die hier im Fettdruck erscheinen, dehnt die Bibel die vorsintflutlichen, epischen Ereignisse rund um die Halbgötter in die nachsintflutliche Zeit aus. Man kann sogar sagen: Sie führt von prähistorischen und mythischen Zeiten mitten in die Geschichte.

Der Leser weiß jetzt auch, dass in den Versen von Genesis 6,4 nicht »Riesen« steht, sondern *Nefilim,* und dass ich der Schuljunge war, der bei seinem Lehrer nachfragte, weshalb er das als »Riesen« übersetzt, wo es doch eigentlich »Jene, die herabgestiegen sind« bedeutet. Erst rückblickend wurde mir klar, dass der Lehrer sich die Übersetzung als »Riesen« nicht ausgedacht hat, sondern es einen Grund gab, weshalb die Gelehrten, die von König James I. von England beauftragt wurden, die hebräische Bibel zu übersetzen (ebenso wie Martin Luther als der erste Übersetzer der Bibel ins Deutsche) diesen Begriff benutzten: Sie stützten sich dabei auf frühere Übersetzungen der Bibel wie etwa die lateinische Bibelübersetzung, die *Vulgata,* aus dem 4. Jahrhundert n. Chr. und eine frühere Übersetzung ins Griechische (die *Septuaginta*), die im dritten Jahrhundert v. Chr. in Alexandria/Ägypten entstand. In beiden dieser frühen Übersetzungen wird das Wort *Nefilim* als »Gigantes« übersetzt. Warum?

Die Antwort gibt die Bibel selbst. Der Begriff Nefilim, den wir zuerst in Genesis 6,4 finden, wird erneut im Buch Numeri (13,33) benutzt, in der Geschichte von den Spähern, die Moses aussandte, um das Land Kanaan zu erkunden, als sich die Israeliten bereit machten, dort gegen Ende des Exodus einzuziehen. Nachdem er zwölf Mann, einen aus jedem Stamm, ausgesucht hatte, erklärte Moses ihnen: »Zieht von hier durch den Negeb (die Wüste Negev im Süden des Landes) und steigt hinauf ins Gebirge! Seht, wie das Land beschaffen ist und ob das Volk, das darin wohnt, stark oder schwach ist, ob es klein oder groß ist; seht, wie das Land beschaffen ist, in dem das Volk wohnt, ob es gut ist oder schlecht, und wie die Städte angelegt sind, in denen es wohnt, ob sie offen oder befestigt sind.«

Die zwölf Späher taten, was ihnen aufgetragen wurde. »Sie durchzogen zuerst den Negeb und kamen bis Hebron. Dort lebten Ahiman, Scheschai und Talmai, Söhne des Anak.« Und als die Kundschafter zurückkamen, berichteten Sie dem Moses:

Wir kamen in das Land, in das du uns geschickt hast:
Es ist wirklich ein Land, in dem Milch und Honig fließen …
Aber das Volk, das im Land wohnt, ist stark,
und die Städte sind befestigt und sehr groß.
Auch haben wir die Söhne des Anak dort gesehen …

Sogar ***die Riesen*** haben wir dort gesehen
– die ***Söhne des Anak*** gehören nämlich zu ***den Nefilim.***
Wir kamen uns selbst klein wie Heuschrecken vor,
und auch ihnen erschienen wir so.

Der Singular Anak wird zum Plural *Anakim* in Deuteronomium 1,28 und 9,2, wenn Moses an die Israeliten appelliert, nicht den Mut zu verlieren wegen der furchterregenden »Söhne des Anak«, sowie in Josua 11 und 14, wenn die Eroberung von Hebron, der Festung der *Anakim* (dt.: Anakiter), erwähnt wird.

All diese Verse setzten die Nefilim mit den Anakim gleich und stellen Letztere (und damit auch die Erstgenannten) als riesenhaft dar – so groß, dass durchschnittliche Israeliten in ihren Augen wie Heuschrecken erschienen. Die Eroberung ihrer Festungen und insbesondere der Stadt Hebron war also eine besondere Glanzleistung des israelischen Vorstoßes. Als die Kämpfe vorüber waren, so stellt die Bibel fest, »blieben im Land der Israeliten keine *Anakim* übrig; nur in Gaza, Gat und Aschdod verblieben sie« (Josua 11,23). Diese nicht eroberten Festungen waren alle Städte in einer Küstenenklave der Philister; und das wurde zu einem weiteren Grund, die Anakim mit Riesen gleichzusetzen – denn König Davids riesenhafter Gegner aus den Reihen der Philister, *Golyat* (Goliat auf Deutsch), und dessen Brüder waren Abkömmlinge der Anakim, die noch in der Philisterstadt Gat verblieben waren. Der Bibel zufolge war Goliat »sechs Ellen und eine Spanne«, also fast drei Meter (exakt: 2,92 m) groß; sein Name wurde im Hebräischen zu einem Synonym für einen »Riesen«.

Der Name *Gol-yat* ist von unbekannter Herkunft, doch er könnte eine bislang unbemerkte Verbindung zur sumerischen Sprache haben, wo ***Gal*** so viel wie »groß« bedeutete – was noch in einem späteren Abschnitt ausführlicher untersucht wird.

Erst als ich zu der Schlussfolgerung kam, dass die biblischen *Nefilim* die *Anunnaki* der sumerischen Überlieferungen waren, dämmerte mir, dass *Anakim* einfach eine hebräische Verballhornung des sumerischen akkadischen *Anunnaki* ist. Wenn diese leicht nachvollziehbare Gleichsetzung sich bislang noch nicht überall durchgesetzt hat, dann liegt das nur daran, dass aus etablierter Sicht die Anakim als Söhne des Hebroniten Anak existiert haben könnten, die Anunnaki-Götter aber – wie wir alle wissen (?) – nur ein Mythos sind …

Die Verbindung zwischen den Anakim und den Anunnaki findet eine weitere Bestätigung in einer ungewöhnlichen Wortwahl in Josua 14, 15. Indem sie die Eroberung Hebrons als den Kraftakt, der die Kämpfe in Kanaan beendete, beschreibt, hat die Bibel dieses über die Stadt zu sagen: »Hebron hieß früher Kirjat-Arba (Stadt des Arba); Arba war ein *großer Mann* unter den Anakim.«

Die diversen Bibelübersetzungen bieten leichte Abweichungen an, wenn es um die Identität Arbas geht. Die einen bezeichnen ihn als »Anführer der Anakim«, andere als »den größten Mann unter den Anakim«. Doch entscheidend ist, was im hebräischen Urtext steht. Danach war Arba der *»Isch Gadol* der Anakim«. Wörtlich übersetzt heißt *Isch* eindeutig Mann, *Gadol* aber kann für »groß« im Sinne körperlicher Größe wie auch im Sinne von großer Bedeutung stehen. Wollte der Text also Arba als hochgewachsenen Mann – als »Goliat« – oder als großen, da bedeutenden Mann beschreiben?

Als ich diese Verse immer wieder las, wurde mir plötzlich bewusst, dass ich exakt diesem Begriff – *Isch Gadol* – bereits schon einmal begegnet war: ***in den sumerischen Texten!*** In ihnen lautet der Begriff für einen »König« ***Lu.gal*** – wörtlich ***Lu*** (= »Mann«) + ***Gal*** (»Groß«) = *Isch-Gadol.* Und wie im Hebräischen ***hatte der Begriff auch hier eine Dop-***

Abbildung 73

Abbildung 74

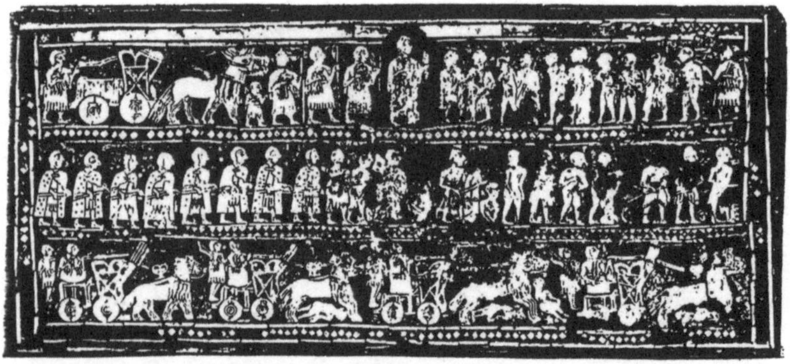

Abbildung 75

Abbildung 76

pelbedeutung: »Hochgewachsener Mann« oder »König« (= »Großer Mann«).

Und dann kam mir ein anderer Gedanke: Gab es vielleicht gar keine Doppelbedeutung? War dieser »Arba«, ein Abkömmling der Anunnaki, ein Halbgott also, der *gleichermaßen hochgewachsen und von großer Bedeutung war?*

Das Piktogramm, von dem das Keilschriftzeichen für *Lugal* abgeleitet ist, besteht aus dem Symbol für Lu, dem eine Krone hinzugefügt wurde *(Abb. 73)*; es enthält keinen Hinweis auf körperliche Größe. Wir haben keine Abbildung von Arba (dessen Name wörtlich bedeutete: »Er, der Vier ist«); doch wir haben antike Darstellungen der sumerischen Könige; und in der frühdynastischen Zeit wurden sie tatsächlich als stattliche Zeitgenossen abgebildet (zum Beispiel *Abb. 74*). Andere Beispiele aus Ur, die auf etwa 2600 v. Chr. datiert werden, sind die Darstellungen auf einer Holzkiste, die als »Standarte von Ur« bekannt wurde und die auf ihren beiden Seiten reich verziert ist. Die eine (die sogenannte »Kriegstafel«, *Abb. 75*) zeigt marschierende Soldaten und von Pferden gezogene Wagen, die andere (die »Friedenstafel«) zivile Aktivitäten und ein Gastmahl; die Person, die durch ihre beträchtliche Körpergröße hervorsticht, ist der König – der ***Lu.gal*** (*Abb. 76,* Ausschnitt der Platte).

Abbildung 77

(Es könnte wichtig sein, an dieser Stelle zu erwähnen, dass, als die Israeliten einen König haben wollten, der Erwählte – Saul – ausgesucht worden war, weil er, »als er mitten unter das Volk trat … alle anderen um Haupteslänge« überragte [1 Samuel 10,23]).

Natürlich waren nicht alle Könige im Altertum riesenhaft. Ein Großer unter den Kanaanitern, Og, der König von Baschan, war jedoch so außergewöhnlich groß, dass die Bibel dies eigens betont. Arba – ein Abkömmling der Anakim/Anunnaki – zeichnete sich dadurch aus, dass er ein *Isch Gadol* war. Wenn er auch kein König war, so wurde doch auch der Halbgott Adapa – der Sohn Enkis – als groß und kräftig beschrieben. Wenn solche hochgewachsenen Männer als Halbgötter die genetischen Merkmale ihres göttlichen Elternteils geerbt haben, dann müsste man erwarten, dass auf Darstellungen der Götter und Menschen auch die Gottheiten relativ groß sind – *und genau das war auch der Fall.*

Das sieht man zum Beispiel auf einer Darstellung aus Ur, die in das 3. Jahrtausend v. Chr. datiert wird und auf der ein nackter Lugal, größer als die Menschen, die hinter ihm Opfergaben hertragen, einer noch größeren, sitzenden Göttin ein Trankopfer darbringt *(Abb. 77).*

Abbildung 78

Abbildung 79

Ähnliche Abbildungen wurden in Elam ausgegraben; und wieder finden wir dasselbe Größenverhältnis zwischen dem König und der Gottheit, wenn auf diesem Relief ein großer hethitischer König einem noch größeren Gott Teschub ein Trankopfer darbringt *(Abb. 78)*. Eine weitere Variation dieses Themas findet man auf *Abb. 51*, wo eine rangniedere Gottheit einen König zu einem sitzenden Gott führt, der – würde er aufstehen – mindestens um ein Drittel größer wäre als die anderen.

Solche Körpermaße sind, wie wir gesehen haben, nicht auf männliche Götter beschränkt; **Nunmah/Ninharsag** (die in ihren alten Tagen den Spitznamen »die Kuh« erhielt) wurde als stattlich dargestellt *(Abb. 79)*. Noch berühmter wegen ihrer Größe, sogar schon in jungen Jahren, war die Göttin **Ba'u** *(Abb. 80)*, die Gefährtin des Gottes Ninurta; sie trug den Beinamen *Gula* (= »Die Stattliche«).

Abbildung 80

Es gab also tatsächlich Riesen auf Erden, sowohl in vorsintflutlicher Zeit wie auch später noch. Glücklicherweise ermöglichen es uns die großen archäologischen Entdeckungen der letzten zwei Jahrhunderte, sie zu identifizieren und zum Leben zu erwecken – selbst wenn sie längst verstorben sind.

***

Trotz ihrer Aussage, dass es die *Gibborim* – Helden, »berühmte Männer« (sprich: Halbgötter) – auch noch in nachsintflutlicher Zeit gab, erwähnt die Bibel sie nur selten, bevor die Israeliten nach Kanaan zurückkehren. Erst dann, als Moses aufzählte, wer Kanaan bewohnte, nennt die Bibel die ***Anakim*** und eine Untergruppe, die sogenannten ***Repha'im*** (ein Begriff, der »Heiler« bedeuten könnte), die, so Deuteronomium 2,11 »als *Anakim* galten«. Die meisten (mit Ausnahme gewisser »Söhne des Anak«) wurden durch eine Vielzahl von Stammesnationen verdrängt, die diese Länder nach der Sintflut besiedelten.

Der Bibel zufolge war es Noachs drei Söhnen – ***Sem, Ham und Jafet*** – die mit ihren Frauen die Sintflut überlebt hatten, zu verdanken, dass die Menschheit sich wieder ausbreitete: »Von ihnen zweigten sich nach der Flut die Völker der Erde ab«, stellt die Bibel (Genesis 10, 32) fest, nachdem sie alle ihre Nachkommen und die daraus entstandenen Nationen auflistete. Doch in dieser langen und umfangreichen Liste wird nur eine einzige Heldengestalt herausgegriffen, die des ***Nimrod.***

Nimrod, der von Kisch abstammte (in den meisten Übersetzungen fälschlich »Kusch« geschrieben) war »ein tüchtiger Jäger vor Jahwe« und wurde »der erste Held auf der Erde«, wie es in den bereits oben zitierten Versen der Genesis heißt. Wir erwähnten bereits die Annahme einiger Gelehrter, die »Nimrod« (zu dessen Reich Erech im Lande Schinar gehörte) nach der Entdeckung und Entzifferung der Keilschrifttafeln mit dem berühmten sumerischen Heros Gilgamesch gleichsetzten, dem König von Erech/Uruk. Doch diese Annahme erwies sich als falsch. Allerdings verbindet ihn das hebräische Attribut, das seinem Namen angefügt wurde – er sei ein *Gibbor,* ein Held, ein tüchtiger (eigentlich: *»mächtiger«, »gewaltiger«*) Jäger – unmissverständlich mit dem Plural *Gibborim* aus Genesis 6, 4 und identifiziert ihn somit als Glied in einer fortgesetzten Reihe von Halbgöttern (In der sumerischen Ikonografie ist es **Enlil**, der den Jagdbogen der Menschheit zum Geschenk macht, *Abb. 81*).

Abbildung 81

Die Feststellung, dass Nimrod von Kisch »gezeugt« wurde, ist ein wertvoller Hinweis zur Entschlüsselung seiner Identität; ***sie ist irgendwo unter den Halbgöttern zu suchen, die mit dem Gott Ninurta verbunden sind.*** Denn auf jeden Fall verbindet ihn dieser biblische Vers mit der sumerischen Königsliste, die in Bezug auf die nachsintflutliche Zeit feststellt:

> Nachdem die Flut das Land überschwemmt hatte,
> als das Königtum (erneut) vom Himmel heruntergebracht worden war,
> *war das Königtum in Kisch.*

Kisch war keine der vorsintflutlichen Städte, die an derselben Stelle wieder aufgebaut wurden, als Mesopotamien wieder bewohnbar war; es war eine neue Stadt, errichtet als neutrale Hauptstadt, deren Gründung auf die Schaffung separater Regionen für die konkurrierenden Anunnaki-Clans folgte.

Die Sintflutkatastrophe, die über die Erde gekommen war – eine kolossale Flutwelle, verursacht durch den Abbruch der antarktischen Eisdecke – hat unvermeidbar auch den Abzu mit seinen Goldminen in Südostafrika überschwemmt. Doch wie die Natur es so wollte, hatte die Katastrophe, die eine Seite der Erde verwüstete, positive Auswirkungen auf die andere Seite: In den Überseeländern, die wir heute Südamerika nennen, legten die gewaltigen Wassermassen in den Bergen, die wir heute die Anden nennen, extrem reichhaltige Goldadern frei und füllten die Flussbetten mit leicht auflesbaren Goldnuggets. Dort also konnte das Gold, das Nibiru brauchte, ohne aufwändigen Bergbau gewonnen werden. Um Enki auszuspielen, schickte Enlil seinen Sohn Aschkur/Adad dorthin, um das neue Goldland zu übernehmen. Daher wurde die Kontrolle über die wiederbevölkerte Alte Welt eine neue Priorität für den »entmachteten« Enki-Clan; der Vorschlag, sie in separate Regionen aufzuteilen und klar umrissene Territorien zu schaffen, war ein Versuch Ninmahs, unter den zerstrittenen Göttern Frieden zu schaffen.

Bevor das Königtum nach der Sintflut auf der Erde wieder eingeführt wurde, so heißt es in einem Text über diese Zeit, »saßen die großen Anunnaki-Götter, die Entscheider über das Schicksal, in ihrer Ratsversammlung, trafen Entscheidungen über die Erde und richteten die vier Weltgegenden ein«. Die Aufteilung von dreien dieser Regionen entspricht den drei biblischen Nationen oder Völkerfamilien, die von den drei Söhnen Noachs abstammen; so erhielten Enki und seine Söhne Afrika (und damit die hamitischen Völker als Untertanen), während Asien und Europa (die semitischen und jafetischen = indoeuropäischen Völker) an Enlil und seine Söhne gingen. Eine vierte Region, die den Göttern vorbehalten war, nutzte man, um dort einen neuen, nachsintflutlichen Raumflughafen zu errichten. Sie lag auf der Halbinsel Sinai und stand unter der Ägide der neutralen Ninmah, was ihr den Beinamen **Nin.harsag** (= Herrin der Berggipfel«) einbrachte. Das Gebiet wurde ***Til.mun*** (= »Ort der Raketen«) genannt und war der Ort, an den Ziusudra und seine Frau nach der Sintflut gebracht wurden.

Das Hauptziel bei der Schaffung dieser Regionen, eine »gerechte Aufteilung« zwischen den Anunnaki-Clans, wurde nicht so leicht erreicht. Streit und Zank brachen bald unter den Enkiiten aus; die ägyptische Überlieferung weiß von einem ersten Landstreit zwischen Seth und Osiris, der zum Mord an Osiris führte, worauf ein Rachekrieg zwischen Horus (geboren aus dem Samen des Osiris) und Seth ausbrach. Enkis Sohn Marduk (**Ra** in Ägypten) versuchte wiederholt, sich in enlilitischen Gebieten niederzulassen. Eine relativ friedvolle Zeit – das Ergebnis der Verhandlungen Ninmahs – endete jäh, als die Rivalität zwischen Ra/Marduk und Thot/Ningischzidda eskalierte. Es dauerte ein ganzes Jahrtausend, bevor auf der Erde und unter der Menschheit Stabilität und Wohlstand wiederhergestellt waren, was Anus Staatsbesuch etwa um 4000 v. Chr. erst möglich machte.

Die Bibel hält fest, dass ein Abkömmling Sems in der vierten Generation Peleg (= »Teilung«) hieß, »denn zu seiner Zeit wurde das Land (= die Erde; im Hebräischen dasselbe Wort, *eretz* – d. Übers.) geteilt« (Genesis 10,25); in *Kriege der Menschen und Götter* deutete ich diesen Hinweis so, dass er sich auf die Einrichtung der drei getrennten Regionen der Zivilisation bezog – zwischen dem Euphrat und Tigris, am Nil und im Industal. Peleg wurde der Bibel zufolge 110 Jahre nach der Sintflut geboren; benutzt man die »mal sechzig«-Formel, so würde das seine Geburt auf ca. 4300 v. Chr. (10 900–6600) datieren und die »Teilung« auf ca. 4000 v. Chr.

Mit der Schaffung der ersten Zivilisationen der Menschheit wurde Enlils nachsintflutliches Hauptquartier in ***Ni.ibru*** (Nippur auf Akkadisch) errichtet – an derselben Stelle, an der die vorsintflutliche Stadt lag, doch nicht mehr als Missionskontrollzentrum –, die religiöse Hauptstadt des Landes, eine Art sumerischer »Vatikan«. Zu diesem Zeitpunkt wurde ein Lunisolarkalender (Mond-/Sonnenkalender), der *Kalender von Nippur*, mit einem Zyklus von zwölf ***Ezen*** (»Fest«)-Perioden – den ursprünglichen »Monaten« – eingeführt. Dieser Kalender, der mit dem Jahr 3760 v. Chr. begann, ist noch immer in Benutzung; auf ihn geht der jüdische Kalender zurück!

Und dann begannen die Götter, »die Stadt Kisch zu planen, ihre Grundrisse zu entwerfen«. Sie sollte die Landeshauptstadt werden, am Reißbrett geplant, wie viel später die US-Hauptstadt Washington D. C.; und eben dort setzten die Anunnaki die ersten einer Reihe nachsintflutlicher Könige ein, indem sie »das Szepter und die Krone der Königsherrschaft vom Himmel herunterbrachten«.

***

Die Ausgrabungen, die auf dem Gelände der alten Stadt Kisch stattfanden und von denen im vierten Kapitel die Rede war, förderten eine ganze Reihe sumerischer Tontafeln zutage, auf denen Ninurta als Titulargottheit der Stadt genannt wurde, was zumindest möglich macht, dass er vielleicht der »Nimrod« war, der »mächtige Jäger« vor Jahwe. Die sumerischen Königslisten nennen den ersten König von Kisch sogar, doch leider kennen wir seinen Namen trotzdem nicht, denn eben dort ist die Inschrift beschädigt. So sind nur die Silben ***Ga.--.--.ur*** lesbar und die Feststellung, er habe 1200 Jahre lang regiert!

Der Name des zweiten Herrschers von Kisch ist völlig beschädigt, doch seine Regierungszeit dauerte deutlich lesbar 860 Jahre. Ihm folgten zehn lesbar benannte Könige auf dem Thron von Kisch, deren Herrschaft 900, 840, 720 und 600 Jahre lang dauerte. Da diese Zahlen offensichtlich alle durch 6 oder 60 teilbar sind, stellt sich natürlich die Frage, ob es sich hier um die tatsächliche Regierungszeit handelt oder ob der antike Schreiber, als er die vorliegende Kopie anfertigte, die Zahlzeichen falsch las und es 200 (oder 20) Jahre für Ga.--.--.ur, 15 statt 900 für seinen Nachfolger etc. sein könnten. Doch was stimmt denn nun?

Die 1200-jährige Herrschaft von Ga.--.--.ur, wenn sie zutrifft, würde ihn in eine Reihe mit den vorsintflutlichen biblischen Patriarchen stellen, von denen jeder fast ein Jahrtausend lang gelebt haben soll, während sein unmittelbarer Nachfolger Noachs Söhnen um ein »paar Jahre« voraus war (Sem lebte 600 Jahre). Sollte es sich bei Ga.--.--.ur dagegen um den Halbgott *Gibbor* handeln, dann könnten 1200 Jahre durchaus plausibel sein. Das gilt auch für die 1560 Jahre, die dem 13. König von Kisch, ***Etana,*** zugeschrieben werden, über den die Königsliste vermerkt: »Ein Hirte, der in den Himmel aufstieg und die Länder vereinigte«. In diesem Fall wird der Hinweis in der Königsliste durch die entdeckte Keilschrift-Literatur gestützt, so durch einen auf zwei Tontafeln festgehaltenen Text, der als *Die Etana-Legende* bezeichnet wird und wonach er tatsächlich ein König war, der »in den Himmel aufstieg«.

Etana war ein milder Herrscher, den das Ausbleiben eines männlichen Erben bedrückte, verursacht durch Schwangerschaftsprobleme seiner Frau, die nur durch die himmlische »Pflanze der Geburt« geheilt werden konnten. So flehte er seinen Schutzgott Utu/Schamasch an, ihm zu helfen, in den Besitz dieser Pflanze zu kommen. Schamasch schickte ihn zu einer »Adlergrube«; und nachdem verschiedene Probleme überwunden waren, trug der Adler Etana hinauf zum »Tor von Anus Himmel«.

Während sie immer höher aufstiegen, erschien die Erde immer kleiner:

> Als er Etana einen *beru* hoch getragen hatte,
> sprach der Adler zu ihm, zu Etana:
> »Schau, mein Freund, wie das Land erscheint!
> Blick auf das Meer neben dem Berghaus –
> das Land wurde zu einem kleinen Hügel
> und das weite Meer ist nur noch ein Bottich.«

Als sie einen zweiten *beru* (ein Entfernungsmaß, aber auch ein Grad auf dem Himmelsbogen) weit aufstiegen, forderte der Adler Etana erneut auf, hinunterzuschauen:

> »Mein Freund,
> wirf einen Blick darauf, wie die Erde erscheint!
> Das Land wurde zu einer Furche …
> Das weite Meer sieht wie ein Brotkorb aus!«

»Nachdem der Adler ihn einen *dritten* Beru in die Höhe getragen hatte«, erschien die Erde »wie der Graben eines Gärtners«. Und schließlich, als sie weiter aufstiegen, verschwand die Erde aus ihrem Blickfeld und – wie der erschrockene Etana später erzählte – *»Als ich mich umschaute, war das Land verschwunden!«*

Nach einer Version der Geschichte passierten Etana und der Adler daraufhin das »Tor des Anu«. Nach einer anderen Version bekam Etana es mit der Angst zu tun und rief dem Adler zu: »Ich suche nach der Erde, doch ich sehe sie nicht mehr!«, bevor er schließlich, in Panik, schrie: »Ich kann nicht in die Himmel reisen! Nimm den Weg zurück!«

Den Rufen Etanas folgend, der »zusammengesackt auf den Schwingen des Adlers lag«, kehrte der Adler um und flog zur Erde zurück; doch Etana und der Adler wagten (nach dieser Version) einen zweiten Versuch. Der war offensichtlich erfolgreich, denn der nächste König von Kisch, Balih, wird ausdrücklich als »Sohn von Etana« bezeichnet; er regierte bloß 400 (oder 410) Jahre.

Die Geschichte von Etana wurde gerne von antiken Künstlern auf Rollsiegeln *(Abb. 82)* dargestellt; eines zeigt den »Adler« in seiner »Grube«, ein anderes Etana, wie er zwischen der Erde (= sieben Punkte) und dem Mond (identifiziert durch den Halbmond) schwebt. Die Geschichte ist in zweierlei Hinsicht interessant: Sie beschreibt realistisch

Abbildung 82

einen Raumflug, auf dem die Erde langsam aus der Sicht verschwindet, und sie bestätigt, was viele andere Texte nur andeuten – dass Reisen zwischen der Erde und Nibiru öfter als nur alle 3600 Jahre vorkamen. Sie lässt offen, ob Etana ein Sterblicher oder ein Halbgott war; doch man kann annehmen, dass Etana nie auf einen Raumflug mitgenommen worden wäre, geschweige denn die angeblichen anderthalb Jahrtausende regiert hätte, wenn er kein Halbgott gewesen wäre.

Tatsächlich wird Etanas Name auf späteren Inschriften mit dem »Dingir«-Determinativ geschrieben, was uns in der Annahme bestärkt, dass er aus einem göttlichen Geschlecht stammte; und ein Hinweis in einem anderen Text, dass Etana von dem selben »reinen Samen« wie Adapa war, könnte als Schlüssel dienen, was seinen Vater betrifft.

Die Möglichkeit, dass sich unter den 23 Königen, die in Kisch regierten, Halbgötter und ihr sterblicher Nachwuchs abwechselten, kommt uns besonders in den Sinn, wenn wir den 16. König erreichen, ***En.me.nunna,*** der 1200 Jahre lang regierte und dem seine beiden Söhne auf den Thron folgten, die nur »normale« Regierungszeiten Sterblicher von 140 und 305 Jahren aufzuweisen hatten. Auf sie folgten Könige, die 900 und 1200 Jahre lang herrschten; und dann ein ***En.me.bara.ge.si,*** »der die Waffen Elams als Beute forttrug, König wurde und 900 Jahre lang regierte«.

Obwohl nicht mehr in Schars gerechnet wird, klingen die beiden theophorischen Namen vertraut; sie versetzen diese nachsintflutlichen Könige in dieselbe Namenskategorie wie ihre vorsintflutlichen Vorgänger (der WB-Tafeln und der Berossos-Liste), *die Götter zu Eltern hatten.* Sie verleihen der Liste von Kisch auch eine historische Dimension, denn den Namen Enmenbaragesi fand man als Inschrift auf archäologischen Artefakten – etwa auf einer Vase, die sich heute im Irak-Museum in Bagdad befindet; *Elam* (dessen Waffen er erbeutete) ist ein historisch und archäologisch bezeugtes Königreich.

Aka, Sohn des Enmenbaragesi, der 629 Jahre lang herrschte, beschließt die Liste der 23 Könige von Kisch, die »insgesamt 24510 Jahre, 3 Monate und dreieinhalb Tage lang regierten« – runde vier Jahrtausende lang, wenn man die Zahl durch 6 teilt, nur vier Jahrhunderte, wenn man sie durch 60 teilt. Und dann wurde das Königtum in Sumer auf die Stadt Uruk übertragen.

***

Der Sitz der zentralen Königsherrschaft wurde gegen 3000 v. Chr. von Kisch nach Uruk verlegt; und wieder brauchen wir nicht zu lange zu raten, wer dort regierte, denn das ist, was die Königsliste über den ersten König von Uruk verrät:

> In Uruk
> wurde Mes.kiag.gascher, ***Sohn des dUtu,***
> Hoher Priester und König
> und regierte 324 Jahre lang.
> Mes.kiag.gascher
> überquerte das Meer
> (und) ging bei den Bergen wieder an Land.

Obwohl er offensichtlich ein Halbgott war, gezeugt von dem Gott Utu/Schamasch, regierte er nur 324 Jahre (eine Zahl, die ebenfalls durch 6 teilbar ist, wie man beachten sollte), ohne dass eine Erklärung für diese relativ kurze Lebenszeit eines vollwertigen Halbgottes folgt. Sein Name bedeutet so viel wie »geschickt, gewandt«. Da kein anderer Text über Meskiaggascher gefunden wurde, kann man nur raten, dass das Meer, das er überquerte, um ein Bergland zu erreichen – eine Reise, die es verdiente, erwähnt zu werden – der Persische Golf (»Das untere Meer«) und das Land Elam waren.

Uruk (das biblische Erech) wurde nicht als Stadt gegründet, sondern als vorübergehende Bleibe für Anu und Antu, als sie gegen 4000 v. Chr. zu ihrem Staatsbesuch auf die Erde kamen. Als sie wieder abreisten, schenkte Anu diese Residenz seiner Urenkelin **Irninni,** die unter ihrem Spitznamen **In.Anna** (= »Anus Geliebte«) oder auch als **Ischtar** bekannt wurde. Ehrgeizig und unternehmungslustig – die große Götterliste zählt ihre über hundert Titel und Beinamen auf! – gelang es Inanna, den Frauenhelden Enki auszutricksen und ihm über hundert *Me* (»Göttliche Formeln«) abzuluchsen, die sie brauchte, um Uruk zur Hauptstadt zu machen.

Die Aufgabe, Uruk in eine Haupt- und Großstadt umzuwandeln, fiel dem nächsten König von Uruk, **Eumerkar,** zu. Der sumerischen Königsliste zufolge war er »derjenige, der Uruk baute«. Archäologische Funde belegen, dass er tatsächlich der Erbauer der ersten Stadtmauer von Uruk war und den *E.Anna*-Tempel zu einem Heiligen Bezirk ausweitete, der einer großen Göttin würdig war, der Göttin

Inanna. Eine exquisit gravierte Alabastervase aus Uruk – eines der kostbarsten Objekte im Irak-Museum von Bagdad – stellt eine Prozession von Gläubigen dar, angeführt von einem riesenhaften, nackten König, die der »Herrin von Uruk« ihre Opfer darbrachten.

Enmerkar, den die Königsliste als »Sohn des Mes.kiag.gascher« ausweist, regierte 420 Jahre lang – fast ein Jahrhundert länger als sein halbgöttlicher Vater. Man weiß auch sehr viel mehr über ihn, denn über ihn wurden mehrere Epen verfasst, von denen das längste und historisch zuverlässigste unter dem Titel *Enmerkar und der Herr von Aratta* bekannt ist. In seinen Inschriften stellte er deutlich und wiederholt fest, dass ***Enmerkas wahrer Vater der Gott Utu/Schamasch war.*** Das machte ihn zu einem direkten Verwandten und nicht einfach nur einem gläubigen Verehrer von Utus Schwester Inanna; und das erklärt seine rätselhafte Reise in ein entferntes Königreich.

Die Aufteilung der Welt in die vier Regionen geschah in der Absicht, den Frieden unter den Anunnaki-Clans durch ein »Jedem das Seine«-Arrangement (Mesopotamien unter den Enliliten wurde zur Ersten Region; Afrika unter den Enkiiten war die Zweite Region) wiederherzustellen. Ein weiterer Plan war, den Frieden durch Eheschließungen zwischen den Sippen zu festigen; zu diesem Zweck wurden Enlils Enkelin Inanna/Ischtar und der Hirtengott **Dumuzi,** Enkis jüngster Sohn (aber nur der Halbbruder Marduks) ausgewählt. Hinweise in verschiedenen Texten deuten darauf hin, dass die noch nicht vergebene Dritte Region, das Industal, dem jungen Paar als Mitgift überantwortet wurde. (Die Vierte Region, die für die Menschheit gesperrt war, war der Raumflughafen auf der Halbinsel Sinai.)

Arrangierte Ehen gehörten zum Alltag der Anunnaki auf Nibiru wie auf der Erde; eines der frühesten Beispiele auf der Erde finden wir in der Geschichte von Enki und Ninharsag: Ihre Beziehung führte zur Geburt einer Reihe von Töchtern, woraufhin das Paar sich darum bemühte, für sie passende Ehemänner auszusuchen. Wie es das Schicksal wollte, verstanden sich die junge Inanna und Dumuzi nicht nur prächtig, sie verliebten sich auch gleich ineinander. Ihre glühende Liebe und ihre brennende Leidenschaft füreinander vom Moment ihrer Verlobung an wird in langen und ausführlichen Gedichten geschildert, von denen die meisten aus Inannas eigener Feder stammen, was ihr einen Ruf als Göttin der Liebe einbrachte *(Abb. 83a).* Die Gedichte zeugen aber auch von Inannas Ehrgeiz, durch die Heirat Herrin über Ägypten

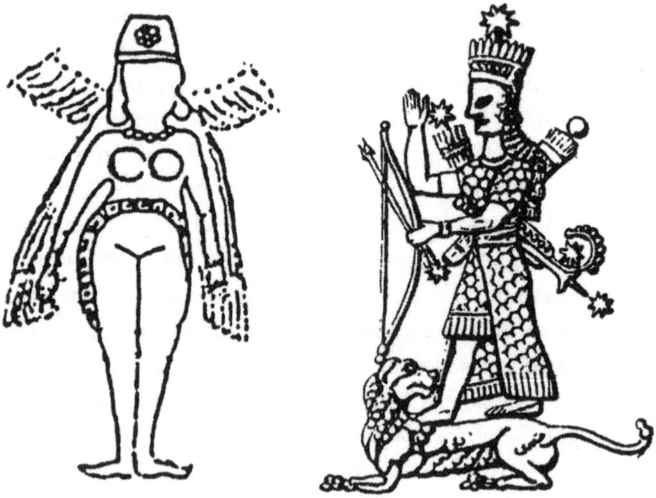

a b

Abbildung 83

zu werden, was Enkis Sohn Marduk/Ra alarmierte; seine Versuche, die Ehe zu verhindern, führten – unbeabsichtigt, wie er behauptete – dazu, dass Dumuzi ertrank und starb.

Trauernd und rasend vor Wut, zog Inanna in einen erbitterten Kampf gegen Marduk/Ra, was sie zur Kriegsgöttin werden ließ *(Abb. 83b)*. Von uns »die Pyramidenkriege« genannt und ausführlich in *Kriege der Menschen und Götter* beschrieben, dauerten die Kämpfe einige Jahre und endeten erst mit der Gefangennahme und dann dem Exil Marduks. Die großen Götter versuchten, Inanna dadurch zu trösten, dass sie ihr die Alleinherrschaft über das weitentfernte Königreich Aratta gewährten, das östlich von Elam/dem Iran hinter sieben Bergzügen lag.

In *Stufen zum Kosmos* identifizierte ich das Königreich Aratta als die Dritte Region, die heute unter dem Namen »Industalkultur« bekannt ist und deren Zentrum, von Archäologen Harappa genannt, auf dem wichtigen 30. Grad nördlicher Breite lag. Sie war also das Ziel der Reise Meskiaggaschers und der Schauplatz der darauffolgenden wichtigen Ereignisse.

Der Hintergrund der Geschichte von *Enmerkar und dem Herrn von Aratta* war die seltsame Situation, dass die Stadt Uruk und das Königreich Aratta dieselbe Göttin, Inanna, miteinander teilten. Darüber hinaus wurde der ungenannte König von Aratta mehrfach als *»Samen, den Dumuzi im Mutterleib eingepflanzt hat«* bezeichnet, eine rätselhafte

Aussage, die uns nicht nur raten lässt, wer die Mutter war, sondern auch, ob es damals zu einer postmortalen künstlichen Befruchtung gekommen ist. (Ein Fall einer solchen künstlichen Befruchtung ist in den ägyptischen Göttergeschichten festgehalten, wo der Gott Thot Samen aus dem Phallus des toten und zerstückelten Osiris extrahieren konnte und mit ihm Isis, die Frau des Osiris, befruchtete, die daraufhin den Gott Horus zur Welt brachte.)

Enmerkar nannte sich »Sumers Enlil Junior« und versuchte, Uruks Vorherrschaft zu sichern, indem er den älteren Tempel Anus, den E.anna, und Inannas Hauptheiligtum renovierte und erweiterte. Zudem versuchte er, Aratta in die Zweitrangigkeit zu drängen, indem er es zwang, »Opfergaben« in Form von Edelsteinen, Lapislazuli und Karneol, Gold und Silber, Bronze und Blei nach Uruk zu entsenden. Als Aratta, das der Text als »ein Hochland voller Silber und Lapislazuli« beschreibt, den Tribut erbrachte, wurde Enmerkas Herz von Gier erfasst und er

Abbildung 84

schickte seinen Boten nach Aratta mit einer neuen Forderung: »Lass Aratta sich Uruk unterwerfen!« – sonst würde ein Krieg ausbrechen!

Doch der König von Aratta – der wie auf dieser Statue ausgesehen haben könnte, die man in Harappa fand *(Abb. 84)* – sprach eine andere Sprache und gab zu erkennen, dass er nicht verstünde, was der Bote zu sagen hatte. Also suchte Enmerkar die Hilfe **Nidabas,** der Göttin der Schrift und des Schreibens, und bat sie, eine Tontafel mit einer Botschaft an Aratta in einer Sprache zu schreiben, die der König verstand, und sie mit einem besonderen Boten zu schicken. (Der Text lässt keinen Zweifel daran, dass der Bote »hinüber nach Aratta flog«: »Der Herold breitete seine Flügel aus« und überquerte in kürzester Zeit die Berge, bevor er Aratta erreichte.)

Die beschriftete Tontafel – eine Neuheit für den König von Aratta – und die Gesten des Boten vermittelten eine Vorstellung von der Bedrohung. Doch der König von Aratta setzte sein Vertrauen auf Inanna: »Inanna, Herrin des Landes, hat ihr Haus in Aratta nicht aufgegeben und hat Aratta nicht an Uruk ausgeliefert«, erklärte er; und damit setzte sich der Konflikt ohne eine Lösung fort.

Abbildung 85

Danach pendelte Inanna zwischen beiden Orten hin und her, wozu sie ihr »Himmelsboot« benutzte. Manchmal steuerte sie es selbst, als Pilotin gekleidet *(Abb. 85)*, manchmal ließ sie ihren persönlichen Piloten Nungal das Gefährt lenken. Doch längere Dürreperioden, die Aratta und seine auf Ackerbau basierende Wirtschaft verwüsteten, und die zentrale Lage Sumers ließen Uruk letztendlich aus der Rivalität als Sieger hervorgehen.

Eine Reihe weiterer Heldengeschichten, die von Enmerkar handeln, erwähnen auch den nächsten König von Uruk, ***Lugal.banda.*** Die Königsliste stellt lakonisch fest: »Der göttliche Lugalbanda, ein Hirte, regierte 1200 Jahre lang«. Doch sehr viel mehr über ihn erfahren wir aus Texten wie *Lugalbanda und Enmerkar, Lugalbanda und der Berg Hurum* und *Lugalbanda in der Finsternis der Berge* – Geschichten, die verschiedene Episoden aus dem Leben eines Helden beschreiben und sehr wohl Fragmente eines Gesamtwerkes sein könnten – eines *Lugalbanda-Epos,* ähnlich dem *Gilgameschepos.*

In einer dieser Geschichten ist Lugalbanda einer von mehreren Heerführern, die Enmerkar auf einem Feldzug gegen Aratta begleiten. Als sie auf ihrem Weg den Berg Hurum erreichen, erkrankt Lugalbanda. Alle Versuche seiner Begleiter, ihm zu helfen, scheitern. Und so lassen sie den im Sterben liegenden zurück, und beabsichtigen, auf dem Rückweg seinen Leichnam in die Heimat zu überführen. Doch die Götter von Uruk, angeführt von Inanna, hören Lugalbandas Gebete; indem sie »Steine, die Licht ausstrahlen« und »Steine, die stark machen« anwendet, erneuert Inanna seine Lebenskraft und er stirbt nicht. Stattdessen zieht er alleine in der Wildnis umher, bekämpft wilde Tiere, Pythonschlangen und Skorpione, bevor er schließlich (vermutlich, denn die Tafel ist hier beschädigt) seinen Weg zurück nach Uruk antritt.

In einer anderen Erzählung wird er von Enmerkar in Uruk zu Inanna in Aratta geschickt, um sie um Hilfe zu bitten, denn Uruk erlebt gerade eine Wasserknappheit. Doch im interessantesten Segment einer Version dieser Geschichte wird Lugalbanda als Sonderbotschafter Enmerkars zu dem König von Aratta entsandt. Es ist eine eilige Mission, er macht sich allein mit einer geheimen Botschaft auf den Weg, die er sich merken musste, doch sein Weg wird an einem wichtigen Gebirgspass von einem ***»Anzu Muschen«*** versperrt, einem Vogelmonster mit »Zähnen wie denen eines Haifischs und Klauen wie denen eines Löwen«, das sich im Sturzflug einen Stier greifen und ihn in die Lüfte heben kann.

Der Text betont, dass es sich dabei tatsächlich um einen ***muschen,*** was wörtlich »Vogel« heißt, handelt; dieser »Anzu-Vogel« jedenfalls behauptet, Enlil habe ihn als Torhüter eingesetzt und er fordert Lugalbanda heraus, seine Identität zu bestätigen:

Wenn du ein Gott bist,
sage ich dir das (Pass)Wort
und lasse dich in Freundschaft eintreten.
Wenn du ein *Lu.lu* bist,
bestimme ich dein Schicksal, (denn)
kein Gegner darf ins Bergland kommen.

Amüsiert vielleicht, dass ein so vorsintflutlicher Begriff wie *Lu.lu* für den »Menschen« gebraucht wird, antwortet Lugalbanda mit seinem eigenen Wortspiel. Indem er sich auf den Heiligen Bezirk von Uruk bezieht, erklärt er:

Muschen, im Lal.u wurde ich geboren;
Anzu, im »Großen Bezirk« wurde ich geboren.

Dann »streckte Lugalbanda, der von geliebtem Samen war, seine Hand aus« und sagte:

Wie der göttliche Schara bin ich
der geliebte Sohn Inannas.

Der Gott **Schara** wird in verschiedenen Texten als Sohn Inannas genannt, wobei nie erwähnt wird, wer sein Vater war. Eine Vermutung ist, dass er während Anus Besuch auf der Erde gezeugt wurde; die Geschichte von Zu identifiziert Schara als »den *Erstgeborenen* Ischtars« und gesteht damit die Existenz ungenannter anderer Söhne ein. Es wird nicht erwähnt, ob aus Inannas Liebe zu Dumuzi ein Kind hervorging, doch es ist bekannt, dass sie nach dem Tod des Dumuzi den Ritus der »Heiligen Hochzeit« einführte, bei dem ein von ihr erwählter Mann (oft genug *nicht* der König) mit ihr am Jahrestag von Dumuzis Tod eine »Verlobungsnacht« verbringen würde. Allerdings wird nirgendwo Nachwuchs als Ergebnis dieses Ritus erwähnt. Damit bleibt die Identität von Lugalbandas Vater offen, obwohl der Namensbestandteil ***lugal*** darauf hinweist, dass er von königlicher Abstammung sein könnte.

Erwähnt werden muss noch, dass die Bedeutung des Namens ***Lugalbanda*** am besten durch den Spitznamen »Shorty« (»Kleiner«) wiedergegeben wird, denn genau das bedeutet er wörtlich genommen: ***Lugal*** = König, ***banda*** = »von kleiner, kürzerer (Statur)«. Da es ihm offenbar an der physischen Größe anderer Halbgötter mangelte, kam er in dieser Hinsicht wohl eher nach seiner Mutter: Als eine lebensgroße Statue der Inanna an einer Stätte namens Mari ausgegraben wurde, schossen die Archäologen ein Gruppenfoto von sich mit der Statue *(Abb. 86);* und tatsächlich war Inanna die Kleinste in der Gruppe.

Wer immer auch Lugalbandas Vater war, durch die Tatsache, dass eine Göttin – Inanna – seine Mutter war, verdiente er sich das Determinativ ***Dingir*** vor seinem Namen und qualifizierte sich als ***auserwählt, der Gemahl einer Göttin namens Ninsun zu werden.*** Sein Name mit dem ***Dingir***-Zeichen beschließt die Inanna-Liste auf Tafel IV der Großen Götterliste und hat die Ehre, die Tafel V zu eröffnen, gefolgt von ***dNinsun dam bi sal*** – »der göttlichen Ninsun, seiner Frau« – worauf die Namen ihrer Kinder und verschiedener Persönlichkeiten ihres Hofes folgen.

Womit wir zu dem größten Epos von einem Halbgott und seiner Suche nach Unsterblichkeit kommen – und der Existenz eines physischen Beweises dafür, dass all dies wahr ist.

Abbildung 86

Die Verwirrung der Sprachen

Der Bibel zufolge sprachen die Menschen, als sie die Erde nach der Sintflut neu besiedelten, eine gemeinsame Sprache (Genesis 11,1):

> Alle Menschen hatten die gleiche Sprache
> und gebrauchten die gleichen Worte.

So war es jedenfalls, als die Menschen »von Osten aufbrachen, eine Ebene im Land Schinar fanden und sich dort ansiedelten.« Doch dann begannen sie, »eine Stadt und einen Turm mit einer Spitze bis zum Himmel« zu bauen. Um solche Pläne der Menschheit zu stoppen, entschied Jahwe, als er »herabstieg, um die Stadt und den Turm anzusehen, den die Menschenkinder bauten«: »Auf, steigen wir hinab und verwirren wir dort ihre Sprache, sodass keiner mehr die Sprache des anderen versteht«. So führte also der »Turmbau zu Babel« dazu, dass Jahwe »die Sprache aller Welt verwirrte« und »von dort aus die Menschen über die ganze Erde zerstreute«.

Indem sie ein Wortspiel benutzt – die Ähnlichkeit zwischen dem hebräischen Verb *BLL* (= »verwirren, vermischen«) und dem Namen der Stadt (*»Babel«* = Babylon), erklärt die Bibel: »Darum nannte man die Stadt Babel, denn dort hat der Herr die Sprache aller Welt *BLL.*« Der griechische Historiker Alexander Polyhistor, der Berossos und andere Quellen zitiert, berichtet ebenfalls, dass vor dem Bau eines großen und hohen Turms die Menschheit »einer Sprache war«.

Dass die ganze Menschheit – die von den drei Söhnen Noahs abstammt – direkt nach der Sintflut nur eine Sprache sprach, ist mehr als plausibel. Tatsächlich würde das sogar erklären, weshalb die frühesten Begriffe und Namen im Ägyptischen wie Hebräisch klingen: Das Wort für »Götter« etwa lautete *Neteru,* »Wächter«, was dem hebräischen *NTR* (= »behüten, bewachen«) entspricht. Der Name der obersten Gottheit, *Ptah,* bedeutet »Der, der entwickelt« und ähnelt dem hebräischen Verb *PTH* mit derselben Bedeutung. Das gleiche gilt für *Nut* (= »Der gebogene Himmel«) von *NTH* = »Mit einem Baldachin überdachen«; *Geb* (= »Der aufhäuft«) stammt von *GBB* (»aufhäufen«) etc.

Die Bibel behauptet weiter, die Verwirrung der Sprachen sei ein beabsichtigter Akt Gottes. ***Und eben das bestätigen die Enmerkar-Texte!***

Als sie erzählen, wie der Gesandte Enmerkars und der König von Aratta einander nicht verstanden, merken die sumerischen Texte an, dass es »einmal eine Zeit gab –

als die ganze Erde, alle Völker gemeinsam,
Enlil in einer Sprache rühmten.«

Doch dann kam **Enki**, der einen König gegen den anderen, einen Fürsten gegen den anderen ausspielte und »in ihre Münder eine verwirrte Zunge legte und die Sprache der Menschheit verwirrte.«

Glauben wir den Enmerkar-Epen, dann war also Enki dafür verantwortlich …

XII

Unsterblichkeit: Die große Illusion

Einmal, vor langer Zeit, lebte der Mensch im Paradies – gesättigt durch den Genuss der Frucht vom Baum der Erkenntnis, während ihm verboten war, die Früchte vom Baum des Lebens zu essen. Dann sprach Gott, der seiner Schöpfung misstraute, zu seinen ungenannten Gefährten: Der Adam, der vom Baum der Erkenntnis aß, »ist geworden wie wir; er erkennt Gut und Böse. Dass er jetzt nicht die Hand ausstreckt, auch vom Baum des Lebens nimmt, davon isst und ewig lebt!« Und um eben dies zu verhindern, vertrieb Gott Adam und Eva aus dem Garten Eden.

Seitdem sucht der Mensch nach der ihm von Gott verweigerten Unsterblichkeit. Doch in all den Jahrtausenden blieb unbemerkt, dass *Jahwe Elohim* zwar in Bezug auf den Baum der Erkenntnis feststellte, jetzt sei der Adam »geworden wie wir«, dass aber kein »wie wir« befürchtet wurde, als es um das »ewige Leben« durch den Genuss der Frucht vom Baum des Lebens ging.

Was wäre also, wenn sich die »Unsterblichkeit«, die der Menschheit als das definitive Unterscheidungsmerkmal der Götter präsentiert wird, als eine einzige, große Illusion erwiese?

Wenn je jemand versuchte, das herauszufinden, dann war das Gilgamesch, König von Uruk, Sohn der Ninsun und des Lugalbanda.

So faszinierend und aufschlussreich die Erzählungen von Enmerkar und Lugalbanda auch sind, so bleibt doch ***Gilgamesch,*** der zwischen ca. 2750 und 2600 v. Chr. in Uruk regierte, der nachsintflutliche Lugal und Halbgott, über den wir den längsten und detailliertesten Bericht besitzen. Das umfangreiche Gilgameschepos beschreibt seine Suche nach Unsterblichkeit – weil »zwei Drittel von ihm Gott und ein Drittel von ihm menschlich« waren und er sich daher für prädestiniert hielt, »über den Zaun« zu blicken, der die Welt der Sterblichen umgibt.

Sein Stammbaum, der aus ihm mehr als einen Halbgott, also einen 50 %-Gott, werden ließ, war beeindruckend. Sein Vater Lugalbanda König und Hohepriester von Uruk, war ein Sohn der Inanna und hatte ein Anrecht auf das »göttliche« Determinativ vor seinem Namen. Seine Mutter, **Nin.sun** (»Herrin des Wassertrichters«), war eine Tochter des großen Gottes **Ninurta** und seiner Gefährtin **Ba'u,** was erklärt, weshalb Gilgamesch als Wesen von der »Essenz Ninurtas« (Enlils Erstgeborenen) beschrieben wird. Bau selbst war auch von keinen schlechten Eltern: Sie war die jüngste Tochter Anus.

Das war nicht der ganze Stammbaum Gilgameschs. Er wurde in Gegenwart und in der Obhut des Gottes Utu geboren (des Zwillingsbruders der Inanna und eines Enkels von Enlil), ein Aspekt, der die Gelehrten veranlasste, Utu/Schamasch als den »Patenonkel« Gilgameschs zu bezeichnen. Doch auch die enkiitische Seite »betrachtete ihn mit Wohlwollen«, denn sein vollständiger theophorischer Name, **Gisch.bil.ga.mesch** verband ihn mit **dGibil**, einem Sohn Enkis und Gott der Metallgießereien.

Abbildung 87

Nach einer hethitischen Version des Gilgameschepos war er »von mächtiger Gestalt, mit übermenschlicher Größe beschenkt« – Attribute, die er zweifellos nicht von seinem Vater (»Kleiner König«), sondern von der Familie seiner Mutter geerbt hatte, denn die Mutter Ninsuns, die Göttin Bau, wurde ihrem Spitznamen **Gula** gerecht – was schlicht und einfach »die Große« (im physischen Sinn) bedeutet.

So mit den Talenten und Gaben vieler Götter ausgestattet, groß, muskelbepackt und gutaussehend *(Abb. 87)*, wurde Gilgamesch mit einem jungen, wilden Stier verglichen: im Herzen kühn und ungezähmt, forderte er ständig die Jugend der Stadt zu Ringkämpfen heraus (die er immer gewann), war er »von schrankenloser Arroganz« und »ließ er kein Mädchen allein«. Als er auch noch auf die Idee kam, das Recht der ersten Nacht auf alle Bräute einzufordern, flehten die Stadtältesten endlich die Götter an, Gilgamesch Einhalt zu gebieten.

Als Antwort formten die Götter in der Steppe einen wilden Mann als Gegenstück zu Gilgamesch – »wie Gilgamesch im Körperbau, obwohl kleiner von Statur«. ***Enki.du*** (= »von Enki entworfen«) wurde er genannt. Und seine Aufgabe war es, Gilgamesch zu beschatten und ihn dazu zu bringen, dass er sich ändert. Als die Bewohner von Uruk entdeckten, dass sich vor ihren Mauern ein ungeschlachter Wilder herumtrieb, der keine gekochten Speisen kannte und mit den Tieren lebte, ließen sie ihn außerhalb der Stadt bei einer Dirne leben, die ihm etwas vom »Leben der Menschen« beibringen sollte. Sie wusch und bekleidete ihn, legte seine Haare in Locken; als er endlich in die Stadt durfte, war er Gilgameschs Ebenbild!

Als Gilgamesch, der seinen Augen nicht traute, ihn zu einem Ringkampf aufforderte, rang Enkidu ihn nieder und lehrte ihn Demut – und die beiden wurden unzertrennliche Kameraden.

Seines Hochmuts beraubt, schwand auch Gilgameschs Heldenmut und er begann, über das Altern, das Leben und den Tod nachzudenken. »In meiner Stadt stirbt der Mensch, was mein Herz bedrängt; der Mensch kommt um, schwer ist mein Herz«, erklärte Gilgamesch seinem »Patenonkel« Utu. »Werde ich auch die andere Seite sehen, ist das auch mein Schicksal?«, fragte er. Die Antwort, die sein Mentor ihm gab, war nicht gerade ermutigend:

Warum, Gilgamesch, scherst du dich darum?
Das Leben, das du suchst, wirst du nicht finden!
Als die Götter die Menschheit erschufen,

teilten sie dem Menschen den Tod zu;
Ewiges Leben aber behielten sie für sich.

Lebe und genieße das Leben jeden Tag, riet Utu/Schamasch dem Gilgamesch; doch eine Reihe von Träumen und Omen, einschließlich dem Absturz eines himmlischen Objektes, überzeugten Gilgamesch, dass er das Ende eines Sterblichen vermeiden könnte, wenn er sich zu den Göttern in ihrer himmlischen Wohnstatt gesellt. Dann erfuhr er, dass Enkidu den Weg zum »Landeplatz der Anunnaki« im Zedernwald kannte – eine große Plattform mit einem Startturm, beide aus gewaltigen Steinquadern errichtet, die den Igigi und ihren Raumfähren als irdischer Flughafen dienten (siehe *Abb. 60*). Das war der Ort, wo ihn die Igigi mit hochnehmen konnten; und so bat Gilgamesch zunächst seine Mutter um ihren Rat und ihre Hilfe. Doch als sie ihm erklärte, dass »nur Götter in den Himmel aufsteigen, nur Götter für immer unter der Sonne leben« und ihn zudem Enkidu vor dem Monster Huwawa warnte, das den Landeplatz bewachte, antwortete Gilgamesch mit Worten, die noch heute nachklingen:

Was die Menschheit betrifft, so sind ihre Tage gezählt;
was auch immer sie erreichen, es verweht im Wind …
Lass mich dort hinziehen, Dir voran,
lass Deinen Mund rufen: »Weiter! Fürchte Dich nicht!«
Und sollte ich fallen,
dann habe ich mir einen Namen gemacht:
»Gilgamesch«, so werden sie sagen,
»ist im Kampf gegen den grimmigen Huwawa gefallen.«

Als ihr klar wurde, dass nichts auf der Welt Gilgamesch zurückhalten konnte, bat seine Mutter Ninsun Utu/Schamasch, Gilgamesch besonders zu beschützen. »Weise und in jedem Wissen bewandert« dachte Ninsun auch praktisch. Sie nahm Enkidu beiseite, ließ ihn schwören, Gilgamesch mit seinem Leben zu beschützen. Um sich seiner Treue zu versichern, bot sie ihm einen Lohn an, der über seine kühnsten Träume hinausging: *eine junge Göttin zur Frau.* (Die teilweise beschädigten Zeilen am Ende der Tafel IV des Epos lassen darauf schließen, dass Ninsun mit Aya, der Frau des Utu/Schamasch, besprach, welche ihrer Töchter die Braut sein könnte.)

Dann schenkte Utu/Schamasch selbst Gilgamesch und Enkidu göttliche Sandalen, die es ihnen ermöglichten, den Zedernwald in kürzester Zeit zu erreichen, als die Kameraden zu ihrem Abenteuer aufbrachen.

Obwohl den alten Texten keine Karten beigefügt sind, besteht kein Zweifel am Ziel der beiden Freunde: Im gesamten Nahen Osten, ja in ganz Asien gibt es nur einen Zedernwald: in den Bergen, die heute als Libanon bekannt sind; dort lag der »Landeplatz« der Götter.

Als sie den Bergzug erreichten, staunten die beiden Freunde beim Anblick der majestätischen Zedern und richteten sich am Waldrand ein Nachtlager ein. Doch nachts wurde Gilgamesch jäh aus dem Schlaf gerissen, als die Erde erbebte; er sah gerade noch, wie eine »Himmelskammer« aufstieg. Der Anblick dessen, was Gilgamesch sah, war wirklich furchterregend –

Der Himmel kreischte, die Erde erdröhnte;
obwohl der Morgen dämmerte, legte sich Finsternis über das Land.
Blitze leuchteten auf, eine Flamme schoss hoch.
Die Wolken schwollen an, es regnete Tod!
Dann verschwand das Glühen, das Feuer erlosch;
und alles, was niederfiel, verwandelte sich in Asche.

Der Anblick und Lärm des Raketenstarts war in der Tat furchterregend; doch was Gilgamesch betraf, so bestätigten die Ereignisse dieser Nacht, dass sie tatsächlich den »Landeplatz« der Götter erreicht hatten. (Eine phönizische Münze aus sehr viel späterer Zeit stellte die Stätte noch immer mit einer Rakete dar, die auf ihrer Plattform steht. *Abb. 88*) Bei Tagesanbruch begannen die Freunde, nach dem Eingang zu suchen, wobei sie alles taten, um »Waffenbäume, die töteten« zu vermeiden. Enkidu fand das Tor; doch als er versuchte, es zu öffnen, schleuderte ihn eine unsichtbare Kraft zurück. Zwölf Tage lang lag er gelähmt am Boden.

Als er sich wieder bewegen und sprechen konnte, flehte er Gilgamesch an, den Versuch, das Tor zu öffnen, aufzugeben. Doch Gilgamesch hatte gute Nachrichten: Während Enkidu bewegungsunfähig war, hatte er (Gilgamesch) einen Tunnel entdeckt, der vielleicht direkt zum Kommandozentrum der Anunnaki führte! Er überzeugte Enkidu, dass der Tunnel der beste Eingang war.

Abbildung 88

Der Eingang zu dem Tunnel war von Bäumen und Büschen überwachsen und von Erde und Felsen versperrt. Als die beiden Freunde das alles wegräumten, »hörte Huwawa den Lärm und wurde wütend«. Huwawa, der Bewacher dieser Anlage, war so monströs, wie Enkidu ihn beschrieben hatte: »Riesig, seine Zähne wie die Zähne eines Drachen, sein Gesicht wie das eines Löwen, kam er angerauscht wie eine reißende Flut«. Am furchterregendsten war sein »leuchtender Strahl«. Der ging von seiner Stirn aus und »verschlang Bäume und Büsche; niemand konnte seiner tötenden Kraft entkommen … als Schrecken der Sterblichen hat Enlil ihn eingesetzt.«

Als sie nirgendwo hin mehr fliehen konnten, hörten die Freunde plötzlich, wie Utu/Schamasch zu ihnen sprach. Lauft nicht davon, flieht nicht, riet er ihnen; stattdessen lasst Huwawa nahe an euch heran und werft ihm Staub ins Gesicht! Sie taten, wie ihnen geraten wurde und setzten Huwawa außer Betrieb. Enkidu erschlug ihn, das Monster fiel zu Boden. Dann tötete Enkidu den mächtigen Huwawa.

Weil sich ihnen jetzt »der Weg zum geheimen Aufenthaltsort der Anunnaki öffnete«, nahmen die Freunde sich Zeit, zu entspannen und den Sieg zu feiern. Sie rasteten an einem Fluss und Gilgamesch zog seine Kleider aus, um zu baden und sich zu erfrischen. Dabei ahnte er nicht, dass die Göttin Inanna ihn dabei von ihrer Himmelskammer aus beobachtete. Angezogen von der athletischen Figur des Königs, fackelte die ewig jugendliche Göttin nicht lange und machte keinen Hehl aus ihrer Begierde:

> Komm, Gilgamesch, sei Du mein Liebhaber!
> Lass mich die Frucht Deiner Liebe kosten,
> sei mein Mann
> und ich bin Deine Frau!

Sie versprach ihm einen goldenen Streitwagen, einen großartigen Palast, die Herrschaft über andere Könige und Fürsten – Inanna war sich sicher, Gilgamesch damit locken zu können. Doch er lehnte ab, erklärte, es gäbe nichts, was er ihr, einer Göttin, als Gegenleistung anbieten könnte; und was die »Liebe« beträfe, die sie versprach – wie schnell hatte sie von ihren vorherigen Liebhabern genug gehabt? Indem er fünf von ihnen aufzählte, beschrieb Gilgamesch, wie Inanna sich ihrer entledigte »wie eines alten Schuhs, der am Fuß seines Besitzers drückt«, wie sie einen nach dem anderen entsorgte, ohne einen weiteren Gedanken an ihn zu verlieren, sobald seine Vitalität und Manneskraft nachließ.

Die Antwort versetzte Inanna in Wut. Sofort eilte sie zu Anu, beschwerte sich: »Gilgamesch hat mich beleidigt« und bat ihren geliebten Urgroßvater, den »Stier Anus« oder »Himmelsstier« **Gud.anna** auf

Abbildung 89

Gilgamesch loszulassen, der gerade in den Zedernbergen herumstreifte. Und obwohl Anu sie warnte, dass die Freilassung des Tieres zu einer siebenjährigen Dürre führen würde, bestand Inanna darauf, dass er ihn losließ.

Schnell vergaßen Gilgamesch und Enkidu den Tunnel und den Landeplatz und rannten um ihr Leben. Dank der magischen Sandalen Utus waren sie in der Lage, »eine Entfernung von einem Monat und fünfzehn Tagen in nur drei Tagen zurückzulegen«. Gilgamesch eilte in seine Stadt, um ihre Krieger aufzubieten, Enkidu stellte sich dem Ungeheuer vor den Mauern von Uruk. Jedes Schnauben des Himmelsstieres hob ein Loch aus, in das hundert Kämpfer fielen. Doch als der Himmelsstier sich umdrehte, traf Enkidu ihn von hinten und tötete ihn.

Zunächst sprachlos, »entfuhr Inanna ein Schrei zu Anu«; sie forderte, Enkidu und Gilgamesch wegen der Tötung Huwawas und des Himmelsstieres vor Gericht zu stellen. Ein antiker Künstler erinnerte an die Szene auf einem Rollsiegel *(Abb. 89)*, als er ihm einen schadenfrohen Enkidu mit dem erschlagenen Himmelsstier und Inanna, wie sie unter dem Zeichen der geflügelten Scheibe Gilgamesch anklagte, eingravierte.

Als sie den Vorfall berieten, differierten die Meinungen der Götter. Sie haben Huwawa und den Himmelsstier getötet, lasst Enkidu und Gilgamesch dafür sterben, forderte Anu. Gilgamesch hat sie nicht erschlagen, lasst nur Enkidu sterben, meinte Enlil. Die Freunde wurden von den Ungeheuern angegriffen, daher soll keiner von ihnen sterben, verteidigte sie Utu. Schließlich wurde Gilgamesch begnadigt, Enkidu dagegen zur Fronarbeit im Land der Bergwerke verurteilt.

***

Noch immer brodelte es in Gilgamesch. Auch nach dem gescheiterten Versuch im Zedernwald gab er seinen Plan nicht auf, zog es ihn zu den Göttern in ihrem himmlischen Domizil. Neben dem Landeplatz im Norden gab es noch den Raumflughafen, »wo die Götter aufsteigen und vom Himmel herabkommen«. Diese Start- und Landeanlage wurde von den Anunnaki errichtet, um eine frühere zu ersetzen, die während der Sintflut zerstört worden war, und lag in der geheiligten Vierten Region ***Tilmun*** (= »Ort der Raketen«) auf der Halbinsel Sinai. Die Gesamtanlage schloss die vorsintflutliche Landeplattform in den Libanonbergen (»A« auf der Karte, *Abb. 90*) mit ein und machte den Bau

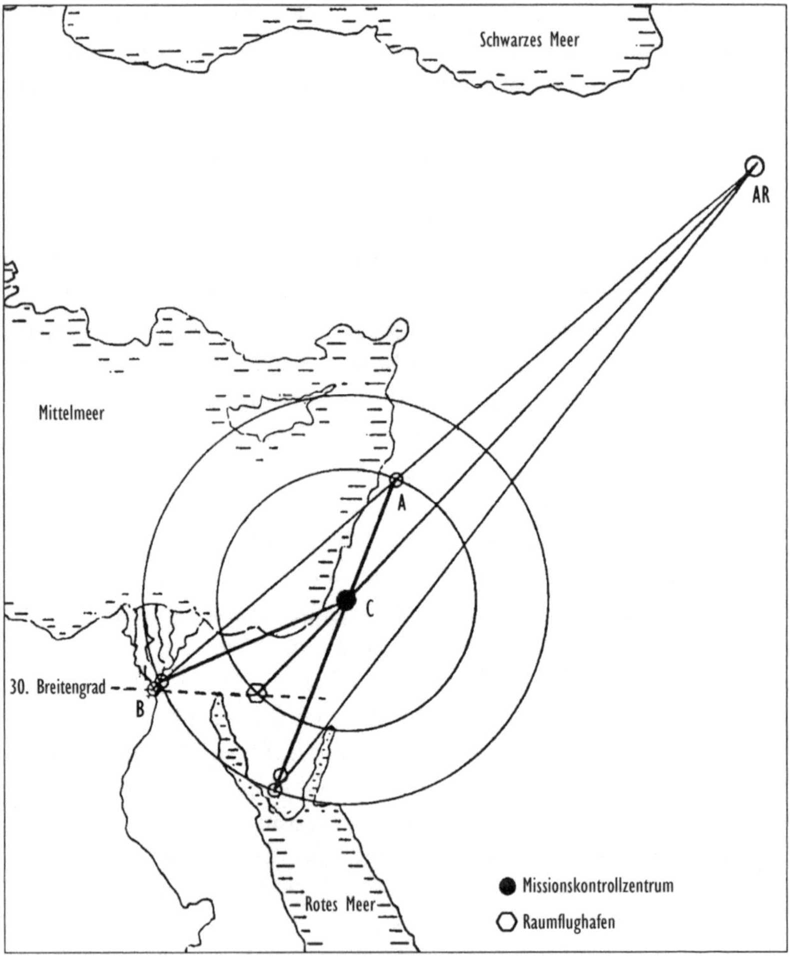

Abbildung 90

der beiden großen Pyramiden als Markierungspunkte für die Einflugschneise zur Ansteuerung des neuen Raumflughafens ebenso notwendig wie die Einrichtung eines neuen Missionskontrollzentrums (»C« auf der Karte) an einem Ort, den wir heute Jerusalem nennen.

Tilmun war eine Zone, zu der Sterbliche keinen Zutritt hatten; doch Gilgamesch – »zwei Drittel von ihm waren göttlich« – war überzeugt, dass dieses Verbot für ihn nicht galt; immerhin war auch Utnapischtim/Ziusudra, der Held der Sintflut, hierhergebracht worden, um ewig zu leben. So schmiedete Gilgamesch einen Plan für seinen zweiten Versuch, Unsterblichkeit zu erlangen. Und da es ihm zuwider war, auf Enkidu zu verzichten, hatte Gilgamesch eine Idee: Das Land der Bergwerke lag auf dem Seeweg, den ein Segelschiff nach Tilmun nehmen würde; sollten die Götter ihm doch erlauben, dorthin mit dem Schiff zu reisen, dann würde er Enkidu auf dem Weg absetzen. Einmal mehr musste Ninsun für ihn einspringen, einmal mehr leistete Utu ihm grollend Hilfe.

Und so geschah es, dass die Kameraden noch immer lebten und zusammen waren, als ihr Schiff die Meerenge passierte, die aus dem Persischen Golf (wie er heute heißt) hinausführt. An der Meerenge, am Ufer, bemerkten sie einen Wachturm. Ein Wächter, bewaffnet mit einem Strahl wie Huwawa, stoppte sie. »Lass uns umdrehen!«, meinte

Abbildung 91

Enkidu. »Wir fahren weiter!«, erwiderte Gilgamesch. Ein plötzlicher Wind, als sei er vom Strahl des Wachmannes ausgelöst, zerriss das Segel des Schiffes und ließ das Boot kentern. In der finsteren, stillen Tiefe des Meeres sah Gilgamesch Enkidus leblosen Körper, packte ihn und zog ihn an Land, auf ein Wunder hoffend. Er saß bei seinem Freund und betrauerte ihn Tag und Nacht, bis ein Wurm aus Enkidus Nasenlöchern kroch.

Allein, verloren und verzweifelt streifte Gilgamesch ziellos durch die Wildnis. »Wenn ich sterbe, soll ich nicht sein wie Enkidu?«, fragte er sich. Als sein Selbstbewusstsein zurückkehrte, nahm er den Weg »zu Utnapischtim, Sohn des Ubar-Tutu«. Geführt von der Sonne, lief er immer Richtung Westen. Bei Nacht betete er zu Nannar/Sin, den Mondgott, um Führung. Eines Nachts erreichte er einen Bergpass, an dem Wüstenlöwen hausten, und Gilgamesch überwältigte zwei von ihnen mit bloßen Händen. Er aß ihr rohes Fleisch und benutzte ihre Felle als Kleidung.

Das war ein Omen, dass er alle weiteren Hindernisse überwinden könne, glaubte Gilgamesch; es war auch eine Szene, die Künstler in der gesamten antiken Welt, ja sogar im alten Amerika, gerne darstellten, um die Geschichte zu illustrieren *(Abb. 91)*.

***

Als er den Gebirgszug überquerte, machte Gilgamesch in der Ferne zu Füßen der Berge ein schimmerndes Gewässer aus. An der angrenzenden Ebene erkannte er eine Stadt, »ringsherum abgeschlossen« – von einer mächtigen Mauer umgeben. Es war eine Stadt, »deren Tempel Nannar/Sin geweiht war« – die Stadt, die wir aus der Bibel als *Yeriho* (= »Mondstadt«) kennen, Jericho auf Deutsch. Er hatte, wie der Text später erklärt, das Salzmeer erreicht (das »Tote Meer« auf Deutsch, *Yam Hamelah,* »das Salzmeer«, in der Bibel).

Außerhalb der Stadt, »nahe bei dem tiefliegenden Meer«, gab es ein Gasthaus, und Gilgamesch lenkte seine Schritte dorthin. Die Schankwirtin Siduri sah ihn kommen und bereitete eine Schale Haferbrei für ihn; doch als er näher kam, erschrak sie, denn er trug Felle und sein Bauch war eingeschrumpft. Es dauerte ein wenig, bevor sie ihm seine Geschichte glaubte, dass er ein berühmter König sei, der nach seinem langlebigen Vorfahren suchte. »Nun, Schankwirtin«, fuhr er fort,

»welcher Weg führt zu Utnapischtim?« Es sei ein Ort jenseits des Salzmeeres, erklärte Siduri, um zu ergänzen:

Nie, oh Gilgamesch, hat es jemand überquert!
Vom Anfang der Tage an
konnte niemand, der kam, das Meer überqueren –
nur der tapfere Schamasch überquert das Meer!
Mühsam ist die Überquerung,
trostlos ist der Weg zudem,
leblos sind die Wasser des Todes,
die es umschließt.
Wie dann, Gilgamesch, willst Du das Meer durchkreuzen?

Ohne eine Antwort darauf zu haben, blieb Gilgamesch still. Dann ergriff Siduri wieder das Wort. Es gäbe freilich einen Weg, das Meer der Wasser des Todes zu überqueren: Utnapischtim habe einen Fährmann, der von Zeit zu Zeit hinüberkäme, um Lebensmittel zu holen; Urschanabi sei sein Name; geh, lass ihn dein Gesicht sehen – er nimmt dich vielleicht mit auf die andere Seite auf seinem Floß aus zusammengebundenen Baumstämmen.

Als der Fährmann Urschanabi eintraf, fiel es auch ihm (wie zuvor der Schankwirtin) schwer, zu glauben, dass Gilgamesch einst König von Uruk war. So musste Gilgamesch auch ihm die ganze Geschichte seiner Suche nach Unsterblichkeit, der Abenteuer am Landeplatz, vom Tod des Enkidu und seinen Wanderungen durch die Wüste bis hin zu seiner Begegnung mit der Schankwirtin erzählen, wobei er kein Detail ausließ. »Ich zog und wanderte durch alle Länder, ich überquerte schwierige Berge, ich durchfuhr die Meere«, schloss er, damit er »jetzt mitkommen und Utnapischtim sehen könne, den sie den Fernen nennen.«

Endlich überzeugt, nahm der Fährmann ihn mit und riet ihm, seinen Weg in Richtung des »Großen Meeres, das in der Ferne liegt« fortzusetzen. Doch dann müsse er abbiegen, wenn er zwei Markierungssteine erreiche, zu einer Stadt (die in der hethitischen Version Ulluyah heißt) ziehen und dort die Erlaubnis einholen, seinen Weg zum Berg *Maschu* fortzusetzen.

Gilgamesch folgte der Wegbeschreibung, doch er sparte sich den Aufenthalt in Ulluyah und zog stattdessen gleich weiter zum Berg Maschu, der, wie er bald herausfand, mehr als ein einfacher Berg war:

Raketenmänner bewachen seinen Eingang;
ihr Schrecken ist furchtbar, ihr Blick der Tod.
Ihr greller Strahl fegt über die Berge;
sie wachen über Schamasch,
wenn er aufsteigt und herabkommt.

»Als Gilgamesch sie erblickte, verfinsterten Angst und Schrecken sein Gesicht« – was kein Wunder war, wenn man sieht, wie antike Illustratoren sie darstellten *(Abb. 92)*. Doch die Wachen waren ebenso überrascht; als der Strahl eines der Raketenmänner Gilgamesch streifte, ohne ihm einen erkennbaren Schaden zuzufügen, rief er seinem Kollegen zu: »Der sich uns nähert, sein Körper ist aus dem Fleisch der Götter! Zwei Drittel von ihm ist Gott, ein Drittel Mensch!«

»Warum bist Du hergekommen«, stellten sie Gilgamesch zur Rede, »den Zweck Deines Kommens müssen wir erfahren.« Nachdem er seine Fassung zurückgewonnen hatte, trat er ihnen entgegen: »Wegen Utnapischtim, meinem Ahnherrn, der in die Versammlung der Götter aufgenommen wurde, bin ich gekommen, über Leben und Tod möchte ich ihn befragen«, erwiderte Gilgamesch.
»Nie gab es einen Sterblichen, der das erreichen könnte!«, erklärte der Raketenmann und erzählte ihm vom Mount Maschu und den unter-

Abbildung 92

irdischen Gängen, die zu ihm führten. »Den Bergweg ist noch niemand gegangen; er führt zwölf Doppelstunden in sein Inneres; tief ist die Finsternis, Licht ist dort keines!« Doch Gilgamesch ließ sich nicht entmutigen und der Raketenmann »öffnete ihm das Tor des Berges«.

Zwölf Doppelstunden lang drang Gilgamesch bei völliger Dunkelheit in den Tunnel vor, verspürte eine kühle Brise in der neunten Stunde und bemerkte in der elften Doppelstunde ein schwaches Licht. Als er schließlich den unterirdischen Gang verließ und ans Tageslicht trat, überwältigte ihn ein unglaublicher Anblick: Er befand sich in einem »Garten der Götter«, dessen Früchte aus Edelsteinen bestanden –

Als Frucht trägt er Karneole,
seine Reben sind zu schön, als dass man es fassen kann.
Die Blätter sind aus Lapislazuli;
die Trauben zu herrlich, um sie anzuschauen,
gefertigt aus … Steinen,
seine … aus weißen Steinen …
In seinen Wassern, reiner Schilf … aus *Sasu*-Steinen,
wie ein Lebensbaum und ein Baum des …
der aus *An.gug*-Steinen besteht.

Der Schilderung nach befand sich Gilgamesch in einem künstlichen Garten Eden, geschaffen aus kostbaren Edelsteinen. Gilgamesch staunte bei ihrem Anblick, als er plötzlich den Mann erblickte, nach dem er suchte, »den Fernen«. Als er dem Vorfahren aus der fernen Vergangenheit Auge in Auge gegenüberstand, hatte Gilgamesch dies zu sagen:

Wenn ich dich anblicke, Utnapischtim,
bist du keineswegs verschieden,
so als ob ich du wäre…

Dann erzählte er Utnapischtim von seiner Suche nach dem ewigen Leben und dem Tod des Enkidu und fragte ihn:

Sag mir,
wie bist du in die Versammlung der Götter aufgenommen worden
auf deiner Suche nach Leben?

»Nun«, meinte Utnapischtim, »so einfach war das nicht. Lass mich dir ein Geheimnis der Götter verraten«, fuhr er fort:

Einst kamen die Anunnaki, die großen Götter, zusammen;
Mammetum, der Macher des Schicksals,
bestimmte mit ihnen die Schicksale …
Schuruppak, eine Stadt, die du kennst,
eine Stadt, die am Euphrat liegt,
diese Stadt war uralt und so waren es seine Götter.
Als ihr Herz die großen Götter zur Sintflut veranlasste,
war der Herr der Reinen Voraussicht, Ea, mit ihnen.
Ihre Worte wiederholte er (zu mir) durch die Schilfmauer:
»Mann aus Schuruppak, Sohn des Ubar-Tutu,
reiß dein Haus nieder, baue ein Schiff!
Gib deinen Besitz auf, rette dein Leben!
An Bord des Schiffes nimm die Samen allen Lebens.«

Nachdem er ihm das Schiff und seine Maße geschildert hatte, erzählte Utnapischtim dem Gilgamesch, wie die Bewohner von Schuruppak mitgeholfen haben, das Schiff zu bauen, denn ihnen wurde gesagt, dass sie so Utnapischtim loswürden, dessen Götter mit Enlil stritten. Es folgte die gesamte Geschichte der Sintflut, bis, wie Utnapischtim erklärte, Enlil das Doppelspiel von Ea/Enki entdeckte und schließlich, als er seine Meinung geändert hatte, Utnapischtim und seine Frau segnete und ihnen erlaubte, fortan »das Leben der Götter« zu führen –

Er stand zwischen uns,
berührte unsere Stirn und segnete uns:
Bisher war Utnapischtim ein Mensch;
fortan sollen Utnapischtim und seine Frau
bei uns wie Götter leben.
In der Ferne soll der Mensch Utnapischtim leben,
an der Mündung der Wasserströme.

»Doch jetzt«, fuhr Utnapischtim fort und wandte sich an Gilgamesch, »wer wird für dich die Götter zur Versammlung rufen, dass du das Leben, das du suchst, auch findest?«

Als er das hörte und begriff, dass seine Suche vergebens war, da nur die Götter in einer Versammlung Ewiges Leben gewähren konnten – wurde Gilgamesch ohnmächtig, verlor das Bewusstsein und brach zusammen.

***

Abbildung 93

Sechs Tage und sechs Nächte lang wachten Utnapischtim und seine Frau, während Gilgamesch ununterbrochen schlief. Als er endlich erwachte, badeten sie Gilgamesch mit Hilfe Urschanabis und bekleideten ihn mit einem sauberen Gewand, das eines Königs würdig war, der in seine Stadt zurückkehrt. Es war in diesem letzten Augenblick, dass Utnapischtim mit Gilgamesch Mitleid empfand, ihn nicht mit leeren Händen gehen lassen wollte und ihn spontan fragte: »Was kann ich Dir geben, wenn Du jetzt in Dein Land zurückkehrst?« Er hatte ein Abschiedsgeschenk für ihn, ein »Geheimnis der Götter«:

Dir, Gilgamesch,
enthülle ich eine verborgene Sache –
ein Geheimnis der Götter werde ich dir verraten:
Es gibt eine Pflanze, deren Wurzel wie das Kreuzdorn ist.
Seine Dornen sind wie die eines Dornenstrauchs,
deine Hände werden sie zerstechen.
(Doch) wenn deine Hände diese Pflanze pflücken,
wirst Du neues Leben dadurch finden!

Diese verjüngende Pflanze, so erklärte ihm Utnapischtim, wachse auf dem Boden eines Wasserlochs (oder Brunnens), und er zeigte ihm, wo. »Sogleich als Gilgamesch dies hörte, öffnete er den Brunnendeckel. Er band schwere Steine an seine Füße; sie zogen ihn hinunter in die Tiefe und er sah die Pflanze. Er ergriff die Pflanze, obwohl sie seine Hände zerstach. Er schnitt die schweren Steine von seinen Füßen; der Brunnen zog ihn hoch bis an seinen Rand.«
Die verjüngende Pflanze haltend – eine Szene, die wahrscheinlich auf einem assyrischen Monument dargestellt ist *(Abb. 93)* – erzählte der überglückliche Gilgamesch Urschanabi, dem Fährmann, seine Pläne für die Zukunft:

Urschanabi, diese Pflanze gleicht keiner anderen,
denn durch sie kann ein Mensch
den Atem seines Lebens zurückerlangen!
Ich bringe sie in das fest ummauerte Uruk,
Ich werde … dazu bringen, die Pflanze zu essen,
»Der Mensch wird im Alter jung«
wird ihr Name sein.

Ich selbst werde (von ihr) essen,
und in den Zustand meiner Jugend zurückkehren!

Überzeugt, jetzt endlich seinen Lebenstraum erfüllt zu haben, machte sich Gilgamesch auf den Heimweg nach Uruk, begleitet von Urschanabi. Nach zwanzig Meilen unterbrachen die beiden die Reise »für einen Bissen«. Nach weiteren dreißig Meilen »sahen sie einen Brunnen und bereiteten sich ein Lager für die Nacht«. Erfüllt von Visionen seiner Verjüngung, legte Gilgamesch die Tasche mit der einzigartigen Pflanze nieder, um ein erfrischendes Bad zu nehmen; und als er nicht aufpasste,

roch eine Schlange den Duft der Pflanze;
sie kroch aus dem Wasser und trug die Pflanze fort.
Und Gilgamesch setzte sich nieder und weinte,
seine Tränen liefen ihm über sein Gesicht.

Gilgamesch, ein Halbgott, weinte, denn erneut hatte das Schicksal seinen Erfolg in eine Niederlage verwandelt. Die Menschheit, so scheint es, weint immer noch – denn das war die größte Ironie der Geschichte: Es war die Schlange, die einst die Menschheit ermutigte, von der verbotenen Frucht zu essen, ohne sich vor dem Tod zu fürchten – und es war die Schlange, die den Menschen der Frucht des Nichtsterbens beraubte …

War sie wieder eine Metapher für Enki?

***

Gilgamesch, so heißt es in der sumerischen Königsliste, regierte 126 Jahre, bevor ihm sein Sohn *Ur.lugal* auf den Thron folgte. Sein Tod lässt wie diese ganze tragische Geschichte die Frage unbeantwortet, die ihr Zentralthema ist: Kann der Mensch – selbst wenn er zum Teil ein Gott ist – den Tod verhindern? Und wenn sein Leben schon ein unbeantwortetes Rätsel ist, so gilt das umso mehr für seinen Tod.

Von Gilgamesch im 3. Jahrtausend v. Chr. über Alexander im 4. Jahrhundert v. Chr. bis zu Ponce de Leon (der den Jungbrunnen auf der Insel Bimini suchte) im 16. Jahrhundert n. Chr. suchte die Mensch-

Abbildung 94

heit zu allen Zeiten nach einem Weg, das Sterben zu vermeiden oder es zumindest zu verzögern. Doch ist diese universale und nie endende Suche vielleicht das Gegenteil von dem, was die Schöpfer des Menschen einst planten? Deuten die Keilschrifttexte und die Bibel vielleicht sogar darauf hin, dass die Götter *bewusst* dem Menschen die Unsterblichkeit vorenthielten?

Im *Gilgameschepos* finden wir die Antwort auf unsere Frage in Form einer Tatsachenbehauptung, die man als ein klares »Ja« zusammenfassen kann:

Als die Götter die Menschheit erschufen,
teilten sie dem Menschen den Tod zu –
»Ewiges Leben« aber behielten sie für sich.

Gilgamesch hatte das aus dem Mund seines Patenonkels Utu/Schamasch vernommen, als sein Interesse an Fragen des Lebens und des Todes begann, und noch einmal von Utnapischtim, als er ihm von dem Zweck seiner Reise erzählte. Die Antwort ist also klar: Es ist ein sinnloses Unterfangen – der Mensch kann seiner Sterblichkeit nicht entkommen und die ganze, lange Geschichte von Gilgamesch scheint dies zu bestätigen.

Doch wenn wir die Geschichte noch einmal lesen, wird die Ironie dieser scheinbaren Antwort offensichtlich: Der Weg zur Langlebigkeit der Götter, so wurde Gilgamesch von seiner Mutter erklärt, war, *sich zu ihnen auf ihren Planeten zu begeben.* Das erklärt, weshalb derselbe Utu/Schamasch, der zuerst sagte: »Vergiss es!«, später Gilgamesch bei seinen beiden Versuchen half, dorthin zu gehen, wo die Raketenschiffe starten und landen. Als ihm das nicht gelang, wurde Gilgamesch ein »Geheimnis der Götter« offenbart: die Existenz einer verjüngenden »Pflanze des Lebens« hier auf der Erde. Und das lässt wieder eine Frage über die Götter aufkommen: Hing *ihr* »ewiges Leben« auch von einem solchen Nährstoff ab? Waren sie also doch nicht die angeblich »Unsterblichen«?

Ein interessantes Licht wird aus dem Alten Ägypten auf diese Frage geworfen, wo die Pharaonen glaubten, dass sie Ewiges Leben nach dem Tod erwartet, wenn sie zu den Göttern auf ihren »Planeten der Millionen Jahre« reisen. Um das zu erreichen, mussten umfangreiche

Abbildung 95

Vorkehrungen getroffen werden, um einen Pharao nach seinem Tod auf eben diese Reise zu schicken. Das begann damit, dass das *Ka* (eine Art nachtodliches Alter Ego) des Pharaos von seinem Grab durch eine Scheintür austrat, um dann zum *Duat* auf der Halbinsel Sinai zu reisen, wo es auf einen Raumflug mitgenommen würde. (Die Existenz einer solchen Anlage auf dem Sinai wird durch eine Grabdarstellung bestätigt, die ein mehrstufiges Raketenschiff – ähnlich dem sumerischen ***Din.gir***-Symbol! – in einem unterirdischen Silo zeigt. *Abb. 94*) Ausführliche Beschreibungen und Zeichnungen im *Buch der Toten* handeln von dieser unterirdischen Anlage, den Piloten der Raketenschiffe und den atemberaubenden Starts.

Doch der Zweck dieser Raumreise war nicht nur, auf dem Planeten der Götter zu leben. »Nehmt diesen König mit euch, dass er von dem essen möge, was ihr esst, und dass er von dem trinken möge, was ihr trinkt, dass er dort leben möge, wo ihr lebt«, rief ein altägyptischer Hymnus die Götter an. In der Pyramide des Pharaos Pepi findet sich ein Anruf an die Götter, deren Heimstätte auf dem »Planeten der Millionen Jahre« liegt: »Mögen sie dem Pepi die Pflanze des Lebens geben, die sie selbst ernährt«. Eine farbige Darstellung an der Pyramidenwand zeigt den König (hier von seiner Frau begleitet), wie er nach seinem Tod das himmlische Paradies erreicht und von dem Wasser des Lebens trinkt, aus dem der Baum der Frucht des Lebens wächst *(Abb. 95)*.

Die ägyptische Vorstellung vom Wasser des Lebens und der Frucht des Lebens der Götter entspricht sumerischen Darstellungen von geflügelten Göttern (»Adlermännern«), die den Baum des Lebens flankieren, während sie in einer Hand die Frucht des Lebens und in der anderen einen kleinen Eimer mit dem Wasser des Lebens halten *(Abb. 72)*. Der Glaube, der diesen Darstellungen zugrunde liegt, unterscheidet sich kaum von den Geschichten der Hindus vom *Soma* – einer Pflanze, die die Götter aus dem Himmel zur Erde brachten und deren Blätter einen Saft absondern, der Inspiration, Vitalität und Unsterblichkeit verleiht.

Während all das in Übereinstimmung mit dem biblischen Ansatz zu dem Thema zu stehen scheint, den wir aus der Erzählung von den beiden besonderen Bäumen im Garten Eden kennen – dem Baum der Erkenntnis und dem Baum des Lebens, dessen Frucht es Adam ermöglichen würde, »ewig zu leben« – finden wir in der Bibel auch *ein göttliches Bestreben, den Menschen vom Genuss dieser Frucht abzuhalten.*

Der Mensch wurde aus dem Garten Eden verbannt, bevor er es auch nur versuchte, und Gott war so sehr bemüht, zu verhindern, dass Erdlinge Zugang zu diesem Baum des Lebens erhielten, dass er »östlich des Gartens von Eden die Kerubim aufstellte und das lodernde Flammenschwert, damit sie den Weg zum Baum des Lebens bewachten.«

Das Grundelement dieser Geschichte – dass der Schöpfer den Menschen daran hindert, an der Nahrung der Götter teilzuhaben – finden wir in der sumerischen Erzählung von Adapa wieder. Hier ist es der Schöpfer des Menschen selbst, Enki, der seinen »vollkommenen Mustermenschen«, seinen eigenen Erdlingssohn Adapa, so behandelt:

Seinen Verstand vervollkommnete er,
Weisheit hat er ihm geschenkt;
er hat ihm Wissen gegeben –
doch **dauerhaftes Leben** hat er ihm vorenthalten.

Dann wird Enkis eigenes Werk getestet: Adapa, seinem Sohn mit einer Erdenfrau – einem wahren Wunderkind, das Anu nach Nibiru eingeladen hatte – wird dort das »Brot des Lebens« und das »Wasser des Lebens« angeboten. Vorher aber hatte Enki ihn ermahnt, beides zu meiden, da es Adapa den Tod bringen würde. Das war, so stellte sich schließlich heraus, nicht wahr – ähnlich wie Gottes Warnung an Adam und Eva, sie würden sterben, wenn sie die Frucht vom Baum der Erkenntnis essen. Was Gott Sorgen bereitet (in der Geschichte vom Garten Eden), ist nicht die Gefahr, dass das Paar sterben könnte, sondern das Gegenteil: »dass es jetzt nicht die Hand ausstreckt, auch vom Baum des Lebens nimmt, davon isst und *ewig lebt!*« (Genesis 3,22).

(Die hebräischen Worte in der Urschrift der Bibel lauten an dieser Stelle: *Ve'akhal ve Chai* ***Le'Olam*** – »davon isst und ***im OLAM*** lebt.« Der Begriff Olam wird gewöhnlich als »ewig« oder »immer« übersetzt, kann sich aber auch auf einen physischen Ort beziehen und in diesem Fall als »Welt« übersetzt werden. Er stammt, wie ich bereits zeigte, von dem Verb ab, das so viel wie »verschwinden, unsichtbar sein« bedeutet, sodass ***Olam der hebräische Name für Nibiru*** sein könnte – und in diesem Kontext der Ort des langen Lebens ist (siehe Seite 216: »Worte und ihre Bedeutung«).

Gott war also besorgt, dass der Adam, sollte er vom Baum des Lebens essen, die Lebensspanne »*des* Olam«, also den Lebenszyklus auf Nibiru erlangen würde. In den sumerischen Texten sorgt Enki durch eine List dafür, dass Adapa nicht in den Genuss der göttlichen Speisen kommt, denn als der Mensch geschaffen wurde, wurde ihm Ewiges Leben bewusst vorenthalten. Während die Existenz von Speisen des Lebens bestätigt wird, ist es nicht Unsterblichkeit, sondern »dauerhaftes Leben«, Langlebigkeit, die dem Menschen verweigert wird. Beide könnten auf kurze Sicht zu demselben Ergebnis führen, aber sie sind nicht dasselbe.

Was aber war dieses »Leben des Olam«, das Leben auf Nibiru – eine endlose Unsterblichkeit oder einfach extreme Langlebigkeit, verursacht dadurch, dass man auf Nibiru in *Schar*-Einheiten rechnete – und ein Lebenszyklus damit 3600 mal länger dauerte als auf der Erde? Die Vorstellung von Göttern (oder sogar Halbgöttern) als Unsterblichen kam zu uns aus dem alten Griechenland; doch die Entdeckung von Tontafeln, beschriftet mit kanaanitischen »Mythen« bei Ausgrabungen in den 1920er Jahren in Ugarit (der einstigen Hauptstadt der Kanaaniter an der syrischen Mittelmeerküste) zeigte, woher die Griechen ihre Mythen hatten: von den Kanaanitern, auf dem Umweg über Kreta.

In Mesopotamien dagegen nahmen die Götter niemals absolute Unsterblichkeit für sich in Anspruch. Allein schon die Auflistung früherer Generationen auf Nibiru verrät uns: Das waren die Vorväter, die verstorben sind. Die Geschichte von **Dumuzi** macht seinen Tod öffentlich, einen Tod, dessen jedes Jahr im Monat *Tammuz* gedacht und der öffentlich betrauert wurde (sogar in Jerusalem zur Zeit des Propheten Ezechiel). **Alalu** wurde verurteilt, im Exil zu sterben; **An.Zu** wurde wegen seines Verbrechens hingerichtet; ***Osiris*** wurde von Seth getötet und zerstückelt; der Gott ***Horus*** starb durch einen Skorpionstich (aber wurde von Thot wiederbelebt). Selbst Inanna wurde ergriffen und getötet, als sie unerlaubt die Unterwelt betrat (doch durch Enkis Bemühungen wiederbelebt).

Es gab keine Unsterblichkeit, ja nicht einmal einen Anspruch auf Unsterblichkeit bei den Anunnaki. ***Es gab nur die Illusion, dass sie unsterblich seien, verursacht durch ihre extreme Langlebigkeit.***

Diese Langlebigkeit war offensichtlich eine Folge des Lebens auf Nibiru und nicht etwa verursacht durch einige von Nibirus einzigartigen Speisen, denn weshalb sonst hätte Ninsun Gilgamesch ermutigt, sich dorthin zu begeben, um das »Leben eines Gottes« zu erlangen.

Dabei stellt sich der modernen Wissenschaft eine interessante Frage: War der langlebige Lebenszyklus (auf Nibiru oder sonstwo im Universum) ein erworbenes Merkmal oder die Folge einer evolutionsgenetischen Anpassung? Eine Aussage in Zusammenhang mit Adapa deutet auf eine genetische Entscheidung Enkis hin – dass ein »*Langlebigkeitsgen*«, *das Enki bekannt* war, mit Absicht aus dem menschlichen Erbgut entfernt wurde, als die »Vermischung« der Gene stattfand. Werden wir je in der Lage sein, es zu finden?

Dass es einen Schlüssel geben könnte, der uns Zugang zu diesen genetischen Geheimnissen ermöglicht – zu dieser Erkenntnis wird uns unsere Suche auf den Spuren der Götter und Halbgötter noch führen.

Wie man »Leben« buchstabiert

Die ersten Übersetzer der hebräischen Bibel und buchstäblich alle, die ihnen folgten, haben ihr Bestes gegeben, ein Gefühl für den Göttlichen Geist zu vermitteln, uns ein hoheitsvolles Staunen vor dem Werk des Schöpfers zu entlocken, wie es in allen Phasen im Buche Genesis geschildert wird. Da wurde aus den »Winden« (Satelliten) Nibirus/Marduks – ***Ru'ah*** auf Hebräisch, der *»Geist«* (Gottes) – der über dem Chaos und der Finsternis schwebte; die *Elohim*, die den Adam »als unser Abbild, uns ähnlich« schufen, hauchten ihm den »Lebensatem« ***(Neschamah)*** in seine Nase ein und *»beseelten«* ihn dadurch.

Auf unserem Weg hielten wir hier und dort inne und zeigten in diesem Buch auf, wo (a) falsche Vorstellungen aus falschen Übersetzungen erwuchsen und (b) in welchen Fällen das Hebräische die wörtliche Übersetzung eines sumerischen Begriffes ist, wir das ursprüngliche Wort identifizieren und damit den Sinn des Verses besser erfassen können.

Es war der berühmte Sumerologe Samuel Noah Kramer, der darauf hinwies, dass der hebräische Verfasser der Bibel in der Geschichte von der Erschaffung Evas aus Adams Rippe – ***Tsela*** auf Hebräisch – das sumerische Wort Ti als »Rippe« übersetzte – was ganz korrekt wäre, wenn es da nicht auch ein zweites, ähnlich betontes Wort ***Ti*** im Sumerischen gäbe, das »Leben« bedeutet, etwa in ***Nin.ti*** (= »Herrin des Lebens«). Was also wirklich geschah, war, dass Adam das entnommen wurde, was »Leben« ist – DNS –, um es zu manipulieren und weibliche genetische Chromosomen zu erhalten.

Dieses Beispiel kommt einem in den Sinn, wenn man die tatsächlichen sumerischen Worte liest, die Ziusudra benutzte, um Gilgamesch zu schildern, wie Enlil ihm das »Leben eines Gottes« gewährte:

Ti Dingir.dim Mu.un.na Ab.e.de
Zi Da.ri Dingir.dim Mu.un.na Ab.e.de

Zwei sumerische Begriffe, *Ti* und *Zi,* die gewöhnlich beide als »Leben« übersetzt werden, finden hier Verwendung; wo also liegt der Unterschied zwischen ihnen? Soweit man das sagen kann, wird *Ti* benutzt, um die körperlichen Aspekte der Gottähnlichkeit zu beschreiben, während *Zi* die *»Funktionsweise«* des Lebens meint, also das, wodurch der Körper am Leben gehalten wird. Um besonders zu verdeutlichen, was er damit ausdrücken wollte, fügte der sumerische Autor dem Wort *Zi* den Begriff *Da.ri* (= »Dauer«) hinzu; was also Ziusudra gewährt wurde, waren sowohl die körperlichen wie die dauerhaften Aspekte des göttergleichen Lebens.

Die beiden Zeilen werden gewöhnlich so übersetzt: »Ein *Leben* wie das eines Gottes schenkte er ihm, eine ewige Seele wie die eines Gottes erschuf er für ihn.«

Das ist gewiss eine meisterhafte Übersetzung, doch nicht wirklich das, was der sumerische Autor mit seinem genialen Wortspiel ausdrücken wollte, als er einmal das Wort *Ti* und in der nächsten Zeile das Wort *Zi* (wie in Ziusudra) benutzte. ***Nicht eine »Seele«, sondern* Dauerhaftigkeit *wurde Ziusudras Leben hinzugefügt.***

XIII
Dämmerung einer Göttin

»Komm Gilgamesch, sei Du mein Liebhaber!«

Es gibt schwerlich andere Worte, die besser die unbeabsichtigten Konsequenzen der nachsintflutlichen Beziehungen zwischen Göttern und Erdlingen versinnbildlichen, als diese aus dem Mund Inannas.

Tatsächlich hatten sie längst keinen Grund mehr, in der Alten Welt zu bleiben, nachdem den Anunnaki klar wurde, dass sie alles Gold, das sie brauchten, in den Anden nur aufsammeln mussten. Enlil, so erklärte Ziusudra, änderte seine Meinung, was die Auslöschung der Menschheit vom Antlitz der Erde betraf, als er das Aroma gegrillten Fleisches roch – das Dankopfer eines Lammes, dargebracht von Ziusudra; doch in Wirklichkeit hatte die Führungsgruppe der Anunnaki bereits ihren Plan bereut, als das Ausmaß der Katastrophe offensichtlich wurde.

Während unten auf der Erde die gewaltige Flutwelle alles davon - schwemmte, umkreisten die Götter sie in ihren Flugzeugen und Raumfähren. In ihrem vollgepackten Inneren »kauerten die Götter wie Hunde, an die Wände gedrängt … saßen die Anunnaki durstig und hungrig … Ischtar schrie auf wie eine Frau in den Wehen, die Anunnaki weinten mit ihr: ›Ach, die alten Tage sind im Schlamm versunken‹«. Am meisten berührte das Ninmah –

> Die große Göttin sah und weinte …
> Ihre Lippen waren mit Fieberbläschen bedeckt.
> »Meine Kreaturen sind wie Fliegen geworden –
> sie füllen die Flüsse wie tote Libellen,
> ihre Vaterschaft ist fortgerissen von der tobenden See.«

Als die Flutwelle sich zurückzog und der Zwillingsgipfel des Berges Ararat aus dem endlosen Meer auftauchte, während die Anunnaki allmählich die Landung ihrer Fluggeräte vorbereiteten, war Enlil empört, als er erfuhr, dass »Noach« überlebt hatte. Lange Verse berichten detailliert über die Vorhaltungen, die er Enki machte, als dessen Doppelspiel ans Licht kam, und die Rechtfertigungen, die dieser vorbrachte. Doch ebenso lang sind die Verse mit dem scharfen Tadel, den Ninmah an Enlil und seine »Lasst sie uns auslöschen!«-Politik richtete. Wir haben sie geschaffen, also sind wir jetzt für sie verantwortlich!, war der Kernsatz ihrer Argumentation; und das überzeugte Enlil neben den Realitäten dieser Situation, seine Meinung zu ändern.

Ninmah – eine Frau wie aus einem Shakespeare-Drama, hätte der Dichter in ihrer Zeit gelebt – hatte in den Angelegenheiten der Götter und Menschen vor der Flut eine wichtige Rolle gespielt; und so tat sie es, wenn auch auf andere Weise, auch danach. Die Tochter Anus wurde bei einer Dreiecksbeziehung mit ihren beiden Halbbrüdern erwischt und hatte einen außerehelichen Sohn (Ninurta) mit Enlil, nachdem ihr verboten worden war, Enki zu heiraten, den sie liebte. Sie galt als wichtig genug, dass ihr eine der ersten fünf vorsintflutlichen Städte (Schuruppak) zugewiesen wurde, sie war als Oberster Stabsarzt der Anunnaki zur Erde gekommen *(Abb. 65)*, was damit endete, dass sie für sie ***Ameluti*** – Arbeiter – erschuf (was ihr die Titel **Ninti, Mammi, Nintur** und viele andere einbrachte). Jetzt sah sie, wie ihre Geschöpfe zu Lehm wurden und erhob ihre Stimme gegen Enlil.

Danach diente sie als Vermittlerin zwischen den rivalisierenden Halbbrüdern und ihren Clans. Von beiden Seiten respektiert, handelte sie den Frieden aus, der die Pyramidenkriege beendete und die heilige Vierte Region (die Halbinsel Sinai) mit ihrem Raumflughafen zum neutralen Territorium werden ließ. Ein langer Text beschreibt, wie ihr Sohn Ninurta für sie eine komfortable Residenz inmitten der Berge auf der Halbinsel Sinai anlegte, was dazu führte, dass man sie im Sumerischen auch **Ninharsag** (= »Herrin der Berggipfel«) und im Ägyptischen *Ntr Mafqat* (= »Göttin/Herrin des Türkissteines«, der auf dem Sinai abgebaut wurde) nannte. Sie wurde in Ägypten als die Göttin Hathor (wörtlich: *Hat-Hor*, »Wohnsitz des Horus«) verehrt und erhielt auf ihre alten Tage in Sumer wie in Ägypten den wenig schmeichelhaften Spitznamen »die Kuh«, weil sie angeblich mehrere Halbgötter säugte. Doch zu allen Zeiten war sie damit gemeint, wenn von der »Großen Göttin« die Rede ist.

Sie war nie verheiratet und gilt als die ursprüngliche »Jungfrau«, nach der das entsprechende astrologische Sternbild benannt wurde, aber sie hatte neben ihrem Sohn mit Enlil noch mehrere Töchter, deren Vater Enki war und die auf der Erde als Ergebnis eines Liebesspiels am Ufer des Nils geboren wurden. Die Geschichte von ihrer Zeugung, die fälschlich als *ein Mythos vom Paradies* bezeichnet wird, endet damit, dass Ninharsag und Enki zu Heiratsvermittlern werden und die jungen Göttinnen mit männlichen Enkiiten verkuppeln; darunter die Bräute des **Ningischzidda** (Enkis wissenschaftlich versierten Sohnes) und des **Nabu** (Marduks Sohn). Das waren sicher mächtige Verbindungen, doch wie wir sehen werden, nicht Ninharsags letzter Versuch, durch Geburten und Hochzeiten zur Strippenzieherin zu werden, wobei sich bald ihre jüngere Schwester, die Göttin **Bau,** und Baus Tochter **Ninsun** hinzugesellten.

Bau, die ebenfalls von Nibiru stammte, war eine der großen Anunnaki-Göttinnen. Sie war die Gattin Ninurtas und damit die Schwiegertochter der Ninharsag. Doch Bau war auch die jüngste Tochter Anus und damit eine Schwester Ninharsags ... und so dienten diese Beziehungen in zweifacher Hinsicht als besonderes Band zwischen den beiden Göttinnen, speziell als Bau alles daran setzte, sich einen Namen als Ärztin zu machen, und verschiedenen Erzählungen zufolge sogar Tote zum Leben erweckte.

Als sie und Ninurta sich in dem neuen Heiligen Bezirk niederließen, den König Gudea von Lagasch für sie errichtet hatte, wurde ihre Residenz zu einer Art Feldlazarett für die Menschen (und nicht die Götter) – ein einzigartiges Beispiel für ihre große Liebe zur Menschheit, die Bau mit Ninharsag teilte. Liebevoll Gula (= »Die Große«) genannt, wurde sie in Gebeten als »Gula, die große Ärztin« angerufen – aber auch in Flüchen, in denen es darum ging, einen Feind »mit Krankheit und nicht heilenden Geschwüren« zu überziehen. Ihr Spitzname aber bezog sich trotzdem auf ihre beachtliche Körpergröße (siehe *Abb. 80*).

Wenn Ninmah/Ninharsag die erste »ewige Brautjungfer, aber nie eine Braut« war, galt Ninsun, ihre Enkelin (über Ninurta) und Nichte (über Bau) gewissermaßen als die »ewige Braut«; und so gab es eine ganze Reihe bekannter Könige, die von sich behaupteten, ihre Söhne zu sein, an erster Stelle der große Gilgamesch. Mit seinem Vater angefangen und bis hinein in die Dritte Dynastie von Ur und darüber hinaus, überlebte sie einen sterblichen Ehemann nach dem anderen. Ihr Familienalbum (wenn sie eines gehabt hätte) quoll über mit Ex-Männern, Kindern und Enkeln – angefangen mit ihren eigenen elf Kindern mit dem vergöttlichten Halbgott Lugalbanda.

Diese drei – Ninharsag, Bau und Ninsu – bildeten ein Göttinnen-Trio, das zeitlebens die Könige Sumers im Leben wie im Tod kontrollierte (einschließlich dem größten *Geheimnis einer Frau*). Eine vierte weibliche Protagonistin – Inanna/Ischtar – hatte, wie wir sehen werden, ganz eigene Pläne.

***

Nachdem sie sich mit dem Gedanken versöhnt hatten, die Erde mit der Menschheit zu teilen, setzten die Anunnaki alles daran, die Erde nach der Sintflut wieder bewohnbar zu machen. Im Niltal baute Enki – der ***Ptah*** der Ägypter – Dämme mit Schleusen (siehe *Abb. 12*), um das Flutwasser abfließen zu lassen und, um einen Papyrustext zu zitieren, »das Land unter den Wassern emporzuheben«. In der Ebene von Euphrat und Tigris schuf Ninurta bewohnbare Gegenden, indem er Bergpasse abdämmte und das Flutwasser abfließen ließ. In einer »Kammer der Schöpfung« – wahrscheinlich auf der großen Steinplattform, die von den Igigi als »Landeplatz« benutzt wurde – überwachten Enki und Enlil Versuche der genetischen »Domestizierung« von Pflanzen und Tieren. Der Eifer, den man dabei an den Tag legte, zeugt davon, dass die Anunnaki-Elite offenbar selbst ganz begeistert war von ihrer Vision, jetzt zu kosmischen Wohltätern zu werden. Ob es nun richtig oder falsch war, sie hatten nun mal die Erdlinge geschaffen, die ihnen als Arbeiter in den Minen und auf den Feldern dienten, und so führte Anus Staatsbesuch auf der Erde ca. 4000 v. Chr. dazu, dass man entschied, es sei nur gerecht, der Menschheit ein »Königtum« – eine Zivilisation – zu gewähren, indem man die vorsintflutlichen Städte (an exakt der Stelle, an der sie einst standen) wieder aufbaute und verschiedene neue gründete.

Viel wurde auf der Grundlage der archäologischen Entdeckungen darüber geschrieben, wie Städte einst zu »Kultzentren« dieser oder jener besonderen Gottheit wurden, mit einem ***»E«*** (»Wohnsitz« = Tempel) inmitten eines »Heiligen Bezirks« ausgestattet, wo Priester die dort residierende Gottheit mit allen Annehmlichkeiten des Lebens eines privilegierten Übermenschen versorgten. Doch nicht genug wurde über die Rolle der »Sondergottheiten« geschrieben, die zum Standbein des zivilisatorischen Fortschritts wurden: Eine Göttin wie **Nidaba** etwa, die für das Schreiben zuständig war und die gewöhnlichen wie die spezialisierten Schreiber-Schulen beaufsichtigte; oder **Nin.kaschi,** verantwortlich für das Bierbrauwesen, das zu den »Erstlingen« Sumers gehört und ein wichtiger Bestandteil seines sozialen Lebens war; oder **Nin.a,** die sich um die Wasservorräte des Landes kümmerte.

Sie alle waren *Göttinnen;* ganz so wie **Nisaba,** auch als *Nin.mul.mula* (= »Herren der vielen Planeten« oder »Herren des Sonnensystems«) bezeichnet, eine Astronomin, zu deren Aufgabenbereich die astronomische Ausrichtung neuer Tempel gehörte – und das nicht nur in Sumer, sondern auch in Ägypten, wo sie als *Sescheta* verehrt wurde. Eine weitere Göttin, **Nansche,** war die Herrin des Kalenders und bestimmte den Neujahrstag. Neben den »traditionellen« medizinischen Diensten, die von der Gruppe der *Suds* (= »Jene, die Hilfe leisten«) geleistet wurden, die mit Ninmah zur Erde kam, umfassten die Spezialaufgaben, für die Göttinnen zuständig waren, jeden Aspekt des zivilisierten Lebens.

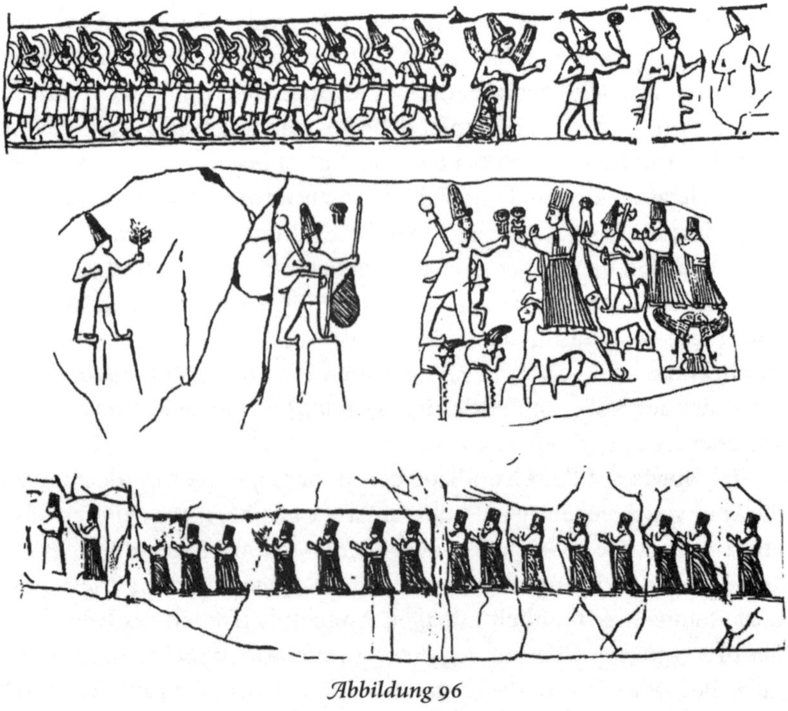

Abbildung 96

Abbildung 97

Die immer wichtigere Rolle, die Göttinnen in den Angelegenheiten und der Hierarchie der Anunnaki spielten, kommt an einer heiligen Stätte der Hethiter, Yazilikaya in Anatolien, graphisch zum Ausdruck, wo das Pantheon der zwölf führenden Götter, deren Bilder man in den Fels geschlagen hatte, aus zwei gleich großen Gruppen von Göttern und Göttinnen besteht, die sich mit ihrem Gefolge aufeinander zubewegen (*Abb. 96,* Teilansicht).

In den Beziehungen zwischen Anunnaki und Erdlingen wurde die allmähliche »Verweiblichung« unterstrichen durch die tatsächlichen Machtverhältnisse in der zweiten und dritten Generation der Anunnaki auf der Erde. In den alten Tagen erhielt die Krankenschwester **Sud** zwar den Titel **Nin.lil,** als sie zu Enlils Gemahlin wurde, doch ihr Titel (»Herrin des Oberbefehls«) machte aus ihr noch lange keine Kommandantin der Anunnaki. Ähnlich erhielt zwar Eas Frau **Damkina** den Titel **Nin.ki** (= »Herrin (der) Erde«), als er in **En.ki** umbenannt wurde, doch sie war nie wirklich die Herrin der Erde. Selbst **Nin.gal,** die Frau von Enlils erstgeborenem Sohn **Nannar/Sin,** die auf offiziellen »Portraits« *(Abb. 97)* scheinbar denselben Rang wie er einnimmt, hatte keine eigenständige Befehlsgewalt.

Anders verhielt es sich mit Göttinnen, die auf der Erde geboren wurden, wie sich am Beispiel von Nannar/Sins und Ningals Töchtern **Ereschkigal** und **Inanna** zeigte. Als Inanna die Stadt Uruk anvertraut wurde, verwandelte sie es in eine mächtige Hauptstadt des Landes Sumer; als Marduk den Tod ihres Bräutigams Dumuzi verursachte, löste sie einen interkontinentalen Krieg aus; als sie zur göttlichen Herrin von Aratta ernannt wurde, bestand sie darauf, dass ihm der volle Status einer Dritten Region gewährt wurde. Sie konnte Könige ernennen und machte eifrig von diesem Recht Gebrauch (um sie anschließend herumzukommandieren).

Als Ereschkigal (= »Erste des großen Landes«) wenig begeistert davon war, dass sie Enkis Sohn Nergal heiraten sollte, der kahlköpfig war und von Geburt an hinkte, wurde ihr versprochen, sie würde Herrin seiner afrikanischen Ländereien werden; sie wurden als »Unterwelt« bezeichnet und lagen an der Südspitze des Kontinents. Ereschkigal richtete dort ein Gelände für wissenschaftliche Beobachtungen in Zusammenhang mit der Sintflut und (später) zur Bestimmung der Tierkreis-Zeitalter ein. Text für Text beschreibt, mit welch rücksichtslosem Ehrgeiz sich Ereschkigal die daraus resultierende Macht zunutze machte.

Aber auf einem Gebiet kamen all diese Veränderungen besonders zum Vorschein, und das betraf die Halbgötter.

Mit der Einrichtung des Königtums entstand das Amt eines »Königs« – eines ***Lu.gal*** oder »großen Mannes«. Der residierte in seinem eigenen ***E.gal,*** dem Palast, er leitete die Verwaltung, erließ Gesetze, sprach Recht, baute Straßen und Kanäle, unterhielt Kontakte zu den anderen städtischen Zentren und kümmerte sich darum, dass die Gesellschaft funktionierte – alles im Auftrag der Götter. Das war, im Großen und Ganzen, eine Formel für Wachstum, Errungenschaften in Technologie und Kunst und garantierte Wohlstand. So, wie es vor rund 6000 Jahren in Sumer begann, wurde es zur Grundlage dessen, was wir bis auf den heutigen Tag Zivilisation nennen.

Es war zu erwarten, dass früher oder später jemand auf die Idee kommen würde, dass die besten Lu.gal den Halbgöttern gleichen müssten, die vor der Sintflut »und auch später noch« lebten. Gesegnet (tatsächlich oder vermeintlich) mit mehr Intelligenz, physischer Kraft und Größe sowie von bedeutend längerer Lebensdauer als der gewöhnliche Erdling, erschienen »Halbgötter« als die beste Wahl für einen Posten, der sie zu Mittelsmännern zwischen den Göttern und den Sterblichen werden ließ – zu Königen nämlich, insbesondere wenn der König zugleich als Hohepriester fungierte und sich damit der Gottheit nähern durfte.

Doch woher sollten diese nachsintflutlichen Halbgötter kommen? Die Antwort, die uns die verschiedenen antiken Texte liefern, ist eindeutig: Sie wurden »auf Bestellung hergestellt« …

***

Mit wenigen Ausnahmen liefert uns die sumerische Königsliste keine direkten Informationen über den Halbgott-Status der Könige, die die Erste Dynastie von Kisch bildeten und damit das nachsintflutliche Königtum unter der Aufsicht Ninurtas begründeten.

Wie die Königsliste, so haben auch wir aus *Etanas* legendären Raumflüge, der Länge seiner Regierungszeit (1560 Jahre) und seiner Befugnis, Raumreisen nach Nibiru zu unternehmen, auf seinen Status als Halbgott geschlossen. Bestätigung findet diese Annahme durch den Hinweis in einem anderen Text, wonach Etana von demselben »reinen Samen« war wie Adapa. Wir haben auch darauf hingewiesen, dass einige der Namen der nachfolgenden Könige von Kisch, etwa ***En.me.nunna*** (660 Jahre) und ***En.me.bara.ge.si*** (900 Jahre), auf die Regentschaft von Halbgöttern zwischen ihren nichtgöttlichen Amtsvorgängern und -nachfolgern hindeutet. Auf der Tafel I der Großen Götterliste, nach der Enlil-Gruppe und den Ninurta-Aufzählungen, finden wir vierzehn Namen, die mit ***d.Lugal*** beginnen – *göttlicher* Lugal.gishda, *göttlicher* Lugal.zaru etc. Obwohl sie ansonsten völlig unbekannte Herrscher waren, zeigt bei ihnen das *dingir*-Determinativ an, dass es sich offenbar um Halbgötter handelte, die entweder nicht in Kisch regierten oder dort unter anderen Namen oder Titeln bekannt waren.

Wo wir nähere Angaben finden, stoßen wir auf eine entscheidende Veränderung bei den »Halbgöttern«. In der Zeit vor und unmittelbar nach der Sintflut galt als Halbgott, wer von dem »reinen Samen« eines männlichen Gottes abstammte; der und der war der Sohn des d.Utu etc. Das änderte sich schlagartig, als ein König namens ***Mes.Alim*** (auch »Mesilim« geschrieben) – ein Name, dessen Bedeutung wir gleich erklären werden – den Thron von Kisch bestieg. Eines der dort ausgegrabenen Artefakte (eine Silbervase) trägt diese bedeutungsvolle Inschrift:

Mes.Alim
König von Kisch
geliebter Sohn
der *d*Ninharsag.*

Da es völlig ausgeschlossen ist, dass der König es gewagt hätte, der Göttin diese Vase zu schenken, wenn dies nicht wahr wäre, muss man in Betracht ziehen, dass Ninharsag tatsächlich und trotz ihres hohen Alters seine Mutter war; das wäre auch durch eine *künstliche Befruchtung* möglich gewesen, wie sie tatsächlich bei einem weiteren Fall behauptet wurde, in den Ninharsag verwickelt war.

Dass diese Methode bei den Anunnaki praktiziert wurde, um sich der »halbgöttlichen Qualifikationen« eines zukünftigen Königs sicher zu sein, wird durch eine lange und deutlich geschriebene Inschrift dokumentiert, in der von einem König namens *Eannatum* aus der

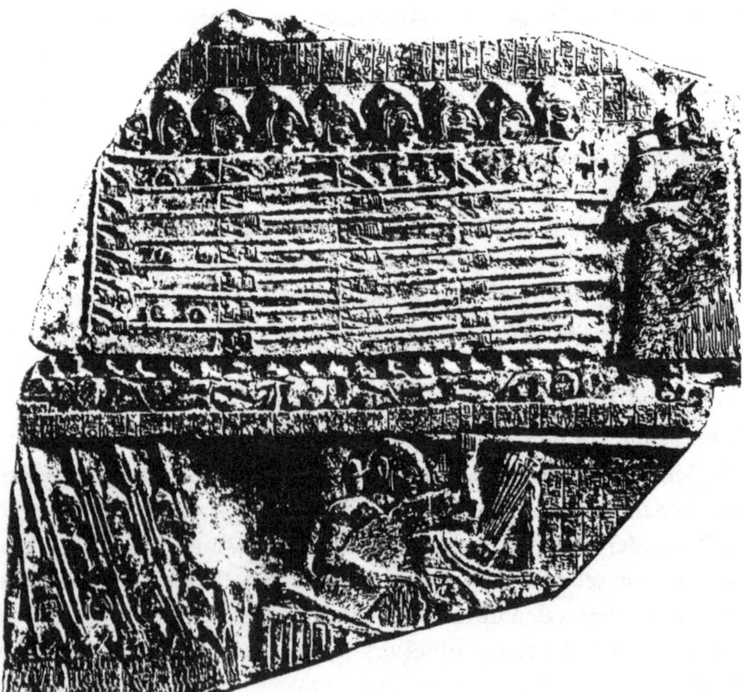

Abbildung 98

Stadt Lagasch die Rede ist (deren Schutzgott Ninurta war, der hier **Nin.Girsu** genannt wurde, nach dem Heiligen Bezirk der Stadt). Eannatum, der um 2450 v. Chr. regierte (zumindest nach einer Chronologie), wurde als tapferer Krieger bekannt, dessen Siege in Texten und auf Monumenten verewigt wurden, die keinen Zweifel an seiner Historizität lassen. Auf einer Stele, die heute im Louvre ausgestellt wird *(Abb. 98)*, behauptet er, dass er durch künstliche Befruchtung von den Göttern abstammt und gleich mehrere Gottheiten an seiner Geburt beteiligt waren. Hier der Text der Inschrift:

> Der göttliche Ningirsu, der Krieger Enlils,
> pflanzte den Samen Enlils für Eannatum
> in den Mutterleib der (?) ein,
> (?) freute sich über Eannatum.
> Inanna begleitete ihn, nannte ihn
> »Wert des Tempels der Inanna in Ibgal«
> und setzte ihn auf den heiligen Schoß der Ninharsag.
> Ninharsag gab ihm ihre heilige Brust.
> Ningirsu freute sich über Eannatum,
> dessen Samen von Ningirsu in den Leib seiner Mutter
> eingepflanzt wurde.

Als wollte sie gleich zukünftige Fragen beantworten, beschreibt die Inschrift des Weiteren die riesenhafte Größe Eannatums:

> Ningirsu legte ihm seinen Maßstab an:
> Er war fünf Ellen lang,
> er legte ihm seine Elle an –
> eine Länge von fünf Ellen maß er bei ihm.
> Ningirsu übergab ihm mit großer Freude
> die Königsherrschaft über Lagasch.

(Eine »Elle« ist ein antikes Längenmaß, das je nach Kultur variierte; die mesopotamische Elle, auch »Nippur-Elle« genannt, war 51,8 cm lang; damit betrug Eannatums Körpergröße 2,59 Meter!)

Einen Fall einer künstlichen Befruchtung finden wir auch in den ägyptischen Göttergeschichten, als der Gott *Thot* (**Ningischzidda** in Sumer) dem toten (und zerstückelten) Osiris Samen entnahm, um damit dessen Frau Isis zu befruchten (die dann den Gott Horus zur Welt brachte); eine Darstellung dieser Szene *(Abb. 99)* zeigt Thot dabei, wie er zwei DNS-Stränge kombiniert, um dieses Ziel zu erreichen. Im Fall des Eannatums haben wir einen klar beschriebenen ähnlichen Vorgang in Sumer, an dem Enlils erstgeborener Sohn beteiligt war. Die Formulierung vom »Samen Enlils« in der zweiten Zeile bezieht sich dabei auf Ninurtas eigenen Samen, der den Samen (sprich: die DNS) Enlils in sich trug.

Auf Eannatum folgte König ***Entemena*** auf den Thron von Lagasch; und obwohl er in Inschriften als »Sohn des Eannatum« bezeichnet wird, heißt es wiederholt von ihm, auch er sei »von Enlil mit Kraft ausgestattet, genährt mit der heiligen Brustmilch Ninharsags« worden. Die beiden Könige gehörten zur Ersten Dynastie von Lagasch, die von Ninurta als Reaktion auf die Übertragung des Königtums von Kisch (das unter seiner Obhut stand) nach Uruk (unter Inannas Patronat) begründet wurde; und es gibt eine Reihe von Gründen, anzunehmen, dass alle neun Könige der Ersten Dynastie von Lagasch auf die eine oder andere Weise Halbgötter waren.

Die Art, wie er gezeugt wurde, so behauptete Eannatum, erlaubte ihm, den Titel »König von Kisch« zu führen, der ihn – genealogisch? – mit der berühmten Kisch-Dynastie und ihrem Schutzgott Ninurta verband. Während wir nur raten können, wodurch sich andere Könige von Kisch als Halbgötter qualifizierten, bedarf es keiner Spekulation, weshalb Sumers Hauptstadt von Kisch nach Uruk verlegt wurde; **denn Utu wird als Vater** seines ersten Königs ***Mes.kiag.gascher*** genannt.

Utu (später bekannt als Schamasch, der »Sonnengott«), daran sei erinnert, gehörte der zweiten Generation großer Anunnaki an, die schon auf der Erde geboren wurden, und so markierte es einen Generationswechsel, als sein Sohn zum Begründer einer neuen Dynastie wurde – ein Halbgott, dessen Vater nicht mehr einer der alten Götter von Nibiru war, sondern ein Gott, der bereits auf der Erde geboren und aufgewachsen ist.

Dieser Generationswechsel mit all seinen genetischen Implikationen fand bald darauf auch auf der weiblichen Seite statt, als ***Lugalbanda,*** der dritte König, der in Uruk herrschte, geboren wurde. Denn in seinem Fall wurde eine *Göttin,* nämlich **Inanna,** *als seine Mutter identifiziert:* als Zwillingsschwester des Utu war sie auch ein »Erdenkind« der zweiten Anunnaki-Generation. Dem folgte in Uruk eine zweite göttli-

Abbildung 99

che *Mutterschaft:* Die Erwähnung der Göttin **Ninsun** als Frau des Lugalbanda *und ihre eindeutige Identifikation als Mutter des **Gilgamesch.*** Und Ninsun, Tochter des Ninurta und seiner Gemahlin Bau, war selbst ebenfalls ein »Erdenkind«.

Ein Steinportrait der Ninsun, das man in Lagasch fand und das deutlich mit ihrem Namen Nin.Sun beschriftet ist ***(Abb. 100),*** zeigt sie in majestätischer Würde; tatsächlich war sie aber eine meisterhafte Hofintrigantin, was zum Teil vielleicht auch notwendig war als Mutter von Lugalbandas elf Kindern. Ein Blick auf ihre aktive Tätigkeit als Kupplerin finden wir im *Gilgameschepos,* wo sie mit **Aya** (der Frau des Utu) die Auswahl einer jungen Göttin als Frau für Enkidu (und Lohn dafür, dass er das Risiko auf sich nimmt, Gilgamesch zu beschützen) bespricht. Da sie die Langlebigkeit ihrer Eltern geerbt hat (und die Gene ihrer stattlichen Gestalt), lebte Ninsun lange genug, um Mutter mehrerer späterer Könige zu werden. Ihre wahrscheinliche Rolle im Drama der Ersten Dynastie von Ur, als es wirklich um Leben und Tod ging, wird in diesem Buch noch behandelt.

Ur blieb nach dem Tod Gilgameschs gerade hundert Jahre lang die Hauptstadt Sumers, dann übernahm eine Reihe anderer Städte diese Rolle. Gegen 2400 v. Chr. fiel die Wahl erneut auf Ur, als es zum dritten Mal Landeshauptstadt unter dem bedeutenden König **Lugal.zagesi** wurde. In seinen zahlreichen Inschriften findet sich auch die Behauptung, die Göttin Nisaba sei seine Mutter gewesen:

Dumu tu da dNisaba,
Sohn, geboren von der göttlichen Nisaba,
Pa.zi ku.a dNinharsag,
gesäugt (mit der) heiligen Milch der göttlichen Ninharsag

Nisaba, man erinnert sich, war die Göttin der Astronomie. In einigen Texten wird sie als »Schwester von Ninurta« beschrieben, da beide denselben Vater hatten, nämlich Enlil. Doch in der Großen Götterliste wird sie als »göttliche Nisaba, Frau, geboren aus dem reinen/heiligen Mutterleib der göttlichen Ninlil« bezeichnet. Mit anderen Worten war sie also eine erdgeborene Tochter Ninlils und Enlils und damit die Schwester Nannar/Sins, aber nur die Halbschwester Ninurtas (dessen Mutter Ninmah war).

Abbildung 100

Hier also, in wahrscheinlich chronologischer Reihenfolge, eine Liste der neun Könige von Kisch, Lagasch und Uruk, deren Eltern nachweisbar Götter waren:

Etana: Vom selben Samen wie Adapa (also Enkis Samen)
Meskiaggascher: Der Gott Utu ist sein Vater
Enmerkar: Der Gott Utu ist sein Vater
Eannatum: Samen des Ninurta, Inanna setzte ihn auf den Schoß von Ninharsag, die ihn säugte
Entemena: Aufgezogen mit Ninharsags Muttermilch.
Mesalim: »Geliebter Sohn« Ninharsags
Lugalbanda: Die Göttin Inanna ist seine Mutter
Gilgamesch: Die Göttin Ninsun ist seine Mutter
Lugalzagesi: Die Göttin Nisaba ist seine Mutter

Diese Liste offenbart einen wichtigen Wechsel in den nachsintflutlichen Angelegenheiten der Götter und Halbgötter: Zuerst wurden die »Gründungsväter«-Eltern, die von Nibiru gekommen waren, durch die Generation der erdgeborenen Götter ersetzt. Dann fand in einem Stadium, als es um »heilige Muttermilch« ging, die letzte Veränderung statt: ***Der weibliche »göttliche Mutterleib« ersetzte den männlichen »fruchtbaren Samen«.***

Es ist wichtig, diese Veränderungen zu verstehen, denn sie hatten weitreichende Folgen. Und damit stellt sich die Frage: Als die Rolle der Eltern von Halbgöttern von den erdgeborenen Göttern und Göttinnen übernommen wurde, war das zunächst einmal eine Frage der Natur (d.h. des Alters), die ihren Lauf nahm, oder wurde die genealogische Erbfolge durch Halbgötter für die Erdgeborenen wichtiger, *weil sich ihre Lebenszyklen auf der Erde – deren Umlaufbahn um die Sonne ein 3600tel kleiner ist als die Nibirus – automatisch verkürzten?*

Den Überlieferungen zufolge begriffen die Anunnaki, dass jene von ihnen, die zur Erde kamen und dort blieben (Enki, Enlil, Ninmah), schneller alterten als ihre Verwandten, die auf Nibiru geblieben waren; und dass ihre auf der Erde geborenen Kinder einem noch rapideren Alterungsprozess unterzogen waren. Der Wechsel vom Leben auf Nibiru zum Leben auf der Erde wirkte sich aber offensichtlich nicht nur auf die Langlebigkeit der Götter (und Halbgötter) aus, sondern auch auf ihre Physis, weshalb sie mit der Zeit immer kleiner wurden und bald beim besten Willen nicht mehr als »Riesen« gelten konnten. Und dann führte – wie wir aus den Entdeckungen der Genetik wissen – der Wechsel vom »fruchtbaren« Samen des Vaters zum weiblichen »göttlichen Mutterleib«, sprich: vom Vater zur Mutter als göttlichen Elternteil, dazu, dass die Halbgötter neben der allgemeinen DNS fortan auch die spezifische mitochondrische DNS der jeweiligen Göttin erbten.

Die Bedeutung dieses Wechsels wird sich uns noch offenbaren, wenn wir die Saga der Götter und Halbgötter bis zu ihrem letzten Mysterium weiter verfolgen.

Im biblischen Kontext kann die entscheidende Veränderung bezüglich der Halbgötter seit der vorsintflutlichen Zeit mit einer einfachen Aussage verdeutlicht werden: Vorher nahmen sich ***die Söhne der Götter*** »von den Menschentöchtern Frauen, wie es ihnen gefiel«. Jetzt aber wählten sich die Töchter der Götter unter den Menschensöhnen aus, wer ihnen gefiel. Die Rolle, die die Göttinnen dabei spielten, wird wunderbar durch Ischtars sechs Worte am Anfang dieses Kapitels zusammengefasst: Wenn die Mutter eine Göttin war, dann war sie keineswegs die »Geliebte« eines Mannes: *Vielmehr war der Mann, sein Vater also, von der Göttin als Liebhaber ausgesucht worden!* Es war Inanna, die sagte: »Komm, Gilgamesch, sei Du mein Liebhaber« – und mit diesen Worten brach das Zeitalter der Göttin an.

***

Uruks heroisches Zeitalter unter Enmerkar, Lugalbanda und Gilgamesch endete mit dem Tod Gilgameschs. Sein Sohn Ur.lugal und sein Enkel Utu.kalamma herrschten nacheinander gerade einmal 45 Jahre, ihnen folgten fünf Könige, die zusammen 95 Jahre lang regierten. Die Königsliste würdigt nur einen von ihnen, ***Mes.he,*** eines kurzen Kommentars – sie ergänzt, er sei ein Schmied gewesen. Zusammengerechnet, so heißt es in der Königsliste, »regierten 12 Könige (in Uruk) 2310 Jahre lang; dann wurde das Königtum nach Ur übertragen.«

Die langen Regierungszeiten der Dynastien, die heute von den Gelehrten als »Kisch I« (oder Erste Dynastie von Kisch) und »Uruk I« (oder Erste Dynastie von Uruk) bezeichnet werden, waren von Fortschritt und Stabilität geprägt, auch wenn es nicht unbedingt friedliche Zeiten waren. Auf Landesebene wurden Städte zu Stadtstaaten, während Streitereien über Grenzlinien, Ackerland und Wasservorräte durchaus auch zu bewaffneten Auseinandersetzungen führen konnten. Auf internationaler Ebene wurden alle Hoffnungen, die man in die Vereinigung von Inanna und Dumuzi setzte, durch Dumuzis Tod und den Krieg, den Inanna gegen den angeklagten Marduk anzettelte, mit einem Mal zunichte gemacht. Vor allem aber belastete der Tod Dumuzis sie emotional so stark, dass die nachfolgenden Ereignisse zu Inannas eigenem Tod führten!

Das jedenfalls verrät uns ein Text namens *Inannas Abstieg in die Unterwelt.* Er beschreibt, wie Inanna nach dem Tod Dumuzis in die afrikanische »Unterwelt« reist, die Domäne ihrer Schwester Ereschkigal. Der Besuch ließ Ereschkigal Verdacht schöpfen, denn Inanna kam nicht nur völlig ungeladen, sondern wollte auch noch den Gott Nergal treffen, den Ehemann ihrer Schwester. So wurde Inanna auf Ereschkigals Befehl hin ergriffen, mit Todesstrahlen getötet und ihr toter Körper wie ein Kadaver im Schlachthof an einem Haken aufgehängt …

Als Inannas Magd, die in Uruk zurückgeblieben war, Alarm schlug, konnte nur noch Enki helfen. Er schuf zwei Tonandroiden, die dem Todesstrahl widerstehen konnten, und aktivierte sie, indem er dem einen die Speise des Lebens zu essen und den anderen das Wasser des Lebens zu trinken gab. Als sie Inannas leblosen Körper bargen, »richteten sie den Impulsgeber und den Strahler auf den Leichnam«, besprenkelten ihren toten Körper mit dem Wasser des Lebens, gaben ihr die Pflanze des Lebens zu essen, »und Inanna stand auf.«

Gelehrte spekulierten, dass Inanna in die Unterwelt gekommen sei, um Dumuzis Leiche zu finden; doch tatsächlich wusste Inanna, wo sich sein Leichnam befand, denn sie hatte längst seine Mumifizierung in Auftrag gegeben. Stattdessen, so schrieb ich in *Begegnungen mit den Göttern,* reiste sie in die Unterwelt, um von Nergal die Erfüllung eines alten Brauches einzufordern, den wir aus der Bibel kennen. Danach hatte ein Bruder (und Nergal war der Bruder Dumuzis) mit der Witwe seines Bruders zu schlafen, um ihr einen Sohn zu zeugen, der den Namen des Toten tragen konnte; und Ereschkigal war das alles andere als recht.

Zweifellos prägte diese Erfahrung Inannas Verhalten und zukünftiges Handeln grundlegend. Fortan führte sie den Ritus der »Heiligen Hochzeit« ein, wonach ein Mann ihrer Wahl (oft genug gerade nicht der König) mit ihr am Jahrestag ihrer unvollzogenen Hochzeit mit Dumuzi die Nacht zu verbringen hatte; nicht selten wurde dieser Mann am nächsten Morgen tot aufgefunden.

Insofern war die Verlegung der Zentralhauptstadt nach Ur ein Versuch, einen Aufschub zu erreichen, indem man die Hauptverantwortung auf Nannar/Sin übertrug, Ninurtas jüngeren Bruder und Inannas Vater.

***

Ur war eine neue, nachsintflutliche Stadt, errichtet als »Kultzentrum« für Enlils Sohn Nanna/Nannar (= »Der Helle«, eine Anspielung auf sein himmlisches Gegenstück, den Mond). Sie würde bald eine wichtige Rolle in den Angelegenheiten der Götter und Menschen spielen, aber auch als Heimat des biblischen Patriarchen Abraham Geschichte schreiben; doch das sollte erst geschehen, als Ur zum dritten Mal Sumers Zentralhauptstadt war. In der kurzen Zeitspanne, die als »Ur I«-Periode oder »Erste Dynastie von Ur« bezeichnet wird und die unmittelbar auf die »Uruk I«-Periode folgte, hatte Ur – nach der Königsliste – vier Könige, die zusammen 177 Jahre lang regierten; zwei von ihnen sind mit Namen bekannt, ***Mes.Anne.pada*** und ***Mes.Kiag.nanna.***

Obwohl Ur seine ruhmreichsten – und tragischsten – Zeiten noch bevorstanden, nämlich in der sogenannten »Ur III«-Periode (oder »Dritten Dynastie von Ur«), zeugen die archäologischen Funde davon, dass auch die zwei Jahrhunderte der »Ur I«-Zeit eine blühende Kultur und höchste künstlerische und technologische Leistungen hervorbrachten. Wir wissen nicht, ob diese Periode so kurz war, weil zunehmend angriffslustigere Einwanderer Sumers Grenzen bedrohten, oder die Gründe innenpolitischer Natur waren; die Königsliste deutet zumindest an, dass es zu einigen turbulenten Ereignissen kam, denn sie nennt fünf (nicht vier) Königsnamen, ändert einen davon und verwechselt ihre Amtszeiten.

Welcher Natur auch immer diese Unruhen waren, die Überlieferungen lassen keinen Zweifel daran, dass die Hauptstadtwürde ziemlich schnell von Ur auf eine kleinere Stadt namens Awan übertragen wurde, um dann in schneller Folge auf Städte wie Hamazi und Adab überzugehen, bevor sie (jeweils zum zweiten Mal) nach Kisch, Uruk und Ur zurückkehrte, auf Städte wie Mari und Akschak überging, um dann noch einmal nach Kisch (III und IV) zurückzukehren – und das alles im Laufe von nur zwei Jahrhunderten.

Als die Götter schließlich zum dritten Mal Uruk zum Sitz des zentralen Königtums machten, ernannten sie einen Macht- und Kraftmenschen namens ***Lugal.zagesi*** zum König. Seine Mutter, wir erinnern uns, war die Göttin Nisaba, eine Tante Inannas, was eigentlich schon gereicht haben müsste, um sich des Segens von Inanna sicher zu sein. Seine erste Amtshandlung war es, die Ordnung im Lande wiederherzustellen und die zerstrittenen und einander bekriegenden Stadtstaaten zu befrieden, wobei er nicht zögerte, uneinsichtige Herrscher mit Hilfe seiner eigenen Truppen abzusetzen. Eine der Städte, die Opfer einer Strafexpedition Lugal.zagesis wurde, war Umma – eine Stadt, die als »Kultzentrum« für **Schara** diente, Inannas Sohn … und so endete Lugalzagesis Herrschaft kurz darauf, während der nächste König der Könige ein Mann war, den Inanna selbst erwählte – ein Mann, der auf ihren Ruf »Komm, sei Du mein Liebhaber!« gehört hatte.

Nach all den Jahrtausenden der Götterherrschaft hielt jetzt eine *Göttin* die Macht in den Händen.

Ein »Held« dem Namen nach

Zwei der Königsnamen von Ur I – ***Mes.anne.pada*** und ***Mes.kiag.-nann*** – verdienen es, näher untersucht zu werden, ebenso wie Uruks ***Mes.he*** (***He*** = »Fülle«), denn sie alle haben als Präfix das einsilbige Wort ***Mes,*** dem wir zuvor schon begegnet sind – bei ***Mes.Kiag.gascher,*** dem allerersten König von Kisch, dessen Vater der Gott Utu war, und bei einem späteren König von Kisch, ***Mes.Alim*** (***Alim*** = »Widder«), der von sich behauptete, er sei der »geliebte Sohn« Ninharsags.

Das wirft zwei Fragen auf: Identifizierte das Präfix ***Mes*** (oder das Suffix ***Mesch,*** wie bei Gilgamesch) eine Person als Halbgott? Das könnte durchaus der Fall gewesen sein, denn ***Mes*** bedeutet auf Sumerisch so viel wie »Held« – und hatte damit dieselbe Bedeutung wie das hebräische *Gibbor,* das in Genesis 6 benutzt wird, um die Halbgötter zu beschreiben.

Eine solche Schlussfolgerung findet ihre Bestätigung in einem akkadischen Text mit der Katalognummer BM 56488, in dem es um einen gewissen Tempel geht und wo es wörtlich heißt:

Bit sha dMesannepada ipushu
(Den) Tempel, den der göttliche Mesannepada erbaute
Nanna laquit ziri ultalpit
hat Nannar, der Samengeber, zerstört

– eine Aussage, die sowohl Mesannepada das Determinativ »göttlich« zuweist als auch den Gott Nannar/Sin als »Samengeber« bezeichnet, was uns verrät, welcher Gott der Erzeuger dieses Halbgottes war.

Man kann sich weiter fragen, angesichts der vielen ähnlichen Bedeutungen, auf die wir bereits hingewiesen haben, ob das sumerische *Mes* und das ägyptische *Mss* wie in Thut*m(o)s(i)s* und Ra*ms(e)s* (was so viel wie »gezeugt von« bedeutet und auf die göttliche Abstammung der Pharaonen verweist) nicht aus derselben, frühen Quelle stammt.

Unsere Schlussfolgerung, dass sumerische Königsnamen, die mit *Mes* beginnen (oder enden) auf den Status eines Halbgottes hinweisen, wird noch zur Entschlüsselung diverser Rätsel beitragen …

XIV
Der Glanz des Reiches, die Winde des Untergangs

> Eines Tages kam meine Königin,
> nachdem sie Himmel und Erde durchkreuzt hatte –
> Inanna,
> nachdem sie Himmel und Erde durchkreuzt hatte,
> nachdem sie Elam und Schubur überflogen hatte,
> nachdem sie … überflogen hatte,
> näherte sich die erschöpfte Göttin, legte sich schlafen.
> Ich sah sie vom Rande meines Gartens aus.
> Ich küsste sie, ich wohnte ihr bei.

So schilderte ein Gärtner, der später als *Scharru-kin* (»Sargon« auf Deutsch) bekannt wurde, seine zufällige Begegnung mit der Göttin Inanna. Da die Göttin, müde von ihrem langen Rundflug, schlief, kann man nicht wirklich sagen, dass es sich um »Liebe auf den ersten Blick« handelte; doch alles deutet darauf hin, dass Inanna den Mann, seine Spontaneität und seine Liebestechniken zu schätzen wusste. Jedenfalls dauerte Inannas Einladung in ihr Bett, die durch den Thron Sumers noch schmackhafter gemacht wurde, 54 lange Jahre: »Als ich ein Gärtner war, schenkte Ischtar mir ihre Liebe; vierundfünfzig Jahre lang übte ich das Königtum aus; das Volk der Schwarzköpfe beherrschte und regierte ich«, schrieb Sargon in seiner Autobiografie.

Doch wie Inanna die Anunnaki-Elite überzeugte, Sumer und seine Menschen – hier mit ihrem Spitznamen ***Sag.ge.ga,*** »die Schwarzköpfe«, bezeichnet – dem Mann anzuvertrauen, dessen Kuss den Verlauf der Geschichte änderte, ist nirgendwo zu lesen. Sein Name/Titel *Scharru-kin* (= »Wahrhaftiger Herrscher«) war nicht Sumerisch; er entstammte der »semitischen« Sprache der ***Amurru,*** der »Westvölker«, also der semitischsprachigen Region nordwestlich von Sumer, im heutigen Syrien;

und seine Gesichtszüge, verewigt in einer Bronzeskulptur *(Abb. 101)* bestätigen seine nichtsumerische Herkunft. Die brandneue Hauptstadt, die für ihn erbaut wurde, ***Agade,*** war besser unter ihrem »semitischen« Namen *Akkad* bekannt – weshalb die damals vorherrschende Sprache dann auch als *Akkadisch* bezeichnet wird.

Die Sumerische Königsliste bestätigt die Bedeutung dieses Königs und fügt hinzu, dass das Königtum von Uruk unter Lugal.zagesi »nach Agade getragen wurde«. Zudem lässt sie uns wissen, das Scharru.kin, »ein Dattel-Pflanzer und Mundschenk des Ur.zababa«, Agade erbaute und dort 56 Jahre lang regierte.

Die Stellung des Mundschenks war eine hochrangige Vertrauensposition, die gewöhnlich ein Prinz einnahm, ob nun an den Königshöfen Mesopotamiens, Ägyptens oder anderswo in der antiken Welt. So war es, wir erinnern uns, sogar auf Nibiru, wo Anu als Alalus Mundschenk diente. Tatsächlich könnte es sich bei den frühesten sumerischen Darstellungen dessen, was die Gelehrten »Trankopferszenen« nennen, um

Abbildung 101

Abbilder des Königs (splitternackt, um seine völlige Unterwerfung zu demonstrieren) handeln, der als Mundschenk einer Gottheit dient (siehe *Abb. 77*).

Urzababa war ein König in Kisch und der Hinweis auf ihn deutet an, dass Sargon ein Prinz an seinem Hof war. Doch Sargon selbst entschied sich in dem autobiografischen Text, den wir als *Die Legende von Sargon* kennen, seine Herkunft zu verschleiern:

Sargon, der mächtige König von Agade, bin ich.
Meine Mutter war eine Hohepriesterin;
ich kenne meinen Vater nicht.
Meine Mutter, die Hohepriesterin, die mich empfing,
brachte mich heimlich zur Welt.

Dann fährt Sargon fort und erzählt eine Geschichte, wie sie tausend Jahre später von Moses in Ägypten erzählt wurde:

Sie setzte mich in einen Korb aus Binsen,
mit Bitumen versiegelte sie den Deckel.
Sie warf mich in den Fluss, ich versank nicht.
Der Fluss hielt mich, trug mich zu Akki, dem Gärtner.
Akki, der Bewässerer, holte mich heraus, als er Wasser schöpfte.
Akki, der Bewässerer, machte mich zu seinem Sohn und
zog mich auf.
Akki, der Bewässerer, machte mich zu seinem Gärtner.

Die Erklärung, weshalb Sargon es seltsamerweise vermied, sich als Prinz zu erkennen zu geben, könnte darin liegen, dass Sargons eigene Tochter Edheduanna bald als Hohepriesterin und Hierodule im Tempel des Gottes Nannar/Sin in Ur diente – eine Stellung, die als große Ehre galt. Indem er dieselbe Stellung für seine Mutter behauptete, ließ Sargon die Möglichkeit offen, dass sein »unbekannter Vater« ein Gott gewesen sein könnte – was aus ihm, Sargon, einen Halbgott machen würde.

Es ist gut möglich, dass Sargons amoritische Abstammung als vorteilhaft galt, stand Sumer doch unter dem Druck einer starken Zuwanderung aus dem Westen und Nordwesten. Derselbe Grundgedanke, aus Feinden Teile der Familie zu machen, führte wahrscheinlich zu der Entscheidung, eine neue, neutrale Landeshauptstadt zu gründen, deren Name »Vereinigung« bedeutete; ihre Lage führte dazu, dass ein ganzer Landstrich, der jetzt Akkad hieß und nördlich des alten Sumer lag, dem Kernland hinzugefügt werden konnte, woraus schließlich eine neue geopolitische Macht namens »Sumer und Akkad« entstand; schon deshalb war Inanna bald überwiegend unter ihrem akkadischen Namen ***Ischtar*** bekannt.

Gegen 2360 v. Chr. zog Sargon von seiner neuen Hauptstadt aus in den Krieg, um Recht und Ordnung wiederherzustellen. Das begann mit seinem Sieg über Lugal.zagesi (der, wie sich der Leser erinnert, es gewagt hatte, die Stadt von Ischtars Sohn, dem Gott Schara, anzugreifen). Nachdem er eine alte Stadt nach der anderen unter seine Kontrolle gebracht hatte, lenkte der König seinen Ehrgeiz auf die benachbarten Länder. Um aus einem Text zu zitieren, der als *Die Chronik des Sargon* bekannt ist: »Scharru-kin, König von Agade, stieg zur Macht auf im Zeitalter der Ischtar. Er hatte weder Rivalen noch Gegner. Er breitete seinen Furcht einflößenden Glanz über alle Länder aus. Er überquerte das Meer im Osten, er eroberte das Land im Westen in seiner ganzen Größe.«

Zum ersten Mal seit ihren Anfängen Jahrtausende zuvor wurde die gesamte Erste Region wieder von einer Hauptstadt aus regiert, vom »Oberen Meer« (dem Mittelmeer) bis zum »Unteren Meer« (dem »Meer im Osten«, dem Persischen Golf). So gesehen war es das erste historisch bekannte Großreich – und was für ein Reich es war: Inschriften und archäologische Funde bestätigen, das Sargons Herrschaft sich im Westen bis an die Mittelmeerküste, bis zum Khabur in Kleinasien im Norden, bis in die Länder im Nordosten, die später unter dem Namen Assyrien bekannt wurden und bis hin zu den Siedlungen an der Ostküste des Persischen Golfs erstreckte. Und obwohl Sargon (wenn es notwendig war) die Autorität Enlils, Ninurtas, Adads, Nannars und Utus anerkannte, führte er seine Eroberungszüge einzig und allein »auf Befehl meiner Herrin, der göttlichen Ischtar«. Es war wirklich, wie die Inschriften es nennen, das ***Zeitalter der Ischtar.***

Als Reichshauptstadt war Agade prachtvoll anzuschauen. »In jenen Tagen«, so berichtet ein sumerischer Text, war Agade angefüllt mit Reichtümern, darunter Edelmetallen, Kupfer und Blei und Scheiben aus Lapislazuli. »Seine Getreidespeicher quollen über und beulten sich nach allen Seiten aus, seine alten Männer waren mit Weisheit beschenkt, seine alten Frauen mit Beredsamkeit, seine jungen Männer mit der Stärke ihrer Waffen. Seine Kinder aber waren mit freudigen Herzen beschenkt ... die Stadt war von Musik erfüllt.« Ein grandioser neuer Tempel für Ischtar ließ keinen Zweifel daran, welche Gottheit über all dem herrschte. »In Agade«, so stellt ein sumerischer Geschichtsschreiber fest, »errichtete die heilige Inanna einen Tempel als ihren Wohnsitz; in dem Glitzernden Tempel stellte sie einen Thron auf«. Er war das Kronjuwel unter den Tempeln, die ihr jetzt in praktisch jeder sumerischen Stadt errichtet wurden, er überstrahlte sogar den heiligen Eanna in Uruk; und das war ein Fehler.

Auch Sargon, den Stolz und Ehrgeiz bald zerfraßen, begann, schwere Fehler zu machen, etwa als er seine Truppen in Städte schickte, die unter dem Schutz Ninurtas und Adads standen. Und dann beging er ein verhängnisvolles Sakrileg: er entweihte Babylon. Das Land, das jetzt »Akkad« hieß, nördlich des alten Sumer, umschloss auch die Stätte Babylons, den Ort, an dem Marduk in seinem Streben nach der Vorherrschaft versucht hatte, einen eigenen Startturm zu bauen (der Zwischenfall um den Turmbau zu Babel). Jetzt trug Sargon »Erde von den Grundfesten Babylons fort und errichtete auf diesem Boden ein neues *Bab-ili* bei Agade.«

Um die Schwere dieser unerlaubten Handlung zu verstehen, sollte man sich daran erinnern, dass *Bab-ili* (wie »Babylon« auf Akkadisch hieß) »Tor der Götter« bedeutete und damit ein heiliger Ort war; und dass Marduk erst überzeugt wurde, von seinem Versuch abzulassen, als man ihm garantierte, dass die Stätte als »heiliger Boden« unberührt bliebe. Jetzt aber trug Sargon »Erde von den Grundfesten Babylons« und streute sie auf einem Gelände bei Agade aus, auf dem ein neues Tor der Götter entstehen sollte. Dieses Sakrileg erzürnte natürlich Marduk und ließ die Klankonflikte wieder auflodern. Doch Sargon brach nicht nur das Tabu bezüglich Babylon – er wollte auch in Agade sein (oder Inannas) eigenes »Tor der Götter« errichten, und das verärgerte Enlil.

***

Die darauffolgende schnelle Entfernung (und der Tod) Sargons beendete die »Ära der Ischtar« keineswegs. Mit Enlils Einverständnis setzte sie Sargons Sohn Rimusch auf den Thron Agades; doch er wurde nach nur neun Jahren durch seinen Bruder Manischtuschu ersetzt, der

Abbildung 102

fünfzehn Jahre lang herrschte. Dann bestieg *Naram-Sin,* der Sohn des Manischtuschu, den Thron – und einmal mehr hatte Inanna/Ischtar einen Mann nach ihrem Geschmack zum König bestimmt.

Naram-Sin, dessen theophorischer Name »Den (der Gott) Sin liebt« bedeutet, benutzte den akkadischen Namen Sin für Inannas Vater lieber als das sumerische **Nannar.** Fähig, auf den imperialen Grundlagen, die sein Großvater geschaffen hatte, aufzubauen, kombinierte er Feldzüge mit der Ausdehnung des Handels, unterstützte Handelsposten für sumerische Kaufleute an den entferntesten Plätzen und legte Handelsrouten von internationalen Ausmaßen an, die im Norden bis in das Hethiterreich von **Ischkur**/Adad, Nannars Bruder, reichten.

Naram-Sins zweispuriger Politik von Zuckerbrot und Peitsche gelang es jedoch nicht, den Abfall einer Reihe von Städten, besonders im Westen, zu verhindern, die sich Marduks erneutem Drang nach der Vorherrschaft anschlossen. Schon durch die Tatsache, dass seine Gattin ***Sarpanit*** ein Erdling war und auch sein auf der Erde geborener Sohn Nabu eine Erdenfrau (namens ***Taschmetum***) geheiratet hatte, gewann Marduk schnell die Sympathie der Massen. In Ägypten, wo Marduk/Ra als der verborgene Amun verehrt wurde, führte die Erwartung seines Endsiegs zu geradezu messianischer Begeisterung. Damals begannen

Abbildung 103

Ägyptens Pharaonen, nach Norden vorzustoßen und kontrollierten bald die Küstenländer des östlichen Mittelmeeres.

So kam es, dass Naram-Sin mit dem Segen und unter der Führung Inannas/Ischtars den bis dahin größten Feldzug aller Zeiten gegen die »sündigen Städte« im Westen unternahm. Zuerst eroberte er das Land, das später Kanaan hieß, dann stieß er weiter südwärts vor, bis er Magan (das Alte Ägypten) erreichte. Dort, so heißt es in seiner Inschrift, »nahm er persönlich den König von Magan gefangen«. Seines gnadenlosen Vorstoßes und der Gefangennahme feindlicher Könige wurde auf einem Gedenkstein gedacht, auf dem Ischtar ihm einen Siegeskranz überreicht *(Abb. 102)*. Nachdem er die verbotene Vierte Region mit ihrem Raumflughafen betreten und durchquert hatte, ließ sich der stolze Naram-Sin auf einer Siegesstele *(Abb. 103)* göttergleich neben einem startbereiten Raketenschiff darstellen. Dann zog er nach Nippur und forderte, dass Enlil ihn zum »König der vier Regionen (oder Weltgegenden)« ernennen sollte. Doch Enlil war gerade abwesend. So »legte er (Naram-Sin) wie ein Held, der Willkür gewöhnt ist, Hand an den Ekur«, Enlils heiligen Bezirk.

Das war ein ungeheuerliches Sakrileg, ein noch nie dagewesener Akt des Ungehorsams; Enlils Reaktion ist in einem Text mit dem Titel *Der Fluch von Agade* festgehalten. Sofort berief er die Anunnaki-Anführer zu einer Versammlung ein; alle großen Götter, Enki eingeschlossen, nahmen an ihr teil – nur Inanna blieb fern. Versteckt in dem ehrwürdigen alten Eanna-Tempel von Uruk schickte sie nur eine trotzige Botschaft an die Götter und forderte sie auf, sie zur »Großen Königin der Königinnen«, zur höchsten weiblichen Gottheit, zu erklären.

»Das himmlische Königtum wurde ***von einer Frau*** usurpiert«, merkte der antike Text voller Erstaunen an, »Inanna veränderte die Regeln des heiligen Anu!«

In ihrer Versammlung fällten die Götter den Entschluss, dem allen ein Ende zu bereiten und Agade vom Antlitz der Erde verschwinden zu lassen. Soldaten aus Gutium, einem Land jenseits des Zagrosgebirges, die Ninurta treu ergeben waren, wurden in das Land geführt, um Agade zu verwüsten. Die Götter ordneten an, dass seine Überreste nie gefunden werden dürften; und tatsächlich ist man sich bis auf den heutigen Tag nicht sicher, wo genau Agade lag. Mit dem Untergang der Stadt verschwand auch Naram-Sin aus den Chroniken.

Was Inanna/Ischtar betrifft, so befahl ihr Vater Nannar/Sin sie von Uruk nach Ur. »Ihre Mutter Ningal begrüßte sie am Hintereingang des Tempels. ›Genug, genug der Neuerungen‹, sagte sie zu Inanna.« Wie es in dem Text weiter heißt, sollte sie fortan mit Nannars Familie in dem heiligen Bezirk von Ur wohnen.

So endete gegen 2255 v. Chr. die »Ära der Ischtar«. Doch das Reich, das sie entstehen ließ – und mit ihm die Herausforderung der alten Autoritäten – hatte den alten Nahen Osten für immer geprägt.

***

Gut ein Jahrhundert lang wurde das Königtum ausgesetzt, gab es keine zentrale Hauptstadt von Sumer & Akkad. »Wer war König? Wer war nicht König?«, beklagte die Sumerische Königsliste die damalige Lage. De facto wurde das Land von Ninurta und seinem »Kultzentrum« in Lagasch verwaltet – eine Stadt, deren schriftliche Aufzeichnungen, Artefakte und Skulpturen eine unserer wichtigsten Informationsquellen über Sumer, die Sumerer und die sumerische Kultur sind.

Archäologische Zeugnisse und Textfunde aus Lagasch (das heute Tello heißt) zeigen, dass gegen 2600/2500 v. Chr. – drei Jahrhunderte vor Sargon von Akkad – eine Dynastie in Lagasch die Herrschaft antrat, deren erster König Lugal.schu.engur hieß. Dieser ersten Dynastie gehörten auch so berühmte Halbgötter und Helden wie Eannatum an (dessen künstliche Befruchtung bereits Thema war). Die Dynastie herrschte ein halbes Jahrtausend über Lagasch, was von einer außerordentlichen Stabilität inmitten dieser turbulenten Zeiten zeugt; die Liste seiner Könige umfasst 43 Namen.

Die Könige von Lagasch, die den Titel ***Patesi*** (= »Governeur«) dem des ***Lugal*** vorzogen, hinterließen zahllose Votivinschriften und andere schriftliche Zeugnisse. Diese Texte zeugen davon, dass es sich um aufgeklärte, milde Herrscher handelte, die bemüht waren, das Leben der Menschen gerecht und nach den hohen moralischen Maßstäben ihres Gottes zu lenken; die größte Ehre, die ihnen zuteil werden konnte, war die Verleihung des Titels »Gerechter Hirte« durch Ninurta. Ein König namens Urukagina erließ schon vor 4500 Jahren einen Gesetzescodex, der den Missbrauch von Amtsmacht ebenso verbot, wie er unter Strafe stellte, wenn einer Witwe der Esel weggenommen oder einem Arbeiter von seinem Aufseher der tägliche Lohn vorenthalten wurde. Öffentliche Bauprojekte, etwa Bewässerungskanäle, Transportwege oder Gemeindehäuser, gehörten zu den persönlichen Pflichten des Königs. Man führte auch Feste ein, bei denen jeder mitfeiern konnte, wie das Fest der Ersten Früchte; Schulbesuche wurden gefördert, besonders das Erlernen der Schrift, wovon einige der perfektesten, saubersten Keilschriftinschriften zeugen; und einige der schönsten sumerischen Skulpturen – zweitausend Jahre vor den klassischen Griechen – stammen aus Lagasch (siehe *Abb. 31, 33*).

Trotzdem wird keiner der Herrscher von Lagasch in der Sumerischen Königsliste aufgeführt, denn Lagasch wurde nie in den Rang einer Landeshauptstadt erhoben. Als der Sitz des sumerischen Königtums von Kisch nach Uruk verlegt wurde – in religionspolitischen Begriffen: von der Obhut Ninurtas in den Machtbereich Inannas – sorgte Ninurta dafür, dass er weiterhin seine eigene Hausmacht erhielt, beschützt von den damals bestausgebildeten Soldaten des Landes und außer Reichweite von Inannas Launen und Bestrebungen. So geschah es von Lagasch aus, dass Ninurta die enlilitische Autorität im Lande wiederherstellte und Sumer ein Jahrhundert Atempause nach der unruhigen Zeit von Inannas/Naram-Sins Machtstreben verschaffte; doch diese Pause ließ Sumer und Akkad auch unter dem unermüdlichen Druck, den Marduk bei seinem erneuten Griff nach der Vorherrschaft auf der Erde ausübte, an Größe und Bedeutung verlieren.

Um diesen Plänen entgegenzutreten, gestattete Enlil gegen 2160 v. Chr. Ninurta, in Lagasch einen erstaunlichen und einzigartigen neuen Tempel zu errichten, der Ninurtas Anspruch auf die Vorherrschaft Ausdruck verleihen sollte. Damit das auch jedem klar wurde, nannte er den Tempel ***E.Ninnu*** (»Haus/Tempel der Fünfzig«) womit sich Ninurta zum »nächsten Enlil« erklärte, dessen Rangzahl Fünfzig war, gleich nach Anu mit dem Rang Sechzig.

Eine der längsten Steininschriften, die man in den verschütteten Überresten von Lagasch ausgrub, schildern in allen Details einen Vorfall, der an eine Episode der TV-Serie »Twilight Zone« erinnert. Darin geht es um den Bau eben dieses neuen Tempels im Girsu (dem heiligen Bezirk von Lagasch) durch einen König namens ***Gudea*** (= »Der Gesalbte«). Die Geschichte, die auf Tonzylindern festgehalten wurde, die jetzt im Louvre in Paris ausgestellt sind, beginnt mit einem Traum, den Gudea eines Nachts hatte. In diesem Traum erschien ihm »ein Mann, hell und strahlend wie der Himmel … der den Kopfschmuck eines Gottes trug« und befahl Gudea, ihm einen Tempel zu bauen. Eine Frau, »die ein Modell eines Tempels auf ihrem Kopf trug«, erschien neben ihm. In den Händen hielt sie eine Himmelskarte, wobei sie auf einen bestimmten Stern zeigte. Dann erschien eine zweite männliche Gottheit, die in einer Hand eine Tontafel mit einem Bauplan und in der anderen Hand einen Bauziegel hielt.

Als er erwachte, stellte Gudea zu seinem Erstaunen fest, dass die Tafel mit dem Bauplan auf seinem Schoss lag, der Bauziegel aber in einem Korb an seiner Seite. Völlig verblüfft durch diese Erfahrung (an die Gudea mit einer seiner Statuen erinnerte, *Abb. 104*), reiste Gudea zunächst zum »Haus der Schicksalsdeutung«, dem Wohnsitz der Göttin **Nina** in ihrem Kultzentrum Sirara, und bat sie, ihm die Bedeutung des Traums und der scheinbar aus dem Nichts gekommenen Objekte zu erklären.

Der erste Gott, so teilte ihm Nina mit, war **Nin.girsu** (= »Herr des Girsu«, also Ninurta): »Dass du ihm einen neuen Tempel baust, wünscht er.« Die Göttin war **Nisaba:** »Den Tempel nach dem Heiligen Planeten auszurichten weist sie dich an.« Der andere Gott war **Ningischzidda:** »Der heilige Ziegel, den er dir gab, soll als Muster dienen; der Tragekorb bedeutet, dass du den Auftrag erhieltest, zu bauen; die Tafel mit der Zeichnung ist der Bauplan für den siebenstufigen Tempel; sein Name«, so schloss sie, »soll ***E.Ninnu*** sein.«

Wären die meisten anderen Könige stolz gewesen, einen existierenden Tempel reparieren zu dürfen, war der Auftrag an Gudea, einen brandneuen Tempel vom Fundament an zu errichten, für ihn eine ganz besondere Ehre. Mit Freude ging er ans Werk und rief seine gesamte Bevölkerung auf, es ihm gleich zu tun. Die architektonischen Erfordernisse, so merkte er bald, waren alles andere als einfach. Auf der Spitze sollte ein *kuppelförmiges Observatorium* stehen – »geformt wie das Himmelsgewölbe« – um nach Einbruch der Nacht den Stand der Sterne und Planeten bestimmen zu können. Im Hof wiederum wurden zwei Steinkreise angelegt, um Konstellationen zum Zeitpunkt des Sonnenaufgangs bei der Tag-und-Nacht-gleiche zu orten. Zudem sollten zwei tiefer liegende Einfriedungen, eine für Ninurtas Flugzeug, den »Göttlichen Vogel«, und die andere für seine »schreckliche Waffe« geschaffen werden. In seiner gut erhaltenen Inschrift in perfekter sumerischer Schrift (Beispiel: *Abb. 105*) erklärt Gudea, dass er noch einige Male die Götter um Rat fragen musste und »keinen guten Schlaf

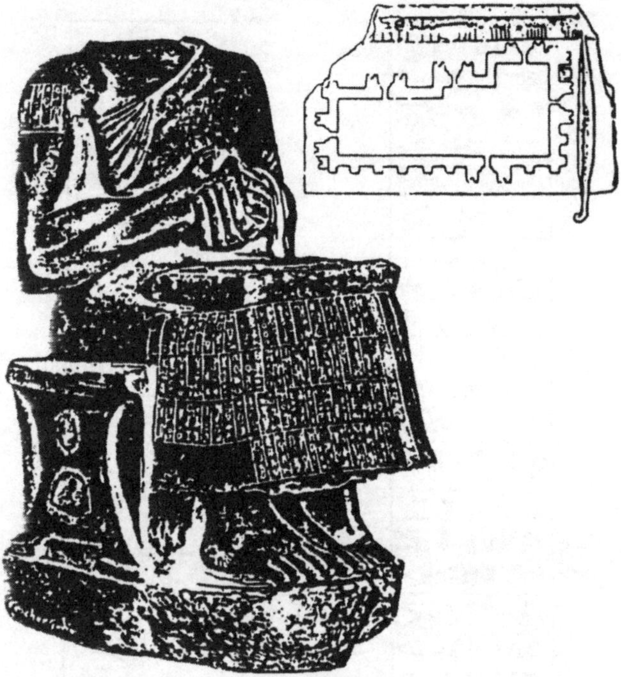

Abbildung 104

mehr hatte, bis alles fertiggestellt war.« An einem Punkt hätte er fast aufgegeben, doch dann wurde er in einer »Befehlsvision« angewiesen, »das Haus des Herrn, das Eninnu, zu Ende zu bauen.«

Die Vorgeschichte und die Details des komplizierten Bauvorhabens sind auf dem sogenannten *Gudea-Zylinder A* beschrieben. »Zylinder B« widmet sich den ausgeklügelten Riten bei der Einweihung des Tempels am Neujahrstag und den Zeremonien, die bei der Ankunft Ningirsus und Baus im Girsu sowie ihrem Einzug in ihr neues Heim abgehalten wurden. Der Text endet mit dem Segen, der Gudea von Bau erteilt wurde, als Dank für seine Bemühungen; sein Lohn war ***Nam.ti muna.sud*** – »seine Lebenszeit wurde verlängert« (ohne eine Erklärung, wie genau dies geschah).

Als er sich selbst auf dem Zylinder A vorstellte, erklärte Gudea, seine Mutter sei die Göttin **Nina** – eine Tochter Enlils und Ninlils, eine Halbschwester Ninurtas –, die er dann auch im Verlauf der Inschrift konsequent als »meine Mutter« bezeichnet. Das scheint Bau in ihrem auf Zylinder B zitierten Segen zu bestätigen, denn sie redete ihn gleich

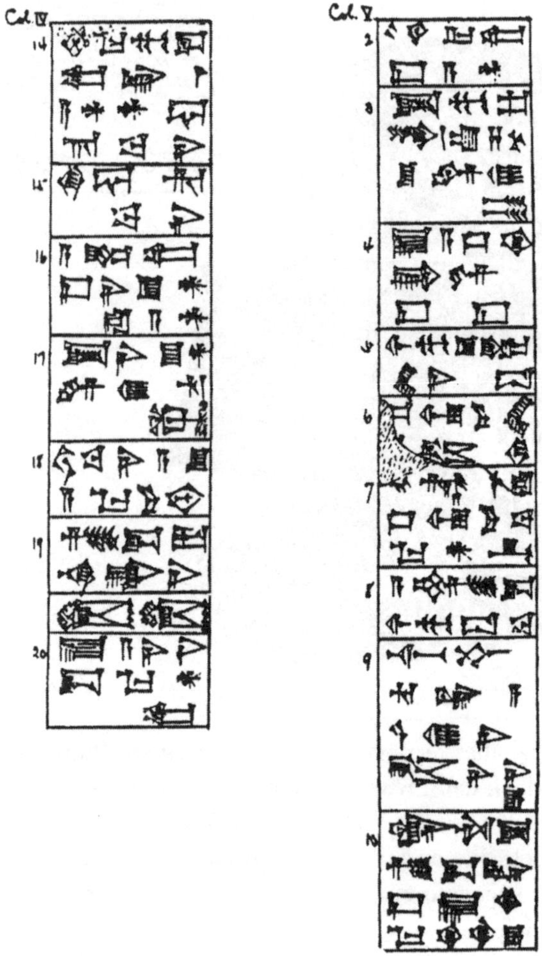

Abbildung 105

zwei Mal als »Sohn der Nina« an. Die Texte werfen auch ein Licht auf die Art seiner Geburt: Die Göttin Nina trug ihn aus, *nachdem die Göttin Bau Samen in ihre Gebärmutter implantiert hatte:* »Den Keim von mir empfingst du in dir selbst, an einem heiligen Ort brachtest du mich zur Welt«, erklärte er Nina; er war »ein Kind, das Bau erzeugt hatte«.

Mit anderen Worten: Gudea nahm an, dass er ein Halbgott war, dessen Abstammung auf Bau und Nina aus dem Klan Enlils und Ninurtas zurückgeht.

***

Die Herausforderung, die der Eninnu-Tempel für Marduk darstellte, stand in Verbindung mit den Rollen der Gottheiten Ningischzidda und Nisaba, die beide in Ägypten bekannt waren und verehrt wurden: Der Erstgenannte als der Gott Thot, Letztere als die Göttin Sescheta. Die aktive Beteiligung Ningischziddas/Toths an dem Projekt war von besonderer Bedeutung, war er doch ein Sohn Enkis/Ptahs und ein Halbbruder Marduk/Ras, mit dem er sich wiederholt gestritten hatte. Das war nicht das einzige Verwürfnis mit Marduk: Auch sein anderer Halbbruder Nergal, der Mann von Enlils Enkelin Ereschkigal, war häufig auf der Seite der Enliliten zu finden.

Doch nichts konnte Marduk und Nabu davon abhalten, Anhänger zu sammeln und Gebiete unter seine Kontrolle zu bekommen. Zudem hatten die Enliliten das Problem, dass Ninurta, der mutmaßliche Erbe Enlils und Anus, von Nibiru gekommen war, während Marduk und Nabu den Erdlingen näher standen. Aus Verzweiflung ließen die Enliliten die »Ninurta-Strategie« fallen und wechselten über zu einer »Sin-Taktik«, indem sie den Sitz des nationalen Königtums auf Ur verlegten – das »Kultzentrum« Nannars, *eines auf der Erde geborenen Enlil-Sohnes,* der, anders als Ninurta, auch einen akkadischen Namen hatte: Sin.

Ur, das zwischen Eridu im Süden und Uruk im Norden am Ufer des Euphrat lag, war zu diesem Zeitpunkt das pulsierende Handels- und Produktionszentrum des Zweistromlandes. Sein Name allein schon bedeutete so viel wie »urbaner, domestizierter Ort« und war bald nicht nur gleichbedeutend mit »Stadt«, es war »*Die* Stadt« schlechthin, ein Synonym für Reichtum und Wohlstand. Seine Götter (siehe *Abb. 97*), Nannar/Sin und seine Frau ***Ningal*** (*Nikhal* auf Akkadisch), erfreuten sich beim Volk der Sumerer höchster Beliebtheit, zumal Nannar/Sin, anders als andere Enliliten, sich immer aus den Kriegen der Götter herausgehalten hatte. Seine Wahl galt als Signal an die Menschen auch in den »Rebellenstaaten«, dass unter seiner Führung ein Zeitalter des Friedens und Wohlstands anbrechen würde.

Der Tempel von Ur war eine große Zikkurat, die sich in Stufen erhob und inmitten eines ummauerten heiligen Bezirks stand, umgeben von den Häusern der Priester, Würdenträger und Tempeldiener. Eines der Gebäude in diesem ummauerten Stadtteil war das ***Gipar***

(= »Nächtliches Heim«), in dem sich die ***Gigunu*** befand, die »Kammer der nächtlichen Freuden« für den Gott; denn obwohl Nannar/Sin monogam lebte, also nur eine einzige Gemahlin hatte (Ningal), konnte er im Gipar die Gesellschaft von Hierodulen (»Priesterinnen der Lust«) und Konkubinen (mit denen er Kinder zeugen konnte) genießen und tat dies auch nach Kräften.

Jenseits dieser Mauern erstreckte sich eine große Stadt mit zwei Häfen und Kanälen, die sie mit dem Euphrat verbanden *(Abb. 106)*, eine großartige Stadt mit einem Königspalast, Verwaltungsgebäuden, hohen Toren, breiten Promenaden, einem Festplatz, einem Marktplatz, mehrstöckigen Privathäusern (meist zweistöckig), Schulen, Werkstätten, Lagerhäusern der Kaufleute und Ställen für die Tiere. Die imposante Zikkurat mit ihrer monumentalen Hochtreppe (siehe *Abb. 35*) liegt zwar längst in Ruinen, doch sie dominiert die Landschaft noch immer, nach über 4000 Jahren.

(Ur, so sei angemerkt, war das »Ur der Chaldäer«, in dem die biblische Geschichte von Abraham begann, der Ausgangspunkt seiner Wanderung erst nach Harran und dann nach Kanaan. In Nippur geboren, wuchs ***Abram*** in Ur auf, wo sein Vater als Tirhu, als sternenkundiger Orakelpriester, diente. Wie seine Geschichte und Mission mit den Ereignissen und dem Schicksal Sumers verbunden war, schilderten wir ausführlich in *Kriege der Menschen und Götter.*)

Um ein neues Königtum in und von Sumer zu begründen, musste man ebenso sorgfältig einen neuen König auswählen. Die Wahl fiel auf ***Ur-Nammu*** (= »Die Freude von Ur«), der von Enlil ausgesucht und von Anu bestätigt wurde; auch er war kein einfacher Erdling, *sondern ein Halbgott.* In Uruk geboren, war er ein Sohn – »der geliebte Sohn« – der Göttin **Ninsun** (die auch schon die Mutter Gilgameschs war) – eine Geburt, die (so heißt es in den Inschriften) von Anu und Enlil gutgeheißen und von Nannar/Sin bezeugt wurde. Da seine göttliche Abstammung (einschließlich der Behauptung, dass Ninharsag ihn aufzog) in zahlreichen Inschriften zu seinen Lebzeiten und oft genug im Beisein Nannars und anderer Götter bestätigt wurde, müssen wir davon ausgehen, dass sie den Tatsachen entsprach. Es war ein Anspruch, der Ur-Nammu exakt den gleichen Status wie Gilgamesch verlieh, an dessen Heldentaten man sich noch gut erinnerte und dessen Name geradezu verehrt wurde. Diese Wahl war ein Signal an Freunde und Feinde gleichermaßen, dass die ruhmreichen Zeiten unter der

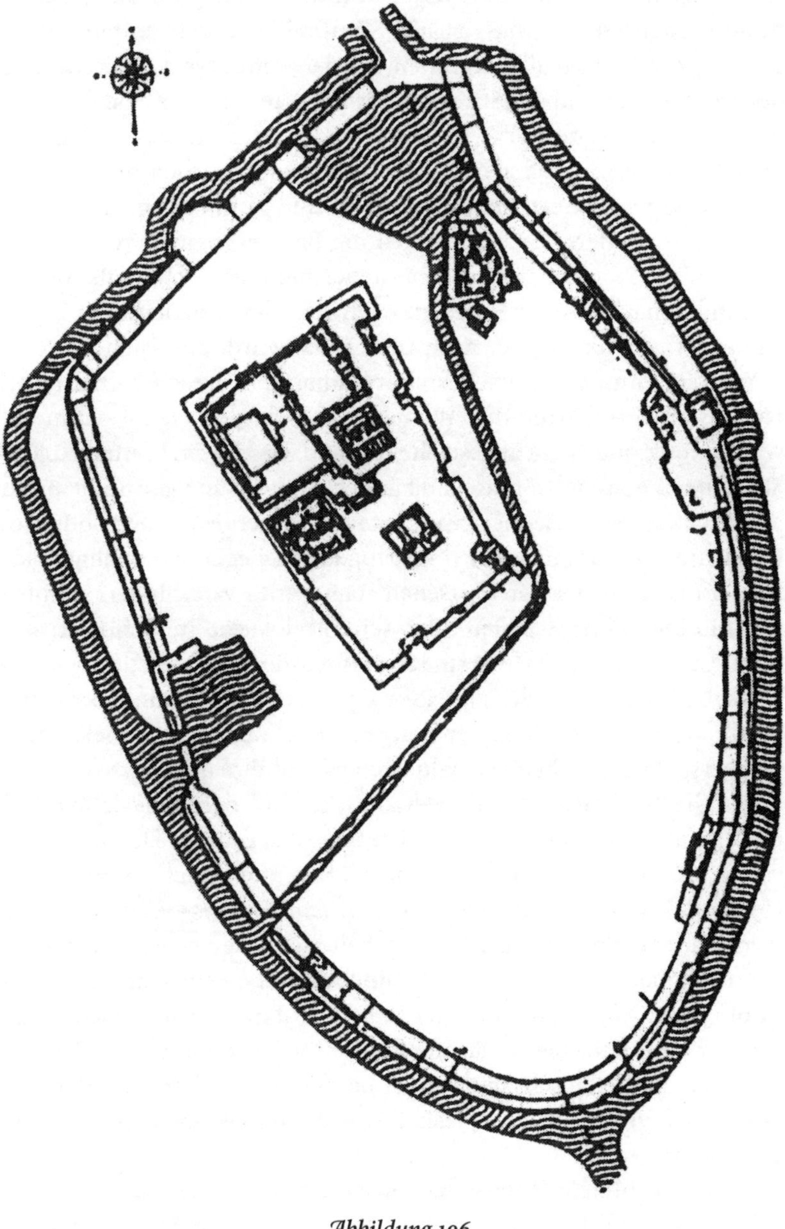

Abbildung 106

unangefochtenen Herrschaft Enlils und seines Klans zurückgekehrt waren.

Die Inschriften, die Standbilder und die reichen archäologischen Funde zeugen davon, dass zu Ur-Nammus Amtszeit umfangreiche Bauprojekte in Angriff genommen wurden, darunter die Erneuerung der Wasserwege und des Straßennetzes im Land. Es war eine Blütezeit der Kunst, des Handwerks, der Bildung und der Verbesserungen im Sozial- und Wirtschaftsleben. Enlil und Ninlil wurden durch renovierte und vergrößerte Tempel geehrt, und zum ersten Mal in der Geschichte Sumers vereinigten sich die Priesterschaften von Nippur und Ur, was zu einer religiösen Erneuerung führte. (Damals war es, zumindest nach unseren Berechnungen, dass der Orakelpriester ***Terah,*** Abrams Vater, von Nippur nach Ur versetzt wurde.)

Verträge mit den Herrschern benachbarter Länder im Osten und Nordosten vermehrten den Wohlstand; doch gleichzeitig nahm die von Marduk und Nabu angestachelte Feindseligkeit im Westen zu. Die Situation in den »aufständischen Ländern« und »sündigen Städten« an der Grenze zum Mittelmeer verlangte ein Einschreiten, und so führte Ur-Nammu 2096 v. Chr. einen Feldzug gegen sie. Doch so fähig er als Bauherr und »Hirte« der Wirtschaft auch war, er versagte als Heerführer: Inmitten einer Schlacht blieb sein Streitwagen im Schlamm stecken; Ur-Nammu stürzte herunter und wurde »zerschmettert wie ein Tonkrug«. Die Tragödie gipfelte darin, dass das Schiff, das seinen Leichnam zurück nach Sumer bringen sollte, »an einem unbekannten Ort versank; die Wellen verschluckten es, mit ihm an Bord.«

Als die Nachricht von der Niederlage und dem tragischen Tod Ur-Nammus Ur erreichte, brach ein großes Klagen aus. Die Menschen verstanden nicht, wie ein so frommer König und gerechter Hirte – ein Halbgott! – ein so glanzloses Ende nehmen konnte. »Warum hat der Herr Nannar ihm nicht die Hand gehalten?«, fragten sie, »warum hat nicht Inanna, die Königin des Himmels, ihren edlen Arm um seinen Kopf gelegt? Warum hat ihm der tapfere Utu nicht beigestanden?« Es gab nur eine plausible Erklärung für die Menschen in Ur und Sumer: »Enlil hat uns getäuscht und seinen Beschluss geändert« – die großen Götter hatten versagt, und deshalb wurde der Glaube an sie zutiefst erschüttert.

Es war wohl kein Zufall, dass ausgerechnet als die erschütternde Nachricht vom Tod Ur-Nammus 2096 v. Chr. die Stadt erreichte,

Abrams Vater mit seiner Familie von Ur nach ***Harran*** (= »Karawanenstadt«) zog, eine Großstadt, die damals als Sumers Verbindung zum Land der Hethiter diente. An einem Zufluss des Euphrat und an der Kreuzung internationaler Handelswege zu Wasser und zu Land gelegen, war Harran von fruchtbaren Weiden umgeben, die sich ausgezeichnet für die Schafzucht eigneten. Gegründet hatten es Händler aus Ur, die hier von den Einheimischen Schafswolle, Häute und Leder sowie importierte Metalle und seltene Steine kauften und gegen die berühmten Wollgewänder und Teppiche aus Ur eintauschten. Die Stadt war stolz darauf, den zweitgrößten Tempel des Nannar/Sin gleich nach Ur zu besitzen und wurde auch »das zweite Ur« genannt.

Mit Ur-Nammus Thronbesteigung 2113 v. Chr. hatte eine Periode begonnen, die als »Ur III« oder »Dritte Dynastie von Ur« bekannt ist. ***Es war Sumers glanzvollste Zeit – und der Zeitraum, in dem der Monotheismus, der Glaube an einen universalen Schöpfergott, geboren wurde.***

Aber es war auch Sumers tragischste Zeit, denn noch bevor ein Jahrhundert vorüber war, gab es Sumer nicht mehr.

***

Nach Ur-Nammus tragischem Tod bestieg sein Sohn Schulgi den Thron von Ur. Bemüht, wie sein Vater den Halbgott-Status für sich zu beanspruchen, erklärte er in seinen Inschriften, dass er unter göttlicher Aufsicht geboren worden sei: Der Gott Nannar selbst hätte arrangiert, dass das Kind von Ur-Nammu und der Hohepriesterin Enlils in Enlils Tempel in Nippur gezeugt würde, als »kleiner Enlil, ein Kind, für das Königtum und den Thron geeignet«. Er pflegte bald die Göttin Ningal, Nannars Gattin, »meine Mutter« und Utu/Schamasch (ihren Sohn) »meinen Bruder« zu nennen. Schließlich behauptete er in ziemlich prahlerischen Liedern: »Ein Sohn, den Ninsun gebar, bin ich« (obwohl er in einem anderen Hymnus eingestanden hatte, dass er nur durch Adoption »ihr Sohn« war). Diese unterschiedlichen und widersprüchlichen Versionen lassen seinen Anspruch auf Halbgöttlichkeit als zweifelhaft erscheinen.

Die königlichen Annalen deuten an, dass Schulgi sofort nach seiner Inthronisierung eine Expedition in die äußeren Provinzen einschließlich der »Rebellenländer« schickte; doch seine »Waffen« waren Han-

Abbildung 107

delsverträge, Friedensangebote und seine Töchter, die er ihren Königen zur Eheschließung anbot. Seine Route berührte die beiden Ziele des noch immer hoch verehrten Gilgamesch: Die Halbinsel Sinai (wo der Raumflughafen lag) im Süden und den Landeplatz im Norden, wobei er die Heiligkeit der Vierten Region beachtete und es vermied, sie zu betreten. Seinen Weg unterbrach er auch, um am »Ort der hellen Orakel« zu beten – den Ort, den wir heute als Jerusalem kennen. Nachdem er auf diese Weise die drei Raumflugzentren geehrt hatte, folgte er dem »fruchtbaren Halbmond« – der bogenförmigen Handels- und Wanderungsroute von Ost nach West, die von der Geographie und den Wasservorräten vorgegeben ist – und kehrte nach Sumer zurück.

Als Schulgi wieder in Ur war, verliehen ihm die Götter den Titel »Hohepriester des Anu, Priester des Nannar«. Er freundete sich mit Utu/Schamasch an und zog die »persönliche Aufmerksamkeit« Inannas/Ischtars auf sich (die seit dem Fall des Naram-Sin in Ur residierte). Schulgis »Friedensoffensive« trug eine Zeitlang reiche Früchte, was ihm erlaubte, die Staatsgeschäfte zu vernachlässigen und Inannas Liebhaber zu werden. In zahlreichen Liebesliedern, die man in den Ruinen von Ur fand, prahlte er damit, dass Inanna »mir in ihrem Tempel ihre Vulva darbot«.

Doch sobald Schulgi die Staatsgeschäfte vernachlässigte, um sich privaten Freuden hinzugeben, brachen in den »Rebellenländern« neue Unruhen aus. Da er selbst auf keinen Krieg vorbereitet war, vertraute er bei den Kämpfen auf elamitische Truppen und begann, eine Mauer zu bauen, die Sumer vor fremden Eindringlingen schützen sollte. Sie wurde die »Große Westmauer« genannt und die Gelehrten glauben, dass sie nördlich des heutigen Bagdad vom Euphrat bis zum Tigris verlief. Die unbeabsichtigte Folge war, dass das Herzland Sumers dadurch von den Provinzen im Norden abgeschnitten wurde. Im Jahre 2048 v. Chr. hatten die Götter, angeführt von Enlil, genug von Schulgis Versagen als Staatsmann und seinem privaten *Dolce Vita* und verurteilten ihn zum »Tod eines Sünders«. Interessanterweise war es zu genau diesem Zeitpunkt, dass Abram, auf Anweisung Gottes, Harran verließ und nach Kanaan zog.

Ebenfalls in diesem Jahr, 2048 v. Chr., traf Marduk in Harran ein und machte es für die nächsten 24 Jahre zu seinem Hauptquartier. Seine Ankunft, festgehalten auf einer gut erhaltenen Tontafel *(Abb. 107)*, stellte eine neue und direkte Herausforderung für die enlilitische Hegemonie dar. Abgesehen von seiner militärischen Bedeutung schnitt dieser Schritt Sumer von seinen wirtschaftlich lebenswichtigen Handelsverbindungen ab. Ein geschrumpftes Sumer befand sich jetzt im Belagerungszustand.

Marduks Schachzug, seinen Kommandoposten in Harran einzurichten, ermöglichte es Nabu, »seine Städte zu ordnen, auf das Große Meer seinen Kurs zu nehmen«. Die genannten Ortsnamen enthüllen, dass darunter der wichtige Landeplatz im Libanon und die Missionskontrollstadt Schalem (alias Jerusalem) waren. Und dann erklärte Marduk, dass die Region des Raumflughafens nicht länger neutral sei, sondern fortan zum Reich Marduks und Nabus gehöre. Neben Ägypten, seinem ursprünglichen Machtbereich, kontrollierte er jetzt alle raumfahrtrelevanten Anlagen.

Verständlicherweise konnten die Enliliten das so nicht hinnehmen. Schulgis Nachfolger, sein Sohn ***Amar-Sin,*** verlor keine Zeit, einen Feldzug nach dem anderen zu starten, gipfelnd in seiner ehrgeizigen und bemerkenswerten Expedition, um die »Rebellenländer des Westens« (im biblischen Kanaan) zu bestrafen. Und so geschah es im siebten Jahr seiner Herrschaft, 2041 v. Chr., dass Amar-Sin ein großes Militärbündnis gegen die »sündigen Städte« im Westen (einschließlich Sodom und Gomorra) anführte, in der Hoffnung, die Kontrolle über den Raumflughafen wiederzugewinnen; er war, wie ich in *Kriege der Menschen und Götter* aufzeige, der »Amraphel« aus Genesis 14.

Der Konflikt wird in der Bibel als Krieg der Könige des Ostens gegen die Könige des Westens beschrieben. An diesem ersten großen internationalen Krieg des Altertums nahm auch Abram teil: Als Kommandant einer Kavallerie von Kamelreitern, die *Isch Nar* genannt wurden – eine wörtliche Übersetzung des sumerischen ***Lu.nar*** (= »Männer der Kavallerie«) ins Hebräische –, verhinderte er erfolgreich, dass die Eindringlinge den Raumflughafen erreichten (siehe Karte, *Abb. 108*). Dann verfolgte er die sich auf dem Rückzug befindlichen Invasoren bis nach Damaskus (im heutigen Syrien), um seinen Neffen Lot zu befreien, den sie in Sodom gefangen genommen hatten. Aus dem Konflikt zwischen den Göttern war offensichtlich ein Krieg der Nationen geworden.

Amar-Sin starb 2039 v. Chr. – nicht durch die Lanze eines Feindes, sondern den Biss eines Skorpions. Er wurde durch seinen Bruder Schu-Sin ersetzt; die Chroniken seiner neunjährigen Herrschaft erwähnen zwei militärische Vorstöße nach Norden, doch keinen in den Westen; dagegen ist meist von Verteidigungsmaßnahmen die Rede. Dabei vertraute er vor allem darauf, neue Abschnitte der Westmauer zu bauen; doch die Verteidigungslinie wurde jedes Mal weiter in Richtung auf Sumers Kernland nach Süden verlegt und das Gebiet, das Ur kontrollierte, schrumpfte stetig.

Als der nächste (und letzte) König von »Ur III«, Ibbi-Sin, 2029 v. Chr. den Thron bestieg, durchbrachen Eindringlinge aus dem Westen

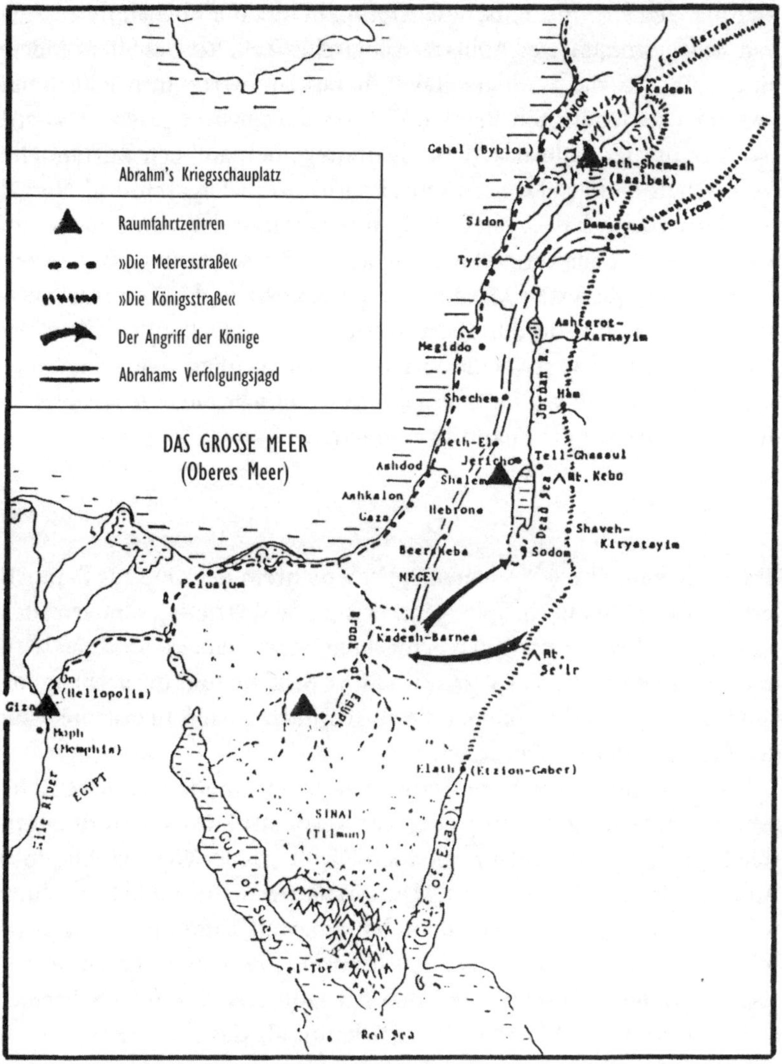

Abbildung 108

die Verteidigungsmauern und schlugen Urs »Fremdenlegion«, das elamitische Heer, auf sumerischem Territorium. Hinter den Westtruppen stand Nabu. Sein göttlicher Vater, Marduk selbst, wartete in Harran darauf, dass er Babylon zurückerobern konnte.

Den alten Gründen, nach Vorherrschaft zu streben (angefangen damit, dass sein Vater Enki in der Erbfolge übergangen worden sei), fügte

Marduk jetzt ein »himmlisches« Argument hinzu. Er behauptete, seine Zeit sei gekommen, weil Enlils astrologisches Zeitalter des Stiers endete und seine Ära, das Widderzeitalter, herandämmerte. Ironischerweise waren es seine eigenen Brüder, die ihn darauf hinwiesen, dass aus astronomischer Sicht das Widderzeitalter noch auf sich warten ließ: Ningischzidda ließ das vom Observatorium in Lagasch und Nergal von der wissenschaftlichen Forschungsstation in der »Unterwelt« (im Süden Afrikas) aus verlautbaren. Doch die Forschungsergebnisse seiner Brüder verärgerten Marduk nur noch mehr und ließen Nabu vermehrt Krieger für Marduk rekrutieren.

Frustriert und verzweifelt berief Enlil die großen Götter zu einer Krisensitzung ein: ***auf ihr wurden ungewöhnliche Schritte verabschiedet, die für immer die Zukunft veränderten.***

***

Erstaunlicherweise »überlebten« gleich mehrere Berichte aus dem Altertum, die nicht nur die folgenden Ereignisse skizzieren, sondern auch detailreich über die einzelnen Schlachten, Strategien, die Diskussionen und Argumente, die Beteiligten und ihre Schritte und die verhängnisvolle Entscheidung berichten, die zur verheerendsten Katastrophe auf der Erde seit der Sintflut führten.

Erweitert durch die Datenformeln und verschiedene andere Referenzen, sind unsere Hauptquellen zur Rekonstruktion dieser dramatischen Ereignisse die entsprechenden Kapitel in der *Genesis,* Marduks Aussagen in einem Text, der als *Die Prophezeiung Marduks* bezeichnet wird, eine Gruppe von Tontafeln der »Spartoli-Sammlung« im Britischen Museum, bekannt als *Die Khedorlaomer-Texte,* und ein historisch-autobiographischer Text, den der Gott Nergal einem Schreiber seines Vertrauens diktierte, heute bekannt als das *Erra-Epos.* Wie in einem Film – üblicherweise einem Krimi –, wo die verschiedenen Augenzeugen und Protagonisten dasselbe Ereignis aus unterschiedlicher Sicht schildern, woraus dann der ermittelnde Kommissar oder Detektiv das wirkliche Geschehen rekonstruiert, sind wir hier in der Lage, die wesentlichen Tatsachen herauszufiltern.

Marduk, so erfahren wir aus diesen Quellen, nahm nicht an der von Enlil einberufenen Krisensitzung teil, sondern schickte nur einen Appell, in dem er eine einzige Frage mehrfach wiederholte: »Bis wann?«

Dieses Jahr 2024 v. Chr. markierte den 72. Jahrestag seines Lebens auf der Flucht, ein Zeitraum, in dem der Tierkreis sich um einen Grad fortbewegt hatte. Zudem waren 24 Jahre vergangen, seit er in Harran wartete, und so fragte er: »Bis wann? Wann haben die Tage meiner Wanderung ein Ende?«

Als Ninurta aufgerufen wurde, die Sache der Enliliten zu vertreten, machte er Marduk für alles verantwortlich, klagte ihn sogar an, Enlils Tempel in Nippur entweiht zu haben. Nannar/Sins Anklage richtete sich hauptsächlich gegen Nabu. Nabu wurde vorgeladen, und tatsächlich trat »der Sohn seines Vaters vor die Götter«. Im Namen seines Vaters beschuldigte er Ninurta, klagte Nergal an, mit dem er sich ein lautstarkes Wortgefecht lieferte und »zeigte Respektlosigkeit, sagte Schlimmes zu Enlil«, bezichtigte den Herrn des Kommandos der Ungerechtigkeit und zu großer Milde gegenüber den wahren Zerstörern. Dann ergriff Enki das Wort: »Wessen werden Marduk und Nabu wirklich beschuldigt?«, fragte er. Sein Zorn richtete sich speziell gegen seinen Sohn Nergal: »Warum bist du weiterhin in Opposition?«, fragte er ihn. Die beiden stritten so lange, bis Enki schließlich Nergal anbrüllte, er solle aus seiner Gegenwart verschwinden.

Es war zu diesem Zeitpunkt, als Nergal, geschmäht von Marduk und Nabu, herausbefohlen von seinem Vater Enki, »sich mit sich selbst beriet« und die Idee ersann, die *»schrecklichen Waffen«* einzusetzen.

Wir wissen nicht, wo sie gelagert wurden, doch wir wissen, dass sie auf der Erde waren, weggeschlossen an einem geheimen unterirdischen Ort (laut einem Text mit der Katalognummer CT-xvi, Zeile 44) irgendwo in Afrika, im Gebiet seines Bruders Gibil. Auf der Grundlage unserer heutigen Wissenschaft und Technik können sie als ***sieben Nuklearwaffen*** beschrieben werden: »Umhüllt von Schrecken, schossen sie mit strahlendem Glanz davon«. Der fliehende Alalu hatte sie ohne Absicht von Nibiru zur Erde gebracht und sie waren vor langer Zeit an einem sicheren Ort versteckt worden; Enki wusste, wo das war, aber Enlil auch.

Als sie sich wieder zu einem Kriegsrat trafen, stimmten die Götter gegen Enki und dafür, Nergals Vorschlag zu folgen und Marduk zur Bestrafung einen Schlag zu versetzen. Man stand dabei ständig mit Anu in Kontakt: »Anu richtete diese Worte an die Erde, die Erde erwiderte an Anu«. Er machte klar, dass er diesen beispiellosen und noch nie dagewesenen Einsatz der »schrecklichen Waffen« nur genehmigen

Abbildung 109

könne, wenn er ausschließlich dazu diene, Marduk des Raumflughafens auf dem Sinai zu entledigen. Weder Götter noch Menschen dürften dadurch geschädigt werden: »Anu, Herr der Götter, hatte Mitleid mit der Erde«, heißt es in den antiken Aufzeichnungen. Als die Götter Nergal und Ninurta mit der Durchführung der Mission beauftragten, betonten sie noch einmal, dass es ein begrenzter und bedingter Schlag bleiben sollte.

Im Jahre 2024 v. Chr. entfesselten Ninurta (den das Epos **Ischum** ***»den Rasenden« nennt) und Nergal (den das Epos Erra »den Vernichter« nennt) Nuklearwaffen, die den Raumflughafen und die angrenzenden »sündigen Städte« in der Ebene südlich des Toten Meeres auslöschten.***

Abraham, so heißt es in der Bibel, der zu dieser Zeit in den Bergen oberhalb des Toten Meeres lagerte, wurde zuvor von drei *Malachim* (was als »Engel« übersetzt wird, wörtlich aber »Gesandte« bedeutet) aufgesucht und von ihrem Anführer vor dem, was geschehen würde, gewarnt. Die anderen beiden zogen weiter nach Sodom, wo Abrahams Neffe Lot wohnte. In dieser Nacht, so wissen wir aus dem *Erra Epos,* nahm Ischum/Ninurta in seinem Göttlichen Vogel »Kurs auf den höchsten Berg«. Als er dort ankam,

> erhob er seine Hand (und)
> der Berg wurde zerschmettert.
> Die Ebene vor dem Höchsten Berg
> wurde ausgelöscht;
> in ihren Wäldern blieb kein Baumstamm stehen.

Mit zwei gezielt eingesetzten Atomwaffen wurde der Raumflughafen von Ninurta ausgelöscht – zuerst der »höchste Berg« (der »Berg Maschu« des *Gilgameschepos*) mit seinen Tunneln und versteckten Anlagen, dann die angrenzende Ebene, die als Start- und Landefläche diente. Die Narbe, die sie in das Antlitz der Halbinsel Sinai rissen, ist noch heute sichtbar, wie ein NASA-Foto aus dem Weltraum belegt *(Abb. 109):* Die Ebene – umgeben von Bergen aus weißem Kalkstein – ist noch immer von zerschmetterten, verbrannten und geschwärzten Felsen bedeckt.

Die Auslöschung der »sündigen Städte« war eine konfuse Angelegenheit. Den sumerischen Texten zufolge versuchte Ninurta noch, Nergal die Ausführung auszureden. Laut der Bibel war es Abraham, der einen der drei Engel, die bei ihm vorbeischauten, zu überzeugen versuchte, die Städte zu verschonen, sollten auch nur zehn »Gerechte« in Sodom zu finden sein. Doch am selben Abend wurden die beiden Engel, die überprüfen sollten, ob die Städte verschont werden könnten, von einem Mob bedrängt und fast vergewaltigt. Ihre Vernichtung war damit unausweichlich; doch sie waren bereit, damit zu warten, bis Lot (Abrahams Neffe) und seine Familie in die Berge fliehen konnten. Dann, als der Morgen dämmerte,

> vernichtete Erra,
> Ischum nacheifernd,

die Städte;
bis zur Verwüstung
erschütterte er sie.

Sodom und Gomorra und drei andere Städte »in diesem ungehorsamen Land löschte er aus«. Die Bibel berichtet mit nahezu gleichen Worten, dass Jahwe, »als die Sonne über dem Land aufgegangen war … auf Sodom und Gomorra Schwefel und Feuer regnen ließ, von Jahwe, vom Himmel herab. Es vernichtete von Grund auf jene Städte und die ganze Gegend, auch alle Einwohner der Städte und alles, was auf den Feldern wuchs.«

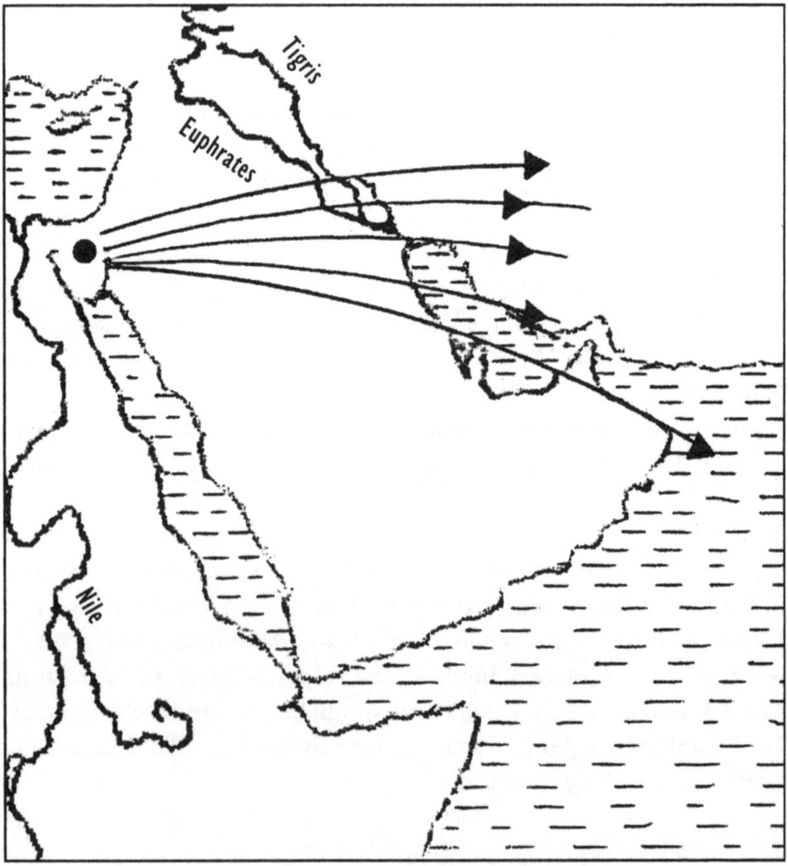

Abbildung 110

Am frühen Morgen begab sich Abraham an den Ort,
an dem er dem Herrn gegenübergestanden hatte.
Er schaute gegen Sodom und Gomorra
und auf die ganze Ebene im Umkreis
und sah:
Qualm stieg von der Erde auf
wie der Qualm aus einem Schmelzofen.

Genesis 19,27–28

So geschah es, wie die Bibel schreibt, dass »*die* ***Elohim*** die Städte der Ebene vernichteten« … durch fünf Nuklearwaffen, die Nergal, »der Vernichter«, abwarf!

Und dann schlug das Gesetz der unbeabsichtigten Konsequenzen in einem katastrophalen Ausmaß zu: denn die unerwartete Folge des nuklearen Holocaust war der Untergang Sumers – eine hochgiftige Nuklearwolke, ostwärts getrieben durch unerwartete Winde, vernichtete alles Leben in Sumer ***(Abb. 110).***

Der »Böse Wind«

»Ein Sturm, der Böse Wind, zog am Himmel umher, verödete die Städte, verwüstete die Häuser, leerte die Schafgatter, ließ Sumers Wasser bitter werden, auf seinen bebauten Feldern nur noch Unkraut wachsen …« – so beschreibt ein Text nach dem anderen aus dieser Zeit, was damals geschah.

»Das Land Sumer überkam ein Unglück, eines, das dem Menschen unbekannt war, eines, das man noch nie zuvor gesehen hatte, eines, dem man sich nicht entziehen konnte«, heißt es in den Texten. Ein »unsichtbarer Tod streifte durch die Straßen, wurde losgelassen auf allen Wegen … niemand konnte ihn sehen, wenn er das Haus betrat … es gibt keinen Schutz vor dem Bösen, das uns bestürmte wie ein Geist; durch die höchste Mauer, die breiteste Wand kommt es wie eine Flut … durch die Tür gleitet es wie eine Schlange, wie ein Wind bläst es durch die Türangel … wer sich hinter den Toren versteckte, wurde im Haus gefällt, wer auf das Dach lief, starb auf dem Dach.« Es war ein furchtbarer, grausamer Tod: Wohin auch immer der Böse Wind kam, »konnten die bestürzten Menschen nicht atmen … Münder füllten sich mit Blut, Köpfe waren von Blut befleckt, die Gesichter wurden bleich durch den Bösen Wind.«

Es war keine Naturkatastrophe: »Es war ein großer Sturm auf Befehl Anus, er kam aus dem Herzen Enlils.« ***Er war das Ergebnis einer Explosion:*** »Eine schlimme Explosion ging dem verderblichen Sturm voraus.« ***Sie wurde durch Nuklearwaffen ausgelöst*** – »verursacht durch sieben schreckliche Waffen in einem grellen Lichtblitz«; und ***er kam von der Ebene am Toten Meer:*** »Von der Ebene ohne Erbarmen kam er.«

Vorgewarnt, dass sich der Böse Wind nähern würde, flohen die Götter in Panik aus Sumer. Lange Klagelieder *wie die Wehklage über die Zerstörung von Sumer und Ur,* führen die Städte und Tempel an, die »dem Wind überlassen« wurden und beschreiben die Eile, Panik und den Gram, mit denen jede Gottheit floh, ohne den Menschen helfen zu können. (»Von meinem

Tempel musste ich fliehen wie ein Vogel«, klagte Inanna.) Zurück blieben Tempel, Häuser, Ställe – alle Gebäude blieben stehen; doch alles Lebendige – Menschen, Tiere, Pflanzen – starb. Selbst Texte, die Jahrhunderte später verfasst wurden, erinnern noch an den Tag, als eine Wolke voll mit radioaktivem Staub Sumer erreichte, »den Tag, an dem der Himmel zerdrückt und die Erde heimgesucht wurde, als der Mahlstrom ihr Antlitz auslöschte.«

»Ur ist eine seltsame Stadt geworden, sein Tempel wurde zum Tempel der Tränen«, schrieb ein weinender Ningal in einem *Klagelied über die Zerstörung von Ur:* »Ur und seine Menschen sind dem Wind übergeben worden.«

XV
Begraben in Pracht

Viertausend Jahre nach der nuklearen Katastrophe, im Jahre 1922, kam ein britischer Archäologe namens Leonard Woolley in den Irak, um das alte Mesopotamien zu erforschen. Angezogen von den imposanten Überresten einer Ziggurat, die sich inmitten der Wüstenebene erhob *(Abb. 111)*, begann er seine Ausgrabungen an der angrenzenden Stätte, die bei den Einheimischen Tell el-Muqayyar hieß. Als er bald auf antike Mauern, Artefakte und beschriftete Tontafeln stieß, wurde ihm klar, *dass er das antike Ur entdeckt hatte – das »Ur der Chaldäer« aus der Bibel!*

Seine zwölfjährige Ausgrabung war eine Gemeinschaftsexpedition des Britischen Museums in London und des Museums der Universität von Pennsylvania in Philadelphia, USA. Heute zählen die Artefakte, die Sir Leonard Woolley in Ur ausgegraben hat, zu den bedeutendsten und faszinierendsten Ausstellungsstücken der beiden Museen. Doch etwas anderes, das er fand, könnte noch alles in den Schatten stellen, was je in einem Museum gezeigt wurde.

Während er mühsam eine Schicht nach der anderen abtrug, die der Wüstensand, die Elemente und die Zeit selbst über die Ruinen ausgebreitet hatten, begannen sich die Grundrisse der antiken Stadt allmählich immer deutlicher abzuzeichnen – hier waren ihre Mauern, dort kamen der Hafen und die Kanäle zum Vorschein, an anderer Stelle die Wohnviertel, der Königspalast und schließlich der ***Tummal*** – der künstlich erhöhte Bereich des heiligen Bezirks. Als er an seinem Rand grub, machte Woolley die Entdeckung des Jahrhunderts: Er stieß auf einen jahrtausendealten Friedhof, zu dem auch *einzigartige »Königsgräber«* gehörten.

Die Ausgrabungen in den Wohnvierteln der Stadt zeigten, dass die Bewohner von Ur nach sumerischer Sitte ihre Toten direkt unter dem Boden ihrer Häuser bestatteten, in denen die Familien weiter lebten. Daher war es höchst ungewöhnlich, einen Friedhof zu finden, noch dazu mit ganzen 1800 Gräbern. Sie konzentrierten sich auf das Gebiet des Heiligen Bezirks und reichten von vordynastischen Zeiten (also vor der Einrichtung des Königtums) bis in die seleukidische Zeit (also die Jahrhunderte nach Alexander dem Großen). Da fanden Bestattungen über Bestattungen statt, reichten Gräber in andere hinein und oft genug wurden dieselben Gräber mehrfach genutzt. In einigen Fällen hoben Woolleys Arbeiter breite Gräben von bis zu 17 Metern Tiefe aus, um die Schichten besser erkennen, zuordnen und damit datieren zu können.

Die meisten dieser Gräber waren simple Löcher im Boden, in denen die Leichen, auf dem Rücken liegend, bestattet wurden. Woolley nahm zunächst an, dass diese besondere Form der Erdbestattung einen gewissen sozialen oder religiösen Status anzeigte. Doch dann entdeckte er in der Südostecke des Heiligen Bezirks, innerhalb der Ummauerung, eine Gruppe gänzlich verschiedener Gräber, etwa 660 an der Zahl. In ihnen waren – mit sechzehn Ausnahmen – die Leichen in Schilfmatten eingerollt, die als eine Art Grabtuch dienten, oder in Holzsärge gelegt – was ein noch ein bedeutenderes Unterscheidungsmerkmal war, denn Holz war in Sumer ein seltener und ziemlich teurer Rohstoff. Jeder dieser Toten wurde auf dem Boden einer großen, rechteckigen Grube zur letzten Ruhe gebettet, die groß genug war, um sie alle aufzunehmen. Die Bestatteten, ob Männer oder Frauen, wur-

Abbildung 111

den ausnahmslos seitwärts liegend in das Grab gelegt, nicht auf dem Rücken liegend wie bei den gewöhnlichen Gräbern; ihre Arme und Hände waren vor ihren Bäuchen angewinkelt, ihre Beine leicht angezogen *(Abb. 112)*. Neben den Toten oder auf ihnen lagen einige ihrer persönlichen Besitztümer – Schmuck, ein Rollsiegel, ein Trinkgefäß oder eine Schale; die Objekte machten es möglich, diese Gräber in die Frühdynastische Periode um ca. 2650 bis 2350 v. Chr. zu datieren; es war die Zeit, als Ur erstmals Sitz des zentralen Königtums war, der Ersten Dynastie von Ur (»Ur I«), bevor das Königtum erneut nach Uruk verlegt wurde.

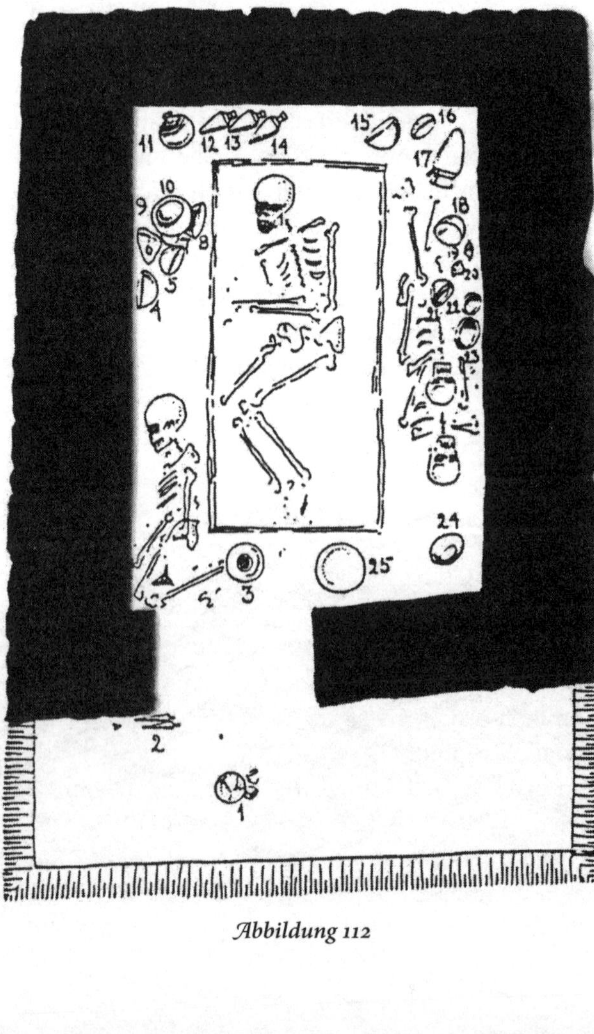

Abbildung 112

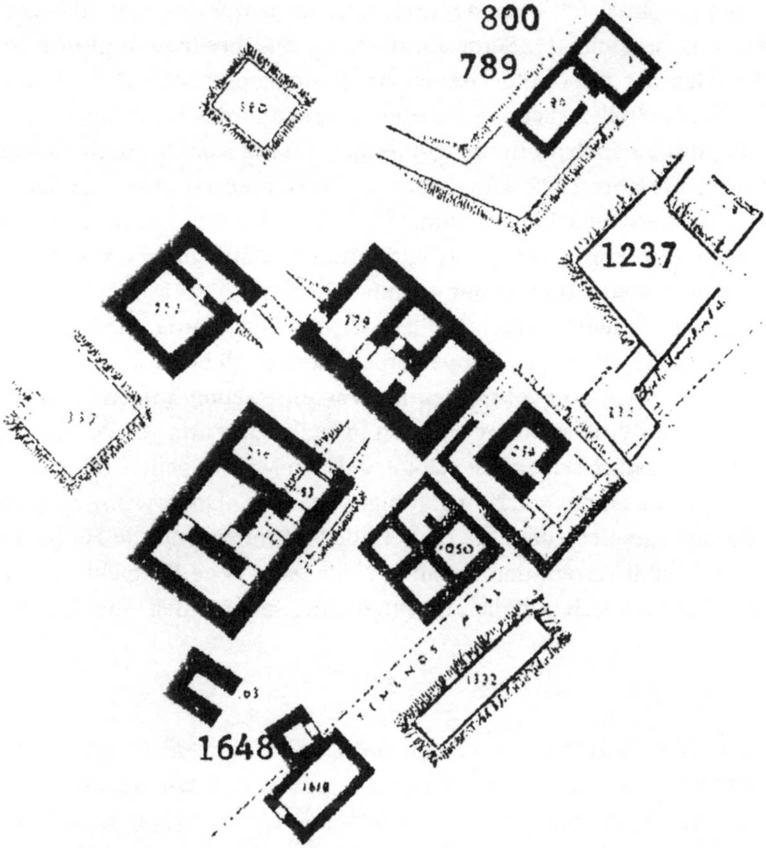

Abbildung 113

Woolley zog den logischen Schluss, dass die herrschende Elite der Stadt in diesen 660 Gräbern bestattet wurde. Doch als er eine Gruppe von sechszehn speziellen Gräbern, die alle zusammenlagen, ausgrub *(Abb. 113)*, machte er eine einzigartige Entdeckung. Sie war tatsächlich einmalig, nicht nur in Sumer, sondern in ganz Mesopotamien, ja im gesamten antiken Nahen Osten, einmalig nicht nur in dieser Periode, sondern zu allen Zeiten. Offenbar, so folgerte Woolley, konnte nur jemand von größter Bedeutung in solch einzigartigen Gräbern auf derart spezielle Weise bestattet worden sein; und wer war wichtiger damals als der König und seine Gemahlin, die Königin? Rollsiegel, auf denen Namen standen, die den Titel *Nin* oder *Lugal* trugen, überzeugten Woolley, dass er *die Königsgräber von Ur* entdeckt hatte.

Sein größter und bedeutendster Fund aber war das Grab, das er als PG-800 bezeichnete. Seine Entdeckung und Freilegung ging in die Annalen der mesopotamischen Archäologie ein und hat dort einen ähnlichen Stellenwert wie die Entdeckung und das Eindringen in das Grab des Tutanchamun im ägyptischen Tal der Könige durch Howard Carter im Jahre 1922. Um diesen spektakulären Fund vor modernen Grabräubern zu schützen, informierte Woolley seine Sponsoren über seine Entdeckung in einem Telegramm, das er auf Latein verfasst hatte; sein Absendedatum war der 4. Januar 1928.

Spätere Gelehrte haben Wolleys Urteil übernommen und bezeichnen diese einzigartige Gruppe von Gräbern noch heute als die *Königsgräber* von Ur, obwohl sich einige fragten – schon aufgrund des Inhalts dieser Gräber – wer wirklich in ihnen bestattet wurde. Da aber in Gelehrtenkreisen antike »Götter« als ein Mythos gelten, blieb es ansonsten bei einem solch ungläubigen Staunen. Doch wenn man erst einmal akzeptiert, dass die Götter, die Göttinnen und die Halbgötter eine Realität waren, dann eröffnen sich ganz neue Perspektiven und man befindet sich plötzlich inmitten eines spannenden Abenteuers.

***

Tatsächlich waren die sechzehn speziellen Gräber nicht etwa simple Gruben in der Erde, groß genug, um einen Leichnam aufzunehmen, sondern Steinkammern, die eine besondere Ausgrabung erforderlich machten. Sie lagen tief in der Erde und waren mit einem Gewölbe oder einer Kuppel überdacht, deren Konstruktion zu diesem Zeitpunkt ungewöhnliche Ingenieursfähigkeiten erforderte. Zu diesen Besonderheiten kam eine weitere hinzu: Zu einigen der Gräber gab es einen Zugang in Form einer steilen *Rampe,* die zunächst in einen ausgedehnten Vorhof führte, hinter dem die eigentliche Grabkammer lag.

Neben diesen außergewöhnlichen architektonischen Eigenschaften zeichneten sich die Gräber dadurch aus, dass die Körper, die sie enthielten, auf der Seite lagen – und das nicht einfach in einem Sarg, sondern teilweise in einer *eigens konstruierten Nische.* Hinzu kam schließlich, dass diese Leichen *von Objekten von ungewöhnlicher Pracht und Qualität umgeben waren* – oft genug von *absoluten Einzelstücken,* ohne dass es irgendwann und irgendwo je Vergleichbares gegeben hätte.

Woolley katalogisierte die Gräber von Ur als »PG« (»Persönliche

Gräber«) und wies ihnen eine Nummer zu. In einem Grab, das als *PG-755* katalogisiert wurde *(Abb. 114)*, fand man über ein Dutzend Objekte neben dem Leichnam in seinem Sarg und weitere 60 Artefakte an anderen Stellen dieses Grabes. Dazu zählten ein großartiger *goldener Helm (Abb. 115)*, ein traumhafter goldener Dolch in einer wunderbar verzierten Silberscheide *(Abb. 116)*, ein Silbergürtel, ein Goldring, Trinkschalen und andere Utensilien aus Gold oder Silber, Goldschmuck mit oder ohne Lapislazuli-Verzierung (den blauen Edelstein schätzte man sehr in Sumer) und eine »verwirrende Vielfalt« (um Woolley zu zitieren) von anderen Metallartefakten aus Elektrum (einer Gold-Silber-Legierung), Kupfer oder Kupferlegierungen.

Abbildung 114

Abbildung 115

All das war sensationell für eine Zeit, in der sich das metallurgische Know-how des Menschen gerade einmal allmählich von der Bearbeitung des Kupfers (das nicht geschmolzen werden musste) auf den Gebrauch jener Kupfer-Zinn- (oder Kupfer-Arsen-)Legierung zubewegte, die wir Bronze nennen. Objekte solcher Kunstfertigkeit, zudem noch frühe Meisterwerke des Metallhandwerks, wie der Dolch oder der Helm, waren zu diesem Zeitpunkt absolut einzigartig. Wer bei dieser Darstellung an die opulente Goldmaske und die großartigen Artefakte und Skulpturen aus dem Grab des ägyptischen Pharaos Tutanchamun *(Abb. 117)* denken muss, der sei daran erinnert, dass dieser gegen 1350 v. Chr., also gut zwölf Jahrhunderte später, regierte.

Andere Gräber enthielten sowohl ähnliche wie auch ganz andere Objekte aus Gold und Elektrum, die alle von außergewöhnlicher Handwerkskunst zeugen. Dazu zählen Utensilien für den täglichen Gebrauch, etwa Kelche und Becher – sogar ein Rohr, das benutzt wurde, um Bier zu trinken, *die alle aus reinem Gold bestanden.* Andere Kelche, Schüsseln, Krüge und Opfergefäße bestanden aus reinem Silber; hier und dort waren auch Gefäße aus seltenem Alabaster darunter. Es gab auch Waffen – Speerspitzen, Dolche – und Werkzeuge, darunter Hacken und Meißel, *ebenfalls aus Gold gefertigt.* Da Gold, ein weiches Metall, diese Geräte für den praktischen Gebrauch ungeeignet machte (gewöhnlich bestanden sie aus Bronze oder einer anderen Kupferlegierung), können sie nur zu Zeremonialzwecken oder als Statussymbole gedient haben.

Abbildung 116

Abbildung 117

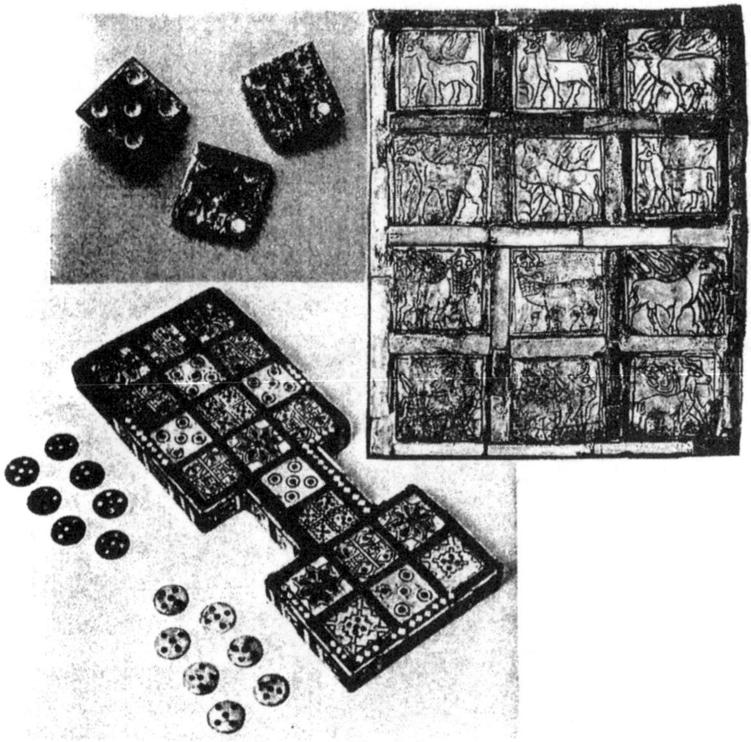

Abbildung 118

Man fand auch ein ganzes Sortiment an Brettspielen *(Abb. 118)* sowie Musikinstrumente aus seltenen Hölzern, die mit erstaunlicher Kunstfertigkeit und unter üppigem Einsatz von Gold und Lapislazuli verziert wurden *(Abb. 119)*, aber auch eine einzigartige Leier, die vollständig aus reinem Silber bestand *(Abb. 120)*. Andere Fundstücke, wie die komplexe Skulptur, die den Spitznamen »Der Widder im Gestrüpp« *(Abb. 121)* erhielt, kopierten kein Objekt oder Werkzeug, sondern waren einzig und allein herrliche Kunstwerke. Auch für sie kamen reichlich Gold sowie Kombinationen von Gold und kostbaren Steinen zum Einsatz.

Ähnlich atemberaubend war die Vielzahl von Schmuck in den Gräbern, von aufwändigen Diademen und »Kopfschmuck« (ein Begriff, den die Archäologen benutzten, weil ihnen kein besseres Wort einfiel) bis hin zu Halsreifen, Armbändern, Halsbändern, Ringen, Ohrringen usw.; auch sie bestanden aus Gold, Halbedelsteinen oder Kombinationen der beiden Materialien. Bei ihnen allen, wie bei allem, was die

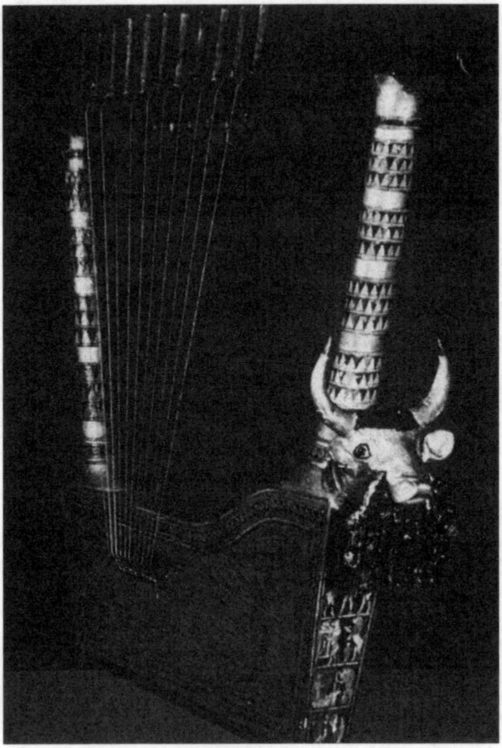

Abbildung 119

Archäologen hier entdeckten, waren das Kunsthandwerk und die Techniken, mit denen sie angefertigt wurden – von den Legierungen, der Kombination der Materialien bis zu ihrer Zusammenfügung – einzigartig, genial und *ohne jedes Gegenstück irgendwo außerhalb dieser Gräber.*

Dabei muss daran erinnert werden, dass keines der Materialien, aus denen diese Objekte gefertigt waren – Gold, Silber, Lapislazuli, Karneol, seltene Steine und Hölzer – aus Sumer oder auch nur aus Mesopotamien stammte; es handelte sich ausschließlich um seltene, teure Materialien, die teilweise von sehr weit her gebracht worden waren; und trotzdem benutzte man sie so reichhaltig, als spielten ihre Seltenheit und ihr Preis keine Rolle. Im Gegenteil, auffallend war die geradezu verschwenderische Verwendung von Gold, sogar bei der Herstellung alltäglicher Objekte (etwa Becher und Nadeln) oder Werkzeuge (wie Hacken und Äxte). Doch wer hatte Zugang zu solchen Reichtümern zu einer Zeit, als Haushaltsgeräte aus Ton oder bestenfalls aus Stein

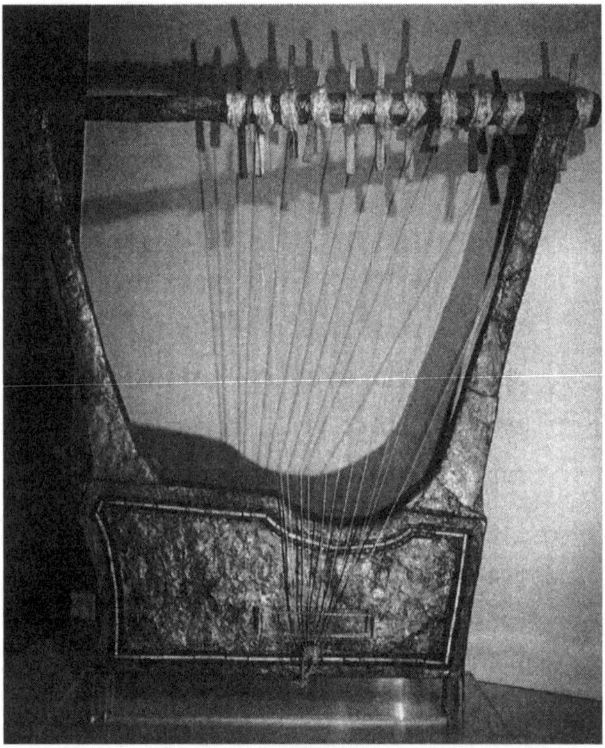

Abbildung 120

gefertigt wurden, wer benutzte ungewöhnliche und so wertvolle Metalle für alltägliche Geräte? Und wer wollte, dass alles Mögliche aus Gold gefertigt wird, selbst wenn das die jeweiligen Geräte für jede praktische Nutzung disqualifizierte?

Wenn man durch die Aufzeichnungen aus der Zeit dieser »frühen Dynastien« geht, liest man, dass ein König es schon für eine besondere Leistung hielt, an die man sich noch lange erinnerte und die zum Höhepunkt eines ganzen Jahres erklärt wurde, wenn er in der Lage war, seinem Schutzgott eine Schale aus Silber zu stiften – wofür er sich als Gegenleistung ein langes Leben erhoffte. Doch hier, in diesen aufwändig angelegten Gräbern, fanden sich Unmengen exquisit gearbeiteter Gegenstände, Utensilien und Werkzeuge nicht nur aus *Silber,* sondern aus Gold – in einer verschwenderischen Fülle und zu Zwecken, wie sie nie und nirgendwo mit dem Königtum verbunden waren. Gold aber war, wie man sich erinnert, der Grund, weshalb die Anunnaki zur Erde

Abbildung 121

gekommen waren, eben um es in ihre Heimat, nach Nibiru, zu schicken. Was eine so frühe und verschwenderische Verwendung von Gold *hier auf der Erde und sogar für Alltagsgegenstände* betrifft, so war der einzige Anlass, den die Inschriften erwähnen, ***Anus und Antus Staatsbesuch auf der Erde ca. 4000 v. Chr.***

In diesen Texten, die von den Schreibern als Kopien der Originale aus Uruk ausgewiesen wurden, finden sich detaillierte Anweisungen, die festlegten, dass alle Gegenstände, die von Anu und Antu beim Essen, Trinken und Waschen benutzt wurden, *»aus Gold gefertigt sein sollten«:* selbst die Tabletts, auf denen ihnen Speisen serviert wurden, mussten aus Gold sein, ebenso die Gefäße für Trankopfer und die Weihrauchgefäße, die zur Reinigung benutzt wurden. Eine Liste der verschiedenen Biere und Weine, die ihnen angeboten wurden, hält ebenfalls fest, dass diese Getränke in besonderen ***Suppu*** (»Trinkgefäßen«) aus Gold gereicht werden sollten; sogar die ***Tig.idu*** (»Mischgefäße«), in denen Speisen bereitet wurden, mussten aus Gold sein. Diese Gefäße, so heißt es in den Anweisungen, *sollten mit einem Rosettenmuster verziert werden, das anzeigte, dass sie sich »im Besitz von Anu« befanden.* Nur Milch wurde in besonderen Alabastergefäßen serviert, nicht in Metallbechern.

Auch Antu verwendete bei ihren Banketten, zu denen sie die Götter Inanna und Nannar (in dieser Reihenfolge) als Ehrengäste einlud, goldenes Geschirr; auch ihre *Suppu*-Gefäße und die Tabletts, auf denen sie serviert wurden, sollten aus Gold sein. All das, so erinnere man sich, fand zu einer Zeit statt, *bevor* der Menschheit die Zivilisation geschenkt wurde; so waren die einzigen, die in der Lage waren, diese Objekte anzufertigen, die Handwerker der Götter selbst.

Interessanterweise liest sich die Liste der Ess- und Trinkgefäße aus Gold sowie, in einem besonderen Fall (für Milch), aus Alabaster, die für Anu und Antu angefertigt wurden, *fast wie ein Inventar der Objekte, die man in den »Königsgräbern« von Ur fand.* Und so führt die Frage »Für wen wurden Alltagsutensilien aus nicht alltäglichen Edelmetallen angefertigt, wer wollte, dass alles Mögliche aus Gold war?« ganz unwillkürlich zu der einen Antwort: ***»Die Götter!«***

Die Schlussfolgerung, dass all diese Gegenstände für die Götter, nicht für sterbliche »Royals«, angefertigt wurden, erscheint als noch wahrscheinlicher, wenn wir einige der sumerischen Hymnen an die Götter lesen – wie diesen Hymnus hier, niedergeschrieben auf einer Tontafel aus Nippur (die heute im Keller des Museums der Universität von Philadelphia ihr Dasein fristet). An Enlil gerichtet, erwähnt er ausdrücklich seine *goldene Spitzhacke,* mit der er den Boden für das ***Dur.an.ki,*** das Missionskontrollzentrum in Nippur, aushob:

Enlil erhob seine Spitzhacke,
die Spitzhacke aus Gold mit der Lapislazuli-Spitze –
seine Hacke, deren aufgesteckte Klinge
aus Silbergold bestand.

Ähnlich heißt es in einem Text, bekannt unter dem Namen *Enki und die Weltordnung,* dass seine Schwester Ninharsag »nach dem Goldmeißel und dem Silberhammer griff« – also wieder nach Utensilien, die, aus solch weichen Metallen gefertigt, nur als Macht- und Statussymbole dienen konnten.

Was die silberne Harfe betrifft, so finden wir ein seltenes Musikinstrument mit Namen *Algar* im Besitz Inannas, das in einem Hymnus über ihre »heilige Hochzeit« mit dem König Iddi-Dagan erwähnt wird: Die Musikanten, so heißt es dort, »spielten vor dir das *Algar*-Instrument aus reinem Silber«. Obwohl die genaue Beschaffenheit des Instrumentes, das »süße Musik« spielte, nicht sicher ist, heißt es vom Algar in den sumerischen Texten, dass es ausschließlich für die Götter gespielt wurde und dass nur Inannas Exemplar aus reinem Silber war.

Die Erwähnung solcher Objekte, von denen ähnliche Exemplare in den Gräbern von Ur entdeckt wurden, finden wir in anderen Hymnen; sie werden buchstäblich zahllos, wenn es um Schmuck geht; und sie sind besonders opulent, wenn es sich dabei um Inannas/Ischtars Schmuck und Ausstattung handelt.

Doch so erstaunlich all das auch war – was Woolley in mehreren der »Königsgräber« vorfand, war weitaus bizarrer; denn noch rätselhafter als die opulenten Objekte, die einigen der Toten in ihre Gräber gelegt wurden, ***war die Unzahl menschlicher Leichen, die mit ihnen bestattet worden waren.***

***

Bestattungen, bei denen andere an der Seite des oder der Toten beigesetzt wurden, waren ein bis dahin im gesamten Nahen Osten völlig unbekanntes Phänomen; und so war es schon ungewöhnlich, als man neben dem Toten in einem Grab (als *PG-1648* bezeichnet) noch die Leichen zweier »Begleiter« entdeckte. Doch was in einigen der anderen Gräber vorgefunden wurde, das übertraf alles, was Archäologen bis dato und seitdem ausgegraben haben.

Grab *PG-789,* von Wolley das *»Grab des Königs« (Abb. 122)* genannt, begann mit einer steilen Rampe, die zu dem führte, was Woolley als »Grabschacht« bezeichnete, und in eine angrenzende Grabkammer. Offenbar war das Grab im Altertum von Grabräubern betreten und geplündert worden, was erklären würde, weshalb der Leichnam des »Königs« ebenso fehlte wie vielleicht die kostbarsten Grabbeigaben. Stattdessen lagen überall Skelette: Sechs »Wegbegleiter« bereits auf der Abstiegsrampe; sie trugen Kupferhelme und Speere, wie es Soldaten oder Mitglieder einer Leibwache taten. Unten im Schacht befanden sich die Überreste zweier Karren, einer davon von drei Ochsen gezo-

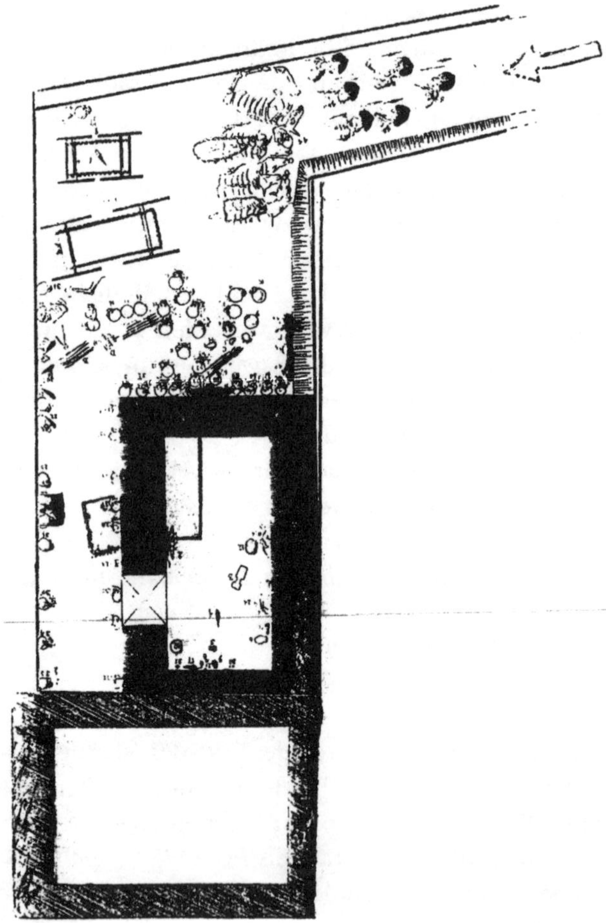

Abbildung 122

gen, deren Skelettreste in situ zusammen mit den Leichen eines Ochsentreibers und zweier Lenker für jeden der Karren entdeckt wurden.

All das war nur ein schwacher Abglanz dessen, was Woolley »das Gefolge des Königs« nannte – *vierundfünfzig* Skelette, die im »Todesschacht« lagen (ihre präzise Lage wurde durch ein Schädelzeichen in *Abb. 122* markiert) – und die, wie man anhand der Objekte feststellen konnte, die man zusammen mit ihnen fand, meist Männer waren, die verzierte Speere mit Spitzen aus Elektrum hielten; daneben fand man silberne Speerspitzen, Silberringe, Schilde und Waffen; Stiere und Löwen waren die häufigsten Motive von Skulpturen und Dekorationen.

Während all das auf einen Heerführer oder Kriegerkönig hindeutete, zeugten die Objekte, die man neben einer kleineren Anzahl weiblicher Leichen fand, von Kunstverstand und Liebe zur Musik: Unter ihnen befanden sich ein aus Gold geformter Stierkopf mit einem Bart aus Lapislazuli, hölzerne Leiern mit exquisiten Verzierungen und ein musikalischer »Schallkörper«, in dessen Seitenwände Szenen aus der Geschichte von Gilgamesch und Enkidu eingearbeitet waren.

Die 1928 angefertigte Rekonstruktion eines Künstlers, wie es in dem »Todesschacht« ausgesehen haben muss, bevor jeder dort unter Drogen gesetzt oder getötet wurde, um an Ort und Stelle begraben zu werden *(Abb. 123)*, vermittelt einen Eindruck von der schaurigen Szene.

Gleich neben PG-789 befand sich ein ähnlich geplantes Grab, ***PG-800,*** das von Woolley »das ***Grab der Königin***« genannt wurde. Auch hier fand er die Skelette von »Begleitern« sowohl auf der Rampe wie im Schacht *(Abb. 124)* – fünf Leichen von Wachen, ein Ochsenkarren mit seinen Lenkern und zehn Leichen vermutlich weiblicher Dienerinnen, die Musikinstrumente trugen. Doch in diesem Grab war *auch die Leiche der Hauptperson noch vorhanden, platziert auf einer besonderen Bahre,* dabei begleitet von drei weiteren Toten. Diese Grabkammer war offensichtlich nie ausgeraubt worden, wahrscheinlich weil es

Abbildung 123

sich um eine *in den Boden eingelassene Geheimkammer* handelte: Ihre Decke war auf derselben Höhe wie der Boden des Schachtes. Alles, die Skelettreste selbst ebenso wie die Unmengen an Schmuck, Ornamenten und sogar eine große Holztruhe für Kleidung, zeugte davon, dass es sich hier um den Leichnam einer Frau handelte – der »Königin«, wie Woolley sie nannte.

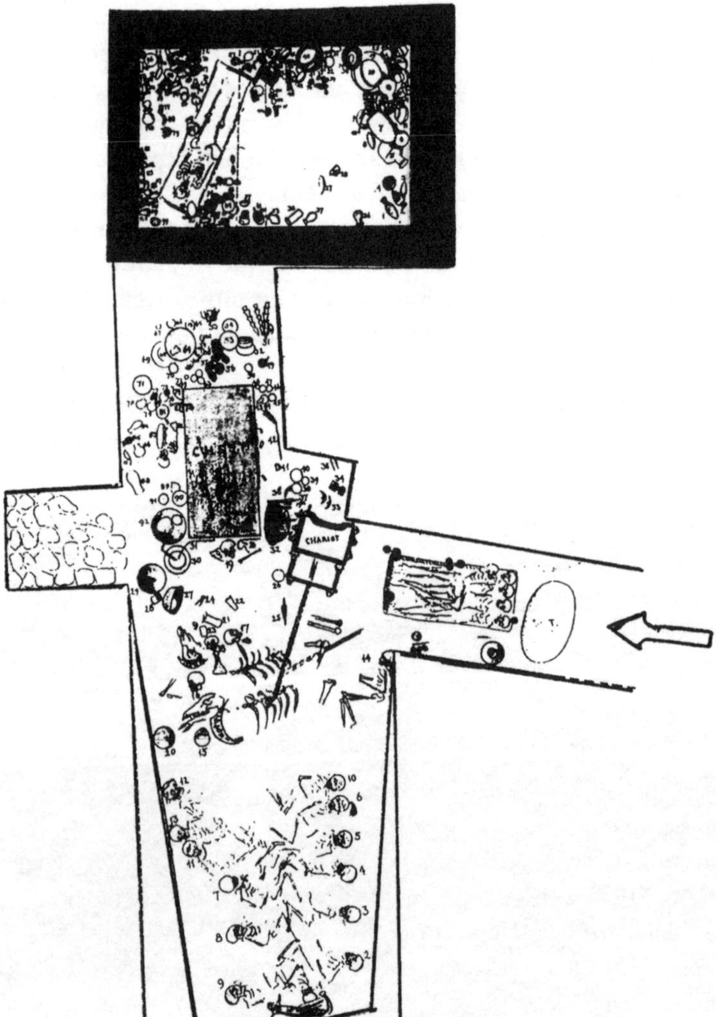

Abbildung 124

Abbildung 125

Der weibliche Leichnam war buchstäblich von Kopf bis Fuß mit Schmuck und Accessoires aus Gold, Gold-Silber-Gemisch (Elektrum), Lapislazuli, Karneol und Achat überhäuft; die Gegenstände des täglichen Gebrauchs waren aus Gold und Silber (mit Ausnahme von Schüsseln und Bechern aus Alabaster), ebenso die zahlreichen, kunstvoll geformten Zierobjekte wie die Köpfe eines Stieres und eines Löwen. Etwas weniger opulent, doch ähnlich reich geschmückt, waren die Begleiterinnen, die mit der Toten bestattet wurden: neben einem üppigen Kopfschmuck trug jede von ihnen goldene Ohrringe, Halsreifen, Ketten, Armbänder, Gürtel, Fingerringe, Manschetten, Haarschmuck, Kränze, Gebinde, Stirnbänder und eine Reihe anderer Schmuckstücke.

In der Nähe dieser beiden Gräber stieß Woolley auf das Vorderteil eines weiteren großen Grabes, ***PG-1237*** (siehe Karte, *Abb. 113*). Er legte die Rampe und den Schacht frei, doch er fand die Grabkammer nicht, zu der sie einst geführt haben müssen. Er nannte diesen Fund ***»den großen Todesschacht«,*** denn er beinhaltete die Leichen von *dreiundsiebzig* Begleitern *(Abb. 125).* Auf der Grundlage der Skelettreste und der bei ihnen entdeckten Gegenstände konnte er schließen, dass nur fünf von ihnen Männer waren, die neben einem Wagen lagen. Bei den übrigen *achtundsechzig Leichen handelte es sich um Frauen;* zu den Gegenständen, die bei ihnen lagen, zählten eine außerordentlich prachtvolle Leier (seitdem als »Leier von Ur« bekannt), die bereits erwähnte Skulptur des »Widders im Gestrüpp« und eine einmalige Auswahl an Schmuckstücken. Wie in den anderen Gräbern, so war auch hier Gold das dominierende Material. (Später stellte sich heraus, dass Woolley sehr wohl die zu PG-1237 gehörige Grabkammer gefunden hatte, doch weil der Leichnam in ihr nur in eine Schilfmatte gewickelt war, hielt er sie für eine später angelegte Kammer, die nicht zu dem Schacht gehörte.)

Woolley grub noch weitere »Todesschächte« aus, ohne dass er die Gräber fand, zu denen sie einst gehörten. Einige, etwa ***PG-1618*** und ***PG-1648,*** enthielten nur ein paar Leichen, die Woolley zum »Gefolge« rechnete, andere sehr viel mehr: in ***PG-1050*** etwa entdeckte er ganze *vierzig Skelette.* Man kann annehmen, dass sie zu ähnlichen Bestattungen wie in PG-789, PG-800 (und wahrscheinlich auch PG-755) gehörten, was die Gelehrten und Forscher seit Woolley umso mehr erstaunt, da diese Bestattungen ohne Parallelen in der gesamten antiken Welt waren und auch in der üppigen Schatzkammer der mesopotamischen Literatur unerwähnt blieben – mit einer Ausnahme.

Ein Text, den sein erster Übersetzer ins Englische, Samuel N. Kramer, *Der Tod des Gilgamesch* nannte, beschreibt, wie der mythische Held auf dem Sterbebett lag. Dort musste er von dem Gott Utu erfahren, dass Enlil ihm das ewige Leben verweigert hatte, doch er wurde mit dem Versprechen getröstet, »das Licht« sogar in der Unterwelt, dem Reich der Toten, zu sehen. Fehlende, da zerstörte Zeilen lassen offen, worin genau die Verbindung zu den letzten 42 Zeilen des Textes bestand, aus denen man folgern kann, dass Gilgamesch auch in der Unterwelt die Gesellschaft »seiner geliebten Frau, seines geliebten Sohnes … seiner geliebten Konkubine, seiner Musiker, seiner Unterhalter, seines geliebten Mundschenks«, seines Kammerdieners, seiner Wächter und seiner Palastdiener, genießen würde.

Eine Zeile (Zeile 7 auf der Rückseite des Fragments) kann so gelesen werden, dass sie die Worte beinhaltet: »wer auch immer mit ihm an dem reinen Ort lag« oder »nachdem sie sich mit ihm an dem reinen Ort niedergelegt hatten«, was beides darauf hinweisen könnte, dass *Der Tod des Gilgamesch* tatsächlich ein »begleitetes Begräbnis« beschreibt – als außergewöhnliches Privileg, das Gilgamesch als Halbgott – »zwei Drittel an ihm waren göttlich« – gewährt wurde und ihn vielleicht dafür entschädigen sollte, dass Enlil ihm die Unsterblichkeit der Götter verweigert hatte. Während diese Deutung der lesbaren Zeilen infrage gestellt werden kann, *bleibt doch die erstaunliche Ähnlichkeit zwischen dem, was der Text vom Tod des Gilgamesch beschreibt und den tatsächlichen Funden in Ur.*

Auch die in Fachkreisen unlängst erörterte Frage, ob die Toten, die zweifellos Teil der Begräbnisprozession waren, freiwillig bei dem Bestatteten blieben, unter Drogen gesetzt wurden oder man sie tötete, als sie den Schacht erreichten, ändert nichts an den Tatsachen: Ihre reine Existenz belegt eine extrem ungewöhnliche Praxis, die Jahrtausende lang nirgendwo auf der Welt bei der Bestattung von Königen und Königinnen ein Gegenstück hatte. In Ägypten gab man den Toten Gegenstände mit auf den Weg in das Totenreich (darunter Miniaturmumien aus Ton, Holz oder Gold, die ihre Diener repräsentieren sollten, d. Übers.), aber keine Heerschar mit bestatteter menschlicher »Begleiter«. Die großen Pharaonen wurden, umgeben von prachtvollsten Grabbeigaben, in Gräbern tief unter der Erde beigesetzt – und lagen dort in völliger Abgeschiedenheit. Im Fernen Osten wurde der chinesische Kaiser Qin Schihuang (ca. 200 v. Chr.) von einer ganzen Armee seiner Untertanen begleitet – aber sie waren alle aus Ton geformt. Erst in nachchristlicher Zeit und auf der anderen Seite der Erde, in Sipan, Peru, fand man ein Königsgrab, in dem vier Leichen einen Toten begleiteten.

Die Gräber von Ur mit ihren Todesschächten waren also (und bleiben) einzigartig. Doch wer war so bedeutend, dass er in einer so entsetzlichen Pracht bestattet wurde?

Woolley glaubte, dass in diesen sechzehn außergewöhnlichen Gräbern sterbliche Könige und Königinnen lagen, denn für ihn waren Götter und Göttinnen ein reiner Mythos, keine physische Realität. Doch der verschwenderische Einsatz von Gold, die außergewöhnliche

Kunstfertigkeit und das technische Können, von denen diese Objekte zeugen, ebenso wie die anderen hier erwähnten Aspekte, führen uns zu der Überzeugung, ***dass hier Halbgötter oder sogar Götter bestattet wurden;*** und tatsächlich bestätigen *Rollsiegelfunde* diese These.

***

Woolleys Arbeiter fanden Rollsiegel im Innern wie im Umfeld dieser Gräber. Einige davon lagen neben antiken Siegelabdrücken auf einem Abfallhaufen, den Woolley euphemistisch als »Siegelabdruckschicht« oder, kurz SAS (oder Englisch SIS, *Seal Impression Strata,* d. Übers.), bezeichnete. Jedes dieser Siegel und jeder einzelne dieser Abdrücke stellt eine Szene dar, die es bzw. ihn einzigartig macht. Auf einigen von ihnen findet man auch Namen oder Titel in Keilschrift, die sie als persönliche Siegel kennzeichnen. Wenn ein mit einem Namen beschriftetes Siegel auf oder neben einem Leichnam lag, ist logisch, anzunehmen, dass es einst eben dieser Person gehörte; und das allein kann uns schon eine Menge über den Toten verraten. Zudem kann angenommen werden, dass die SAS-Siegel ursprünglich aus Gräbern stammen, die schon im Altertum aufgebrochen und geplündert wurden, als die Diebe alles Wertvolle behielten und sich »wertloser« Steinobjekte entledigten. Doch für moderne Forscher sind auch die SAS-Siegel wertvoll; sie werden uns als Schlüssel dienen, ***wenn wir dem größten Rätsel der »Königsgräber« auf den Grund gehen: Wer war in PG-800 bestattet?***

Auf sechs dieser Siegel zeigt die zentrale Szene Löwen, die andere wilde Tiere reißen. Eines dieser Siegel wurde in ***PG-1382*** (einem Ein-Mann-Grab), ein anderes neben einem einzelnen Skelett in ***PG-1054*** gefunden. Obwohl diese Siegel nichts über die Identität ihrer einstigen Besitzer verraten, lässt das Motiv darauf schließen, dass es Männer mit heldenhaften Attributen waren – ein Aspekt, der besonders auf dem dritten Siegel zum Ausdruck kommt, auf dem der Szene ein wilder Mann – oder ein Mann in der Wildnis – hinzugefügt ist. Es wurde in ***PG-261*** entdeckt, das Woolley als »einfaches Erdgrab, das geplündert wurde« beschrieb. Und auf diesem Siegel stand der Name seines Besitzers in deutlich lesbarer Keilschrift ***(Abb. 126)*** geschrieben: ***Lugal An.zu Muschen.***

In seinem Grabungsbericht geht Woolley nicht näher auf dieses Rollsiegel ein, obwohl es das Grab eindeutig als das eines Königs identifiziert. Auch spätere Gelehrte haben es weitgehend ignoriert, weil ***Lugal*** zwar »König«, aber ***Muschen*** eben »Vogel« bedeutet und deshalb die Inschrift auf den ersten Blick keinen Sinn ergibt, wenn man sie als »König Anzu, Vogel« liest. Sie wird dagegen umso bedeutsamer, wenn man sie – wie ich hiermit vorschlage – als »König Anzu-Vogel« liest, denn das würde bedeuten, dass das Siegel *einst dem König gehörte, der durch die »Anzu-Vogel«-Episode berühmt wurde* – ***was seinen Besitzer als Lugalbanda identifizieren würde,*** auf dessen Weg nach Aratta, der Leser erinnert sich, ein wichtiger Bergpass von dem Monster ***Anzu muschen*** (»dem Anzu-Vogel«) versperrt war. Als dieses Vogelmonster ihn aufforderte, sich zu identifizieren, antwortete Lugalbanda:

> Muschen, im ***Lal.u*** wurde ich geboren;
> *Anzu,* im »Großen Bezirk« wurde ich geboren.
> Wie der göttliche Schara bin ich
> der geliebte Sohn Inannas.

Könnte der Halbgott Lugalbanda – ein Sohn der Inanna, Liebhaber der Göttin Ninsun und Vater des Gilgamesch – ***der VIP sein, der in diesem aufgebrochenen und geplünderten Grab PG-261 bestattet wurde?***

Sollte dies der Fall gewesen sein, wie wir annehmen, so formen sich weitere Teile des Puzzles zu einem plausiblen Gesamtbild, das bislang noch nie erwogen wurde.

Abbildung 126

Obwohl sich in dem Grab keine prachtvollen Goldobjekte (mehr?) befanden, waren (laut Woolley) in PG-261 »Überreste einer Ansammlung von militärischem Gerät« verstreut – Kupferwaffen, eine Bronzeaxt etc. – die zu Lugalbanda passen würden, der als Enmerkars Heerführer berühmt wurde. Da das Grab von Grabräubern aufgebrochen und geplündert wurde, ist es sehr gut möglich, dass die Diebe damals alle wertvolleren Artefakte erbeuteten.

Um eine Vorstellung davon zu bekommen, wie PGH-261 einmal ausgesehen haben mag, müssen wir das sehr ähnliche Grab PG-755 genauer betrachten, in dem der Goldhelm und der goldene Dolch (siehe *Abb. 114, 115*) gefunden wurden. Wir wissen, wem es gehörte, denn unter den prachtvollen Gegenständen, die sich in dem Sarg befanden, waren zwei goldene Schalen, von denen der Tote eine sogar noch in den Händen hielt, mit der Inschrift ***Mes.kalam.dug*** – zweifellos der Name des Bestatteten. Das Präfix seines Namens, *Mes* (= »Held«), so erklärten wir bereits, bedeutete so viel wie *»Halbgott«*. Da er nicht »vergöttert« wurde wie Lugalbanda und Gilgamesch, fehlt sein Name in der Götterliste (tatsächlich findet sich in der gesamten Götterliste nur ein einziger Name, der mit *Mes* beginnt – ein nur teilweise lesbarer Name, nämlich Mes.gar.--.ra, der einer der Söhne Lugalbandas und Ninsuns war). Trotzdem ist Mes.kalam.dug (= »Der Held, der das Land hielt«) nicht völlig unbekannt: Wir wissen, dass er ein König war, weil ein Rollsiegel mit der Inschrift ***Mes.kalam.dug Lugal*** (»Meskalamdug, *König*«) in der Erde der SAS gefunden wurde.

Wir wissen auch einiges über seine Familie. Metallgefäße, die neben seinem Sarg in PG-755 gefunden wurden, tragen die Namen ***Mes.Anne.***-

Abbildung 127

Pada und ***Nin.Banda Nin,*** was darauf schließen lässt, dass sie mit dem Toten verwandt waren. Wir wissen zudem, wer dieser Mes.anne.pada war: Die Sumerische Königsliste führt ihn als den wichtigen *Begründer der Ersten Dynastie von Ur* auf! Er verdiente sich diese Ehre nicht ohne die dazu notwendigen Qualifikationen: Wie es in einem im Britischen Museum verwahrten Text heißt, den wir zuvor zitierten, war sein »göttlicher Samenspender« Nannar/Sin selbst. Dass er nur ein Halbgott war, bedeutete, dass seine Mutter nicht Nannars offizielle Gattin, die Göttin Ningal, war; doch diese Abstammung machte ihn trotzdem zu einem Halbbruder von Utu und Inanna.

Wir wissen auch, wer Nin.Banda.Nin war: Ein zweireihiges Rollsiegel (das zu der »Mann und Tiere in der Wildnis«-Serie gehörte), das man auf dem SAS-Haufen fand *(Abb. 127),* trägt die Inschrift Nin.banda ***Nin/Dam Mes.anne.pada*** – »Ninbanda, Göttin, Frau (des) Mesannepada« – was sie als die Gemahlin des Begründers der »Ur I«-Dynastie identifiziert.

Doch in welcher verwandtschaftlichen Beziehung stand Mes.kalam.-dug zu diesem Ehepaar? Während einige Gelehrte ihn für ihren Vater (!) halten, ist für uns offensichtlich, dass ein Halbgott nicht Vater einer *Nin* = einer Göttin gewesen sein könnte. Daher denken wir, *dass Nin.-banda Nin die Mutter des Meskalamdug und Mes.anne.pada sein Vater war.* Und weiter glauben wir, dass die Entdeckung ihrer Siegel in der Erde des SAS zweifellos darauf hinweist, ***dass auch sie in den »Königsgräbern« bestattet waren,*** dass aber auch ihre Gräber im Altertum entdeckt und ausgeraubt worden waren.

An dieser Stelle muss einmal in aller Deutlichkeit der in Fachkreisen verbreiteten Bezeichnung Ninbandas als »Königin« widersprochen werden. ***Nin,*** so in Ninharsag, Ninmah, Ninti, Ninki, Ninlil, Ningal, Ninsun und so weiter, war immer ein *göttliches* Präfix; die Große Götterliste führt 288 Namen oder Titel mit dem Präfix Nin auf (manchmal sogar für männliche Götter, etwa bei Ninurta oder Ningischzidda, wenn sie die Söhne einer berühmten Göttin waren). ***Nin.banda war keine »Königin«,*** auch wenn ihr Gatte ein König war; sie war ***eine NIN, eine Göttin,*** ganz wie es die Inschrift gleich doppelt betont, sie war ***»Nin.banda, Nin«*** – was bestätigt, dass Mes.anne.pada ihr Ehemann war und *uns schlussfolgern lässt, dass der VIP, der in PG-755 bestattet wurde – Mes.-kalam.dug – der Sohn dieses Paares und damit einer Göttin und eines Halbgotts war, den Begründern der Ersten Dynastie von Ur.*

Abbildung 128

Der entsprechende Abschnitt der Sumerischen Königsliste stellt fest, dass die Thronfolger Mesannepadas, des Begründers der Ur-I-Dynastie, seine Söhne *A.anne.pada* und *Mes.kiag.nunna* waren. Beide trugen das Präfix Mes, was bestätigt, dass sie beide Halbgötter waren – was natürlich zutraf, war ihre Mutter doch die Göttin Nin.banda. Der erstgeborene Sohn, Mes.kalam.dug, wird in der »Ur I«-Liste nicht genannt; sein Titel *Lugal* lässt darauf schließen, dass er anderswo regierte – etwa in Kisch, der Stadt seiner Vorfahren.

Kann es denn sein, dass der einzige aus dieser Familie der Könige der Ersten Dynastie von Ur, der in Ur »königlich« bestattet wurde, ausgerechnet Meskalamdug war, der gar nicht in Ur regierte? Nicht nur die fortgeworfenen Rollsiegel, die wir oben auflisteten, sondern auch ein beschädigter Siegelabdruck (mit der üblichen Heldenszene, *Abb. 128*) aus dem SAS-Erdreich, trägt den Namen *Mes.anne.padas,* des Begründers der Dynastie, was nichts anderes bedeutet, als dass antike Grabräuber sein Grab fanden, es ausraubten und das Siegel, das mit seinem Leichnam bestattet wurde, fortwarfen (oder verloren). Welches Grab das war? Es gibt genügend unidentifizierte Gräber zur Auswahl.

Während sich so aus den Puzzlesteinen der ersten königlichen Familie von Ur-I und ihrer Gräber ein Bild formt, drängt sich uns die Frage auf, wer die Mutter, Nin.banda Nin, war. Bestand eine Verbindung zwischen Lugal.banda (»Banda, dem König«) und Nin.banda (»Der Göttin Banda«)? Wenn Lugal.banda, wie wir folgerten, einst in Ur bestattet wurde, genauso wie Nin.bandas Frau Mes.anne.pada und ihre drei Söhne – was geschah dann mit ihr? Brauchte sie, mit der Langlebigkeit der Anunnaki ausgestattet, nie ein Grab? Oder ***starb auch sie, zu welchem Zeitpunkt auch immer, und wurde ebenfalls auf diesem Friedhof bestattet?***

Wir sollten diese Frage im Hinterkopf behalten, während wir, Schritt für Schritt, das verblüffende Geheimnis lüften, das in den Königsgräbern von Ur schlummert.

* * *

Das sechste Rollsiegel mit einer »Wildnis-Szene« zeigt einen gekrönten nackten Mann und trägt eine deutlich lesbare Inschrift mit dem Namen seines Eigentümers: ***Lugal Schu.pa.da (Abb. 129),*** »König Schupada«. Wir wissen nichts über ihn, außer dass er ein König war; doch diese Tatsache allein ist schon wichtig, denn das Siegel wurde *neben seiner Leiche im Schacht des PG-800 gefunden, wo er als einer der männlichen »Begleiter« fungierte.* Dass er nackt dargestellt wurde, hat seine Parallelen in früheren Kunstwerken, auf denen ein nackter Lu.Gal einer Göttin diente (siehe, *Abb. 77*).

Abbildung 129

Dass ein *König* als Grabdiener fungierte, lässt uns fragen, ob die anderen Knechte und Bediensteten, Wachen und Musikanten, die unsere verstorbene Prominente begleiteten, tatsächlich nur Sklaven oder vielleicht eher hohe Beamte und bedeutende Würdenträger waren. Dass Letzteres der Fall sein könnte, deutet noch ein weiterer Fund an. Bei der Garderobentruhe in PG-800 entdeckten Woolleys Mitarbeiter nämlich ein Siegel mit der Aufschrift ***A.bara.ge,*** was so viel bedeutet wie »Der Wasserreiniger des Heiligtums«. Es war das persönliche Siegel eines Würdenträgers, der als der Mundschenk der Göttin zum engsten Mitarbeiterstab der Toten zählte und einen der wichtigsten Vertrauensposten in ihrem Umfeld innehatte.

Dass die Begleiter der bestatteten VIP selbst hochrangige Persönlichkeiten waren, bestätigt schließlich auch ein Rollsiegel, das im Großen Totenschacht des PG-1237 entdeckt wurde. Es zeigt Frauen bei einem Bankett, die Bier mit Strohhalmen oder Röhrchen trinken, während Musiker aufspielen *(Abb. 130).* Es gehörte einer Hofdame und

Abbildung 130

trug die Inschrift ***Dumu Kisal*** »Tochter des Heiligen Vorhofes«. Auch das war kein unbedeutender Titel, finden wir ihn doch sogar bei einem König namens ***Lugal.lisal.si*** (= »Der Gerechte König des Heiligen Vorhofes«) wieder, womit er auf ihren königlich-priesterlichen Stammbaum hinweist.

Während es sich bei PG-755 um einen Leichnam in einem Grab ohne Todesschacht, bei PG-1237 um einen Todesschacht ohne Grab und Leichnam und bei PG-789 (das »Königsgrab«) um ein Grab mit Schacht aber ohne Leichnam handelt, erwies sich PG-800 als der perfekte Fund, denn es lieferte den Archäologen einen Leichnam, ein Grab und einen Todesschacht. Verständlich, dass es sich nach Ansicht Woolleys und aller anderen Forscher bei PG-800 um »das reichste aller Begräbnisse« auf dem Königlichen Friedhof von Ur handelte. Er hielt auch das »Königsgrab« PG 789 und das »Königinnengrab« PG-800 – die Rücken an Rücken aneinander lagen – für eine spezielle Einheit, zumal sie beide die schräge Rampe, den Wagen für den Sarg oder die Bahre, den Todesschacht mit den meist hochrangigen Bestattungsteilnehmern und eine spezielle, getrennte Grabkammer, unterirdisch und aus Stein gebaut, aufwiesen.

Wer auch immer in einem solchen »Schachtgrab« zusammen mit Begleitern, die ebenfalls VIPs – oder sogar Könige – waren, bestattet wurde, musste also sehr viel bedeutender sein, als es eine einfache Prinzessin oder ein König je gewesen waren; es musste sich zumindest um einen Halbgott, wenn nicht ***um einen vollwertigen Gott oder eine Göttin*** handeln. Und das führt uns zu *dem größten Rätsel der Königsgräber von Ur – der Identität der Frau, die einst in PG-800 zur letzten Ruhe gebettet wurde.*

***

Wir können dieses Rätsel lösen, wenn wir einen näheren Blick auf die Objekte und Schmuckstücke werfen, die mit ihr entdeckt wurden. Wir haben bereits einiges von der goldenen Pracht, die sie in PG-800 (das, wie gesagt, nicht ausgeraubt wurde) umgab, beschrieben, bis hin zu Gegenständen des Alltags aus purem Gold – eine Schale, ein Kelch, ein Becher – und wir wiesen auf die Parallelen zu den Vorkehrungen hin, die man zweitausend Jahre zuvor für Anus und Antus Aufenthalt in Uruk traf.

Diese Parallelen reichen bis hin zu Anus Emblem, der »Rosette« oder offenen Blüte; daher ist es von allergrößter Bedeutung, *dass dasselbe Symbol auch in den Boden der Goldutensilien aus PG-800 eingeprägt war (Abb. 131).* Das könnte möglicherweise bedeuten, dass die Utensilien, die man in Ur fand, dieselben waren, die man für Anus Besuch in Uruk anfertigte, und sie über zweitausend Jahre als Familienerbstücke verwahrt wurden – in diesem Fall offensichtlich von Inanna, der Anu den E.Anna-Tempel in Uruk mit seinem gesamten Inventar hinterließ. Wenn die Utensilien dagegen in Ur neu angefertigt worden waren, dann musste der VIP, für den dies geschah, das Recht gehabt haben, Anus Wappen zu führen, sein Symbol zu benutzen. Wer könnte das gewesen sein, wenn nicht jemand, der *in direkter Linie* Anus Familie oder Dynastie angehörte?

Abbildung 131

Ein weiterer Schlüssel ist unserer Meinung nach ein unscheinbares Objekt, das in PG-800 gefunden wurde – ein Paar goldener »Pinzetten«. Die Archäologen nahmen an, dass sie kosmetischen Zwecken dienten, was durchaus möglich ist. Jedenfalls finden wir ein identisches Objekt auf einem Rollsiegel dargestellt, das (laut seiner Inschrift) einem sumerischen *A.zu,* einem Arzt gehörte. Wir stellen die »Pinzetten« aus PG-800 (in *Abb. 132*) der Darstellung auf dem Rollsiegel gegenüber, um aufzuzeigen, dass es sich tatsächlich um *ein medizinisches Instrument* handelte. Wir wissen nicht, ob seine Nachbildung in weichem Gold auf den Beruf der Verstorbenen hindeutete, oder ob es ebenfalls ein Familienerbstück war; in jedem Fall deutet es an, ***dass die Göttin in PG-800 einer Familie mit einer medizinischen Tradition entstammte.***

Jetzt kommen wir auf den Schmuck und Zierrat der bestatteten »Königin« (wie Woolley sie nannte) zu sprechen. Jedes Detail rechtfertigt hier die Adjektive »außergewöhnlich«, »bemerkenswert«, »einmalig«; die Stücke verdienen eindeutig besondere Beachtung.

Die Tote wurde nicht in einem Kleid zur letzten Ruhe gebettet, sondern bedeckte ihren Oberkörper mit einem Umhang aus Perlen *(Abb. 133)*. Wie bereits erwähnt, stand außerhalb der Grabkammer eine große »Garderobenkiste«, die davon zeugt, dass die »Göttin« reichlich Kleidung besaß. Doch vom Hals an war ihr nackter Körper nicht von einem Gewand verhüllt, sondern nur von langen Perlenketten – sechzig an der Zahl – aus Gold, kunstvoll abgewechselt durch Lapislazuli und Karneolperlen. Zusammen bildeten sie ein »Cape«, das an der Hüfte

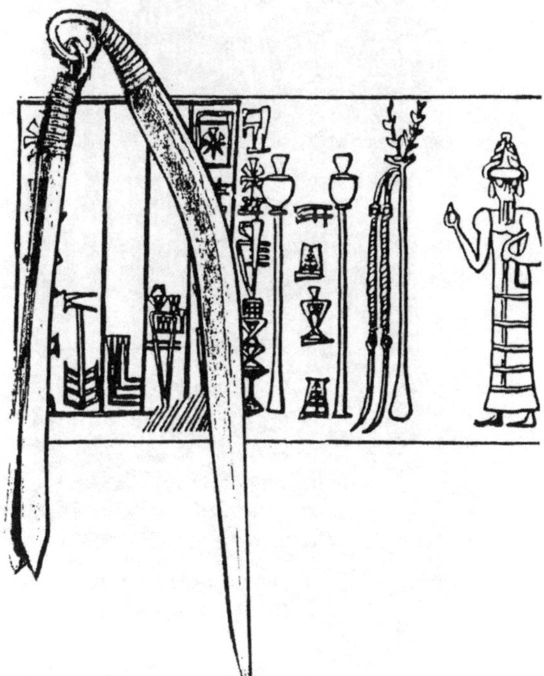

Abbildung 132

von einem Gürtel aus Goldfäden, verziert mit denselben Schmucksteinen, zusammengehalten wurde. Zudem trug sie an jedem ihrer zehn Finger Goldringe und ein goldenes Strumpfband am rechten Bein, das zu ihrem Gürtel passte. In ihrer Nähe, auf einem zusammengebrochenen Regal, lag ein Diadem aus Gold und Lapislazuli, verziert mit Reihen kleiner Tiere, Blumen und Früchte, alle aus Gold geformt. Sogar Stecknadeln wurden kunstvoll aus Gold gefertigt.

Zweifellos das pompöseste und auffallendste Stück ihrer Ausstattung war der große und aufwändige Kopfschmuck, den die »Königin« trug. Er war von heruntergefallenem Erdreich zerdrückt worden, bevor ihn Experten liebevoll restaurierten und einem Modellkopf aufsetzten *(Abb. 134)*; seitdem gehört er zu den bekanntesten und meistausgestellten Objekten aus den Königsgräbern von Ur. Er steht heute

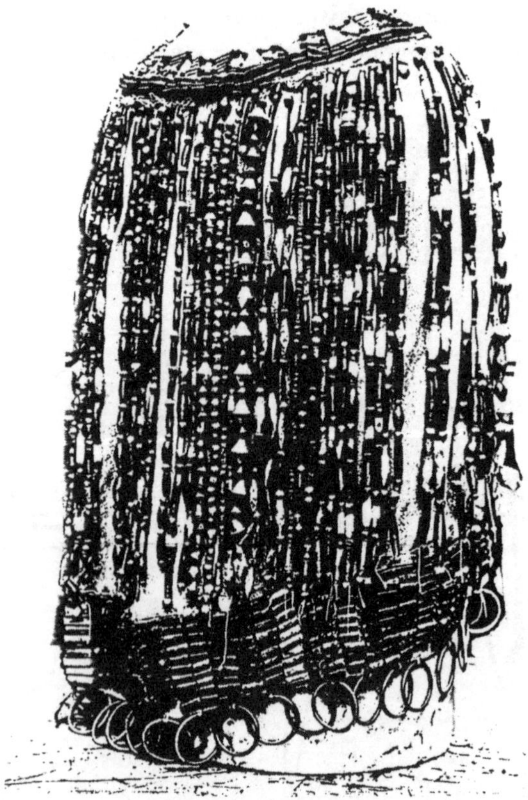

Abbildung 133

Abbildung 134

gleich gegenüber vom Eingang der Sumerischen Halle des Universitätsmuseums in Philadelphia und entlockt Tausenden von Besuchern täglich gleich beim ersten Anblick ein staunendes »Wow!«. Das war auch meine Reaktion, als ich ihn das erste Mal sah; doch seit ich mich mit ihm und seinem Fundort vertrauter machte, erscheint es mir immer seltsamer, dass es nur möglich war, ihn auf den Kopf einer Puppe zu setzen (die Frauenköpfen entspricht, die man in sumerischen Gräbern fand), indem man ihr eine üppige Fönfrisur aus steifen Haaren verpasste. Der schwere Kopfschmuck wurde durch goldene Nadeln und goldene Bänder in der Frisur befestigt; zudem gab es die in Design und Größe passenden goldenen Ohrringe, verziert mit Edelsteinen.

Die Übergröße des Kopfschmucks wird offensichtlich, wenn man ihn mit dem ebenfalls goldenen Kopfschmuck vergleicht, den eine der Begleiterinnen trug, die mit der »Königin« bestattet wurde *(Abb. 135)*; ähnlich, doch weniger aufwändig, passte er perfekt auf ihren Kopf, ohne dass erst künstliche Haarmassen notwendig waren. *So trug die »Königin« entweder einen Kopfschmuck, der ihr nicht gehörte –* ***oder sie hatte einen ungewöhnlich großen Kopf.***

Abbildung 135

Um ihren Hals trug die Tote einen Halsreif, ein Collier und eine Halskette, alle aus Gold, verziert mit Edelsteinen. Der Halsreif war in der Mitte mit einer goldenen Rosette (dem Emblem Anus) verziert; das Collier bestand aus einer Reihe sich abwechselnder Dreiecke, jeweils eines aus Gold, das andere aus Lapislazuli (*Abb. 136,* oberste Reihe); Halsreife oder Colliers mit demselben Muster trugen auch einige der weiblichen »Begleiter« in PG-1237 (untere Reihen). Das ist äußerst bedeutsam, denn auf einigen Darstellungen wird die Göttin Inanna/Ischtar (siehe das eingeblendete Bild) *mit exakt demselben Collier gezeigt!* Eben dieses Muster finden wir auch an den Eingängen und auf Zeremonialsäulen *(Abb. 137)* der frühesten Tempel Ninmahs/Ninharsags. Offenbar war dieses »Kultmuster« (wie die Gelehrten es nennen) weiblichen Göttinnen vorbehalten und zeigt eine Verbindung zwischen ihnen an.

Diese und die zuvor genannten Verbindungspunkte zu Inanna verlangen nach einem näheren Blick auf das einzigartige Perlencape und den außergewöhnlichen Kopfschmuck, welche die »Königin« in PG-800 trug. Der verschwenderische Gebrauch von Lapislazuli und Karneol sollte uns in Erinnerung rufen, dass der nächstgelegene Fundort für

Abbildung 136

Abbildung 137

Lapislazuli Elam (der heutige Iran) war, während man Karneol noch weiter östlich, im Industal, fand. Daher ist es nicht ohne Bedeutung, dass einer der wenigen Kunstgegenstände, die man in den Ruinen der Zentren des Industales ausgrub, eine Statue von Arattas Göttin – Inanna – war, die nackt dargestellt wurde, nur bekleidet mit Perlenketten und goldenen Anhängern, zusammengehalten durch einen Gürtel mit einem scheibenförmigen Emblem *(Abb. 138)*. Doch bei dieser frappierenden Ähnlichkeit mit der »Königin« in PG-800 und ihrem Perlenumhang und Gürtel bleibt es nicht: ***Der turmförmige Kopfschmuck der Statue mit seinen großen Ohrringen sieht so aus, als hätte ein Künstler den Kopfschmuck aus PG-800 in Ton nachbilden wollen.***

Heißt das, dass die »Königin« in Grab PG-800 die Göttin Inanna war? Das wäre gut möglich, wäre da nicht die Tatsache, dass Inanna/Ischtar Jahrhunderte später noch am Leben war, als der Böse Wind Sumer heimsuchte; wir wissen das, weil sie und ihre übereilte Flucht in den Klageliedern beschrieben werden. Und sie war auch viele Jahrhunderte später, in babylonischer und assyrischer Zeit, im ersten Jahrtausend v. Chr., noch aktiv.

Doch wenn es nicht Inanna war – wer dann?

Abbildung 138

Wenn »Unsterbliche« sterben

Bei der »Unsterblichkeit« der Anunnaki-Götter, so haben wir schon gesehen, handelte es sich tatsächlich um eine extreme Langlebigkeit, die auf ihren Lebenszyklus auf Nibiru zurückgeht. Die Vorstellung, dass Götter (oder sogar Halbgötter) unsterblich sind, kam zu uns durch die Griechen; die Entdeckung kanaanitischer »Mythen« in ihrer Hauptstadt Ugarit (an der syrischen Mittelmeerküste) verrät uns, wie die Griechen auf diese Idee kamen.

Als sie ihre Vorfahren auf Nibiru aufzählten, ließen die Anunnaki keinen Zweifel daran, dass diese schon lange tot waren. In der ersten Erzählung vom »Paradies« heißt es, dass Ninmah ihren Mann Enki mit Krankheiten belegte (um ihn von seinen amourösen Abenteuern abzuhalten), die ihn an die Schwelle des Todes brachten – was zeigt, dass auch ein Gott krank werden und sterben konnte. Tatsächlich zeigt sich schon daran, dass Ninmah, die Ärztin, und ihre Krankenschwestern die erste Erdenmission begleiteten, dass die Anunnaki krank werden konnten. Der abgesetzte Alalu, der Anus »Männlichkeit« schluckte, starb an Gift. Der böse Zu wurde gefangen und hingerichtet.

Sumerische Texte beschreiben den Tod des Gottes Dumuzi, der ertrank, als er Marduks Häschern entkam. Seine Braut Inanna barg seinen Körper, doch alles, was sie für ihn tun konnte, war, ihn in der Hoffnung auf eine zukünftige Auferstehung zu mumifizieren; verschiedene spätere Texte bezeichnen Dumuzi als einen Bewohner der »Unterwelt«. Inanna selbst, als sie ungeladen die Domäne ihrer Schwester in der unteren Welt besuchte, wurde dort getötet – »ein Leichnam, der an einem Pfahl hing«. Zwei androide Retter bargen ihren Körper und holten ihn mit einem »Impulsgeber« ins Leben zurück.

Als der nukleare Böse Wind sich auf Sumer zubewegte, flohen die Götter und Göttinnen – weder immun noch unsterblich – in Eile und Panik. Der Gott Nannar/Sin verweilte und behielt eine Behinderung zurück. Die große Göttin Bau von Lagasch weigerte sich, ihr Volk zu verlassen, und der Tag der Katastrophe wurde auch zu ihrem letzten Tag: »*An diesem Tag,* ***so als sei sie eine Sterbliche,*** *packte sie der Sturm und riss sie davon*«, heißt es in einem Klagelied.

In der babylonischen Version des *Enuma elisch* – das während des Neujahrsfestes *öffentlich verlesen* wurde – wird ein Gott namens ***Kingu*** (ein Namensvetter des Anführers der »Heerscharen« Tiamats) getötet, um an Blut für die Erschaffung des Menschen zu gelangen.

In Sumer wurde der Tod der Götter ebenso akzeptiert wie Erzählungen von ihrer Geburt. Die Frage ist bloß: Wo wurden sie bestattet?

XVI
Die Göttin, die uns nie verließ

Unsere Frage »Wer wurde in PG-800 bestattet?« hätte Sir Leonard Woolley erstaunt, wenn er noch leben würde und sie hören könnte. Denn gleich, als er die Grabkammer entdeckt hatte, am 4. Januar 1928, schickte er mit Western Union ein Telegramm an das Universitätsmuseum in Philadelphia, in dem er (auf Latein, der Geheimhaltung wegen), erklärte:

> *Ich fand das intakte Grab aus Stein gebaut und mit einem Ziegelgewölbe überdacht, die Königin Schubad geschmückt mit einem Kleid, in dem Edelsteine Blumenkronen und Tierfiguren großartig zusammengewoben sind mit Schmuck und Goldkelchen.* Woolley

»Das intakte Grab der Königin Schubad«. Doch woher kannte Woolley die Antwort auf dieses Rätsel, als er gerade einmal die Grabkammer entdeckt hatte? Trug die bestattete Prominente ein Namensschild, auf dem stand »Königin Schubad«? Nun, gewissermaßen war das tatsächlich der Fall: Vier Rollsiegel befanden sich in PG-800, eines nahe der Garderobentruhe und drei im Innern der Grabkammer, auf denen Frauen beim Bankett dargestellt sind. Eines der drei Siegel aus dem Umfeld des Leichnams trug vier Keilschriftzeichen ***(Abb. 139),*** die Woolley als ***Nin.Schu.ba.ad*** las und »Königin Schubad« übersetzte – obwohl ***Nin*** doch »Göttin« bedeutet. Woolley las es trotzdem als »Königin«, da er und jeder andere schließlich wusste, dass Götter und Göttinnen nur in der Welt der Mythen existieren und daher keinen physischen Körper besitzen, der begraben werden konnte. Seine Annahme, dass es das persönliche Siegel der bestatteten Prominenten war, gilt seitdem als sicher, obwohl man sich, was die Lesart ihres Namens betrifft, mittlerweile auf ***Nin.Pu.a.bi*** geeinigt hat (so sei angemerkt, dass auch das Universitätsmuseum in Philadelphia bei der Wiedereröffnung seiner Ausstellung der Funde aus den Königsgrä-

Abbildung 139

bern von Ur im März 2004 ihren Titel änderte und sie jetzt statt als »Königin Puabi« als »*Herrin* Puabi« bezeichnet).

Die auf dem Siegel darstellte Szene zeigt in zwei Reihen ein Bankett von Frauen. Da Becher von den Feiernden hochgehalten werden, trinken sie wahrscheinlich Wein. In jeder Reihe finden wir zwei sitzende weibliche Feiernde und mehrere stehende Frauen als Dienerinnen. Auch auf dem zweiten und dritten Siegel, die ebenfalls in der Grabkammer gefunden wurden, sind feiernde Frauen dargestellt, die Bier aus langen Strohhalmen oder Wein aus Bechern trinken und essen, was ihnen von Dienern serviert wird, während ein Harfenspieler für die Unterhaltung sorgt. Auf keinem der beiden Siegel befindet sich eine Inschrift.

Das vierte Rollsiegel, das vor der Garderobentruhe außerhalb der Grabkammer gefunden wurde, zeigt erneut eine Bankettszene mit feiernden Frauen und Dienerinnen. Wir haben bereits darauf hingewiesen, dass es mit dem Titel ***A.bara.ge*** (= »Der Wasserreiniger des Heiligtums«) beschriftet ist, was seinen Träger als hochrangigen Amtsinhaber, nämlich als Mundschenk, auszeichnet. Wir können noch anfügen, dass er (oder sie?) wohl selbst »königlicher« Abstammung war, denn er/sie war ein Namensvetter bzw. eine Namenscousine des berühmten Königs von Kisch, ***En.me.bara.ge.si*** – eines *Halbgotts,* der 900 Jahre lang regiert haben soll (siehe Kapitel XI).

Außer dem Vorschlag, dass die Prominente, die in PG-800 bestattet wurde, »Königin Schubad« war, konnte Woolley keine weiteren Informationen über sie liefern. In keiner mesopotamischen Chronik wird eine Königin dieses Namens (weder ***Schubad*** noch ***Puabi***) erwähnt. Sollte sie eine *Nin* – eine Göttin – namens ***Puabi*** gewesen sein, so fehlt ihr Name jedenfalls auch in den Götterlisten. War es kein nicht gelisteter Titel – von denen jede Gottheit eine ganze Reihe hatte –, dann könnte es freilich auch ein lokaler oder in der Familie gebräuchlicher Spitzname gewesen sein; und deshalb müssen wir wieder auf Detektivmethoden zurückgreifen, wenn wir ihrer Identität auf den Grund gehen wollen.

Die Schriftzeichen für Nin auf dem Siegel sind absolut klar zu lesen und brauchen nicht näher erklärt zu werden (siehe *Abb. 57*). Betrachtet man dagegen den Titel **Pu.a.bi** in seinen Bestandteilen, so finden wir den ersten, die Silbe **PU**, als Zeichen Nummer 26 a in der sumerischen Zeichenliste – wo es ein anderes Wort für ***Sud,*** »Einer, der Hilfe leistet«, ist, also eine Krankenschwester oder einen Sanitäter bezeichnet. Diese Deutung wird bestätigt durch die an früherer Stelle beschriebene Entdeckung einer medizinischen »Pinzette« und unsere Schlußfolgerung, bei der Prominenten in PG-800 müsse es sich um eine Heilerin ähnlich wie Ninmah/Ninharsag, Ninlil (Enlils Gattin) oder Bau (Ninurtas Gefährtin) handeln; so ist zumindest zu ***vermuten, dass sie mit einer/m von ihnen direkt verwandt*** und damit eine Enlilitin ist.

Der zweite Bestandteil des Namens liest sich **A** wie das Keilschriftzeichen Nummer 383 und bedeutet »viel«, während **BI**, Zeichen Num-

Abbildung 140

mer 214, für eine besondere Art *Bier* steht. Also bedeutet Nin Pu.a.bi wörtlich so viel wie eine Nin, eine Göttin, die als »Heilerin (mit) viel Bier« bezeichnet wurde – eindeutig also *ein Spitzname, der zu den Bankett- und Bierszenen auf dem zweiten Rollsiegel passt,* das man neben Puabis Leichnam fand ***(Abb. 140).*** Tatsächlich zeigen die Darstellungen auf allen sechs »weiblichen« Siegeln, die man in den Königsgräbern fand, Damen beim Bankett, die sich nur in gewissen Aspekten unterscheiden – nämlich in Alter, Frisur, Kleidung und Statur. Da die Siegelschneider wohl versucht haben, jedes einzelne Siegel mit einem in höchstem Maße realistischen Porträt zu versehen, verdienen diese kleinen Details unsere Aufmerksamkeit. Besonders auffällig an den Siegeln aus PG-800 (siehe ***Abb. 138***) sind in der oberen Reihe eine jüngere Göttin (die Gastgeberin), die rechts gleich neben dem eingravierten Titel/Namen sitzt, und eine eher matronenhafte Göttin, eleganter gekleidet, mit einer raffinierten Frisur (der Gast) ganz links. War dies ein Portrait der Bestatteten und eines älteren, robuster gebauten weiblichen Gastes?

Diese Möglichkeit muss man in Betracht ziehen, denn die physische Größe der Gastgeberin (und ihres Gastes) sind wichtig bei ihrer letztendlichen Identifikation. Schließlich wurden Skelettreste aus mehreren der Ur-Gräber, darunter PG-800 und PG-755, von dem damals führenden britischen Anthropologen Sir Arthur Keith untersucht.

Was Schubad/Puabi betrifft, so begann er seinen schriftlichen Bericht, der in Woolleys 1934 veröffentlichtem Buch über die Königsgräber von Ur zitiert wird, wie folgt:

> Eine Untersuchung der Überreste der Königin ließ mich zu folgenden Schlussfolgerungen in Hinsicht auf ihre Person kommen:
> Die Königin war zum Zeitpunkt ihres Todes etwa 40 Jahre alt;
> Sie war etwa 1,51 Meter groß;
> ihr Knochenbau war fein und ihre Füße und Hände schmal;
> sie hatte einen großen und langen Kopf.

Was ihr Alter betraf, so war Sir Arthur erstaunt darüber, dass der Zustand der Zähne und andere Aspekte des Skeletts auf ein sehr viel jüngeres Alter als vierzig hindeuteten. Was ihre Größe und ihren Körperbau betrifft, so sei angemerkt, dass er vergleichbar mit dem Inannas auf dem Foto aus Mari ***(Abb. 86)*** ist.

Während der Schädel, der mehrere Bruchstellen aufwies, unter dem Druck des Erdreichs länger und schmaler geworden sein konnte, als er einmal war, folgerte Sir Arthur auf der Grundlage detaillierter Vermessungen, dass ***die Königin keine Sumererin war*** – sondern ein »Mitglied einer stark dolichozephalischen (langschädligen) Rasse«. Zudem war er verwirrt und erstaunt über die ***beachtliche Größe des Kopfes und seine außergewöhnliche kraniale Kapazität (Gehirnvolumen):***

> Wir müssen nur die frontalen, parietalen und okzipitalen (Stirnbein-, Scheitelbein-, Hinterkopf-)Knochen entlang der Mittellinie des Hirnschädels betrachten, um zu erkennen, wie groß die Kapazität des Schädels einst war …
> Die Schädelkapazität lag auf keinen Fall bei weniger als 1600 Kubikzentimetern – und damit um 250 Kubikzentimeter über dem Durchschnitt bei europäischen Frauen.

»Diese Überreste«, so schrieb er weiter, ***»lassen keinen Zweifel daran, dass die Königin über einen ungewöhnlich voluminösen Schädel verfügte«.*** Nachdem er den Rest ihrer Gebeine ausführlich beschrieben hatte, kam Sir Arthur zu der Schlussfolgerung, dass ***ihr Kopf zwar ungewöhnlich groß,*** ihr Körper, ihre Hände und Füße, im Vergleich zur Kopfgröße, dagegen eher klein, »wenn auch kräftig«, waren.

Um sumerische Begriffe zu verwenden, könnte man sagen, dass sie den Kopf einer ***Gal*** und den Körper einer ***Banda*** hatte …

Sir Arthur untersuchte auch die Skelettreste des Mannes in PG-755, den er als »Prinzen Mes.kalam.dug« bezeichnete. Im Vergleich der beiden Leichen stellte er fest, dass »Königin Schub-ad, abgesehen von ihrer großen Schädelkapazität, extrem feminin in ihrem Körperbau war; bei Mes.kalam.dug dagegen war der Körper der eines sehr kräftigen Mannes.« Seine Knochen waren sehr viel stärker und kräftiger als ihre; »der rechte Arm war beim Prinz besonders stark und kräftig«. Nachdem er all dies berichtet hatte, folgerte Sir Arthur: »Die Knochen des Prinzen – leider liegen sie uns nur in Fragmenten vor – zeigen, dass es sich bei ihm um einen starken Mann von kräftigem Körperbau handelte, etwa 1,65 bis 1,67 Meter groß … mit einem richtigen Stiernacken.«

Der Schädel des »Prinzen« hatte »exakt denselben zephalen Index wie der von Königin Schub-ad« (d. h. das gleiche Verhältnis von Länge und Breite) – er war beachtlich verlängert – und die Schädelkapazität (die Gehirngröße) lag »weit über dem Durchschnitt bei Sumerern«. Was die Volkszugehörigkeit betrifft, so schrieb Sir Arthur, »würde ich ihn, mangels eines besseren (Wortes), als Proto-Araber bezeichnen.«

Schädelfragmente und Knochenreste aus verschiedenen anderen frühdynastischen Gräbern wurden daraufhin untersucht; Sir Arthurs schloss aus den Ergebnissen, dass es sich auch bei ihnen um »Proto-Araber« handelte. Doch in seiner Schlussbetrachtung stellte er fest, dass sich die Skelettreste der »Königin« und des »Prinzen« auffällig von allen anderen unterschieden:

> Von besonderem Interesse sind die feine Physis und reiche Gehirnausstattung von Königin Schub-ad und Prinz Mes-kalam-dug. Letzterer war ein physisch außergewöhnlich starker Mann und, wenn wir auf sein Gehirnvolumen als Indiz für geistige Fähigkeiten schließen – dann war der Prinz nicht nur physisch stark, sondern auch ein Mann von überlegener geistiger Leistungsfähigkeit.
>
> Die Gehirnausstattung der Königin war außergewöhnlich und wenn wir von der physischen Entwicklung des Körpers auf die sexuelle schließen können, dann war sie auch eine sehr weibliche Frau.

In völliger Übereinstimmung mit all den anderen Aspekten, die wir hervorgehoben haben, schilderte Sir Arthur also völlig zutreffend

- ***einen heroischen Halbgott in PG-755, einen »kräftig gebauten, starken Mann« mit einer »überlegenen Gehirnkapazität«***

und brachte es auf den Punkt, als er die

- ***»sehr weibliche«, feingliedrige »Königin« mit einem »ungewöhnlich voluminösen Schädel« in PG-800 beschrieb.***

Die Skelettreste und physischen Merkmale des »Prinzen« in PG-755 stimmen also völlig mit unserer Identifikation als Mes.kalam.dug überein, den wir als Sohn des Göttin + Halbgott-Ehepaares identifizierten, das die Erste Dynastie von Ur begründete; doch wir stehen immer noch vor einem Rätsel, was die VIP in PG-800 betrifft: Mit Juwelen geschmückt und von der Statur wie Inanna, aber doch nicht Inanna … wer könnte sie also gewesen sein und wer wurde neben ihr in dem ausgeraubten Grab PG-789 bestattet?

***

Was die Tote in PG-800 betrifft, so konnten wir Folgendes feststellen, was bei ihrer Identifikation von Bedeutung ist:

- Ein Rollsiegel, das neben ihrer Leiche gefunden wurde, identifiziert sie als Nin.Puabi – ***die Göttin*** »Puabi«.

- Das Gefolge und die Begleiter, die mit ihr begraben wurden, waren selbst hochrangige Höflinge, darunter sogar ein König, was zeigt, dass sie von größerer Wichtigkeit als sie alle war – ***dass sie eine Göttin war,*** was ihr ***Nin***-Titel bestätigt.

- Gold wurde bei dieser Bestattung selbst für gewöhnliche Utensilien des täglichen Lebens verwendet – in Nachahmung des einzigen Ereignisses, von dem wir wissen, dass es dort genau so gehalten wurde: Anus und Antus Besuch auf der Erde ca. 4000 v. Chr.

- Diese Utensilien waren mit demselben Emblem gekennzeichnet – einer »Rosette« – mit dem die Utensilien bei Anus Besuch gekennzeichnet worden waren. Das deutet darauf hin, dass die in PG-800 bestattete Frau aus dem »Hause Anus« stammte, also ***in direkter Linie von Anu abstammte.*** Eine solche direkte genealogische Verbindung zu Anu war ***durch seine Söhne* Enki *und* Enlil *oder seine Töchter* Ninmah *und* Bau *möglich.***

- Ein Gegenstand, den man in dem Grab fand und der eigentlich aus dem härtesten Material sein müsste – eine Spitzhacke –, bestand aus dem Weichmetall Gold, hatte also nur symbolische Bedeutung. Der einzige bekannte Präzedenzfall war die Heilige Spitzhacke, mit der Enlil den Boden aufschlug, um das Duranki-Missionskontrollzentrum in Nippur zu gründen. Dass sie im Besitz einer solchen Hacke war, weist darauf hin, dass ***die Prominente in dem Grab eine Enlilitin*** war, die mit Nippur und nicht mit Enki und Eridu zu tun hatte. Damit scheidet Enki aus und es ***bleiben nur drei*** – **Enlil, Ninmah** ***oder*** **Bau** – ***als genealogische »Bindeglieder« zwischen »Puabi« und Anu.***

- Der Besitz eines symbolisch aus Gold geformten medizinischen Instruments (der »Pinzette«) verbindet Puabi mit einer Tradition medizinischer Hilfe – wie wir sie bei **Ninmah und Bau** finden; trotzdem bleibt auch Enlil durch sie »im Wettbewerb«, weil seine Frau, **Ninlil,** ebenfalls eine Krankenschwester war.

- Da es unwahrscheinlich ist, dass die jugendlich wirkende Puabi zu den Älteren gehörte, die einst von Nibiru zur Erde kamen, ***können wir ausschließen,*** dass es sich bei ihr um **Ninmah** oder **Bau** oder **Ninlil** selbst handelt und müssen uns bei unserer Suche auf ***deren weibliche Nachkommen konzentrieren.***

- Da die ersten auf der Erde geborenen Töchter Ninmahs von Enki gezeugt wurden, fallen sie weg; es bleiben also nur die Töchter von **Enlil + Ninlil** oder von **Bau + Ninurta.**

- Enlil + Ninlil hatten Söhne (Nannar/Sin und Ischkur/Adad), die auf der Erde geboren wurden, aber auch verschiedene Töchter, darunter die Göttin **Nisaba** (Mutter des Königs Lugalzagesi) und die Göttin **Nina** (Mutter des Königs Gudea von Lagasch). Da Nina lange genug lebte, um mit den anderen Göttern vor dem viel späteren Bösen Wind zu fliehen, ***fällt sie als Kandidatin für »Puabi« weg.*** Das gilt auch für **Nisaba,** die ebenfalls später lebte, nämlich zur Zeit Gudeas.

- **Bau** (= »Gula«, »Die Große«), die jüngste Tochter Anus, war mit Enlils erstgeborenem Sohn Ninurta verheiratet. Sie hatte sieben Töchter, von denen wir wenig wissen außer von **Ninsun,** der Frau des bekannten Lugalbanda; ihr berühmter Sohn war Gilgamesch, und so war es wohl die Mutter, Ninsun (und nicht ihr kleinerer Ehemann), die Gilgamesch die Statur ihres Vaters Ninurta und die Kraft ihrer Mutter Bau/Gula vererbte.

- Wenn die Behauptung der »Ur III«-Könige, dass Ninsun ihre Mutter sei, zutreffen sollte, ***kann Ninsun ebenfalls nicht »Puabi« gewesen sein*** (die während der »Ur I«-Periode bestattet wurde).

- Wenn wir die Generationenfolge weitergehen, erreichen wir jetzt die nächste auf der Erde geborene Generation – was passen würde, wenn Puabi tatsächlich »in den Vierzigern« (so Sir Arthur Keith) gewesen wäre – *falls sie auf der Erde geboren wurde.* Zur zweiten auf der Erde geborenen Generation gehören bekannte Göttinnen wie Nannar/Sins Tochter **Inanna** und eine Tochter von **Ninsun + Lugalbanda** namens **Nin.e.gula.**

- Inanna (das haben wir bereits erklärt) kann zwar nicht »Puabi« gewesen sein. Doch Puabis Schmuck, ihr Perlencape, der Halsreif und seine Symbole, die silberne Harfe, ihre starke »Weiblichkeit« (laut Sir Arthur) etc. – ja sogar ihr Körperbau – erinnern an »Inanna«; wenn also Nin.Puabi nicht Inanna selbst war, ***dann muss es eine andere Verbindung zu Inanna geben.***

- Inanna hatte einen bekannten Sohn (den Gott Schara), aber keine Tochter. Sie könnte allerdings eine Enkelin gehabt haben, was auch der Fall war: Da Inanna, wie Lugalbanda behauptete, seine Mutter war, wäre eine Tochter Lugalbandas dann auch eine **Enkelin Inannas,** die ihre »Weiblichkeit« und ihre Vorliebe für bestimmten Schmuck teilen könnte.

- Doch die Tochter Lugalbandas wäre ebenfalls eine Enkelin Baus/Gulas, denn Lugalbandas Frau Ninsun war eine Tochter von Bau + Ninurta!

- Ihr Name (nach den Götterlisten) **Nin.e.gula** (»Herrin des Hauses/Tempels der Gula«) dient als Bestätigung, dass sie neben ihrem Weiblichkeits-Gen und der Vorliebe für Schmuck ihrer Großmutter Inanna ***auch die Gula-Gene*** ihrer Großmutter Bau/Gula in sich trug – den außergwöhnlich großen Kopf!

Also erhalten wir zwei Erbfolgelinien, die schließlich aufeinanderstoßen:

Anu > Enlil + Ninlil > Nannar > Inanna > Lugalbanda + Ninsun
und
Anu > Enlil + Ninmah > Ninurta + Bau > Ninsun + Lugalbanda

Indem sie dort zusammenlaufen, verweisen zwei genealogische Linien auf ***dasselbe Paar, Lugalbanda + Ninsun, als die Eltern der Göttin in PG-800: ihrer Tochter Nin.e.gula, auch bekannt als Nin.Puabi.***

Diese Erkenntnis bietet zugleich eine plausible Erklärung für die widersprüchliche Physis der »Puabi« – ihren kleinen, schmalen Körper (als Enkelin der Inanna!) und ihren außergewöhnlich großen Kopf (als Enkelin der Bau/Gula!).

Und diese Erkenntnis liefert einen plausiblen Grund, weshalb Lugalbanda wohl in PG-261 bestattet wurde.

Schließlich erklärt sie auch den bislang vernachlässigten Hinweis, weshalb die beiden Namen Mes.Anne.Pada und Nin.Banda.Nin auf Gefäßen standen, die man nahe dem Sarg des Meskalamdug in PG-755 fand, zusammen mit der Siegelinschrift Nin.ban Nin/Dam Mes.-anne.pada (»Ninbanda, Göttin, Frau (des) Mesannepada): Das bestätigt, so denken wir, nur, dass sie das Göttin + Halbgott-Paar waren, das die Erste Dynastie von Ur begründete.

Ergibt diese Lösung nicht nur für das Rätsel um PG-800, sondern auch für die anderen identifizierbaren »Königsgräber«, einen Sinn? Erinnern wir uns daran, dass Ninsun an dynastischen Eheanbahnungen durchaus interessiert war – etwa an ihren Plan, eine ihrer Töchter mit Enkidu zu vermählen. Ging sie einen Schritt weiter, war sie aktiv daran beteiligt, als das zentrale Königtum an eine neue Dynastie in Ur ging, ließ sie ihre Tochter den Halbgott heiraten, der zu diesem Zweck ausgewählt worden war? Die andere große Kupplerin, ihre Mutter Bau/Gula – wohlmöglich die ältere, matronenhafte Besucherin, die das Rollsiegel bei einem Glas Wein zeigt – hätte dazu sofort ihren Segen gegeben; und ebenso die andere Großmutter, Inanna, für die diese Entscheidung eine triumphale Rückkehr zu Macht und Einfluss bedeutete; war sie die andere Besucherin, mit der »Puabi« ein Bier teilte?

Nin.banda, so glaube ich, war die Tochter von Ninsun + Lugalbanda –
- ***Mit Inanna durch den dynastischen Titel* Nin.banda *verbunden***
- ***Sie erhielt den Titel* Nin.egula *als Erbin von Bau***
- ***Sie wurde liebevoll* Nin.Puabi *genannt, weil sie gerne feierte***
- ***Sie wurde im Gräberkomplex ihrer Familie im Heiligen Bezirk von Ur bestattet.***

Sie war auch, dessen muss man sich klar werden, eine jüngere Schwester Gilgameschs – beides Kinder eines einzigartigen Paares: des vergöttlichten Halbgottes Lugalbanda und der mächtigen Göttin Ninsun. Und das führt uns zu dem nächsten Thema.

***

Während es gewiss lohnend ist, die Person in PG-800 mit einiger Wahrscheinlichkeit zu identifizieren, sollten wir versuchen, auch die Identität der Toten in den fünfzehn anderen Königsgräbern zu ermitteln, um die erschreckenden Mitbestattungen in den Grabkammern und speziell in den Todesschächten zu verstehen. Das Fehlen jeglicher Erwähnung in den Annalen, Hymnen, Klageliedern oder anderen Texten, die uns vielleicht die Gründe erklärt hätte, ist an sich schon beunruhigend; die Tatsache, dass der einzige Text, der passen würde, jener vom *Tod des Gilgamesch* ist, vergrößert das Rätsel. Doch lassen wir einfach mal einen Gedanken zu, so absurd er auch klingen mag: Was wäre, wenn die Geschichte von Gilgamesch seine *tatsächliche Bestattung schildert* – und ***was, wenn der große Gilgamesch tatsächlich in einem der Königsgräber von Ur beigesetzt wurde?***

Das Grab des Gilgamesch ist nie gefunden worden und es gibt auch keinen Hinweis in den bekannten Texten, wo es gelegen haben könnte. Natürlich nahm man immer an, dass Gilgamesch dort bestattet wurde, wo er herrschte – in Uruk: doch Uruk wurde gründlichst ausgegraben, ohne dass man je ein solches Grab fand. Warum also könnte es nicht doch auf dem königlichen Friedhof von Ur liegen?

Versetzen wir uns einmal zurück nach Sumer vor fast 5000 Jahren, als das zentrale Königtum, nachdem es in Kisch und Uruk war, nach Ur übertragen werden sollte, um uns die Kette der Ereignisse vorzustellen, die ihren Anfang in Kisch nahm. Vom allerersten Herrscher an waren die Könige Halbgötter: Mes.kiag.gascher war »ein Sohn des dUtu«. Auch seine Nachfolger waren Söhne eines Gottes. Um sich des Ausmaßes der Veränderung zur Zeit des Lugalbanda bewusst zu werden, des Vaters von Gilgamesch, könnte es nützlich sein, hier noch einmal eine Liste aus einem früheren Kapitel wiederzugeben (zu der man noch Gudea und seine Mutter, die Göttin Nina, hinzufügen sollte):

Etana: Vom selben Samen wie Adapa (also Enkis Samen)
Meskiaggascher: Der Gott Utu ist sein Vater
Enmerkar: Der Gott Utu ist sein Vater
Eannatum: Samen des Ninurta, Inanna setzte ihn auf den Schoß von Ninharsag, die ihn säugte
Entemena: Aufgezogen mit Ninharsags Muttermilch
Mesalim: »Geliebter Sohn« Ninharsags
Lugalbanda: Die Göttin Inanna ist seine Mutter
Gilgamesch: Die Göttin Ninsun ist seine Mutter
Lugalzagesi: Die Göttin Nisaba ist seine Mutter
Gudea: Die Göttin Nina ist seine Mutter

Zuerst waren die Könige Halbgötter, indem sie von einem Gott gezeugt und von einer Erdenfrau geboren wurden (Enki selbst ging schon in vorsintflutlicher Zeit mit gutem Beispiel voran). Eine Zwischenphase war, als eine künstliche Befruchtung durch einen Gott stattfand, das Kind aber von einer Göttin gesäugt wurde. Dann aber betrat Lugalbanda die Bühne und veränderte alles: Von nun an wurde die Göttlichkeit von einer Frau abgeleitet – *war die Mutter eine Göttin.* Alles, was wir heute über Genetik und DNS wissen, verdeutlicht die Signifikanz dieses Wandels: Die neuen Halbgötter trugen nicht nur die reguläre DNS der Mischung Gott-Erdling, sondern zudem einen zweiten Satz mitochrondrischer DNS, die nur von der Mutter kommt. Mit Lugalbanda war der Halbgott zum ersten Mal mehr als »Halbgott« …

Was sollte mit Lugalbanda geschehen, als er starb? Er war mehr als ein König, mehr als ein gewöhnlicher Halbgott; doch er war auch kein reinblütiger Gott, sodass er nicht auf Nibiru bestattet werden konnte. Ebenso wenig war es zulässig, ihn in Uruks Heiligem Bezirk zu bestatten, der durch Anu selbst geheiligt worden war. Daher trugen die Götter ihn nach Ur, den Geburtsort (und die damalige Residenz) seiner Mutter Inanna. Sie »vergöttlichten« ihn, indem sie ihn am Rande von

Nannars heiligem Bezirk in einem besonders gebauten Grab bestatteten – vielleicht, wie wir annehmen, in **PG-261** – worauf sein Lieblingssiegel hindeutet, das ihn als ***Lugal An.zu Muschen*** tituliert.

Als nächstes erschien Gilgamesch auf der Bildfläche und er war ebenfalls etwas Besonderes: Nicht nur, dass seine Mutter und nicht sein Vater der göttliche Elternteil war; auch sein Vater war kein gewöhnlicher Erdling, schließlich war Lugalbanda selbst ein Sohn einer Göttin (Inanna). So waren bei Gilgamesch »zwei Drittel an ihm göttlich«; genug, um ihn glauben zu lassen, dass er ein Recht auf die »Unsterblichkeit« der Götter hätte. Mit der Hilfe seiner Mutter, der Göttin Ninsun, und des Gottes Utu, trotz ihrer Vorbehalte, machte er sich auf eine abenteuerliche Suche nach dem ewigen Leben, die sich als nutzlos erwies. Doch seine Überzeugung, er solle nicht »als Sterblicher in die Welt der Toten eintreten«, verfolgt ihn noch auf dem Totenbett – bis Utu ihm das letzte Urteil überbringt: Enlil verweigerte ihm das Ewige Leben. Doch er wird getröstet: Weil du besonders, weil du einzigartig bist, sollst du auch weiterhin deine Frau (und deine Konkubine), deinen Mundschenk, Diener, Musiker und den Rest deines Hofstaates bei dir haben, sogar in der Unterwelt.

Und so, in diesem erdachten Szenario, wurde Gilgamesch neben seinem Vater im heiligen Bezirk von Ur bestattet, mit sonst unvorstellbarer Begleitung, die ihm anstelle von Ewigem Leben versprochen wurde. In welchem PG? Wir wissen es nicht, aber es gibt mehrere Kandidaten (leergeräumt von antiken Plünderern), die infrage kämen. Vielleicht aber war es auch PB-1050, das die Leichen von vierzig Begleitern enthielt – etwa die Zahl, die in dem Text vom *Tod des Gilgamesch* erwähnt wird.

Damit wird ein Beispiel gesetzt – wurde ein Präzedenzfall geschaffen.

Mit dem Tod Gilgameschs – wir schreiben jetzt etwa das Jahr 2600 v. Chr. – endet Uruks heroisches Zeitalter; alles, was von ihm übrig bleibt, sind die großen Epen und winzige Darstellungen auf Rollsiegeln, die Gilgamesch, Enkidu und ihre Heldentaten zeigen. Während die Führungsspitze der Anunnaki noch darüber diskutiert, wohin sie als nächstes das zentrale Königtum verlegt, gewinnen **Nin.banda,** *Gilgameschs Schwester,* und ihr Mann **Mes.anne.pada** Zeit in Kisch. Als die Entscheidung auf Ur fiel, ziehen das Paar aus einer Göttin und einem Halbgott dorthin, um die Rolle der Begründer der Ersten Dynastie von Ur einzunehmen.

Sie lassen ihren ältesten Sohn **Mes.kalam.dug** in Kisch zurück, der fortan als König von Kisch regiert, auch wenn Kisch längst nicht mehr die Landeshauptstadt ist. Während die neuen Herrscher in Ur Sumers rivalisierende Städte vereinigen und Sumer geographisch erweitern und kulturell beflügeln, stirbt ihr ältester Sohn, Mes.kalam.dug, in Kisch.

Selbst ein Halbgott, wird er nicht weit von seinem Großvater Lugalbanda und seinem Onkel Gilgamesch bestattet, eben dort, wo jetzt der Friedhof der Ersten Dynastie von Ur entsteht. Woolley, der das Grab **PG-755** nannte, beschrieb es als »simple Erdbestattung«, obwohl er in dem Grab den persönlichen Goldhelm und einen großartigen goldenen Dolch des toten Königs fand, die beide der Leiche mit in den Sarg gelegt wurden. Zu den über sechzig Artefakten, die er in dem Grab fand, zählten persönliche Objekte (sein Silbergürtel, ein Goldring, Goldschmuck mit und ohne Lapislazuli-Verzierung), aber auch königliche Insignien aus Gold und Silber – ewige Zeugen seines Status als Halbgott und König. Doch wir wissen nicht, ob zu seinem Grab einst auch ein Todesschacht gehörte – die Tatsache, dass sein persönliches Siegel mit der Inschrift *Mes.kalam.dug Lugal* (»Meskalamdug, *König*«) fortgeworfen im SAS-Erdreich entdeckt wurde, deutet darauf hin, dass ein anderer, unentdeckter Teil des Grabes existierte und im Altertum ausgeraubt wurde. Metallgeschirr, das neben dem Sarg in PG-755 lag, trägt die Namen seiner Eltern Mes.Anne.Pada und Nin.Banda Nin, was die Identität des Toten ohne jeden Zweifel bestätigt.

Dann kommt der Tag, an dem Mes.anne.pada selbst an der Pforte zum Jenseits stand. Seine Frau und seine beiden verbliebenen Söhne bereiteten ihm ein opulentes Begräbnis, das dem Begründer der Dynastie würdig war: ein angemessener Sarg, eine steinerne Grabkammer, ein Todesschacht, der durch eine abfallende Rampe betreten wurde. Ein großer Schatz aus Gold- und Silbergegenständen und Edelsteinen wurde zusammen mit dem Leichnam auf zwei Karren in das Grab gefahren, jeder gezogen von zwei Ochsen und gelenkt von zwei Männern sowie einem Ochsentreiber. Sechs Soldaten mit Kupferhelmen und Speeren dienten als Leibwache. Unten in der Grube stellten sich weitere Soldaten auf, trugen verzierte Speere mit Elektrumspitzen und hielten Schilde. Eine Gruppe von Sängerinnen und Musikern trug exquisit dekorierte hölzerne Leiern und einen musikalischen »Schallkörper«, dessen Wände mit Darstellungen aus dem Leben Gilgameschs geschmückt waren. Wieder andere trugen Skulpturen, Darstellungen von Stieren und Löwen; eine davon, ein Lieblingsstück des Königs, bestand aus einem Stierkopf aus reinem Gold, dessen Bart aus Lapislazuli bestand. Insgesamt versammelte sich ein Gefolge von vierundfünfzig Personen in dem Schacht, um Mes.anne.-pada in die Unterwelt zu begleiten.

Als Woolley dieses Grab entdeckte, das er als **PG-789** katalogisierte, nannte er es das ***»Königsgrab«***. Er tat dies, weil es offensichtlich mit dem der »Königin«, nämlich PG-800, in Verbindung stand. Doch es war, so bin ich überzeugt, tatsächlich ein Königsgrab: ***Das Grab des Mes.anne.pada, des Begründers der »Ur I«-Dynastie.***

Weil der Körper des Königs fehlte und weil er in der eigentlichen Grabkammer weder Gold noch Silber oder Lapislazuli fand, folgerte Woolley, dass PG-789 in der Antike aufgebrochen und ausgeraubt wurde – möglicherweise, als man auf der Suche nach PG-800 auf die Grabkammer von PG-789 stieß.

Und so kommen wir auf unserer imaginären Reise in die Vergangenheit zum Tod von »Königin Puabi«. Wie und wann sie starb, wissen wir nicht. Wenn wir annehmen, dass sie ihre beiden Söhne überlebte (A.anne.pada und Mes.kiag.nunna), die nach dem Tod ihres Mannes regierten, muss Nin.banda/Nin.e.gula/Nin.Puabi ziemlich einsam gewesen sein, waren doch alle, die ihr lieb und teuer waren – ihr Vater Lugalbanda, ihr Bruder Gilgamesch, ihr Mann Mes.anna.pada, ihre drei Söhne – tot und auf dem Friedhof bestattet, den sie täglich von ihrer Residenz aus sah. War es ihr Wunsch, neben ihnen auf der Erde bestattet zu werden – oder konnten die Anunnaki ihre Leiche nicht mit zurück auf ihren Heimatplaneten Nibiru nehmen, da sie, obwohl sie eine Nin war, durch ihren halbgöttlichen Vater auch einige Erdengene in sich trug?

Wir kennen die Antwort nicht. Doch weshalb auch immer, Nin.Puabi wurde in Ur bestattet, in einem Grab neben dem ihres Mannes, mit all den Schätzen und dem Gefolge, die bei dieser Dynastie zu einer einzigartigen Sitte geworden waren – geschmückt mit den Juwelen ihrer Großmutter Inanna und dem viel zu großen Kopfschmuck ihrer Großmutter Bau/Gula …

Und so konnten wir auf einzigartige Weise unseren Ursprung entdecken: Während all die Anunnaki und Igigi, die einst zur Erde kamen, längst wieder fort sind, wurde ***Nin.Puabi – eine NIN, gleich wer genau sie war – zur Göttin, die uns nie verließ.***

NIN.PUABIS DNS und MtDNS-Erbfolge

Hier sehen Sie, wenn wir Recht haben, wie Nin.Puabis allgemeines und spezifisch weibliches DNS-Erbgut sie über Anus Kinder Enlil, Ninmah/Ninharsag und Bau/Gula direkt mit Nibiru verbindet:

Der Stammbaum von Nin.Puabi

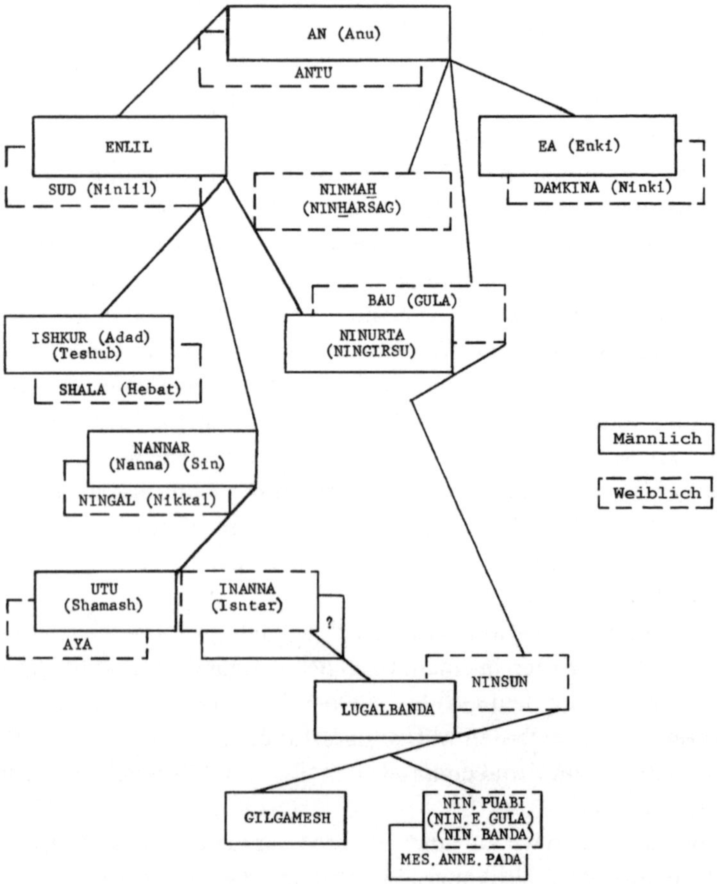

~ Epilog ~

Der Beweis für den außerirdischen Ursprung des Menschen

Seit Darwin uns die Evolution als Erklärung für das Leben auf der Erde anbot, prallte ihr interessantestes Kapitel – der Ursprung des Menschen – auf zwei Mauern, wie die Brandung vergeblich gegen Felsen schlägt: in den Augen der »Gläubigen« die Heiligkeit der biblischen Aussage, dass Gott, nicht die Evolution, den Menschen geschaffen hat; und für die wissenschaftlichen Puristen ihr Versagen, zu erklären, wie mitten in einem langsamen Evolutionsprozess, der viele Millionen und Abermillionen Jahre dauerte, der Mensch plötzlich und mit einem Sprung von einem Hominiden, der gerade einmal den aufrechten Gang beherrschte, zum denkenden Menschen *(Homo sapiens)* – unsere Spezies – wurde – praktisch über Nacht, vor rund 300 000 Jahren. Je mehr und je frühere hominide Fossilien entdeckt werden, je größer wird das Rätsel um das »fehlende Bindeglied« (»Missing Link«), das es doch geben müsste.

Seit über dreißig Jahren, seit der Veröffentlichung von *Der zwölfte Planet,* tat ich mein Bestes, um aufzuzeigen, dass es gar keinen Konflikt zwischen Bibel und Wissenschaft, Glaube und Wissen geben muss. Das »Bindeglied« fehlt, sagte ich, weil jemand die Evolution künstlich beschleunigte und hochentwickelte Gentechnik einsetzte, um dem *Homo erectus* oder *Homo ergaster* (wie einige seinen afrikanischen Cousin lieber nennen) durch die Vermischung seiner Gene mit »ihren« höher entwickelten Genen ein »Upgrade« zu verpassen. Dieser »jemand« waren die biblischen *Elohim* (von den Sumerern *Anunnaki* genannt), die von ihrem Heimatplaneten Nibiru zur Erde kamen, den Adam erzeugten und sich dann Menschentöchter zu Frauen nahmen. Das war möglich, so erklärte ich, weil das Leben auf ihrem Planeten und unserem Planeten auf derselben DNS beruht, die ausgetauscht wurde, als die Planeten kollidierten …

Folgen sie mir noch?

Es musste eine bessere Möglichkeit geben, nicht wahr, all dies ohne Widerspruch zu erklären – nicht nur zu sagen, dass die Untersuchung des Tatorts darauf hindeutet, dass ein Mord stattgefunden hat – sondern einen Weg zu finden, *die Leiche zu präsentieren und zu sagen: Voila!*

Nun, wenn auch nur einer der Anunnaki noch bei uns wäre, jemand, dem man unbestreitbar ansehen würde, dass er von Nibiru stammt, der sich die Ärmel hochkrempelt und uns auffordert: Testet meine DNS, entziffert mein Erbgut, überzeugt euch selbst, dass ich nicht von eurem Planeten stamme! Findet den Unterschied heraus, entdeckt das Geheimnis der Langlebigkeit, heilt euren Krebs … ja, wenn nur!

Doch durch die Gnade des Schicksals und die Professionalität passionierter Archäologen gibt es einen solchen Beweis – den Leichnam eines Anunnaki. Und das sind die Skelettreste von Nin.Puabi.

Es war im August 2002, als das Britische Museum in London bekanntgab, dass ungeöffnete Kisten, die in ihrem Keller vor sich hindämmerten, Schädel aus den Königsgräbern von Ur enthielten. Als ich versuchte, vom Museum mehr über sie zu erfahren, fragte ich an, »ob es Pläne gäbe, die DNS dieser Schädel zu untersuchen«. Eine höfliche Antwort informierte mich, dass »zum gegenwärtigen Zeitpunkt keine Pläne zur Durchführung einer DNS-Analyse bestehen«; allerdings würden »weitere Untersuchungen derzeit von der Forschungsabteilung und der Abteilung für den antiken Nahen Osten durchgeführt« und man hoffte, »dass die ersten Ergebnisse Anfang 2003 veröffentlicht werden«.

Nach einem weiteren Briefwechsel, in dem es um die Größe der Schädel und des Kopfschmucks ging, informierte mich der Kurator der Abteilung für den antiken Nahen Osten des Museums, dass »eine gründliche Neuuntersuchung aller menschlicher Gebeine, die in Ur ausgegraben wurden, derzeit im Gange ist«. Der Bericht, der 2004 veröffentlicht wurde, erklärt, dass zu dieser Neuuntersuchung Röntgenaufnahmen durch Wissenschaftler des Naturgeschichtlichen Museums in London gehörten. Er stellt abschließend fest, dass »trotz der langen Zeit, die seit der Entdeckung der Skelettreste vergangen war, die Schlussfolgerungen der damaligen Spezialisten bestätigt werden konnten«. Mit den »damaligen Spezialisten« waren in diesem Fall Sir Arthur Keith und seine Mitarbeiter gemeint.

Als ich schließlich im Besitz einer Kopie dieses Berichtes war, musste ich erstaunt feststellen, dass ein Museum in London noch immer, siebzig Jahre nach Woolleys Entdeckung, *in Besitz der intakten Skelettreste von »Königin Puabi« und »Prinz Meskalamdug« war!*

War das wirklich der Fall?, frage ich nach. In der Tat, informierte mich das Britische Museum am 10. Januar 2005: »Das Skelett von Puabi befindet sich im Naturgeschichtlichen Museum, zusammen mit anderen Skelettfunden von Leonard Woolleys Ausgrabungen in Ur.«

Das war eine sensationelle Entdeckung: Die Skelettreste einer Göttin von Nibiru (und eines halbgöttlichen Königs), die vor rund 4500 Jahren bestattet wurden – standen unerwarteterweise noch intakt zur Verfügung!

Man kann darüber diskutieren, wer die Großen Pyramiden erbaut hat, man kann die Bedeutung eines sumerischen Textes anzweifeln oder einen peinlichen Fund als Fälschung abtun; doch hier gibt es einen unwiderlegbaren physischen Beweis, dessen Herkunft, Alter und Provenienz außer Frage stehen. ***Wenn also meine Identifikation zutrifft, wenn Puabi eine Anunnaki-Göttin und keine »Königin« und Mes.kalam.dug ein Halbgott und kein sumerischer »Prinz« war – dann sind wir in Besitz des Erbgutes zweier Individuen, die vollständig oder teilweise von einem anderen Planeten stammten!***

Als ich also beharrlich weiter fragte, ob DNS-Tests durchgeführt wurden oder werden sollen, verwies man mich an die Chefwissenschaftlerin der Neuuntersuchung, Dr. Theya Mollenson. Bevor ich sie endlich erreichte, war sie gerade in Pension gegangen. Versuche, mit der Hilfe von Freunden in London mehr zu erfahren, führten zu keinem Ergebnis. Wegen dringenderer Aufgaben wurde die Sache auf Eis gelegt – bis die Nachricht, dass Biologen in der Lage waren, die DNS von Neandertalern von vor 38 000 Jahren mit denen des heutigen Menschen zu vergleichen, wie eine Bombe einschlug: Wenn dem so ist – warum soll man dann nicht die DNS einer Anunnaki-Frau, die vor nur 4500 Jahren starb, entschlüsseln und vergleichen können?

Im Februar 2009 schrieb ich erneut an das Naturgeschichtliche Museum in London. Eine höfliche Antwort, unterzeichnet von Dr. Margaret Clegg, Leiterin der Abteilung für menschliche Überreste des

Museums, bestätigte, dass man nach wie vor im Besitz der Skelette von »Nin Puabi, auch als Königin Schubad bekannt, und des Königs Mes.-Kalam.dug« sei und dass »zu keinem Zeitpunkt DNS-Analysen an diesen Überresten durchgeführt wurden«. Weiter erklärte sie, dass »das Museum keine routinemäßigen DNS-Analysen an den Überresten in der Sammlung durchführt und es nicht geplant ist, dies in näherer Zukunft zu tun.« Diesen Standpunkt vertrat das Museum auch noch im März 2010.

Obwohl Nin.Puabis DNS nicht reines Anunnaki-Erbgut ist, da ihr Vater Lugalbanda nur ein Halbgott war, ist ihre mitochondrische DNS, die ihr von ihrer Mutter vererbt wurde, rein – sie führt über Ninsun und Bau zu den alten Müttern auf Nibiru. Würde man sie testen, könnten ihre Knochen die Unterschiede in der DNS und der MtDNA aufzeigen, die unser genetisches fehlendes Bindeglied ausmachen – diese kleine, aber entscheidende Gruppe »fremder Gene« (223 an der Zahl?), die uns vor rund 300 000 Jahren von wilden Hominiden zu modernen Menschen werden ließen.

Es ist mein sehnlichster Wunsch, dass dieses Buch, indem es aufzeigt, dass die Überreste der NIN-Puabi keine »Routineangelegenheit« sind, die Museumsleitung überzeugt, etwas Ungewöhnliches zu wagen und diese Tests durchzuführen. Sie könnten uns die wichtige Erklärung der Antwort liefern, die Gilgamesch erhielt:

> Als die Götter den Menschen schufen,
> vervollkommneten sie seinen Verstand,
> Weisheit schenkten sie ihm;
> sie gaben ihm Wissen;
> doch Ewiges Leben gaben sie ihm nicht.

Was war das, genetisch betrachtet, was die »Götter« uns absichtlich im Garten Eden vorenthielten?

Vielleicht wollte der Schöpfer des Alls, dass die Göttin, die uns nie verließ, bleibt, damit wir endlich die Antwort finden.

Zecharia Sitchin

Wer nicht glauben will, soll sehen!

Mit diesem Bildband öffnet Erich von Däniken sein einzigartiges Bildarchiv der Spurensuche nach unseren kosmischen Lehrmeistern, die vor Jahrtausenden zur Erde gekommen waren. Die besten und eindrucksvollsten Bildzeugnisse aus prähistorischer Zeit werden zusammen mit kurzen und prägnanten Erläuterungen in diesem Band veröffentlicht.

Erich von Däniken war über Jahrzehnte in der ganzen Welt unterwegs, hat rätselhafte Phänomene untersucht und akribisch alle Beweise für einen Kontakt mit den Besuchern aus dem Weltraum gesammelt. Hatten außerirdische Besucher vor mehreren Tausend Jahren untrügliche Spuren auf der Erde hinterlassen?

Die Bilder sprechen für sich.

Noch nie sind die Argumente Dänikens greifbarer und augenscheinlicher dargestellt worden. Diese Fülle an Beweisen lässt auch mögliche Kritiker zweifelnd und gleichermaßen staunend innehalten. »In der Steinzeit stimmt definitiv etwas nicht!«, schreibt der Autor. Und zu Recht fragt er, wie diese Menschen, die weder die technischen Mittel noch die Kenntnisse dazu hatten, astronomische Großanlagen oder Zeitmesser für die Ewigkeit hinterlassen konnten. Was trieb sie dazu? Wer wies sie an?

Die Wissenschaft hat dafür keine Erklärung. Die Beweise Erich von Dänikens sind dafür umso überzeugender.

gebunden
240 Seiten
zahlreiche farbige Abbildungen
ISBN 978-3-942016-40-7
19.95 €

Kopp Verlag
Pfeiferstraße 52
D-72108 Rottenburg
Telefon (0 74 72) 98 06 0
Telefax (0 74 72) 98 06 11
info@kopp-verlag.de
www.kopp-verlag.de